CONGRESS VOLUME

UPPSALA 1971

SUPPLEMENTS

TO

VETUS TESTAMENTUM

EDITED BY

THE BOARD OF THE QUARTERLY

G. W. ANDERSON - P. A. H. DE BOER - G. R. CASTELLINO
HENRY CAZELLES - J. A. EMERTON - E. NIELSEN
H. G. MAY - W. ZIMMERLI

VOLUME XXII

LEIDEN
E. J. BRILL
1972

D. GID, 716 00

B 32
100/22

CONGRESS VOLUME

UPPSALA

1971

LEIDEN
E. J. BRILL
1972

ISBN   90 04 03521 4

CONTENTS

PREFACE

The Congress Volume, Uppsala 1971, contains both more and less than might have been expected. The Chairman, Professor H. RINGGREN, was forced to make alterations in the programme as some of the guests invited were unable to attend. Although the texts of the morning-session lectures were made available to participants, hardly any of the speakers restricted themselves to a resumé of their subject matter. It was therefore rarely possible to devote much time to the discussions.

The paper accompanying a splendid collection of slides made of new Phoenician archaeological discoveries by Professor MOSCATI cannot unfortunately be published. We therefore consider ourselves very lucky to have some good, clear reproductions to illustrate Professor KUSCHKE's and Prof. METZGER's lectures. Professor GERLEMAN's paper—which replaced that of one of those absent—had already been promised for publication elsewhere. The reader will find Professor BARR's paper, which replaced an absentee's, included in this collection.

It was intended that the most important discussions should be published in this Congress Volume. This has not been realized, although the text of Professor NORTH's paper, which is printed here, comes nearest to fulfilling this aim. The subject of one of the morning sessions, structuralism, could have lead to considerable discussion. Professor BEAUCHAMP's paper was primarily of a theoretical nature. In the discussion Professor CULLEY made a point which, at our request, he has written up as an independent supplement which will be welcome to our readers. Professor WEISS' lecture was less theoretical. His carefully examined example turned out, however, to be different from that dealt with previously in the text. Both examples have been included in this volume. If I am right, the point of view of both speakers is a cognate idea: "... la situation de la littérature biblique offre cette particularité que la Bible nous est donnée comme un *corpus*, dont la *clôture* est la marque essentielle", page 123; "Mir scheint ... eine radikale Revision der herkömmlichen Methode von Nöten, ... weil sie das *Geschaffene* als *Gewordenes* zu begreifen und durch Rekonstruktion (oft eher: Konstruktion) seines hypothetischen, überhaupt nicht unproblematischen *Werdeganges* verständlich zu machen sucht ...", page 88. Are the Old Testament texts,which in Jewish and in Christian belief have become 'Holy Scripture', like the Qur'an in Islam, in the form, or, better, forms in which they have been handed down to us, a creation, *donnée*, *Geschaffenes*, or do they reflect various periods of time and experience? A discussion of this, in my opinion, crucial point did not evolve.

In the two days preceding the Congress the international organization for Septuagint studies gathered together. One of the papers read at this meeting is included in this volume. It is surely a gain if the activities of this Organization are closely connected with our I. O. S. O. T.

Furthermore, there are a number of 'free communications' from the afternoon sessions included here. A few more will be published in *Vetus Testamentum*.

All in all, the days in Uppsala from 8-12 August, 1971, were a step in the right direction. Dealing with one theme each morning session, a theme approached from different standpoints, offers definite opportunities for fruitful encounters. The very well attended Congress with participants from more than twenty countries was distinguished by the pleasant way in which social gatherings and excursions were conducted. May Edinburgh in 1974 continue the course now begun and equal Uppsala in hospitality.

P. A. H. DE BOER

DIE SCHWEDISCHEN BEITRÄGE ZUR ALTTESTAMENTLICHEN FORSCHUNG IN DIESEM JAHRHUNDERT

VON

H. S. NYBERG

Uppsala

Es bedarf vielleicht einiger Worte der Aufklärung, warum ein ehemaliger Professor der humanistischen Fakultät hier steht, um einige Erinnerungsbilder aus der alttestamentlichen Forschung hierzulande in diesem Jahrhundert zu zeichnen. Es verhält sich ja so, dass an allen vollständigen protestantischen Universitäten schon vom ersten Beginn ausser einer Professur für Exegetik in der theologischen Fakultät auch eine Professur für orientalische Sprachen in der humanistischen Fakultät vorgesehen wurde. Das Hauptzweck der humanistischen Professur war offenbar, dem alttestamentlichen Studium eine solide Unterlage zu schaffen; darum war es unvermeidlich, dass Hebräisch das Hauptanliegen des betreffenden Professors war, und bisweilen konnte es so aussehen, als ob zwei exegetische Professuren, die theologische für das theologische Bibelstudium und die humanistische für das Alte Testament parallel liefen. Häufig genug wechselte der Humanist einfach in der theologische Fakultät über, wo die Professur einträglicher war. Aber jedenfalls gab diese Professur die Möglichkeit, semitistische Studien im weiteren Sinne zu treiben, ja auch Persisch und Türkisch, und diese Gelegenheit wurde im Laufe der Zeit immer stärker benutzt, sodass ein *studium generale* der Orientalistik heranwuchs und sich im vorigen Jahrhundert von der Theologie unabhängig machte. Aber in den skandinavischen Ländern blieb dem Professor für Orientalistik die Verpflichtung, auch Hebräisch zu dozieren, und bei der grossen Erneuerung, die das a. t. Studium gegen Ende des vorigen Jahrhunderts durchmachte, bei der überstürzenden Menge neueren Materials, das zugänglich wurde und der Forschung ganz neue Wege eröffnete, ist es weiter nicht verwunderlich, dass die humanistischen Orientalisten sich zu dieser Forschung hingezogen fühlten und daran teilnahmen. Gewisse Seiten des Forschungsgebietes liessen sich tatsächlich besser und freier behandeln in einer humanistischen Fakultät, die von konfessionellen und theologischen Bindungen unabhängiger war.

Im letzten Jahrzehnt des vorigen Jahrhunderts hatten sich WELL-HAUSENS kritische Ideen auf dem a. t. Gebiete mit vielem Ach und Krach in die konfessionell stark gebundene theologische Fakultät in Uppsala Eingang verschafft durch eine Gruppe jüngerer Theologen, die als Studenten und angehende Doktoren ihre künftigen Laufbahn vorbereiteten. Zu den frühesten gehörte Samuel FRIES, eine hervorragende, wenn auch etwas eigenwillige Begabung, der nie das Herz der herrschenden Theologen gewinnen konnte und, mehrere Male abgewiesen, in den Dienst der Kirche trat; er entwickelte trotzdem in ersten Jahrzehnt dieses Jahrhunderts eine grosse, an sich bewunderungswürdige wissenschaftliche Produktivität als moderner a. t. Exeget, starb aber noch nicht fünfzigjährig. Grösseres akademisches Glück hatte Erik STAVE, der besser verstand, die WELLHAUSENSCHE Ketzerei den damaligen führende theologischen Vätern mundgerecht zu machen; er wurde Ordinarius für A.T. an der theologischen Fakultät im J. 1900. Sein Zeitgenosse war Nathan SÖDERBLOM, der sich als Auslandspastor Gelegenheit verschafft hatte, in Paris zu studieren und dort seinen Doktor zu machen; er studierte vor allem Religionsgeschichte und widmete sich der avestischen Religion als Schüler von Antoine MEILLET, befreundete sich aber mit modernistischen Kreisen, A. LOISY an der Spitze, und hatte als Kulturpersönlichkeit eine starke französische Verankerung, die bei den meistens deutschorientierten Theologen sehr selten war. Er wurde 1901 Ordinarius für Religionsgeschichte in Uppsala. An seiner Seite standen einige Systematiker, die sich ebenfalls durch eine angstvolle, von WELLHAUSEN hervorgerufene Bibelkrise zu einer historisch-modernen Auffassung des Christentums durchgerungen hatten: E. BILLING, N. GÖRANSSON, die beide allmählich Professuren erhielten.

In Lund blieb vorläufig alles still, obgleich sich einige Systematiker für die neue Bibelauffassung einsetzten. Erst 1909 kam ein neuer Alttestamentler auf die Szene; es war Sven HERNER, der sich um die Zahlwörter im A.T. und um Verbesserungen von *Mandelkerns Konkordanz* bemühte und in dieser Weise nützliche Arbeit leistete. Der Orientalist Esaias TEGNÉR war tief in die Arbeit einer neuen Bibelübersetzung vergraben. Eine Kommission für eine neue kirchliche Bibelübersetzung war schon im J. 1773 von Gustaf III niedergesetzt worden, und sie arbeitete immer noch; erst im J. 1917, nach 144 Jahren, wurde die Übersetzung fertig, und dann war sie schon veraltet.

In Uppsala entwickelte sich aber in den ersten Jahren dieses Jahr-

hunderts eine siedende Tätigkeit. Die tiefsten und weitesten Anregungen gingen von SÖDERBLOM aus, der jetzt seine ganze Genialität
entwickelte, ein begeisterter und begeisternder Lehrer sammelte er um
sich grosse Scharen von Studenten aus allem Fächern und Fakultäten
und setzte die Geister in eine gewaltige Bewegung. Auch die Exegetik
verdankte seiner Tätigkeit einen mächtigen Aufschwung. Die dicken
Mauern, hinter denen die biblische Welt eingeschlossen war, wurden
gesprengt und ein Strom von geschichtlichen und religionshistorischen
Erkenntnissen ergoss sich befruchtend über die Felder. Im J. 1907
erschien eine Abhandlung auf dem a. t. Gebiete, die zwar nicht ausdrücklich SÖDERBLOM als Lehrer oder Inspirator nennt, aber ganz von
seinem Geist getragen ist: Erik AURELIUS, „Vorstellungen im Israel
von den Toten und dem Zustande nach dem Tode" (*Föreställningar i
Israel om de döda och tillståndet efter döden*); hier ist ein grosses folkloris-
tisches Material zusammengetragen und analysiert, babylonische
Vorstellungen berücksichtigt und der internationalen, nicht nur der
deutschen wissenschaftlichen Diskussion Rechnung getragen. Die
Arbeit ist noch lesenswert, spielte aber in der internationalen Diskussion keine Rolle — *Suecica sunt non leguntur*. AURELIUS wurde 1912
Ordinarius für N.T. in Lund und natürlich allmählich Bischof.

Erik STAVE, dem äusseren nach ein echt dalekarlischer Typus, mit
einem stilisierten Prophetenaussehen wie auf den volkstümlichen
dalekarlischen Malereien, war von WELLHAUSEN ganz erfüllt und
entwickelte einen grossen Fleiss, durch schriftstellerische Tätigkeit
dessen Ideen zu verbreiten und seine Auffassung der israelitischen
Geschichte den angehenden Pastoren beizubringen. Er kompilierte
eine grosse Anzahl nützlicher Kompendien und Kommentare; eigene
Ideen hatte er wenig. Ein Kandidat meldete sich zur mündlichen
Prüfung bei ihm und wurde gefragt, ob er das Buch so und so vom
Professor studiert habe; der Kandidat antwortete nein, er habe
geglaubt, das beste wäre direkt zu den Quellen zu gehen. Es war
wahrscheinlich in aller Unschuld gesagt, das Wort wurde aber bekannt
und erhielt seine eigene Auslegung. Eine richtige wissenschaftliche
Schule konnte sich nie um ihn bilden. STAVE war aber ein un-
erschrockener Mann und liess sich nicht niederringen. Er wurde nie
Bischof, was ihn sehr verdross.

Im Hintergrund wirkte indessen um die Jahrhundertwende eine
dunkle Kraft, eine Art Antimaterie von der Art, die die modernste
Naturwissenschaft entdeckt zu haben meint. Es war der Orientalist
Herman ALMKVIST, einer der grössten Sprachgenien die wir hier-

zulande gehabt haben. Nach langjähriger Aufenthalt im Orient beherrschte er das Arabische vollkommen, ausserdem hatte er ganz entlegene Sprachen wie Nubisch und das hamitische Bišāri erforscht und beschrieben. Er war in allen Sprachen zuhause. Er war zuerst Extraordinarius für vergleichende Sprachwissenschaft, war aber seit 1892 Ordinarius für semitische Sprachen. Er war politisch und geistig radikal, antiklerikal, antitheologisch, geistreich und satirisch; mit den jungen theologischen Adepten, die bei ihm ihr Hebraicum machen mussten, spielte er wie die Katze mit den Mäusen. Von Religion hielt er äusserlich nichts, war aber vom A.T. in seiner Weise gegriffen und beeindruckt. Einige Jahre vor seinem Tode 1904 hielt er als Promotor eine Promotionsvorlesung, in der er scharf mit dem dogmatischen Bibelglauben abrechnete, aber eine gereinigte Vernunftsreligion durchblicken liess. Er war ein begnadeter Lehrer, und er versammelte eine beträchtliche Zahl von Studenten um sich, die das Fach wissenschaftlich trieben; die meisten waren oder wurden Theologen. Ihm gebührt der Verdienst, Assyrisch in den Lehrgang des Faches eingeführt zu haben; schon ein reifer Mann scheute er sich nicht, sich mit der Keilschrift vertraut zu machen. Er legte bei uns die Grundlage einer assyriologischen Tradition, die allerdings mangels Ermunterung und Mittel schwer hat zu gedeihen. Ausserdem nahm er das früher eifrig gepflegte Studium der Judaica auf und hatte auch auf diesem Gebiete Schüler.

Nach alter Tradition war das Fach „semitische Sprachen" so organisiert, dass für das erste Examen Arabisch und Hebräisch zu gleichen Teilen obligatorisch waren, für die höchste Note ausserdem die Elementa einer dritten Sprache nach freier Wahl. ALMKVIST hatte sich mit heller Schadenfreude die WELLHAUSENsche Bibelkritik angeeignet; er sah darin eine ausgezeichnete Waffe gegen Theologie und Kirche, und er schrieb vor, dass jedes Studium der hebräischen Bibelbüchern an der Hand *zweier* moderner wissenschaftlicher Kommentare zu betreiben sei, um den Studenten an kritisches Denken zu gewöhnen und ihn vor Dogmatismus zu schützen; ausserdem sollten alle Bibeltexte *unvokalisiert* eingeübt werden, um dem letzten Rest der Verbalinspiration seine Kraft zu nehmen. In der theologischen Debatte war ALMKVIST ein Salz.

Der Bibel-Babel-Streit schlug natürlich seine Wellen auch nach Schweden und Uppsala. Er brachte hier wenigstens ein wissenschaftliches Ergebnis ersten Ranges ein: den Aufsatz SÖDERBLOMS „Uppenbarelsereligion" (*Offenbarungsreligion*) in der Festschrift für C. A. TORÉN 1903. Dieser Aufsatz hat viele Generationen hindurch das religions-historische und theologische Denken bei uns beschäftigt und eine gewaltige Wirkung ausgeübt, ehe er endgültig in die theologische Ideengeschichte eingegangen ist.

Ich kam achtzehnjährig als Student nach Uppsala in Herbstsemester 1908. Ich hatte die vage Absicht, einmal in einer nebeligen Zukunft Theologe zu werden, wollte aber zuerst mit dem Sprachen austoben. Also begann ich sofort Arabisch bei Professor ZETTERSTÉEN, der in 1904 Nachfolger von ALMKVIST geworden war. Ein wenig Bekanntschaft mit dem Hebräischen hatte ich schon gemacht, jetzt konnte ich rasch die Elementa bewältigen. Und bald fand ich, dass ich vor einem riesigen steil aufsteigenden Berg stand, den ich allein zu besteigen hatte: mein Pensum war die Genesis mit den Kommentaren von GUNKEL und DILLMANN, die Psalmen i-lxxii mit den Kommentaren von BAETHGEN und BUHL und Jesaja i-xxxix mit den Kommentaren von DUHM und BUHL, alle Texte unvokalisiert einzupauken, ausserdem BENZINGERS *Archäologie*, BUHLS *Israels Geschichte* und STRACKS *Einleitung*. Mein Lehrer warnte mich allerdings, mich um Himmels willen nicht in die Kommentare zu vergraben, sondern nur das wichtigste, was für das Verständnis der Texte unumgänglich nötig war, daraus herauszuholen, aber irgend eine Einführung, irgendeine methodische Anweisung, wie man das machen sollte, gab er nicht und hielt selber keine Vorlesungen über Hebräisch; das alles hatte ich selber allein herauszufinden. Hilfe in den Vorlesungen der Theologischen Fakultät zu suchen kam nicht in Frage, die waren allzu elementar; ausserdem sprach STAVE Hebräisch wie seinen dalekarlischen Heimatdialekt aus, was ZETTERSTÉEN, der auf eine korrekte Aussprache ein hohes Gewicht legte, sehr missbilligte, auch kümmerte er sich wenig um Grammatik und philologische Dinge. Also musste ich auf eigner Faust die Aufgabe bewältigen, eine harte Arbeit für einem Achtzehnjährigen, der sich zum ersten mal unversehens in „das brausende Meer der Meinungen der Gelehrten" herausgeworfen fand. Das war mein erster Zusammenstoss mit der a. t. Exegetik; ich kam davon mit dem Leben. Bei der Prüfung stellte sich dann heraus, dass mein Professor sich um all diese Kommentare nicht das geringste kümmerte; er hatte für sie nur ein fast mitleidiges Lächeln. Er war gar kein radikaler Rabulist wie ALMKVIST, kein Theologenfresser, aber gegen Theologen misstrauisch; äusserlich war er religiös indifferent, aber gar kein Atheist.

Um die Ergebnisse dieses meines ersten Zusammenstosses mit der alttestamentlichen Exegetik zusammenzufassen: Ich hatte viel von

GUNKELS Genesiskommentar, der übrigens auch Forschern auf
anderen Gebieten Anregungen gab; DILLMANN war unausstehlich;
DUHM erlebte ich als einen Tollkopf, der aber menschlich etwas
Packendes an sich hatte; BAETHGEN und BUHL hatten mir die Psalmen
gründlich verleidet. Zurück blieben nach dem Studium einige kritische
Einwände, die später für mich Bedeutung gewinnen sollten. Erstens:
was für ein Wesen war nun jener Redaktor, der überall in den Bibelbüchern herumlungerte und Unfug machte? Natürlich war er ein
schneidiger Kerl, sicher mit dem Redakteur einer Zeitung vergleich-
bar, ein Mann der über eine Unmenge von Codices und Dokumenten,
auf einem langen Tisch ausgebreitet, verfügte; mit guter Nase für das
Aktuelle wählt er ein Stück hier, ein Stück da aus, holt mit einer
Pinzette einen Satz hier, einen da, ein Wort hier, sein Synonym da
heraus und fügt das ganze wie ein Mosaik zusammen, selber passende
Bemerkungen hinzufügend oder eigene Anschauungen hinein-
schmuggelnd. Ich dachte, ich möchte gern mit so einem Textzerstörer
und Studienstörer persönlich bekannt werden, aber er war schwer
greifbar, es gab einen doppelten, bisweilen einen verdreifachten oder
vervierfachten Redaktor, und man konnte ihn nie erwischen. Und
nachdem ich so und so viele geistreiche Korrekturen und Verbesserung
des masoretischen Textes eingepaukt hatte, kam mir plötzlich der
Gedanke: woher haben die hohen Herren all ihre tiefgründige Weisheit der Texte und der Sprache, die sie berechtigt, die armen jüdischen
Gelehrten, die doch auch Hebräisch gekannt haben mussten, der
Stümperei, der Ignoranz, des Mangels an Logik zu zeihen? Waren die
Herren vielleicht in einer Präexistenz Zeitgenossen von Moses und
den Propheten gewesen, oder hatte der Heilige Geist selber ihnen die
korrekte Sprache, die ursprüngliche Lesart zugeflüstert?
    Meine Theologenpläne verflogen rasch, und ich stürzte mich aufs
Arabische und auf die klassischen Sprachen, nahm auch etwas
Sanskrit hinzu. Ich war Philologe. Privatstunden in Hebräisch für
angehende Theologen habe ich während meiner ganzen Studenten-
zeit gegeben. Ich machte meinen Doktor im Arabisch und wurde
Provatdozent für semitische Sprachen 1919, ich war ein Jahr in
Ägypten, lernte Arabisch sprechen und schreiben und studierte
islamische Theologie bei einem Scheich, und im Jahre 1931 wurde
ich ZETTERSTÉEN's Nachfolger als Ordinarius für semitische Sprachen
— und stand damit vor der Aufgabe, von Amtswegen auch fürs
Hebräische zu sorgen.
    Auf dem a. t. Gebiete war inzwischen allerlei Neues geschehen.

Während des ersten Weltkrieges wurde international und auch hier im Norden wenig publiziert, die Arbeit aber um so emsiger betrieben, wie die Sturmflut neuer wichtigen Werke nach dem Kriegsende zeigte. Die wirklich bedeutungsvollen Anregungen hier im Norden kamen von unseren dänischen und norwegischen Nachbarn. Unmittelbar vor dem Kriege hatte der dänische Religionshistoriker Vilhelm GRØNBECH (Humanist) sein epochemachendes Meisterwerk *Vor Folkeaet i Oldtiden* („Unser Volkstamm im Altertum") vollendet. Mit einem ganz seltenen Einfühlungsvermögen und einer ebenso seltenen Beherrschung eines grossen aber spröden Materials vermochte er die primitive Welt- und Lebensanschauung und Lebensführung der altnordischen Vorväter als eine geschlossene Einheit von grosser logischer Energie und ursprünglichster Erfahrung der Wirklichkeit aufgebaut nachzuempfinden und nachzuzeichnen — gewissermassen eine grosse Widerlegung von LÉVI-BRUHLS *mentalité prélogique*. Das wirkte und wirkt noch anregend auf den verschiedensten Gebieten, auch im Zeitalter des statischen soziologischen Denkens. Ganz besonders wurde der damals junge Johannes PEDERSEN (er ist jetzt 86 Jahre alt) vom Geist der Grønbechschen Forschung ergriffen und machte einen gross angelegten Wurf, das altisraelitische Leben unter demselben Gesichtspunkt zu verstehen. Schon die erste Fassung seines Werkes *Israel* I-II 1920 war ein grosser Entwurf und öffnete neue Wege. Statt der literarkritischen Haarspalterei und des verantwortungslosen Spiels mit dem Wortlaut der Texte wurden hier eine tiefschürfende psychologische Analyse und Deutung der Gegebenheiten des altisraelitischen Lebens geboten, mit ganz überraschenden Ergebnissen, die uns die Schuppen von den Augen fallen liessen. Es war ein Erlebnis. Erst im J. 1934 konnte PEDERSEN sein Werk mit einem dritten Teil abschliessen. Bei uns ist PEDERSENS Grundauffassung für die ganze folgende alttestamentliche Forschung massgebend geworden. Gleichzeitig mit PEDERSEN erkannte auch der norwegische Alttestamentler S. MOWINCKEL die gewaltige Tragweite von GRØNBECHS Ideen und schritt unverzüglich daran, sie für das a. t. Studium fruchtbar zu machen. Das Ergebnis waren seine epochemachenden *Psalmenstudien I-II*, 1921-1923, in denen zum ersten Male mit der *kultischen* Funktion der Psalmen ernst gemacht wurde und sie in ein ganz neuer Licht gerückt wurden. MOWINCKEL leitete eine vollständig neue Epoche in der Psalmenforschung ein. PEDERSEN und MOWINCKEL wurden in der Zwischenkriegszeit die grossen Leitsterne der jüngeren Exegeten und Semitisten.

STAVE trat in den Ruhestand 1922, und es entbrauste eine heftige Konkurrenz zwischen seinem Schüler Sven LINDER und einem älteren Humanisten, dem Privatdozenten E. MORBECK, der Spezialist für den syrisch-arabischen Dialekt war, aber in der letzte Minute eine Abhandlung über stilistische Probleme in Jesaja zusammengeschrieben hatte. LINDER ging als Sieger in der Konkurrenz aus. Er war ein sehr gelehrter und frommer Mann, aber alles eher als reich an Ideen; seine schwache Gesundheit erlahmte seine Produktivität und seinen Unterricht. Gleichzeitig wurde aber ein anderer Name auf dem alttestamentlichen exegetischen Firmament sichtbar. Johannes LINDBLOM, geboren 1882, noch im Leben und rüstig, war ursprünglich Schüler von STAVE, hatte sich aber früh dem neutestamentlichen Studium zugewendet. Anfang der 20. Jahre warb er sich um die Professur fürs N.T. in Uppsala und war von der theologischen Fakultät befürwortet, wurde aber von den Humanisten im Senat ausgeschlagen, weil er an die Auferstehung Christi glaubte, zugunsten eines Konkurrenten, der sich darüber nicht geäussert hatte. Auch die Humanisten haben - oder hatten - ihren Konformismus. LINDBLOM nahm dann seine a. t. Studien wieder auf und wurde 1924 Ordinarius fürs A.T. an der neugegründeten Schwedischen Akademie in Åbo (Turku), wo er bis 1930 wirkte; dann übernahm er die alttestamentliche Professur in Lund, die er 1947 als Emeritus verliess. Er entwickelte während dieser ganzen Zeit eine grosse, glänzende Produktivität, die weit über die Emeritierung fortgesetzt hat und noch nicht abgeschlossen ist. Er war von Anfang an in der literarkritischen Schule erzogen und bearbeitete in ihrem Sinne eine Reihe von Problemen. Allmählich fand er aber eine eigene Linie, die Psychologie der Propheten und die davon bedingte Art der Prophetenliteratur betreffend. Er ging von den Revelationen der Mystiker aus, für die er bei uns methodisch sehr lehrreiche Beispiele in der heiligen Birgitta von Schweden und der Birgittaliteratur fand. Seine Forschungen sammelte er in ein mächtiges Werk *Profetismen i Israel* 1934, in der er seine Auffassung auch theologisch auszuwerten bestrebt war. Es gereicht ihm zu hoher Ehre, dass er sich nie bei einem einmal erkämpften Standpunkt beruhigte, sondern immer für die Fortschritte der Forschung offen und aufnahmefähig war; mit achtzig Jahren (1962) gab er ein ganz neues Buch *Prophecy in Ancient Israel* aus, das mit dem vorigen sehr wenig gemeinsam hat und eine vollständige Neuorientierung im Sinne der neuesten Forschung bedeutete.

Wir müssen aber zurück zu den zwanziger Jahren. Im J. 1929

wurden die Ras Schamratexte entdeckt und sehr schnell von Hans
BAUER, leider zu früh gestorben (1937), entziffert, und damit eröffnete
sich eine Welt, die immer eine weisse Stelle auf der Karte der biblischen
Religion gewesen war: die alte vorisraelitische kananäische Religion
und die vorisraelitische religiöse Sprache Kanaans. Junge Adepten
stürzten sich mit glühendem Eifer auf die neuen Texte, und hier war
nun ein Feld, wo der Semitist mitzuhelfen hatte. Es bildete sich allmählich ein kleiner Kreis von Interessenten; unter ihnen ragte früh
Ivan ENGNELL empor. Das a. t. Studium wurde plötzlich sehr aktuell
und rief in mir meine alten Probleme bezüglich der Komposition der
Texte und der Textkritik wach. Ich hatte durch meine Islamstudien
mit einem wirklichen Traditionssystem Bekanntschaft gemacht und
gelernt, wie mündliche Tradition funktioniert und wie sie sich
zur schriftlichen Überlieferung verdichtet; in dieser Hinsicht waren
auch die Erfahrungen, die mir ein früherer Orientalist, Johannes
KOLMODIN, über die Verhältnisse in Äthiopien vermittelt hatte, von
grossem Nutzen. Ich begann Vorlesungen über „mündliche Tradition,
schriftliche Fixierung und Autorschaft" zu halten sowohl in Uppsala
wie auch in Kopenhagen und Paris; gedruckt habe ich sie nie, denn
der Stoff vermehrte sich immer mehr, und schliesslich fand ich nicht
die Musse, sie abzuschliessen. In diesem Zusammenhange haben wir
die ganze WELLHAUSEN-sche literarkritische Auffassung der Bibel-
bücher oft analysiert und schliesslich verworfen, um der mündlichen
Tradition freieren Raum zu verschaffen. Die ganze Auffassung erhielt
einen vorläufigen Ausdruck in ENGNELLS *Gamla Testamentet, en
traditionshistorisk inledning* I (1945), das aber nie eine Fortsetzung
erhielt. Gleichzeitig fand ich die Zeit reif, endlich mit den lands-
läufigen textkritischen Methoden der a. t. Wissenschaft abzurechnen
und wählte zum Demonstrationsobjekt das Hoseabuch, das allgemein
als sehr korrumpiert betrachtet wurde, um zu sehen, wie weit man
mit dem masoretischen Text kommen konnte, wenn man ihn ernst
nahm. Ich gab also im J. 1935 meine *Studien zum Hoseabuch* heraus.
Natürlich wurden Stimmen gegen diese Ehrenrettung des verketzer-
ten masoretischen Textes laut, aber ich darf wohl sagen, dass man nach
dieser Zeit doch etwas vorsichtiger beim Emendieren geworden ist,
besonders nach der Entdeckung der Bibeltexte aus Qumran; das stolze
„ich lese" klingt jetzt ein wenig kleinlauter. Übrigens ist der textkriti-
sche Ertrag der Qumrantexte lange nicht eingeerntet; was daraus zu
gewinnen ist, hat unser jetzt emeritierter Semitist Oscar LÖFGREN in
einem Aufsatz über den Jesajatext von Qumran in *Or. Suec.* 1962 gezeigt.

Aus dem erwähnten Kreis ist allmählich das, was im internationalen Verkehr die *Uppsalaer Schule* genannt wird, herausgewachsen, obgleich, wie Professor RINGGREN soeben ausgeführt hat und aus meiner Darstellung hervorgeht, die Benennung *die skandinavische Schule* angemessener wäre. Zum Kreis gehörten mehr oder weniger andere nahestehende Forscher, vor allem Geo WIDENGREN, der bei seiner breiten religionshistorischen Orientierung und seinen stetigen Kontakt mit der Assyriologie mit sehr gewichtigen und notwendigen kritischen Gesichtspunkten beitrug, weiter die Norweger H. LUDIN-JANSEN und A. KAPELRUD. Allmählich kamen hinzu A. HALDAR, der sich bald der Assyriologie widmete, und H. RINGGREN, der in 1947 mit seiner Arbeit *Word and Wisdom* promovierte. Die Arbeit der jetzigen Generation kann ich hier nicht verfolgen, erwähne aber zuletzt C. LINDHAGENs Doktorarbeit *The Servant Motif in the Old Testament* 1950, eine sehr sorgfältige Abhandlung, in der die von mir aufgestellten Prinzipien besonders berücksichtigt wurden. Haupt der „Uppsalaer Schule" war aber schliesslich unbestritten Ivan ENGNELL, der sich immer stärker für die Ideen vom sakralen Königtum in Israel und vom kanaanäischen Einfluss auf Israels Religion einsetzte. Unzweifelhaft versteifte er sich, polemisch veranlagt wie er war, in dieser Hinsicht in einem gewissen Dogmatismus, aus dem sich herauszuarbeiten sein frühzeitiger Tod ihn verhinderte (er starb schon im J. 1963), aber er hat sicher eine Grundlage geschaffen, auf der noch viele Generationen bauen werden, wenn sie auch noch viel kritischer Prüfung bedarf, um wirklich tragfähig zu werden.

Für mich gehört das, was ich hier erzählt habe, der Vergangenheit an. Ich arbeite seit langen Jahren auf einem ganz anderen Gebiete der Orientalistik, die ja grenzen- und uferlos ist. Aber ich habe mit Freude an die Zeiten zurückgedacht, als ich auch an der alttestamentlichen Forschung teilnehmen durfte, an die Zeiten als, um ein Wort aus der schwedischen Literaturgeschichte zu variieren, „die Geister erwachten, und es eine Lust war zu leben".

SEMANTICS AND BIBLICAL THEOLOGY — A CONTRIBUTION TO THE DISCUSSION

JAMES BARR

Manchester

This paper is intended, as its title makes clear, only as a contribution to a discussion between several participants; and it therefore makes no attempt to survey the field in a comprehensive way. I propose only to set out a few theses which may serve to stimulate thought about the relations between semantic studies and biblical theology.

1. *Semantics and biblical theology are two subjects which have a certain degree of overlap but also a considerable degree of mutual independence.*

a. Semantics can be considered simply as a part of linguistic science, and it is quite possible to do semantic work on the Bible, as on other texts, without any involvement in theological decision-making. It may be thought that the degree of relatedness to theology will vary according to the nature of the subject under consideration. Thus little or no theological involvement is required for a study of, let us say, such semantic fields as the Hebrew terms for colours, or the names of animals — to take a fairly extreme example. This is not to say that these cannot have theological relevance—almost anything may potentially have some theological relevance—but that the under-standing and description of the facts does not require theological insight or theological decisions in any significant degree. The matter may be otherwise when we study names of God, or terms like *b^erit*, *šalom*, *ga'al*, etc. One cannot expect these to be properly appreciated without a lively sensitivity to the structures and patterns of religious thinking in the Old Testament. Even such a sensitivity, however, may be something different from *theological* work in the full sense of the word; it may be provided by a study on the level of the history of religion rather than by one on the level of theology. Thus, in general, semantic study in the Old Testament field is not necessarily and entirely linked with theology, and it can be carried on by those who do not feel sympathy with the aims and methods of biblical theology (however that latter entity is defined or understood).

J. BARR

b. A similar independence can be asserted from the theological side. A discipline like the theology of the Old Testament should not consider itself tied to the results of semantic study in Hebrew terms or restricted to the areas which such semantic study can expect to cover. Some of the problems of any biblical theology, indeed, go beyond the limits of what any semantic study can reasonably be expected to achieve. For instance, one of the principal subjects which has engaged Old Testament theology has been the question of the *centre* of the Old Testament, the search to discover the core around which its structure is organized.[1] A problem of this kind lies quite beyond the reach of what one may expect to decide through semantic investigation. The contours of Old Testament theology, as we shall farther see below, cannot be determined by patterns of meaning in the Hebrew language. Thus in general theological, as well as non-theological, considerations argue for the recognition of some independence between Hebrew semantics and biblical theology.

c. In fact however there is generally an overlap of two levels, the linguistic-semantic and the theological. The degree of their interdependence would seem to be a question for the latter to decide, rather than for the former; in other words, a theology of the Old Testament has to decide, as part of its own methodological considerations, in what way it relates itself to Hebrew semantic studies. The semantic studies have to be carried on in any case, as part of basic Hebrew scholarship, independent of their utility for theology. But in whatever way theology relates itself to semantic studies, it has to accept this basic principle: in so far as theology makes appeal to linguistic phenomena, in so far also is it bound to submit itself to the sort of tests and strictures imposed by the modern study of language.

2. *Language and thought (or, language and culture—for our present purposes either term will suffice) are connected; but the connection is logically haphazard.*

a. It was sometimes argued against the writer's *The Semantics of Biblical Language* that it divorced language from thought (or culture). I would not however admit that any such separation is involved in my position, as argued in that book or elsewhere, except in a sense such as will be adumbrated here.[2] Language is an entity which has

---

[1] On this see recently R. SMEND, *Die Mitte des Alten Testaments* (Theologische Studien, 101, Zurich, 1970).

[2] See particularly the writer's retrospect over the semantic discussion since

many different levels, and these are not necessarily uniformly related to thought or to culture, nor are they in fact so related. Moreover, a distinction can be made between the language as a system or a stock (e.g. the grammar or the lexicon of Hebrew) and the body of spoken or literary complexes which are created by the use of this system and this stock (e.g. the Old Testament). The relation of a biblical theology to the Old Testament cannot be the same as its relation to the Hebrew language. This complication of relations means that there is no simple way from linguistic units to the understanding of Old Testament thought; in other words, it is one reason why Old Testament study is hard work.

b. Not all speakers of the Hebrew language "thought the same way". On the contrary, one of the clearest declarations of the Old Testament is that they did not. One does not dispute the possibility that cultures may be found in which the common language was accompanied by a uniform way of thinking; but Old Testament society was not such a culture. The linguistic patterns of the Hebrew language, used by the Old Testament writers, were used also by the prophets of Baal; in so far as they lead directly to the theology of the Old Testament, they lead equally directly to the anti-theology of the Old Testament. The Hebrew language was thus a common linguistic arena for the conflict which characterized the Old Testament. It is not surprising therefore that the conception of Hebrew as *lešon ha-qodeš* arises only *after* the Old Testament period or on its margins. In so far as Hebrew linguistic units can be directly attached to a way of thinking, that thinking will be not theologically univocal but theologically equivocal; it will be not positive, but ambiguous, in relation to the theology positively affirmed by the Old Testament.

c. In so far as language is determined by thought and ideas, there is likely to be an element of time-lag, so that a language situation would reflect a cultural situation of some time past rather than the situation of contemporary ideas. In the case of Hebrew—and it is in this respect in no way exceptional—important elements of the language are inherited from times when the theological opinions were quite different, from situations of polytheism and involvement

1961 in the second edition of his *Biblical Words for Time* (London, 1969), especially the new chapter "Postscript and Retrospect", and on the present point pp. 204 ff.; also my "Common Sense and Biblical Language", *Biblica* xlix (1968) 377-87. Some of this review of the discussion appears also in the preface to the French edition of *Semantics*, *Sémantique du langage biblique* (Paris, 1971), pp. 9-14.

in the general Canaanite culture—just as is being seen from the vigorous development of Ugaritic studies at the present time.

d. There is a large element of redundancy in languages: this is an aspect of natural languages as distinct from artificial languages. They combine superfluity and waste; there is polysemy and homonymy, on the other hand one hears that a language "doesn't have a word for" something. Redundancy seems wasteful but is also the factor which allows for the possibility of growth, change and originality; all of this is probably visible in the Old Testament. If there was no redundancy, and if the language fitted without waste and without difficulty into the thought patterns of a period and culture, the result would be to fossilize these.

3. *The relation between semantics and biblical theology is thus not one relation but many.*

a. It is a mistake therefore to confine discussion of it too rigidly to any one question, such as the question of what can be achieved in a theological dictionary of the Old Testament. Nevertheless this question provides quite a good starting point for a further discussion.

b. The basic storage of meanings is psychological. This was true of the ancient Hebrew speaker, and it is true of the good scholar today. The knowledge of meanings is built upon experience in the use of the language. The construction and the use of a dictionary is not a substitute for, but is dependent upon, the existence of this experience. (This is, incidentally, a basic reason against that theory, according to which theological students need be taught only so much Hebrew as will enable them in later life to use a dictionary).

c. A dictionary may have several functions, such as the following: (a) as a reminder, assisting the memory of past linguistic experience; (b) as a presentation of the conspectus of usage (in normal use of language the speaker or hearer selects from the total set of possibilities those which are relevant for the context; the attempt to gather the total set at one time, e.g. to gather all senses of a common English word like *stand*, is abnormal and commonly needs artificial assistance); (c) in the learning situation, speeding and assisting the gaining of experience of meanings; (d) for the discussion of meanings already basically known. The function of a theological dictionary would seem to fall primarily under (d); basically, it is an assemblage under one-word entries (or, potentially, word-group entries) of the linguistic information most likely to be relevant for theology, with perhaps some element of fully theological discussion. The presence and extent of this last element, and the mode of controlling it, is one of the most difficult questions for those working on such dictionaries.

d. Word meanings can be stated as the meaning of the choice of this word as against another. The choices are particularly significant when considered within semantic fields of similarity and of opposition. Thus we can consider a field of similarity with words meaning something like "create", e.g.

bara'

'aśa

yaṣar

These are units which could conceivably replace one another; their relations are said to be *paradigmatic*. Discussion takes the form: what does it mean that we have *bara'* here and not *'aśa*?

e. Word meanings can also be considered as the meaning of their collocation with other elements in a phrase, sentence or larger complex. Thus in:

bᵉrešit bara' 'ᵉlohim 'et ha-šamayim wᵉ'et ha-'areṣ

the meaning of *bara'* can be considered as the meaning of the fact that it is here with *bᵉrešit* before it, *'ᵉlohim* after it, etc. The relations thus considered are said to be *syntagmatic*. One of the problems about attempts to discuss meaning in dictionaries lies in the doing of justice to this syntagmatic element. It may be felt that the commentary, rather than the dictionary, is the proper place to do this, since the commentary by its nature follows and discusses the growing sequence of the running text.

f. Returning to semantic fields, we sometimes find that these are clearly defined in the language, so that an area is more or less mapped out with almost exclusive oppositions and compatibilities. One such instance in Hebrew would seem to be the small system related to *holiness* and *cleanness*:

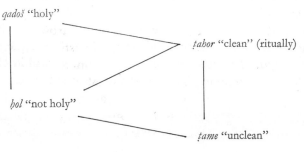

This system is a relatively closed one; I doubt if there are any confusing factors or any other terms which have to be included. The vertical lines are oppositions, which are absolute and exclusive; the cross lines are compatibilities, e.g. what is *ḥol* may be *ṭahor* or may be *ṭame'*. This is, so far as I know, inherent in the language and is not the product of one school or tradition.

g. Sometimes however systems may be set up or definitions made in a legal or theological fashion which may not represent necessary or inherent usage in the language. For instance the system of sacrifices as set out in Leviticus, though clearly defined in respect of the material of sacrifice, the disposal of the material after its being offered, etc., is a legal structure which does not coincide with the general linguistic usage of Hebrew. There is redundancy (e.g. *kalil* besides *'ola*, *zebaḥ* besides *šelamim*); many terms are used but are not functionally clear by definition within the system (e.g. *'išše*); and, notoriously, words are used within the system in a sense different from that found outside of it, e.g. notably *minḥa*.

h. In general then one of the problems of a dictionary is that of trying to lay out these rather complicated sets of relations on different levels. To state these should by no means be an impossibility; but, we may suggest, the more fully a dictionary tries to state them the more it is likely to feel a constraint from its own formal, systematic, one-word and alphabetic, arrangement.

4. *The meanings which concern us are meanings in biblical Hebrew.*

a. This follows naturally from our analysis of meaning as a function of choice between possibilities co-existent at the same time.

b. The brief indications which we give in our own modern language, as for instance when we say in English that *berit* "means *covenant*" or that *šalom* "really means *completeness*", are not really meanings of the Hebrew words. They are rather glosses, i.e. approximate English labels sufficient to enable one to identify which word it is, which of several senses is referred to, which of several Hebrew homonyms is intended, and so on. Glosses are not meanings but only indicators enabling the scholar to draw on his own experience of the meanings within Hebrew.[1] This knowledge of the meanings within Hebrew is presupposed throughout. The question of what is the best *translation*

---

[1] See my *Biblical Words for Time* (2nd ed.), p. 191, and more generally the section "Remarks on Translation", pp. 188-94.

of the passage, for the use of people who do not know Hebrew, is a different one altogether, and depends on a different set of priorities and aims. Translations may however serve to make clear which of several possible constructions of the Hebrew is being followed by a scholar; they do not, however, necessarily do this.

c. Meanings in Ugaritic, in pre-Hebrew, and in proto-Semitic, however interesting, are not meanings in Hebrew of the biblical period. Even if one word or form can be traced both in biblical Hebrew and in one of these other forms of language, the knowledge of this will still leave vague the question of meaning, because that is determined not by the one word itself but by the network of choices and oppositions in relation to other words. A proper comparison would require not the "etymological" identification of single elements but the comparison of groups, fields and systems in one language (or stage) and in another. This is one reason, but not the only one, against the domination of etymological perspectives. In practice, the stress on etymology is now fast receding in biblical studies.

d. Though this paper has emphasized the synchronic axis in the approach to meaning, a diachronic axis can certainly also be discerned in Old Testament language and should be followed up whenever the data are sufficiently plentiful and the chronology of sources sufficiently clear. The diachrony which is most important for semantic studies, however, is not a historical tracing of individual items, but a diachronic succession of synchronic states.

e. Because of the interest in the organization of dictionaries, this paper has concentrated on an analysis of meaning which takes the word as unit. Other semantic questions emerge if a different unit is taken for consideration. Going below the word-unit, one can consider the morpheme as unit. One would then perhaps ask about the meaning of a root-morpheme, e.g. a consonant sequence such as *d-b-r* or *š-l-m*, or that of a pattern like the *-i-e-* of the Piel. If this is done, a distinction has to be maintained between the semantics of a morpheme such as *š-l-m* and the semantics of words which include that sequence. For instance, *šalem*, *šalom* and *hišlim* have the same root-morpheme, but it is possible that the three words have found their way into different semantic fields. A distinction has also to be observed between a *root* in the sense of a morpheme occurring as a constituent of actual words, and a *root* in the sense of a historical antecedent from which a biblical word has descended.

5. *In sum, advance both in semantics and in biblicalheology would seem
to demand recognition of the freedom of each.*

a. Semantic study can be looked on in an undesirable utilitarian
manner, as if it was a tool for the discovery of meanings, an instrument
which ought to "tell us what it means" for the benefit of theological
thinking. I do not share this view of semantic study as a sort of
heuristic device. It does not discover the meanings; rather, the
meanings are there in all our experience of the language, and the work
of semantics is to meditate upon these meanings, classify and clarify
them, and thus deepen the understanding which we already in em-
bryonic form, or in coarser form, possess. In so far as it does thus
deepen and correct our impressions of meaning in the language, it
does indirectly enable us to discern meaning more clearly and more
profoundly. But it is never a machine geared straightforwardly for
heuristic productivity.

b. One of the main services which semantic study renders to
biblical theology is to guard it against premature theological evaluations of biblical linguistic data. While some works in the past would
seem if anything to have encouraged such premature evaluations,
there is no intrinsic reason why the theological dictionaries to the
Old Testament now beginning to appear should not exercise more
of this guarding and protecting function.

c. Old Testament theology depends primarily on the Old Testament
text rather than on the Hebrew language system and the meanings of
its items. Some of the terms and concepts which it is likely to use are
not directly bound to any particular linguistic exponent in Hebrew:
so for instance *promise, revelation, monotheism, transcendence*. As we have
seen, the meanings of many linguistic items may in the original
setting have been theologically equivocal and have functioned
within both the theology affirmed in the Old Testament and that
which is denied and opposed in it. It is not these linguistic resources
in themselves, but a particular text formed by selection from these
resources and collocation of the items selected, which forms the
message of the Old Testament. These qualifications indicate that
there is something of a gap between what semantics can do for
theology and what theology itself is required to accomplish. But in
spite of these differences it would appear that any biblical theology
working on the Old Testament must over a certain area rest upon a
sufficient grounding in the Hebrew language and its modes of ex-

pression; and it must show an adequate knowledge of modern semantic studies in Hebrew even if not all of their results can be directly taken up into the theological work. If this were not so, the theological work would risk becoming disconnected from its own basis in the Old Testament.

PROPHETIE UND GESCHICHTE [1]

KARL-HEINZ BERNHARDT
Berlin

I

Mit dem Nomen *nâbî'* — 'Prophet' — werden im Alten Testament Personen von sehr unterschiedlichem Charakter bezeichnet. Nach den wichtigsten Merkmalen ihrer Wirkensweise sind es hauptsächlich Ekstatiker, Wundertäter, Magier, Zeichengeber, Träumer, Zeichendeuter, Visionäre oder Verkünder von Gottesworten. Bei vielen finden sich zwei oder auch mehrere dieser Merkmale in unterschiedlichen Variationen vereint. Wenig einheitlich erscheint auch die äußere Organisation ihres Wirkens. Sie begegnen uns in Gruppen, deren Mitglieder gemeinsam als Ekstatiker auftreten, wobei auch fremde Personen, die nicht der Gruppe angehören, zu aktiver Mitwirkung veranlaßt werden können (1. Sam. x 5 ff. 9 ff.; xix 18 ff.). Daneben stehen organisierte Prophetengemeinschaften mit einem besonders angesehenen Propheten als Oberhaupt, der den 'Einsatz' seiner Propheten leitet (2. Reg. ix 1 ff.; ferner ii 15 ff.) und sich für ihren und ihrer Familien Unterhalt verantwortlich weiß (2. Reg. iv 1 ff. 38 ff.). Sind diese Gruppen oder Gemeinschaften auch in ihrem prophetischen Wirken nicht an einen Ort gebunden, so haben sie doch als Basis ein festes 'Prophetenhaus' (2. Sam. xix 18 ff.) oder zumindest ihren Wohnsitz in einer bestimmten Ortschaft (2. Reg. ii 3.5.15; iv 38). Dagegen sind auch in ihrer Tätigkeit ortsgebunden die am königlichen Hof angestellten Prophetengruppen.[2]

---

[1] Die wichtigste neuere Literatur zum Thema verzeichnet G. FOHRER, *Studien zur alttestamentlichen Prophetie*, *BZAW* 99, 1967, S. 265 f. Vgl. im übrigen die zahlreichen Überblicke zur Forschung, zuletzt von J. SCHARBERT, ,,Die prophetische Literatur", *BETL* 24, 1969, S. 58-118.

[2] 'Hofpropheten' als gemeinsam wirkende Gruppe werden nur 1. Reg. xxii näher geschildert. Die Baalspropheten der Erzählung 1. Reg. xviii waren nicht am Königshofe beschäftigt, wenngleich sie — wie überhaupt der Baalkult — in der Regierungszeit Ahabs königliche Gunst und Förderung genossen. Nach 1. Reg. xviii 20 mußte jedenfalls Ahab im ganzen Lande umhersenden, um diese Propheten auf dem Karmel zu versammeln.

Dies gilt ebenso von den im Tempeldienst beschäftigten Propheten,[1] von denen in der Regel ein einzelner als 'Wortführer' hervortritt.[2] Vermutlich üben sie aber auch eine echte Gruppenwirksamkeit bei bestimmten kultisch-liturgischen Vorgängen.[3] Die markantesten Erscheinungen des im Alten Testament bezeugten Prophetentums sind jedoch die nicht an eine Gruppe gebundenen Einzelpropheten.[4] Auch unter ihnen gibt es Männer, die im Lande umherziehen, während andere nur an einem Orte wirken. Sie können sich in einem festen Anstellungsverhältnis befinden,[5] oder auch als 'freie' Propheten ohne Bindung an eine Institution sein.

Beschäftigt man sich mit der sozialen Situation der Propheten, so

---

[1] Genauer bekannt werden uns nur die Jerusalemer Tempelpropheten, über die vor allem das Jeremia-Buch mancherlei an Einzelheiten mitteilt (vgl. besonders Jer. xxiii 9 ff.; xxvii-xxix). Mit Sicherheit ist jedoch anzunehmen, daß auch an anderen Jahwe-Heiligtümern Prophetengruppen angestellt waren. Einen Hinweis auf Tempelpropheten in Silo enthält 1. Sam. iii (vgl. dazu unten S. 44). Die Existenz von Prophetengruppen an den Baalsheiligtümern bezeugen 1. Reg. xviii 20 und 2. Reg. x 19. — Angesichts des besonderen Charakters des Jerusalemer Tempels als hauptstädtisches 'Königsheiligtum' ist es wenig wahrscheinlich, daß es dort außer den am Tempel beschäftigten Propheten noch eine gesonderte Gruppe von 'Hofpropheten' gegeben hat.

[2] Anschaulich dafür sind die Beispiele des Tempelpropheten Hananja (Jer. xxviii 1 ff.) und des Leviten Jahasiel (2. Chr. xx 14 ff.). Unter den Hofpropheten von 1. Reg. xxii hat Zedekia eine ähnliche Position inne. Vor allem aber zu nennen sind diejenigen unter den sogenannten 'Schriftpropheten', die nach dem Inhalt und der Gattung ihrer Worte dem Tempeldienst so eng verbunden erscheinen, daß man sie üblicherweise zu den Tempelpropheten rechnet: Joel, Obadja, Nahum, Habakuk und Haggai. Sicherheit ist darin freilich nicht zu gewinnen, da es an biographischen Angaben fehlt. Immerhin entspricht die Verkündigung dieser Propheten inhaltlich etwa dem, was Jeremia von den 'Heilspropheten' des Jerusalemer Tempels berichtet.

[3] Insbesondere läßt das auf Grund von 1. Chr. xxv 1-3 zu erschließende Aufgehen des Tempelprophetentums in die Gilde der Tempelmusiker und -sänger vermuten, daß Gruppenwirksamkeit auch bei den judäischen Tempelpropheten üblich gewesen ist. Die Regel war ein gemeinsames Auftreten bei den Ekstatikern der Baalsheiligtümer (1. Reg. xviii).

[4] Hierzu wären auch die Oberhäupter von Prophetengemeinschaften zu rechnen, sofern sie — wie Elisa — weitgehend als Einzelpropheten oder nur in losem Zusammenhang mit ihren Schülern auftreten.

[5] Zu verweisen ist auf Nathan und den Propheten Gad, der den Titel *ḥôzèh Dâvîd* trägt (2. Sam. xxiv 11; 1. Chr. xxi 9). Eine ziemlich feste Position am Königshofe hat auch Jesaja. Ob dahinter ein Anstellungsverhältnis steht, muß offenbleiben (vgl. aber immerhin die Erwägungen von R. T. ANDERSON, *JBL* 79, 1960, S. 57 f.). Merkwürdig ist die Überlieferung von der Teilnahme Elisas am Feldzuge gegen Moab (2. Reg. iii 9 f.). Wie kommt er in das Heer des Königs von Israel? Ist er wie ein freier Einzelprophet aus eigenem Antriebe mitgezogen, oder ist er dazu auf Grund irgendeiner Anstellung am Königshofe verpflichtet gewesen?

ergibt sich ein entsprechend mannigfaltiges Bild. Die an Hof oder Tempel beschäftigten Prophetengruppen brauchten gewiß in normalen Zeiten keine Sorge um ihre materielle Existenz zu haben.[1] Entsprechendes ist selbstverständlich auch im Hinblick auf die am Hofe angestellten Einzelpropheten [2] anzunehmen, zumal wenn sie dort — wie Nathan (2. Sam. xii 25) — noch andere wichtige Funktionen bekleideten. Dagegen waren die Prophetengemeinschaften und die einzeln umherziehenden Wanderpropheten in erster Linie auf Gaben angewiesen oder auch auf eine Bezahlung ihrer Tätigkeit.[3] Man reichte ihnen ein Geschenk (1. Reg. xiii 7; [4] 2. Reg. v 5 f.) und setzte ihnen Speise und Trank vor (1. Reg. xiii 7.15).[5] Bei den ortsansässigen Einzelpropheten war es Brauch, ihnen den Lohn für ihre Auskünfte zu überreichen, bevor man die bemühte (1. Sam. ix 7 f.; [6] 1. Reg. xiv 3). Zusätzlich empfangene 'Geschenke' spielten aber auch beim Tempelprophetentum höchstwahrscheinlich eine wichtige Rolle. Die offiziellen Aufgaben dieser Propheten können nicht sehr umfangreich gewesen sein. Ihre Befragung in besonderen Angelegen-

---

[1] Von der Schar der Aschera-Propheten wird 1. Reg. xviii 19b vermerkt, daß die Königin Isebel für ihren Unterhalt sorgte.

[2] Vgl. oben S. 21, Anm. 5.

[3] Bei solchen unsicheren Einkommensverhältnissen gerieten die Prophetengemeinschaften in Hungerzeiten leicht in große Not. Dies schildern anschaulich die beiden kleinen Wundergeschichten 2. Reg. iv 38 ff. Ob die Prophetengemeinschaften — wie sehr viel später die Leute von Qumran — über Grund und Boden oder über Vermögenswerte aus dem eingebrachten Besitz ihrer Mitglieder verfügten und damit eine eigene bescheidene wirtschaftliche Basis aufbauen konnten, wissen wir nicht.

[4] In der Erzählung 1. Reg. xii 33 ff. ist allerdings nicht von einem *nâbî*ʾ, sondern von einem *ʾîsch (hâ-)ʾelôhîm* die Rede. Da in der gleichen Erzählung, die im wesentlichen als einheitlich anzusehen ist (M. Noth, *BK* XI, S. 291 f.), ausdrücklich die Gleichsetzung von *nâbî*ʾ und *ʾîsch hâ-ʾelôhîm* erfolgt (1. Reg. xiii 18), darf dieser Beleg hier herangezogen werden. Man vgl. auch die parallele Verwendung der beiden Bezeichnungen insbesondere für Elia und Elisa. Dies zeigt, daß zumindest für die spätere Überlieferung kein wesentlicher Unterschied zwischen 'Prophet' und 'Gottesmann' bestand.

[5] Vermutlich hatten sie an den Heiligtümern im Lande ein Recht auf freie Beköstigung und Unterkunft (vgl. H. W. Wolff, *BK* XIV, 2, S. 358).

[6] Dieser Beleg bezieht sich auf Samuel als 'Gottesmann'. Merkwürdigerweise wird Samuel in der sonst ganz einheitlichen Geschichte von 1. Sam. ix 1-x 16 (anders W. Hertzberg, *ATD* X, S. 61) von ix 11 an als 'Seher' (*rôʾêh*) bezeichnet. Da die Glosse in V. 9 *rôʾêh* und *nâbî*ʾ miteinander identifiziert und Samuel auch in älterer Überlieferung *nâbî*ʾ genannt wird (1. Sam. iii 20), kann ix 7 f. hier als Beleg herangezogen werden. — Seinen Lohn empfängt nach Num. xxii 7 auch der berühmte Bileam vor der Befragung. Es fällt auf, daß er in der so ausführlich von seinem Auftreten berichtenden Überlieferung nirgends den Titel eines *nâbî*ʾ oder eines *rôʾêh* erhält, obgleich die Merkmale seiner Tätigkeit in dieser Hinsicht ganz eindeutig sind.

heiten durch den König war kein alltäglicher Vorgang. Auch traten
hierbei wohl in der Regel nur einzelne Sprecher der Tempelpropheten in Aktion.[1] Soweit es sich um regelmäßige prophetische Aufgaben im Kult handelte, ist es überhaupt wahrscheinlicher, daß diese
Priestern vorbehalten blieben.[2] Hauptaufgabe der Tempelpropheten
war — wie auch sonst im Alten Orient — die Vornahme mantischer
Praktiken verschiedenster Art für den Privatmann.[3] Selbstverständlich
war es dabei üblich, den Propheten zu entlohnen. Micha jedenfalls
stellt entrüstet fest, daß die Propheten für Geld „wahrsagen" (iii 11).
Noch ärger ist es, wenn sie die Qualität und den Inhalt ihrer Auskünfte nach der Höhe des Entgelts richten (Mi. iii 5),[4] oder sich gar
als bestechlich erweisen (Neh. vi 12 f.). Demgegenüber wird schon
von Elisa berichtet, daß er jegliche Belohnung für die Heilung des
Syrers Naeman abgelehnt habe (2. Reg. v 15 f.).

Die Frage liegt nun nahe, wovon die in Opposition zum Tempelprophetentum stehenden freien Einzelpropheten [5] ihren Lebensunter-
halt bestritten haben. Wenn sie auch nicht für Geld und Geldeswert
als Propheten 'arbeiteten', so konnten sie doch als Gottesmänner mit
mancherlei materieller Unterstützung durch fromme Bürger und

---

[1] Vgl. oben S. 21, Anm. 2.

[2] Vgl. die entsprechende Feststellung von H. RINGGREN, *Israelitische Religion*,
Stuttgart 1963, S. 199. — Auf die Wahrnehmung laufender kultisch-prophetischer
Aufgaben durch eine bestimmte Gruppe von Priestern deutet die Anwendung
des Ni. von nbʾ in 1. Chr. xxv 1 ff. für die Tätigkeit der levitischen Tempelmusiker und -sänger. Besonders auffällig ist in diesem Zusammenhang (V. 5) die
Bezeichnung Hemans als "Seher des Königs" (*ḥôzêh hammelek*). Freilich ist es
fraglich, ob hiermit ein schon für ältere Zeit gültiger Tatbestand mitgeteilt wird
(vgl. oben S. 21, Anm. 3). In die gleiche Richtung deutet 2. Chr. xx 14 ff. Hier
tritt Jahasiel, einer der Nachkommen Asaphs, aus der Schar der levitischen
Sänger im Rahmen eines Bittgottesdienstes mit einem Prophetenwort in Form
eines priesterlichen Heilsorakels hervor.

[3] Einen interessanten Katalog solcher prophetisch-mantischer Alltagsaufgaben
vermittelt Deut. xviii 10 f.: Wahrsager, Wolkendeuter, Schlangenbeschwörer,
Zauberer, Banner, Geisterseher, Totenbeschwörer. Zu Deut. xviii vgl. auch
unten S. 28 f.

[4] Diese Vorwürfe treffen selbstverständlich in gleichem Maße die Institution,
die den Propheten zu einer Art von Abhängigem Lohnarbeiter machte. Auch
beim offiziellen Wirken der Tempelpropheten, d.h. bei der Befragung durch den
König, mußte nur zu leicht die Versuchung nahe liegen, sich durch ein gefälliges
Wort den Wünschen des Herrschers anzupassen.

[5] Die kritische Auseinandersetzung mit dem Berufsprophetentum dürfte überhaupt für die Einzelpropheten der Königszeit charakteristisch sein. Besonders
treten in dieser Hinsicht in der Überlieferung Micha Ben Jimla und Micha von
Moreseth sowie Jeremia hervor. Aber auch bei anderen sogenannten 'Schriftpropheten' finden sich entsprechende Äußerungen: Jes. xxviii 7 ff.; xix 9; Hos.
iv 5; Zeph. iii 4.

Freunde rechnen, ohne dadurch in irgendeine Abhängigkeit zu
geraten.[1] Selbst in Situationen der Gefahr für Leib und Leben hat es
den Einzelpropheten nicht an selbstlosen Helfern gefehlt (z. B.
1. Reg. xviii 3 ff.; Jer. xxvi 24). Im übrigen gibt es mancherlei Hinweise für die Herkunft der freien Einzelpropheten aus sozial ge-
hobenen Schichten. So fällt es auf, daß die Jerusalemer Einzelpropheten, von denen uns schriftliche Überlieferungen vorliegen, zum
großen Teil Priesterfamilien angehören.[2] Auch über die soziale Herkunft der nicht aus Jerusalem stammenden freien Einzelpropheten
erfahren wir Ähnliches. Hosea ist zweifellos ein gebildeter Mann
gewesen, in welchen Kreisen man im einzelnen auch seine Heimat
suchen will. Amos ist Landwirt und betont seine Unabhängigkeit.
Micha stammt aller Wahrscheinlichkeit nach aus den Kreisen der Kleinen, aber selbständigen Landbesitzer. Insgesamt entsteht der sicher zu-
verlässige und nicht zufällige Eindruck, daß sich gerade diese Reihe
von freien Einzelpropheten aus Männern begüterter oder sozial an-
gesehener Schichten zusammensetzt. Deshalb überrascht es nicht, daß
Jeremia in Anathoth einen Acker kaufen kann (Jer. xxxii 6 ff.), wenn
auch die Kaufsumme in Höhe von 17 Schekeln nicht sehr erheblich
gewesen ist. Die Jona-Erzählung setzt ohne weiteres voraus, daß
der Prophet die zweifellos nicht eben billige Passage nach Tharsis
zu bezahlen vermag (Jona i 3). Schließlich ist dabei auch zu berücksichtigen, daß die Tätigkeit der freien Einzelpropheten oft erst im
späteren Lebensalter begann und sich in einzelnen Fällen nur über
wenige Jahre erstreckte.[3] Nicht ganz auszuschließen ist eine berufliche
Tätigkeit neben der prophetischen Wirksamkeit oder in einer der

---

[1] Dies war dem Propheten bei einem — wenn auch nur vorübergehenden —
Aufenthalt an einem Staatsheiligtum nicht garantiert (Am. vii 10 ff.). Eben
deshalb lehnt Amos es ab, ein Nabi im üblichen Sinne zu sein und seinen Unterhalt aus den Mitteln der Staatsheiligtümer zu beziehen. Vgl. im einzelnen
H. W. WOLFF, a.a.O., S. 359 ff.

[2] Das ist sicher bezeugt für Jeremia und Sacharja, während Ezechiel sogar vor
seiner Berufung zum Propheten bis zum Exil selbst Priester gewesen ist. Auch
Jesaja scheint wenigstens Tempelschüler gewesen zu sein. Seine engen und
vergleichsweise guten Beziehungen zum Königshaus deuten vielleicht auf die
Zugehörigkeit zu einer sehr angesehenen Familie, wenn man nicht, wie schon
erwähnt, an eine Anstellung am Königshofe denken will (vgl. S. 21 Anm. 5).
Öfters erwogen worden ist auch, ob der Prophet Zephanja auf Grund von
Zeph. i 1 als ein Nachkomme des Königs Hiskia angesehen werden kann.

[3] Soweit wir der Überlieferung in den Prophetenbüchern einigermaßen sichere
Angaben entnehmen können, ergeben sich ungefähr folgende Wirkungszeiten:
Jesaja 40-50 Jahre, Jeremia 40, Hosea 30, Ezechiel 22-23, Micha 15, Sacharja 5
und Amos weniger als 5 Jahre.

längeren Pausen zwischen den einzelnen prophetischen Aktivitäts-
perioden.[1] Über solche berufliche Tätigkeit der freien Einzelpropheten
unter den 'Schriftpropheten' vermittelt uns das Alte Testament
zwar keinerlei Angaben; doch gibt es für Einzelpropheten früherer
Zeiten einige entsprechende Hinweise. So ist es einerseis wohl möglich,
in Nathan einen hauptamtlichen Hofpropheten zu sehen, der nebenbei auch andere Aufgaben am Königshofe wahrnimmt. Andererseits
spricht jedoch allerhand dafür, daß es sich um einen Hofbeamten
handelt, der nur gelegentlich als Einzelprophet auftritt. Prophetische
Wirksamkeit verbindet sich mit 'richterlicher' Tätigkeit in der Gestalt
der Debora (Jud. iv 4).[2] Nahazu alle wichtigen Ämter und Funktionen der vordavidischen Zeit Israels häuft die Tradition auf Samuel.
Er erscheint nicht nur als Prophet, Gottesmann, Seher und Haupt
einer Prophetenorganisation, sondern auch als Priester, 'charismatischer' Kriegsheld und Träger von richterlichen Aufgaben nach Art
der 'kleinen Richter'.

---

[1] Derartige Zwischenzeiten sind wohl bei jedem Propheten vorauszusetzen.
Direkte Aussagen der Propheten selbst über Unterbrechungen ihrer Wirksamkeit
finden sich Jes. viii 16 f.; Ez. iii 26 f. und xxiv 25-27.

[2] Es ist sicher, daß es in Israel Tempelprophetinnen in festem Anstellungs-
verhältnis gegeben hat. Vielleicht könnte man in Noadja (Neh. vi 14) eine
Vertreterin dieses Standes sehen. Nicht ganz durchsichtig ist die Bezeichnung
Mirjams in Ex. xv 20 als $n^e b\hat{\imath}\,{}^{\flat}\hat{a}h$. Eigentlich schildert Ex. xv 20 f. nur die typische
Szene des Empfanges siegreich heimkehrender Krieger durch die Frauen mit
Musik und Lobgesang (vgl. 1. Sam. xviii 6 f.). Wenn Mirjam als Anführerin
einer solchen Frauenschar den Titel $n^e b\hat{\imath}\,{}^{\flat}\hat{a}h$ trägt, dann kann dies als ein weiterer
Hinweis auf die Verbindung der Tempelmusiker und -sänger mit den Tempel-
propheten gelten (vgl. S. 23. Anm. 2). Ist dies richtig, würde auch Debora zu
den Ahnherrinnen dieser in Gruppen liturgisch tätigen Prophetinnen gehören.
Auch von ihr wird ja der Vortrag eines Siegesliedes berichtet. Zu erinnern wäre
weiterhin an die drei Töchter des 'Sehers' Heman, die nach 1. Chr. xxv 5 f. zu
den levitischen Tempelsängern gehören. Paukenschlagende Mädchen treten nach
Ps. lxviii 26 im Gottesdienst auf. (Zur Rolle der Sängerinnen und Tänzerinnen
im alten Israel vgl. im übrigen das Material bei A. SENDREY, Musik in Alt-Israel,
Leipzig 1970, S. 493 ff.). Es hat also den Anschein, als seien die Aufgaben der
Tempelprophetinnen vorwiegend im Bereich der Kultmusik zu suchen. Auf eine
mantische Tätigkeit der Tempelprophetinnen — ähnlich der ihrer männlichen
Berufskollegen (vgl. S. 23. Anm. 3) — könnte Ez. xiii 17 ff. deuten. — Nichts
Sicheres erfahren wir über die prophetische Funktion der Frau des Propheten
Jesaja. Wenn sie Jes. viii 3 als $n^e b\hat{\imath}\,{}^{\flat}\hat{a}h$ bezeichnet wird, dann dürfte es sich dabei
jedenfalls eher um einen Hinweis auf eigene zeitweilige und wohl nicht nur
liturgische Prophetinnentätigkeit handeln, als um die Bezeichnung einer Frau mit
dem Titel ihres Gatten (vgl. A. JEPSEN, ZAW 72, 1960, S. 267 f.). Ähnlich liegen
wohl auch die Verhältnisse bei der Prophetin Hulda, der Gattin eines Tempel-
beamten (2. Reg. xxix 14; 2. Chr. xxxiv 22). Da sie in ihrem Hause befragt wird,
ist eine feste Anstellung als Tempelprophetin offenbar nicht vorausgesetzt.

Diese Ausführungen mögen genügen, um die bunte Mannigfaltigkeit der Größen, die im Alten Testament unter dem Begriff *nâbî'* zusammengefaßt werden und die damit verbundenen Probleme deutlich zu machen. Das vielgestaltige Bild ließe sich noch leicht um weitere Züge vermehren durch eine Darstellung der unterschiedlichen Formen des Empfangs der Gottesbotschaft, die die Propheten zu vermitteln haben, durch Erörterung der Art und Weise ihres öffentlichen Auftretens oder durch Befragung der Prophetenüberlieferungen nach ihrer Stellung zum Kult.

II

Der Sachverhalt des im vorhergehenden Abschnitt geschilderten weitgespannten und undifferenzierten Sprachgebrauches fordert eine Erklärung. Nahe liegt zunächst der Versuch, den weiten Anwendungsbereich des Nomens *nâbî'* als nicht ursprünglich aufzufassen, sondern in ihm lediglich den abgeschliffenen Sprachgebrauch späterer Zeit wiederzuerkennen. Man könnte sich die begriffsgeschichtliche Entwicklung etwa so vorstellen, daß *nâbî'* zunächst nur die Bezeichnung für einen klar abzugrenzenden Typ von Propheten gewesen ist, dann aber aus diesen oder jenen Gründen auch auf verwandte Erscheinungen bezogen wurde, die ursprünglich mit dem Nabitum nur entfernt zu tun hatten. In der Tat gibt es verschiedene Beobachtungen, die für die Richtigkeit dieser Erklärung sprechen:

1. Die Identifizierung von *'îsch (hâ-)elôhîm* mit *nâbî'* (1. Reg. xiii 18) bzw. von *rô'êh* mit *nâbî'* (1. Sam. ix 9) bezeugt, daß der Begriff *nâbî'* andere Bezeichnungen verdrängt hat.

2. Es fällt auf, daß sich im Alten Testament nur ein Prophet selbst ausdrücklich als *nâbî'* bezeichnet, nämlich der „alte Prophet" von Bethel in der oben schon herangezogenen Überlieferung 1. Reg. xiii 18.[1] Auch jene Propheten, von deren Äußerungen uns z. T. umfangreiche Sammlungen erhalten geblieben sind, vermeiden bei der Beschreibung ihrer eigenen prophetischen Tätigkeit in der Regel das Nomen *nâbî'*. Lediglich Jeremia zitiert in seinem Berufungsbericht den göttlichen Befehl für seine Einsetzung als *nâbî'* (i 5).[2] Demgegenüber versichert Amos mit Nachdruck, kein *nâbî'* zu sein (vii 14). Jesaja wird nicht einmal in den redaktionellen Partien des Jesaja-Buches als *nâbî'* bezeichnet.Nur in den angefügten Jesaja-Erzählungen

---

[1] Zu Deut. xviii 15 vgl. unten S. 30.

[2] Möglicherweise ist auch in der unklaren Stelle Hos. ix 8 mit *nâbî'* Hosea selbst gemeint.

trägt er dreimal diesen Titel (xxxvii 2; xxxviii 1; xxxix 3). Ein un-
befangener Leser würde kaum auf den Gedanken kommen, Micha
angesichts seiner sehr scharfen Polemik gegen die *n^ebî'îm* in Kap. iii
selbst als *nâbî'* zu bezeichnen, sondern vielleicht eher meinen, daß
Micha seine Aufgabe als die eines *maṭṭîf* (ii 6.11) versteht.

Entsprechendes zeigt sich im Hinblick auf die Verwendung des
Verbs *nb'*. Für den Gebrauch von *nb'* in der 1. Sg. bietet nur Ezechiel
zwei Belege (xxxvii 7.10). Entsprechend selten findet sich der Inf. c.
suff. 1. sg. (Ez. xi 13; xxxvii 7; ferner c. *l^e*: Jer. xxvi 12). Zahlreicher
sind zwar die Belege für den Gebrauch des Imperativs in den Selbstaussagen der 'Schriftpropheten'; aber sie sind fast ausschließlich auf
Ezechiel beschränkt (28 mal).[1] Außerdem ist nur noch Amos vii 15
zu nennen und die entsprechende jussivische Verwendung der 2. m.
sg. in Jer. xxv 30.

Dieser Sachverhalt deutet auf eine sehr zurückhaltende Anwendung
von *nâbî'* und *nb'* zur Bezeichnung der 'Schriftpropheten' und ihrer
Tätigkeit. Als Selbstbezeichnungen liegen nur Belege für Amos,
Jeremia und Ezechiel vor. Berücksichtigt man, daß Amos vii 10-17
als Fremdbericht auf die Redaktion zurückgeht, dann bleiben nur die
Stellen in Jeremia und Ezechiel als sichere Selbstäußerungen. Dies
läßt vermuten, daß erst in spätvorexilischer und exilischer Zeit *nâbî'*
und *nb'* zu gängigen Bezeichnungen für die 'Schriftpropheten' und
ihre Tätigkeit geworden sind. Beschränkt man sich nicht nur
auf die Verwendung in prophetischen Selbstaussagen, sondern zieht
das Vorkommen von *nâbî'* und *nb'* überhaupt in Betracht, dann wird
diese Tendenz noch deutlicher. Etwa ein Drittel der Belege für das
Nomen und mehr als zwei Drittel der Belege für das Verbum sind
in den Büchern Jeremia und Ezechiel beheimatet. Es kann kein Zufall
sein, daß gerade in diesen beiden von der deuteronomistischen
Redaktion stark bearbeiteten Büchern der Anteil so hoch ist, zumal
er bei den nachexilischen 'Schriftpropheten' wieder sehr stark abnimmt
und der Chronist die Bezeichnungen *rô'êh* und *ḥôẓêh* gegenüber *nâbî'*
bevorzugt. Der Schluß liegt nahe, daß die weitgespannte und häufige
Verwendung von *nâbî'* und *nb'* im wesentlichen zu Lasten der deuteronomistischen Schule geht.

3. Eine weitere Beobachtung ist nicht weniger bemerkenswert. In
den umfangreichen Bestimmungen der Kultgesetzgebung im Tetra-
teuch, die das priesterliche Personal speziell am Jerusalemer Tempel

---

[1] Hinzu kommt der entsprechende Gebrauch der 2. m. sg. perf. Ni. in iv 7.

ausführlich berücksichtigt, werden die Tempelpropheten überhaupt
nicht erwähnt. Auch die Chronik, die ja in dieser Hinsicht mancherlei
an zusätzlichem Material — vor allem für die untergeordneten Funktionen am Tempel und genealogischer Art — überliefert, vermittelt
keinerlei Angaben über das Tempelprophetentum, wenn man von
den gelegentlichen Bemerkungen über das Auftreten eines Leviten
als 'Kultpropheten' und über die Beziehung zwischen Tempelpropheten und Tempelsängern absieht.[1] Dieser auffällige Tatbestand
könnte vielleicht seine Ursache darin haben, daß im Unterschiede zum
Amt des Priesters das Amt des Propheten nicht erblich gewesen ist.[2]
Damit wäre aber nur das Fehlen von Prophetengenealogien erklärt
und nicht das Schweigen der alttestamentlichen Kultgesetzgebung
über die Funktionen des Tempelprophetentums. Nur Jer. xxix 26
empfangen wir den wenig besagenden Hinweis, daß ein Priester mit
der Oberaufsicht über das Prophetentum am Jerusalemer Tempel
betraut war.[3] Immerhin verweist dies darauf, daß es auch irgendwelche
Bestimmungen über Stellung und Funktion der Tempelpropheten
gegeben haben muß. Wenn diese Bestimmungen nicht in die uns
vorliegenden Gesetzessammlungen aufgenommen wurden, so kann
dies kaum anders verstanden werden, als daß zumindest die spätere
Redaktion der alttestamentlichen Gesetzesüberlieferung das Tempelprophetentum als eine überhaupt nicht oder doch nicht mehr wichtige
Größe unter dem Kultpersonal angesehen hat.

4. Es gibt nun allerdings doch zwei Überlieferungen unter den
alttestamentlichen Gesetzestexten, die sich grundsätzlich mit dem
Prophetentum beschäftigen. Es handelt sich um Deut. xiii 2-6 und
xviii 9-22. Von diesen beiden Texten verdient Deut. xviii 9 ff. besondere Aufmerksamkeit. Der erste Teil dieses Abschnittes (9-14)

---

[1] Vgl. S. 23. Anm. 2.

[2] Lediglich in der Chronik tritt Hanani, der Vater des Sehers Jehu (2. Chr.
xix 2 = "Prophet" Jehu, 1. Reg. xvi 1.7) bereits selbst als Seher auf (2. Chr.
xvi 7 ff.). Die Söhne des "alten Propheten" von 1. Reg. xiii 11 ff. haben allem
Anschein nach nicht den Beruf ihres Vaters ergriffen. Möglicherweise handelt
es sich auch um Schüler des alten Propheten. Nicht ganz klar ist es ebenfalls,
ob unter den Söhnen des Gottesmannes Hanan Ben Jigdalja (Jer. xxxv 4) Schüler
oder leibliche Nachkommen zu verstehen sind.

[3] Allerdings scheint hier eher die tempelpolizeiliche Aufsichtsfunktion über
unerwünscht am Heiligtum auftretende freie Einzelpropheten gemeint zu sein;
entsprechend wohl auch Jer. xx 1 ff. Für das Heiligtum in Bethel läßt Amos vii
10 ff. eine ähnliche priesterliche Aufsicht über die dort wirkenden Propheten
erkennen. Ein Rest alter sakralgesetzlicher Bestimmungen über das Tempelprophetentum könnte möglicherweise Ez. xiv 1 ff. Verwendung gefunden haben
(vgl. W. ZIMMERLI, *BK* XIII, 1, S. 302 ff.).

gehört zu den sogenannten 'Greuel-Sätzen'. Er wendet sich gegen mantische Praktiken, wie sie zu den Alltagsaufgaben der an heiliger Stätte beschäftigten Propheten gehören, und kennzeichnet die verschiedenen Formen der Wahrsagerei und Zauberei als verwerfliche Bräuche des Kulturlandes. Freilich ist in V. 9-14 nicht ausdrücklich von Propheten die Rede; doch zeigt die im zweiten Teil des Abschnittes (15-22) später angefügte Definition des wahren Prophetentums, daß V. 9-14 tatsächlich tempelprophetische Aufgaben meint.[1] In diesem zweiten jüngeren Teil des Textes fallen insbesondere vier Gesichtspunkte auf:

a) Es geht um wahre und um falsche Propheten. Falsch ist der Prophet, der verkündet, was nicht Gottes Wort ist, oder der Prophet, der im Namen anderer Götter redet.[2] Solche Propheten müssen sterben. Als Kriterium für die wahre Prophetie gilt, daß eintreffen muß, was verkündet wird. Ist dies nicht der Fall, dann ist es kein Jahwewort gewesen.

Unverkennbar ist die in dieser Definition liegende Tendenz zu einer starken Aufwertung des Prophetentums. Die Verantwortung, die mit der prophetischen Rede verbunden ist, wird drastisch deutlich gemacht: Es geht dabei für den Propheten um Leben oder Tod. Unverkennbar ist weiterhin eine grundsätzliche inhaltliche Festlegung der legitimen prophetischen Wirksamkeit. Wenn der Prophet ein Gotteswort zu vermitteln hat, dessen Zuverlässigkeit an seinem Eintreffen überprüfbar ist, dann kann der Inhalt des Gotteswortes nur Zukünftiges in begrenzter zeitlicher Entfernung betreffen. Dabei ist allein eine öffentliche Wirksamkeit des Propheten vorausgesetzt, die für die Gesamtheit der Volksgemeinde von Bedeutung ist (V. 15-18). Diese Charakterisierung legt also die Richtung der prophetischen Aufgabe eindeutig auf geschichtliche Vorgänge fest. Der Prophet kündigt jedoch nicht etwa nur Zukünftiges im voraus an, sondern verbindet mit der Ankündigung zugleich eine Weisung, der unbedingt Folge zu leisten ist (V. 19). Demzufolge erschöpft sich die prophetische Tätigkeit nicht in der unverbindlichen Vorhersage zukünftiger Ereignisse. Sie zielt vielmehr stets auf aktives Eingreifen in geschichtliche Vorgänge.

Insgesamt ist damit der Typ des geschichtsbezogen wirkenden, einzeln auftretenden und allein die Verantwortung tragenden Wort-

---

[1] Das bestätigt auch der bereits S. 25 Anm. 2 erwähnte Abschitt Ez. xiii 17 ff. Vgl. im übrigen oben S. 23 f..

[2] Dies ist auch der Hauptinhalt von Deut. xiii 2 ff.

propheten exakt umrissen. Für den Typ des Tempelpropheten, sofern
er in Gruppen auftritt, berufsmäßig liturgische Aufgaben nach feststehenden Formularen oder zumindest nach feststehenden Inhalten
wahrnimmt [1] und im übrigen hauptsächlich für den Privatmann gegen
Entgelt in verschiedener Weise mantisch praktiziert, ist in diesem
Bild des wahren Propheten kein Raum.

b) In Deut. xviii 15-22, und zwar speziell in V. 20-22, wird nicht
der Versuch unternommen, wahre und falsche Propheten terminolo-
gisch zu unterscheiden.[2] Die Bezeichnung *nâbî'* wird für beide
gebraucht.[3] Berücksichtigt man die oben angeführte Beobachtung,
nach der für den einzeln auftretenden Wortpropheten die Bezeichnung
nâbî' sich erst in der spätvorexilischen Zeit einbürgert, und zwar vor
allem in deuteronomistisch bearbeiteten Texten, so ergibt dies einen
wichtigen Aspekt für die Erörterung von Wesen und Aufgabe des
nâbî' in Deut. xiii und xviii. Hier geht es um den Nachweis, daß allein
die freien Wortpropheten unter den Jahwepropheten mit vollem
Recht den Titel Nabi für sich beanspruchen können, also jene Männer,
die von den berufsmäßigen Tempelpropheten als Außenseiter, bös-
willige Unheilspropheten oder als *mᵉschuggâ'* (Jer. xxix 26) abgelehnt
und verfolgt wurden. Es wird mit wohlbegründeter Absicht die
Bezeichnung *nâbî'* auf die neben dem beamteten Tempelprophetentum
als illegitim angesehenen freien Einzelpropheten ausgedehnt und
damit die Entscheidung über wahres Prophetentum nicht mehr von
der beruflichen Stellung, sondern vom Inhalt der prophetischen Verkündigung abhängig gemacht.

c) Nach deuteronomischer Auffassung ist also der legitime Prophet
ein geschichtsbezogen durch das Wort wirkender, einzeln und frei
von kanaanäischen Bräuchen auftretender Jahweprophet, dessen Wort
eintrifft und zugleich den Charakter einer göttlichen Weisung trägt.
Das Verpflichtende dieser deuteronomischen Prophetendefinition
wird allein schon darin erkennbar, daß sie durch Mose den Israeliten
in der 'klassischen' Situation der göttlichen Willenskundgebung vor

---

[1] Falls dies nicht überhaupt Aufgabe einer bestimmten Gruppe von Priestern
gewesen ist (vgl. S. 23 Anm. 2).

[2] Vgl. dazu auch im folgenden unter 5).

[3] Wie schwierig tatsächlich die Unterscheidung zwischen wahren und falschen
Propheten gewesen ist, zeigt Deut. xiii 2 ff. Hier muß sogar dem falschen
Propheten, der nicht im Dienste Jahwes steht, zugestanden werden, daß er
zutreffenden Vorhersage und 'echter' Zeichen und Wunder fähig ist. In solchen
Fällen reicht das Kriterium für wahre Prophetie von Deut. xviii 22 nicht aus.
Hier muß allein nach dem theologischen Inhalt der Prophetie über wahr oder
falsch entschieden werden. Vgl. G. QUELL, *Wahre und falsche Propheten*, Gütersloh
1952, S. 9 ff.

Eintritt in das Kulturland mitgeteilt wird. Dies erfährt noch eine Verstärkung durch die geschichtliche Legitimation des deuteronomischen Prophetenbildes in Deut. xviii 15 ff. Indem Mose sich hier selber als Prophet, und zwar als der Prophet schlechthin bezeichnet, wird deutlich, daß es sich nicht nur um eine in der Mosezeit verankerte gesetzliche Bestimmung über das Prophetentum handelt, sondern der vom Deuteronomium vorgezeichnete Typ des wahren Jahwepropheten auch geschichtlich in Israel viel älter und fester verwurzelt ist als das Nabitum des Kulturlandes, dessen Elemente das Bild des wahren Propheten nur später vorübergehend verdunkeln und entstellen konnten.[1] Es stimmt mit der deuteronomischen Prophetendefinition (V. 20-22) ganz überein, wenn Deut. xviii 15-19 die prophetische Tätigkeit Moses speziell im Empfang und in der Verkündigung des Gotteswortes sieht. Damit sind andere Formen prophetischer Wirksamkeit (insbesondere Zeichen und Wundertaten), wie sie von der Überlieferung gerade auch Mose zugeschrieben werden, nicht als illegitim ausgeschlossen. Sie haben aber keine selbständige Funktion innerhalb der prophetischen Tätigkeit und stehen mehr oder weniger deutlich im Dienste der Wortverkündigung.

d) Noch ein letzter Gesichtspunkt ist von Bedeutung. Wenn Mose das Urbild und Vorbild echten Jahweprophetentums ist, dann liegt es nahe, auch die Aufgabe des Einzelpropheten über das prophetische Wirken im engeren Sinne hinausgreifen zu lassen und für ihn überhaupt eine Führungsposition zu beanspruchen, wie sie Mose, der 'erste Prophet', inne hatte. Zweifellos liegt hier ein kritischer Punkt im deuteronomischen Prophetenverständnis, an dem die Gefahr einer Übertreibung der prophetischen Befugnisse bestand. Vielleicht ist dies die Ursache dafür, daß Deut. xviii 15 ff. zugleich die Einmaligkeit der Gestalt des Propheten Mose betont; denn nur noch ein Prophet

---

[1] Interessanterweise wird außerhalb des Deuteronomiums Moses Autorität auch vom ekstatischen Prophetentum für seine Legitimation in Anspruch genommen: Nach Num. xi 24b-30 überträgt Jahwe etwas von dem auf Mose ruhenden Geist auf siebzig von den Ältesten, die daraufhin in prophetische Ekstase geraten. Wichtig ist dabei, daß Mose selbst die Auswahl unter den Ältesten trifft und in der Eldad-Medad-Episode die Einbeziehung dieser beiden merkwürdigen Gestalten in die Ekstase gegenüber Josua ausdrücklich verteidigt. Die Vermutung liegt in der Tat nahe, daß „sich hinter Eldad und Medad bestimmte 'Propheten' oder 'Propheten'-Gruppen verbergen, die zu irgend einer Zeit einmal um ihre Anerkennung in Israel zu kämpfen hatten und sich der Geschichte von den 70 Ältesten bedienten, um ihren Ansprüchen literarisch Geltung zu verschaffen" (M. NOTH, *ATD* 7, S. 80 f.). Entsprechend begegnet Mirjam in Ex. xv 20 f. als Ahnherrin der liturgisch tätigen Tempelprophetinnen (vgl. S. 25 Anm. 2).

gleichen Ranges und gleicher Autorität wird ihm folgen.[1] Die spätere
deuteronomistische Redaktion des Deuteronomiums äußerst sich in
dieser Hisicht konsequenter, indem sie feststellt, daß "kein Prophet
mehr in Israel aufstand wie Mose" (xxxiv 10).[2]

Eine ähnliche Spannung besteht im Hinblick auf den Inhalt der
Prophetenworte. Bei Mose denkt man von vornherein zunächst an
die Mitteilung göttlicher Weisungen gesetzlichen Charakters. Das
legen auch V. 15-19 nahe, die ganz auf Hören und Gehorchen ab-
gestimmt sind. Man kann sich nun darauf beschränken, das ver-
bindende Moment zwischen Mose und den in V. 20-22 geschilderten
Propheten allein in der Vermittlung des von Gott empfangenen
Wortes zu sehen, ohne Rücksicht auf seinen unterschiedlichen Inhalt.
Es kann aber dennoch kein Zweifel darüber bestehen, daß auch in
dieser Hinsicht eine tiefere Gemeinsamkeit vorausgesetzt und durch
Herausstellung Moses als des idealen Propheten begründet wird: Die
theologische Übereinstimmung zwischen dem deuteronomischen
Gestetz und der prophetischen Verkündigung.

5. Nach dem bisher Erörterten zeigt sich die deuteronomische
Aufwertung des *nâbî*' einerseits in der neuen inhaltlichen Definition
seines Wirkens und in den neuen Kriterien für seine Echtheit, andererseits in der Beanspruchung des Nabi-Titels für die freien Einzelpropheten. Dieses zweifache Anliegen ist hinreichend, um den so
auffallend häufigen und auf den ersten Blick so wenig differenzierten
Gebrauch des Begriffes in den nachdeuteronomischen und deuteronomistisch redigierten Prophetenbüchern zu erklären. Betrachtet man
vom deuteronomischen Prophetenideal aus die Äußerungen über
das Prophetentum in den Büchern Jeremia und Ezechiel, so zeigt sich
in allen Hauptpunkten eine vollständige Übereinstimmung mit den
deuteronomischen Vorstellungen, wobei sich diese Übereinstimmung
keineswegs nur auf die Zusätze der deuteronomistischen Redaktion

---

[1] Eine Sukzession von Propheten in einem bestimmten 'Amt' kann schwerlich
gemeint sein. Das hätte man anders ausgedrückt. Möglich ist ein eschatologisches
Verständnis. Man könnte auch an Josua als den Nachfolger Moses denken, eher
vielleicht noch an Elia, der unter den großen Prophetengestalten der Königszeit
Mose am ähnlichsten ist (Gottesoffenbarung am Horeb! Vgl. im einzelnen die
gründliche Erörterung von O. H. STECK, *Überlieferung und Zeitgeschichte in den
Elia-Erzählungen*, Neukirchen 1968, S. 119 f.).

[2] Es hat den Anschein, als läge in dieser Hervorhebung der Einmaligkeit
der Mosegestalt eine Kritik gegenüber Tendenzen in der Exilstheologie, mit der
Vorstellung vom neuen Exodus das Auftreten eines neuen Mose zu verbinden.
(Zum Verständnis des 'ebed JHWH bei Deuterojesaja als Mose redivivus vgl.
A. BENTZEN, *Messias-Moses redivivus-Menschensohn*, Zürich 1948, S. 42 ff.).

beschränkt. Auch im Jeremia- und im Ezechielbuch werden sowohl
wahre als auch falsche Propheten mit *nâbî'* bezeichnet.[1] Es wird
deutlich, daß die falschen Propheten die Tempelpropheten sind,[2] die
allerdings aus Gründen der Zeitsituation nur bei Jeremia als Gegner
des wahren Einzelpropheten auftreten können. In beiden Büchern sind
ausführliche grundsätzliche Erörterungen über wahres und falsches
Prophetentum anzutreffen (Jer. xiv 10-16; xxiii 9-40; xxvii-xxix;
Ez. xii 21-xiv 11), die von der deuteronomischen Auffassung des
Prophetentums ausgehen. Besonders eng sind die Beziehungen
zwischen Jer. xxviii 8 f. und Deut. xviii 22 sowie zwischen Ex. xiv 1 ff.
und Deut. xiii 2 ff. Überhaupt finden sich alle wichtigen Elemente des
deuteronomischen Prophetenbildes wieder: Die Beziehung der von
den Propheten verkündeten Gottesworte auf geschichtliche Vorgänge
in naher Zukunft,[3] das Eintreffen des Angekündigten als Kriterium
für die Echtheit des Prophetenwortes,[4] die Strafe des Todes für die
falschen Propheten.[5]

6. Die Beobachtung, daß nach deuteronomischer Auffassung die
Aufgabe der Propheten in enger Beziehung zu geschichtlichen Vorgängen steht, findet ihre Bestätigung und Präzisierung im deuteronomistischen Geschichtswerk. Die deuteronomistische Redaktion hat
hier z. T. recht umfangreiche Prophetenüberlieferungen unterschiedlichen historischen Wertes eingearbeitet. Dies geschah offensichtlich
nicht vorrangig in der Absicht, die Geschichtsdarstellung durch

---

[1] Selbst das Hitp. von *nb'*, das speziell für die ekstatische Raserei der Gruppenpropheten gebraucht wird, findet Anwendung auf den Wortpropheten Uria
(Jer. xxvi 20), auf Jeremia selbst (allerdings in der Rede seiner Gegner: Jer.
xxix 27) und auf Ezechiel (xxxvii 10). Das Jeremia-Buch bemüht sich insofern
um eine Unterscheidung, als hier die wahren Propheten öfters als *'abâdaj hannebî'îm*
bezeichnet werden (vii 25; xxv 4.5; xxix 9; xliv 4), während die Tätigkeit der
falschen Propheten durch die im einzelnen unterschiedliche Verbindung von
nâbî' mit *schêker* gekennzeichnet wird (ii 8; v 31; xiv 4 u.ö.).

[2] Besonders greifbar wird dies Jer. xiv 13; xxvi; xxvii 6 ff. Man vgl. auch den
Ausdruck ,,Propheten Samarias" (xxiii 13) bzw. ,,Propheten Jerusalems" (xxiii
14 f.). Ezechiel setzt sich im Exil nur mehr rückblickend in ,,Distanz" und in
einer gewissen Abhängigkeit von Jeremia (vgl. W. ZIMMERLI, a.a.O., S. 288 f.)
mit den Tempelpropheten auseinander (Kap. xiii).

[3] Dieses Moment tritt in Jeremias Verkündigung besonders hervor. Verwiesen
sei hier nur auf die grundsätzlichen Bemerkungen Jer. xxviii 8 und vor allem
Ez. xii 21-28, wo ausdrücklich hervorgehoben wird, daß der echte Prophet nicht
auf ferne Zukunft prophezeit. Vgl. dazu auch unten S. 38.

[4] Auch hierzu sind insbesondere Jer. xxviii 8 f. und Ez. xii 21 ff. zu nennen.
Aufschlußreich ist Jer. xvii 15 der Spott der Gegner des Propheten über das
scheinbare Ausbleiben des Unheils, das Jeremia angekündigt hat.

[5] Vgl. Jer. xiv 15; xxviii 7; xxix 20 ff.; Ez. xiii 9; xiv 9.

anekdotenhaftes Material zu bereichern. Die Prophetenüberlieferungen
haben vielmehr eine ganz bestimmte Funktion innerhalb des Geschichtsablaufes, wie ihn die deuteronomische Schule sah. Dies wird
schon deutlich in der ersten Überlieferung dieser Art, die das Wort
eines namenlosen Einzelpropheten mitteilt, der Jud. vi 7-10 im
Komplex der Gideon-Erzählungen auftritt. Alles deutet darauf hin,
daß dieser Prophet eine Erfindung der deuteronomistischen Redaktion ist. Er hält lediglich eine kurze Strafrede unverkennbar deuteronomistischen Gepräges, in der er den Vorwurf des Abfalls zu den
Göttern des Kulturlandes erhebt — eine Rede, die sich auch in den
Zusammenhang jeder beliebigen anderen Notsituation fügen könnte.
Was die deuteronomistische Redaktion zu diesem Einschub bewogen
hat, ist leicht zu erkennen: In der Schilderung der Midianiternot
(V. 1-6) und in der Ankündigung der Erhörung von Israels Hilferuf
durch den Gottesboten (V. 11 ff.) fehlt jede Erwähnung einer Schuld
Israels, die des Unheils Ursache erklärt. Dies holt die deuteronomistische Einfügung in V. 7-10 nach. Die Worte des deuteronomistischen
nâbî' sind also eine kritische Ergänzung zum Wort des Gottesboten
der älteren Überlieferung in V. 11 ff.

Gerade an dieser Stelle wird greifbar deutlich, wie eng die Vorstellung von der Aufgabe des wahren Propheten mit der deuteronomischen und deuteronomistischen Geschichtsauffassung verbunden ist.
Für die deuteronomische Theologie ist die Geschichte Restauration,
Wiederherstellung des ursprünglichen idealen Zustandes, der durch
menschliche Verfehlungen verloren gegangen ist. Die Ursachen dafür
sind nicht geschichtlich-politischer Art, sondern liegen tiefer im
falschen Verhältnis zu Gott. Es äußert sich vornehmlich im Abfall
von Jahwe zu den Göttern und Kultbräuchen des Kulturlandes oder
auch in der Verehrung Jahwes an illegitimen Kultstätten. Dem
Propheten kommt die Aufgabe zu, auf die schrecklichen geschichtlichen Folgen des Abfalls hinzuweisen, sie im einzelnen anzukündigen
oder auch eine Notsituation als Ergebnis falschen Gottesverhältnisses
zu interpretieren. Ziel des prophetischen Wirkens ist die Rückkehr
des Gottesvolkes zu Jahwe, dem Gott Israels von Ägypten her, und
zu den im deuteronomischen Gesetz festgelegten Normen des rechten
Gottesdienstes, deren Einhaltung die Voraussetzung für die Verwirklichung der Israel zuteil gewordenen Verheißung ist.[1] Insofern

---

[1] Dieses Ziel der Prophetie macht es verständlich, daß der Heilsprophetie nach
deuteronomischer Auffassung nur eine sehr eingeschränkte Bedeutung zukommen
kann. Der Inhalt der Verheißung Gottes bedarf keiner weiteren Vorhersage.

erscheinen die Propheten als die berufenen Wächter über die Einhaltung des deuteronomischen Gesetzes (2. Reg. xvii 13). Das Haupt-
interesse der vom Deuteronomium geprägten Geschichtsauffassung
liegt also auf den Unheilspropheten, zumal die Geschichtserfahrung
seit dem Untergang des Nordreiches gelehrt hatte, daß allein diese
Propheten die wahren Propheten gewesen sind. Ihre Gottesworte
sind eingetroffen.

Das Schicksal des Nordreiches ist ein sehr eindrucksvolles Paradig-
ma der deuteronomischen Geschichtsauffassung. Seine Geschichte ist
innerhalb der Gesamtgeschichte Israels eine Episode, die in der
Katastrophe vom Jahre 721 v. Chr. ihren endgültigen Abschluß
findet.[1] Es ist deshalb eine Geschichte ohne Verheißung, die mit
eiserner Konsequenz dem Untergang zueilt. Vom vorausgesetzten
Ergebnis des Geschichtsablaufes her kann und darf es hier keine
wirkliche Umkehr gegeben haben.[2] Dies nachzuweisen und zu
begründen ist innerhalb der Konzeption der deuteronomistischen
Geschichtsschreibung insbesondere die Aufgabe der Propheten,[3]
deren Unheilsankündigungen die Darstellung der Geschichte des
Nordreiches vom Anfang (1. Reg. xi) bis zum bitteren Ende (2. Reg.
xvii) begleiten.[4] Die in den von der deuteronomistischen Redaktion

---

Heilsworte können also letztlich nur auf diesen Inhalt, auf den unbestrittenen
Besitz des von Jahwe seinem Volke bestimmten Landes, orientiert sein.

[1] Dem endgültigen Charakter des Gottesgerichtes am Nordreich entspricht es,
wenn 2. Reg. xvii die deuteronomistischen Verfasser darzulegen bemüht sind,
daß die Bevölkerung des Nordreiches insgesamt von den Assyrern exiliert worden
ist und nicht nur die Oberschicht. Man vgl. auch die Verwendung der Formel 'bis
auf diesen Tag' (V. 23.34.41), die deutlich macht, daß eine Restitution ausgeschlossen ist. Von Israel insgesamt bleibt nur Juda übrig (V. 18).

[2] Deshalb findet sich hier nicht das Schema von Verwerfung, Umkehr und
Wiederannahme, das für die deuteronomistische Interpretation der Geschichte der
Richterzeit und der Geschichte Judas charakteristisch ist.

[3] Vgl. 1. Reg. xii 33-xiii,8; xiv 1-16; xvi 1-4; xviii 17-19; xix 15-18; xxi 17-24;
xxii 13-23; 2. Reg. i 2-4. 16; ix 1-10.

[4] Es fällt auf, daß für diesen Zeitraum in den Königsbüchern nichts über ein
Auftreten von Einzelpropheten in Juda berichtet wird, abgesehen vom Wort des
Gottesmannes Semaja an Rehabeam (1. Reg. xii 21 ff.), das aber noch in die
Situation der Reichstrennung gehört. Erst nach der Schilderung des Untergangs
des Reiches Israel begegnen ab 2. Reg. xviii auch Einzelpropheten in der Darstellung der judäischen Geschichte nach 721 v. Chr. Die Konzentration der
prophetischen Wirksamkeit auf das Nordreich macht den Charakter der wahren
Prophetie als Unheilsprophetie recht eindrücklich. — Der Chronist hat offenbar
das Fehlen von älteren judäischen Einzelpropheten in der Darstellung des
deuteronomistischen Geschichtswerkes als einen erheblichen Mangel empfunden.
Deshalb bemüht er sich, auch in Juda eine entsprechende Reihe von Einzelpropheten die Geschichte von Rehabeam bis Ahas begleiten zu lassen (2. Chr.
xii 5-8; xv 1-7; xvi 7-10; xix 1-3; xx 14-17.37; xxiv 19-22; xxv 15 f.; xxviii 9-11).

aufgenommenen Prophetenüberlieferungen mitgeteilten Gottesworte
sind Ankündigung eines unabänderlichen Gerichts. So kann auch
die Reue Ahabs nur eine Milderung des bevorstehenden Gerichts
bewirken (1. Reg. xxi 27 f.).[1] Die wenigen prophetischen Heilsworte,
die überwiegend der Elia- und der Elisa-Überlieferung angehören,
betreffen nur militärische Episoden in den Aramäerkriegen, die den
Gesamtverlauf der Geschichte nicht beeinflussen (1. Reg. xx 13 ff.
26.28; 2. Reg. vi 8 ff. 32 ff.; xiii 14 ff.). Dabei wird in einzelnen Fällen
noch die volle Verwirklichung des angekündigten Erfolges durch
Ungehorsam oder Torheit der israelitischen Könige verhindert
(1. Reg. xx 35 ff.; 2. Reg. xiii 18 f.). In 2. Reg. iii 11-20 tritt Elisa
während des Moabiter-Feldzuges überhaupt nur wegen des daran
beteiligten Königs von Juda mit einem Erfolg verheißenden Wort
hervor. Das die Blütezeit des Nordreiches unter Jerobeam II. be-
treffende Heilswort eines Propheten Jona wird von der deuteronomistischen Redaktion nur beiläufig mit der Einschränkung einer
befristeten Gültigkeit erwähnt (2. Reg. xiv 15 f.). Selbst das Prophetenwort bei der Salbung Jehus zum König bleibt ohne Verheißung
(2. Reg. ix 1-10). Seine Salbung wird einseitig als Gericht an der vorausgegangenen Dynastie interpretiert. Ebenso geht nach den Worten
des Propheten Ahia von Silo (1. Reg. xi 29 ff.) überhaupt die Existenz
des Nordreiches auf das Gottesgericht an Salomo wegen der Einführung von Fremdgötterkulten zurück.

Es bleibt noch zu vermerken, daß sich die enge Verbindung
zwischen deuteronomischer Geschichtsauffassung und echter prophetischer Tätigkeit auch in den der deuteronomistischen Redaktion
zuzuschreibenden Partien der Bücher Jeremia und Ezechiel wiederfindet. Besonders ist dies bei Jeremia der Fall, während bei Ezechiel
deuteronomistische Vorstellungen infolge anderer Geschichtssituation
und anderer Redaktionsgeschichte weniger deutlich hervortreten.[2] Im

---

Besonders charakteristisch für dieses Anliegen ist das briefliche Drohwort des
Elia an Joram von Juda (2. Chr. xxi 11-15). Auf diese Weise wird der bedeutendste
Prophet des Nordreiches wenigstens einmal in Juda wirksam. Auch Jehu Ben
Hanani (1. Reg. xvi 1-4) läßt der Chronist in Juda auftreten. — Die Einzelpropheten in den Samuelbüchern können im vorliegenden Zusammenhang
unberücksichtigt bleiben, da in diesem Teil des deuteronomistischen Geschichtswerkes der Umfang der deuteronomistischen Zusätze verhältnismäßig gering
und überhaupt die deuteronomistische Bearbeitung weniger tiefgreifend ist.

[1] Als Warner und Mahner treten die Einzelpropheten des Nordreichs nur in
dem zusammenfassenden Schlußabschnitt der deuteronomistischen Redaktion
(2. Reg. xvii 13) auf. Vgl. A. JEPSEN, „Ahabs Busse", *Galling-Festschrift*, 1970,
S. 145 ff.

[2] Zu nennen wären etwa Kap. v f.; xvi und xx. Auf Einzelheiten des Umfanges

Jeremia-Buch wird bereits in Kap. ii 4-10, gleichsam als Vorzeichen für die folgenden Gerichtsworte, eine kurze Zusammenfassung der deuteronomistischen Sicht der Geschichte Israels eingefügt. Wichtig ist, daß öfters auf die Jeremia vorausgegangenen Einzelpropheten summarisch (vii 25; xxv 4.5; xxix 9; xliv 4) oder mit Nennung einzelner Namen (xxvi 18 ff.) Bezug genommen wird. Dadurch erscheint auch hier — wie in der deuteronomistischen Darstellung der Geschichte des Nordreichs — des wahre Prophetentum als eine die Geschichte begleitende Reihe von Verkündern göttlicher Gerichtsworte.[1]

7. Die lange Traditionsreihe von freien Einzelpropheten, die im Sinne der deuteronomischen Definition des wahren Propheten auftreten, ist keine Erfindung. Gewiß ist von der deuteronomistischen Redaktion, vor allem bei den Prophetengestalten in den Königsbüchern, eine starke Angleichung an das deuteronomische Ideal sekundär bewirkt worden. Dennoch darf es als sicher gelten, daß bereits in den der deuteronomistischen Redaktion vorliegenden Überlieferungen auf diese Propheten die wichtigsten Wesenszüge des wahren Propheten nach deuteronomischer Auffassung zutrafen. Dafür spricht vor allem der Umstand, daß die deuteronomische Vorstellung vom wahren Prophetentum aus den Kreisen der Einzelpropheten selbst stammt. Bei Hosea finden sich bereits alle wesentlichen Momente, die Deut. xiii und xviii als Charakteristikum des Einzelpropheten und als Kriterium für die Echtheit seines Wortes angeführt werden. Hosea bezeichnet die freien Einzelpropheten als $n^e b\hat{i}$'$\hat{i}m$ (vi 5; ix 7.8; xii 11) und sieht in Mose einen Propheten (xii 14), wenn auch nicht ausdrücklich das Urbild und Vorbild des wahren Propheten.[2] Die einmalige Bedeutung der Mosegestalt wird aber bei Hosea ebenso wie im Deuteronomium dadurch deutlich, daß die Zuwendung Jahwes zu Israel nicht mit der Erwählung der Erzväter, sondern mit

und der Methode des deuteronomistischen Einflusses im Ezechiel-Buch kann hier nicht eingegangen werden.

[1] Besonders nachdrücklich wird dies Jer. xxviii 8 gesagt.

[2] Es hat den Anschein, als hätte den Verfassern von Deut. xviii 15 f. der Text Hos. xii 14 vorgelegen. Der Parallelismus "Durch einen Propheten führte Jahwe Israel aus Ägypten herauf/Durch einen Propheten wurde es gehütet" könnte mißverstanden worden sein und Deut. xviii 18 f. zur Einführung des rätselhaften zweiten Propheten 'gleich Mose' geführt haben (vgl. S. 32 Anm. 1). Daß ein solches Mißverständnis von Hos. xii 14 nicht ausgeschlossen ist, zeigt z.B. die Interpretation auf zwei verschiedene Propheten in der deutschen Bibelübersetzung von H. MENGE. Jedenfalls ist Deut. xviii 15 ff. gegenüber Hos. xii 14 der weitergehende Text und demzufolge jünger.

der Rettung aus Ägypten begründet wird. Entsprechend ist für
Hosea die Zeit des Ägypten- bzw. Wüstenaufenthaltes die Zeit des
idealen Gottesverhältnises (xi 9 ff.; xii 10; xiii 4). Seine Störung
ist eine Folge des Eintritts in das Kulturland, der zur Verehrung
fremder Götter und zur Übernahme fremder Kultbräuche führte
(ii 4 f. 10.15; iv 16 ff.; ix 10; xi 1 f.; xiii 5 ff.). Auch bei Hosea begleiten
die Einzelpropheten mit ihren Droh- und Mahnworten die Geschichte
des Abfalls von Gott (vi 5; xii 11), um zur Umkehr und zur Wiederher-
herstellung des ursprünglichen Gottesverhältnisses der Wüstenzeit
aufzufordern. Wie fast zwei Jahrhunderte später Jeremia werden sie
als Narren oder Verrückte verfolgt und verspottet (ix 7), wenn man
sie nicht gar umbringt (vi 5). Die Gerichtspropheten werden sich
aber als die wahren Propheten in naher Zukunft erweisen (ix 7).
Wichtig ist, daß demnach bereits Hosea um die Mitte des achten
Jahrhunderts mit einer langen Reihe von Vorgängern rechnet. Es
kann kein Zweifel darüber bestehen, daß sich Hosea mit Amos, Elisa,
Elia und der Reihe der Gottesmänner vor ihnen in der Gemeinschaft
des gleichen Auftrages sieht.[1]

Im Rückblick auf die Fragestellung, von der unsere Untersuchung
ausging, kann als vorläufiges Resultat festgehalten werden, daß tatsächlich die so weitgespannte Verwendung von *nâbî'* und *nb'* im Alten
Testament in der Hauptsache Folge einer späteren Erweiterung des
Sprachgebrauches ist. Das Motiv für diesen Vorgang ist klar erkennbar. Es ist im Anliegen des Deuteronomiums und der von ihm ausgehenden deuteronomistischen Schule zu sehen, die Bezeichnung
nâbî' für die freien Einzelpropheten in Anspruch zu nehmen und
damit den Tempelpropheten die wahren Propheten gegenüberzu-
stellen. Dieses Bemühen der deuteronomischen Schule um Anerkennung der freien Einzelpropheten und damit um Aufwertung
des Prophetentums überhaupt kommt nicht von ungefähr. Die ohne
Anstellung an Heiligtum oder Tempel, vorwiegend als Unheilspropheten in enger Beziehung zu der unter Gottes Verheißung und
Gottes Gericht stehenden Geschichte mit der Autorität des wahren
Jahwepropheten auftretenden Männer sind nicht Geschöpfe der deuteronomischen Theologie oder der deuteronomistischen Geschichtsschreibung. Es verhält sich vielmehr umgekehrt: Sie haben ihrerseits
dem Deuteronomium und der deuteronomistischen Geschichtsschreibung zumindest ganz entscheidende Impulse gegeben.[2] Sie

---

[1] Vgl. H. W. WOLFF, *BK* XIV, 1, S. 201.
[2] In welchem Umfange dies im Zusammenhang mit oppositionellen levitischen

haben erkannt, daß Gottes Verheißung nicht unverbindliches und
unverlierbares Geschenk ist, sondern Gehorsam und Treue fordert.
Sie haben erkannt, daß Umkehr zu Gott der Weg zur Erfüllung ist.
Sie stehen hinter der Anerkennung der freien Einzelpropheten als
der wahren Propheten, hinter der Polemik gegen das Tempelprophetentum und hinter der Aufwertung des Prophetentums überhaupt. Aus ihren Kreisen stammen die im deuteronomistischen
Geschichtswerk verarbeiteten Prophetenüberlieferungen,[1] insbesondere aber die Führungsansprüche der Einzelpropheten, neben denen
die Könige im ungünstigen Falle nur als Widersacher und im seltenen
günstigen Falle als Werkzeuge des von den Propheten verkündeten
Gotteswillens erscheinen. Der Legitimation dieses Führungsanspru-
ches dient letztlich die Herausstellung Moses als des idealen Vor-
bildes der wahren Propheten.

III

Die Vorstellung Hoseas und der deuteronomischen Schule von
einer langen Reihe wahrer Einzelpropheten, die von der Mosezeit an
die Geschichte Israels in allen wichtigen Phasen mit Wort und Weisung Gottes begleiten, gibt Anlaß zu der Frage, ob nicht hierbei
Prophetengestalten als wahre Einzelpropheten interpretiert werden,
die in Wirklichkeit jener Vorstellung nur in geringem Maße ent-
sprochen haben. Tatsächlich spielen gerade bei Elia und vor allem
bei Elisa, also bei den beiden Propheten, von denen die deuteronomistische Redaktion besonders umfangreiche biographische Erzählungen in ihre Darstellung der Geschichte des Nordreiches aufgenommen hat, Elemente prophetischen Wirkens eine wesentliche
Rolle, die eigentlich mit dem Ideal des wahren Propheten nicht recht
zu vereinbaren sind. Insbesondere gilt dies von den mannigfachen
mantischen und magischen Praktiken, deren sich sehr oft Elisa
(2. Reg. ii 19-25; iv 1-7. 25-44; v 8-14; vi 1-7 u.ö.) und seltener Elia

---

Kreisen geschah, mag hier dahingestellt bleiben. Vgl. dazu H. W. WOLFF,
Gesammelte Studien zum Alten Testament, München 1964, S. 248 ff. und die dort
genannte Literatur.

[1] Von hieraus fällt auch Licht auf die Verweise des Chronisten auf ihm offenbar
vorliegende Geschichtsdarstellungen prophetischer Herkunft (1. Chr. xxix 29;
2. Chr. ix 29; xii 15; xiii 22 u.ö.). In der Regel meint er damit die Samuel- und
Königsbücher. Nur 2. Chr. xii 15 und xvi 11 lassen darauf schließen, daß ihm außerdem noch ein anderes prophetisches Geschichtswerk zugänglich gewesen sein muß,
in dem mehr und anderes enthalten war als im Königsbuch (vgl. W. RUDOLPH,
HbAT I, 21, S. 223 f.). Jedenfalls ist der Chronist der Meinung, daß die von ihm
benutzten Geschichtsquellen weithin auf prophetische Verfasser zurückgehen.

(1. Reg. xvii 17-24; xix 19; 2. Reg. i 9-15) bedient. Vorhanden sind bei beiden Prophetengestalten auch Züge des ekstatischen Prophetentums (1. Reg. xviii 46; 2. Reg. ii 15; iii 15). Dieses Element scheint aus ihrer Verbindung zum Gruppenprophetentum zu stammen. Überhaupt sind die Ekstatiker unter den Jahwepropheten im deuteronomistischen Geschichtswerk, wenn auch nicht in den speziell der deuteronomistischen Redaktion zuzuschreibenden Textabschnitten, durchaus akzeptierte Größen. Bezeichnenderweise tritt nach 1. Sam. xix 18 ff. selbst Samuel an der Spitze von Ekstatikern im Prophetenhaus von Rama auf. Als verwandt mit den Ekstatikern erscheinen auch die Gruppenpropheten am israelitischen Königshof, die 1. Reg. xxii näher schildert. Obgleich hier der Gegensatz zwischen dem Unheil vorhersagenden Einzelpropheten Micha Ben Jimla und den Heil verkündenden Hofpropheten das Hauptthema ist, wird doch auch den Gruppenpropheten zugestanden, daß sie subjektiv ehrliche, wenn auch von Gott mit einer Lügenbotschaft versehene Jahwepropheten sind. Ähnliches läßt sich auch im Hinblick auf die Gottesoffenbarung im Traum beobachten. Während Deut. xiii 2 ff. und besonders das Jeremia-Buch (xxiii 25 ff.; xxvii 9 f.; xxviii 8 f.) die Träumer unter den Propheten sehr kritisch beurteilen, rechnet 1. Sam. xxviii 8.15 den Traum zu den legitimen Mitteln der Gottesbefragung. Dieser positive Standpunkt wird auch in der Schilderung des Inkubations-Erlebnisses Salomos (1. Reg. iii 5 ff.) deutlich.

Wenn sich derartige Belege für eine Anerkennung der Traumpropheten, des Ekstatikertums und der mantisch-magisch praktizierenden Propheten sowie anderer mit dem Bild vom wahren Propheten nach deuteronomischer Auffassung nicht ohne weiteres vereinbarer Erscheinungen des Prophetentums im deuteronomistischen Geschichtswerk vorfinden, so kann dies auf verschiedene Weise erklärt werden:

1) Es fällt auf, daß sich die herangezogenen Belege sämtlich auf die frühe Geschichte des israelitischen Prophetentums vor Elisa beziehen. Diese Beobachtung legt es nahe, in den Einzelpropheten, wie sie Hosea und das Deuteronomium charakterisieren, das Ergebnis einer geschichtlichen Entwicklung zu vermuten, die auch die deuteronomistische Redaktion nicht verbergen konnte oder wollte. Ist dies der Fall, dann könnte der Versuch, eine geschichtliche Entwicklung des altisraelitischen Prophetentums herauszuarbeiten, das verwirrende Nebeneinander der unterschiedlichen mit *nâbî'* bzw. *nb'* bezeichneten Phänomene in ein sinnvolles Nacheinander wandeln. Wenn die

deuteronomistische Geschichtsschreibung auch von den Frühformen
des Prophetismus objektiv berichtet, ohne ihre Legitimität zu bestreiten, und weiterhin die Bezeichnung *nâbî'* für die freien Einzelpropheten gebraucht und sie damit in eine geschichtliche Kontinuität
zu ihren Vorläufern bringt, dann würde dies nur den Tatsachen
entsprechen.

Eine derartige kontinuierliche geschichtliche Entwicklung des altisraelitischen Prophetentums aus mehr oder weniger primitiven
Anfängen hat man schon oft aufzuzeigen versucht.[1] Eine über-
zeugende und allgemein anerkannte Auffassung hat sich aber bisher
nicht durchzusetzen vermocht, weil gerade im Hinblick auf die
Ursprünge des altisraelitischen Prophetentums sehr unterschiedliche
Meinungen nebeneinanderstehen.[2] Eine gewisse Übereinstimmung
besteht immerhin darin, daß man — neben den Ekstatikern — im
Typ des Sehers eine besonders altertümliche Form des Prophetentums
erblickt. Das aber ist gerade problematisch. Von den Sehern wissen
wir kaum Zuverlässiges. Jedenfalls besteht kein Anlaß, ihr Auftreten
auf die Frühzeit zu beschränken oder es auch nur für diese Zeit als
die charakteristische Form des Prophetentums anzusehen.[3]

---

[1] Vgl. im einzelnen die bibliographischen Angaben bei G. FOHRER, *Geschichte der israelitischen Religion*, Berlin 1969, S. 222.

[2] G. FOHRER z.B. unterscheidet den aus dem nomadischen Lebensbereich
kommenden Seher und den Nabi des Kulturlandes. Beide Typen verschmelzen
in der frühen Königszeit zu Übergangsformen, aus denen wiederum einerseits
die „kultisch-populäre Berufsprophetie" und andererseits die „kleine Gruppe
der großen Einzelpropheten" hervorgegangen ist (a.a.O., S. 237 f.). Auch
Th. H. ROBINSON nennt Seher und Nabi als die Urtypen, beheimatet jedoch
beide im Kulturland und nimmt an, daß im Verlaufe der Entwicklung der Seher
im Nabitum aufgegangen ist, aus dem sich dann der Stand der Einzelpropheten
entwickelt hat (*Prophecy and the Prophets in Ancient Israel*, London ²1953, S. 28 ff.).
Der Unterschied zwischen beiden Auffassungen wird in der Einordnung einzelner Prophetengestalten besonders deutlich. Während FOHRER z.B. das Sehertum
vor allem in den Patriarchen und in Bileam wiederfindet (a.a.O., S. 223), sieht
ROBINSON in Samuel den Prototyp dieser Form des Prophetentums (a.a.O., S. 29)
und identifiziert Bileam als einen Vertreter das ekstatischen Nabitums (ibid.,
S. 34). Ganz anders faßt C. WESTERMANN die Entwicklung auf. Nach ihm stehen
im ältesten Prophetentum auf der einen Seite die ekstatischen Gruppenpropheten,
auf der anderen die Seher und Gottesmänner als Einzelpropheten. Die ekstatischen
Gruppen und die organisierten Prophetengemeinschaften sind dann bald nach
Elisa verschwunden. Dagegen sind die Seher und Gottesmänner im späteren
israelitischen Prophetentum aufgegangen (BHH, Sp. 1496 ff.).

[3] *Rô'êh* kommt überhaupt nur 10 mal im Alten Testament vor, davon allein
5 mal in der Chronik. Die Mehrzahl der Belege, nämlich 6, bezieht sich auf Samuel
(1. Sam. ix 11.18.19 und 3 mal Chr.). Dazu gehört auch die redaktionelle Identifizierung von *rô'êh* und *nâbî'* in 1. Sam. ix 9, die *rô'êh* als eine alte Bezeichnung
für *nâbî'* versteht. Jes. xxx 10 bezeichnet Tempelpropheten, vielleicht auch eine

Überhaupt ist in den alttestamentlichen Angaben über die äußeren
Erscheinungsformen des Auftretens und Wirkens der Propheten,
einschließlich der unterschiedlichen Art und Weise des Offenbarungsempfanges, gerade eine gewisse Konstantheit unverkennbar. Es gibt
jedenfalls keine eindeutige Entwicklung im Sinne der Ablösung der
jeweils älteren Form des Prophetentums durch die jeweils jüngere,
sondern eben doch nur ein Nebeneinander recht verschiedener und
oft miteinander vermischter Formen. Am ehesten scheint sich noch
eine geschichtliche Entwicklung des alttestamentlichen Prophetentums in der Art und Weise des Wirkens der Einzelpropheten ab-
zuzeichnen. Immerhin kann der Eindruck entstehen, daß sich diese
Propheten in zunehmendem Maße von den mantischen und magischen
Praktiken lösen und zu reinen Wortpropheten werden. Es ist aber
auch hier keine klare Entwicklungslinie herauszuarbeiten. Bereits
Nathan und Gad wirken ausschließlich durch das Wort. Demgegenüber erscheinen Elia, Elisa und andere Gestalten unter den im Nordreich auftretenden Propheten als ein starker Rückfall in 'primitive'
Wirkensweisen des Prophetentums. Nicht zu übersehen ist, daß sich
Elemente magischen Handelns und die Anwendung von wunderbaren
Gotteszeichen sogar bei den großen Wortpropheten finden (Jes.
xxxviii 7 f.; Jer. xiii; xix; xxvii f.). Auch die Ekstatiker innerhalb der
Jahweprophetie haben durchaus die Zeit Elisas überlebt. So finden
sich unter den Einzelpropheten späterer Zeit ekstatische Züge besonders bei Ezechiel wieder. Nach Sach. xiii 2 ff. ist sogar das gruppenweise Auftreten von Ekstatikern noch in spätnachexilischer Zeit
anzutreffen.[1]

bestimmte Gruppe unter ihnen, als Seher. — Etwas zahlreicher sind die Belege
für ḥōzēh (16). Hier überwiegt die chronistische Bezeugung ganz eindeutig (10).
Die älteste Stelle ist 2. Sam. xxiv 11, wo der Prophet Gad den Titel ḥōzēh trägt.
Ob man daraus schließen kann, daß ḥōzēh Amos vii 12 als „ungewöhnliche
Würdebezeichnung" gemeint ist (so H. W. WOLFF, BK XIV, 2, S. 361), dürfte
fraglich sein, zumal der Titel sonst in vorexilischen Texten nur auf Tempelpropheten bezogen wird (Jes. xxix 10; xxx 10; Ni. iii 7). 2. Reg. xvii 13 verwendet
ḥōzēh parallel zu nābîʾ in positivem Sinne und meint die Unheilspropheten, die
während der Geschichte des Nordreiches aufgetreten sind. Dieser Beleg ist aber
der späteren deuteronomistischen Redaktion zuzuschreiben. Der Gebrauch der
Verba rʾh und ḥzh für prophetische Tätigkeit läßt nicht mehr erkennen, als daß
beide Verba zu verschiedener Zeit unterschiedliche prophetische Wirksamkeit,
speziell im Hinblick auf die Art und Weise des Offenbarungsempfanges bezeichnet
haben. — Ähnlich verhält es sich mit der Bezeichnung ʾisch(hā-)ʾelōhîm, die noch
in spätvorexilischer Zeit für Propheten, die offenbar nicht zu den Tempelpropheten gehören, gebraucht wird (Jer. xxxv 4).
[1] Auch die Prophetenschulen haben sich länger gehalten, als dies auf den
ersten Blick der Fall zu sein scheint. Die Sammlung von Gottesworten der

2) Einleuchtender ist in mancher Hinsicht eine andere Erklärung der positiven Erwähnung von Formen prophetischer Wirksamkeit, die dem deuteronomischen Prophetenideal nicht entsprechen, im deuteronomistischen Geschichtswerk: Sollte die Ursache dafür nicht einfach in dem unterschiedlichen Charakter der Quellen, die von der deuteronomistischen Redaktion benutzt worden sind, zu suchen sein? Das auffallende Hervortreten der ekstatischen Gruppenpropheten in den Samuel-Büchern kann seinen Grund darin haben, daß tatsächlich in dieser frühen Epoche die Ekstatiker eine besonders wichtige Rolle gespielt haben. Es kann aber auch daran liegen, daß von der deutero-nomistischen Redaktion hier ältere Quellen oder Darstellungen benutzt worden sind, die dem Ekstatikertum besondere Bedeutung zuerkannten. Entsprechendes kann als sicher gelten im Hinblick auf die Darstellung Elias und Elisas in den Königsbüchern. Beide Propheten fallen aus der Reihe der vornehmlich durch die Vermittlung von Gottesworten wirkenden Einzelpropheten insbesondere deshalb heraus, weil von ihnen zahlreiche Wundertaten berichtet werden. Dies hat seine Ursache letztlich in dem eigentümlichen Charakter der von der Redaktion aufgegriffenen Überlieferungen, die weit mehr spätere volkstümliche Legende sind als nüchterne Aufzeichnung von Prophetenworten. Daß in der frommen Phantasie ähnliche Traditionen auch über die großen Wortpropheten entstanden sind, zeigt das pseudepigraphische Büchlein vom Martyrium und der Himmelfahrt Jesajas. Ein entsprechendes Verhältnis besteht zwischen dem Wirken des Wortpropheten Jona in der Sicht des deuteronomistischen Geschichtswerkes (2. Reg. xiv 25) und seinem Auftreten in der an wunderbaren Elementen reichen Jona-Legende.

Wenn also die nicht ohne weiteres mit dem deuteronomischen Prophetenideal zu vereinbarenden Züge in der Darstellung des legitimen prophetischen Wirkens im deuteronomistischen Geschichts-werk zu Lasten der von der Redaktion herangezogenen Quellen gehen, so sind doch die Prophetengestalten, mit denen diese der deuterono-

---

großen Einzelpropheten des achten bis sechsten Jahrhunderts ist überhaupt nur denkbar, wenn bestimmte Tradentenkreise vorhanden waren, die das festhielten und überlieferten, was der Prophet, um den sie sich als Schüler scharten, verkündet hatte. Ausdrücklich spricht Jesaja von seinen Jüngern als Bewahrern der an ihn ergangenen Botschaft (Jes. viii 16). Die Existenz von Prophetenschulen oder prophetischen Traditionsgemeinschaften, die gleichsam eine geistige Heimat für die Einzelpropheten sind, ist die einleuchtendste Erklärung für die enge inhaltliche Verbindung zwischen der Botschaft von Propheten, die zu ver-schiedenen Zeiten wirkten.

mischen Prophetenauffassung fremden Elemente verbunden sind,
keine Fremdkörper innerhalb der deuteronomistischen Geschichtskonzeption. Bei Elia und Elisa sowie den anderen Einzelpropheten
des Nordreichs bedarf es dafür keiner weiteren Begründung. Schwieri-
ger ist dies einsichtig zu machen im Hinblick auf die gruppenweise
auftretenden Ekstatiker der Parallel-Überlieferungen von 1. Sam x
und xix. Diese Schwierigkeit mag damit zusammenhängen, daß die
deuteronomistische Bearbeitung der Samuelbücher weniger tiefgreifend und konsequent erfolgt ist. Dennoch erhalten beide Überlieferungen durch ihre Verbindung mit Samuel innerhalb der deuteronomistischen Geschichtskonzeption einen Akzent, der über den
vordergründigen anekdotenhaften und ätiologischen Charakter hin-
ausweist. Zunächst ist es sicher wichtig, daß Samuel hier als Haupt
der Prophetengruppen erscheint, in denen die Könige Saul und David
nur zufällig mitwirken. Dies entspricht durchaus dem Verhältnis
zwischen Prophet und König, wie es die deuteronomische Schule
sieht.[1] Weiterhin ist dabei zu berücksichtigen, daß Samuel überhaupt
in der Darstellung des Prophetentums und seiner Aufgabe innerhalb
des deuteronomistischen Geschichtswerkes eine sehr bedeutende Rolle
zukommt: Die Vorstellung der deuteronomischer Schule und der
hinter ihr stehenden Prophetenkreise von einer langen Reihe der
Einzelpropheten, denen die Gestalt Mose Vorbild ist und legitimen
Führungsanspruch verleiht, mußte sich auch in der Geschichtsdarstellung entsprechend widerspiegeln. Im Unterschiede zur Epoche
des Nordreiches lag aber offensichtlich für die Zeit vor Samuel kein
Material über geschichtsbezogen wirkende Einzelpropheten vor.
Darauf deutet die redaktionelle Bemerkung 1. Sam. iii 1; aber auch
die sekundäre Einfügung eines erfundenen Propheten Jud. vi 7-10.[2]
Als Verbindungsglied zwischen Mose und Samuel konnten nur die
'großen' Richter in Betracht kommen, die der deuteronomischen
Prophetenvorstellung als von Gott beauftragte charismatische Führer
des Volkes in verschiedener Hinsicht entsprechen.[3] Der Übergang
zu den Propheten vollzieht sich in der Gestalt Samuels, des letzten
in der Reihe der Richter. Bei ihm scheiden sich in der Sicht der
deuteronomischen Geschichtsdarstellung Richter- und Propheten-

---

[1] Vgl. oben S. 30f.
[2] Vgl. oben S. 34.
[3] Vgl. in diesem Zusammenhang die Ausführungen über die Beziehungen
zwischen Propheten und Heiligem Krieg bei G. VON RAD, *Der Heilige Krieg im
alten Israel*, Göttingen ³1958, S. 50 ff.

funktion. Doch wird auch sein Wirken als Prophet im Sinne einer Funktion von gesamtisraelitischem Aspekt verstanden. Er allein ist Jawhes Prophet für Israel von „Dan bis Beerseba" (1 Sam. iii 19-21) — ganz in Übereinstimmung mit Deut. xviii 15 ff.[1]

3) Aus den oben unter 1) und 2) angeführten Beobachtungen und Erwägungen ergibt sich die Schlußfolgerung, daß für die deuteronomistische Redaktion die äußeren Erscheinungsformen des Wirkens und Auftretens der Propheten nur von zweitrangiger Bedeutung gewesen sein können. Für die Entscheidung über die Wahrheit oder Falschheit eines Propheten sind sie jedenfalls nicht zureichend.[2] Im übrigen legitimiert das Vorbild Moses nicht nur die Vermittlung von Gottesworten, sondern auch das Wirken durch mancherlei Wunderhandlungen.

Zweifellos beruht diese Beurteilung der verschiedenen Formen des äußeren Auftretens der Propheten durch die deuteronomische Schule auf Erfahrungen, wie sie auch uns bei der Analyse der alttestamentlichen Prophetenüberlieferung zugänglich werden. Was wir über die Mittel, deren sich die Propheten bei ihrer Tätigkeit bedienen, und über andere Eigentümlichkeiten ihres Auftretens erfahren, ist zu sehr von der Zufälligkeit der Überlieferung abhängig, als daß es allein zur Abgrenzung bestimmter Typen des israelitischen Prophetentums ausreichen könnte. Je umfangreicher sich die alttestamentliche Überlieferung über einen Propheten äußert, umso mannigfaltiger werden auch die Formen seines Auftretens und Wirkens. Wenn z. B. Semaja als reiner Typ des geschichtsbezogen wirkenden Wortpropheten erscheint (1. Reg. xii 22 ff.; 2. Chr. xi 2 ff.; xii 5 ff.), so dürfte dies einfach darin seine Ursache haben, daß wir insgesamt von seiner Tätigkeit nicht mehr erfahren als die Verkündigung von Gottesworten bei zwei verschiedenen Gelegenheiten.

Nicht übersehen werden darf, daß es auch einige Elemente prophetischen Wirkens von grundsätzlicher Bedeutung gibt, die für alle Propheten zutreffen, gleichgültig, welchen 'Typ' sie im einzelnen mehr oder weniger deutlich repräsentieren mögen. Insbesondere gehören zu diesen allgemeingültigen Charakteristika drei Momente: Die Berufung des Propheten durch Gott, die unabdingbare Grundlage für sein Wirken ist.[3] Die Voraussetzung, daß durch sein Wort oder

---

[1] Vgl. oben S. 28ff.
[2] Vgl. oben S. 29.
[3] Die Berufung kann durch Vision, Audition, Traum oder Einwohnen des göttlichen Geistes (besonders bei Ekstatikern) erfolgen. Sie ist durchaus nicht

seine Tat Gott spricht oder handelt. Die Richtung aller prophetischen
Wirksamkeit auf Zukünftiges, sofern sie nicht nur der eigenen
Legitimation durch Wundertaten u. dergl. dient. Dies ist für alle
Erscheinungen des Prophetentums die gemeinsame Basis, die letztlich
auch die Zusammenfassung unter dem Begriff *nâbî'* von der Sache
her als angemessen erscheinen läßt.[1]

Aus allen diesen Beobachtungen und Erwägungen ergibt sich nun
eine weitere wichtige Frage: Wenn es richtig ist, daß die Mannigfaltigkeit der Typen des Prophetentums im Alten Testament nicht
Ausdruck einer geschichtlichen Entwicklung ist, sondern ihre Ursache wenigstens teilweise in der Aufnahme von Überlieferungen, die
jeweils eine bestimmte Auffassung vom Prophetentum vertreten,
gesucht werden muß, läßt sich dann der 'Sitz im Leben' dieser unterschiedlichen Prophetenvorstellungen genauer umreißen? Damit verbunden ist die weitere Frage nach den Kriterien, die es gestatten,
bestimmte und klar abgrenzbare Prophetentypen herauszuarbeiten.
Daß dazu die äußeren Merkmale prophetischer Tätigkeit nicht ausreichen, dürfte keinem Zweifel mehr unterliegen.

---

mit der Aufnahme in den Dienst der Tempelpropheten oder in eine freie Pro-
phetengemeinschaft identisch. Aufschlußreich ist in dieser Hinsicht 1. Sam. iii.
Hier wird die Berufung des jungen Samuel zum Tempelpropheten durch
Inkubation geschildert. Wenn auch nur an dieser Stelle ausführlich davon
berichtet wird, so dürfte es sich doch um einen typischen Vorgang handeln.
Diese Form der Berufung wird überhaupt bei den Tempelpropheten die Regel
gewesen sein. Bezeichnenderweise gehört ja gerade der Empfang von göttlichen
Mitteilungen im Traum zu den charakteristischen Funktionen dieser Propheten
(vgl. Jer. xxiii 25 ff.). Wie das Beispiel Samuels zeigt, gehen der eigentlichen
Prophetentätigkeit zunächst Jahre der Lehre als Tempelschüler voraus.

[1] Damit stimmt es überein, daß die Bedeutung des Nomens *nâbî'* höchstwahrscheinlich mit 'der Berufene' wiederzugeben ist.

PROPHECY TO APOCALYPTIC VIA ZECHARIAH

BY

ROBERT NORTH

Milwaukee—Rome

Apocalyptic, as a "more excellent way" of either prophecy or history or both, is being intensely reappraised in current biblical research. This ferment points up a prior and unsolved question: what does history itself mean in an Old Testament context and as an alternative to prophecy? A truism of the discussion has been this: "Apocalyptic (meaning chiefly Daniel) is the child of prophecy (chiefly Ezekiel)". Far less clear is the extent to which this filiation implies continuity rather than opposition. In any case the line of succession involves Zechariah more pivotally than has been adequately investigated.

> After several recastings both before Uppsala and after, we will adopt for clarity this sequence: *I. What is Zechariah?* Summary of the style and content of First and Second Zechariah. Positions presumed regarding their distinctness of origin. Tentative and noncommittal relevance of features later to be noted as typical of apocalyptic. *II. What is apocalyptic?* Description of the type of writings to which the name is commonly applied. Relation to apocryphal and eschatology; to wisdom. *III. What is prophecy?* The recent outlook on prophetism and its relation to history; Ezekiel; Daniel. *IV. What is history?* Can any history be other than rightly-defined prophecy? Differences of apocalyptic from other types of history. The claim that apocalyptic is the truly biblical form of history. *V. Conclusion*: Precisely the features by which First and Second Zechariah differ are those which they most have in common with apocalyptic; but this does not suffice to say that either rather than the other pertains more to apocalyptic than to prophecy.

I. What is Zechariah?

An existing biblical unit is called the Book of Zechariah. It consists of two parts, which have little in common. Chapters i-viii are ordinarily called First-Zechariah and held to be by an author different from what follows. Advance assent to this view does not prejudice our claim of setting forth noncommittally whatever details may perhaps relate to apocalyptic.

The last two of the earlier chapters vii and viii, are universally granted to be an appendix to what precedes: different in genre, but clearly related to the same historical situation. This situation is further-more identical with that of the short book of Haggai; while the very title of the book called Malachi along with certain conjoined expressions suggests uniting it loosely with two distinguishable halves of Second-Zechariah.

First-Zechariah is characterized by a series of "visions" in chapters i-vi. They are very sharply framed (i 8 ; II i 18 = G ii 1; H iii 1; iv 1; v 1; vi 1) and dated (i 7; cf. iv 6), though it is disputable whether a seventh and an eighth vision are to be distinguished beginning v 5 and H ii 5 = G ii 1. Between the visions come explanatory materials not always easy to separate from the visions themselves: H ii 10-17 = G ii 6-13; iv 6-10; vi 9-15.[1] The visions are linked with "waking from sleep" (iv 1), though neither verb nor noun "dream" is used anywhere in Zechariah except pejoratively in 2-Zc x 2.[2] Characteristic of dream however is the combination of images never experienced together in real life: flying scroll v 1; girl inside bottle v 7; horns without heads (which may be unnoticed behind the myrtles, i 18); green horses i 8.[3]

Many of the visions have an "interpreting angel" (i 9; vi 4), some-times in dialogue with another angel (H ii 7 = G ii 3) or a satan (ii 1). With laudable aim but indifferent success these angels are introduced to give vitality to the subject-matter.[4] In some cases the angel seems

---

[1] The vision is less important than the word or dialogue with YHWH which follows, according to W. A. M. BEUKEN, *Haggai-Sacharja 1-8: Studien zur Über-lieferungsgeschichte der frühnachexilischen Prophetie* (Studia Semitica Neerlandica, 10; Assen: Van Gorcum, 1967) 237.

[2] "Dream", *ḥᵃlôm* as noun (*ḥēlem* some twenty times in Daniel ii 4; iv 3; v 12; vii 1; also the corresponding verb) indicates "the lowest grade of prophecy", and among the prophets is found only in Joel; it is more common in Genesis and the deuteronomist, but in Deuteronomy itself (xiii 2) like Jeremiah (xxiii 27; xxvii 9; xxix 8) and Zc x 2, is used only for *false* prophets, according to Ch. A. BRIGGS, in (F. Brown, S. Driver) *Hebrew and English Lexicon of the OT* (Oxford U.: 1966 = 1907) 321, summarizing his *Messianic Prophecy* p. 6. See p. 66, n. 4 below.

[3] H. W. HERTZBERG, " 'Grüne' Pferde" [meaning tawny among Arabs still today], *ZDPV* 69 (1953) 177-180. On Zc iv 2, see old and new archeologizing efforts in our "Zechariah's Seven-Spout Lampstand", *Biblica* 51 (1970) 183-206.

[4] R. NORTH, Separated Spiritual Substances in the OT", *CBQ* 29 (1967) 443; 419-449. The very definition of apocalypse is "an Aramaic type of literature usually in the form of visions interpreted by an angel", according to R. H. PFEIFFER, *History of New Testament Times with an Introduction to the Apocrypha* (New York: Harper, 1949) 75. See also E. BENZ, *Die Vision: Erfahrungsformen und Bilderwelt* (Stuttgart: Klett, 1969).

to be not part of the vision but a preliminary human experience (iv 1; v 2.5; less clear H ii 2 = G i 19). The first and the last vision both focus horses of four different colors, and thus form an "inclusion" (vi 2 echoing i 8), or artful framework for the whole series.

In other ways also the series is artistically constructed. It seems thus to have been composed in writing, and even to have been intended for silent reflective reading rather than preaching aloud. The prophet's everyday experience and reflection is marked off from what is called "vision" by means of concrete "factual details". But it seems likely that all this is part of the literary art, or at least no genuine proof of the contrary can be given. The prophet is simply conveying in a form which he deemed suitable certain convictions acquired from reasoning rather than from any real dream either irrational or miraculous.

Historical setting. The "factual" details thus do not confer on the visions any real "historicity". And even the dating in its exactitude resembles what is often called a later gloss at the outset of psalms or other prophets. Nevertheless an unmistakable thing is the insertion of the visionary comments into a concrete and recognizable situation of real life and real history. There is explicit mention of Zerubbabel (iv 6.10) and Jeshua (iii 1 ff; vi 11). The actual names again somewhat resemble alleged glosses like Cyrus of Is xlv 1. And there are special reasons to consider Jeshua in some cases interpolated.[1] But the concrete relevance of both Zerubbabel and Jeshua (iv 14) is put beyond all doubt by the parallels in Haggai (i 1.12.14; ii 2; Zerubbabel alone ii 21.23). As in Haggai, the rebuilding of the Temple is prominent in Zc i 16; iii 7; iv 9; vi 12 f. 15. The same situation explicit in Zc vii-viii accounts for its attribution to the author of Zc i-vi despite wholesale differences of content and attitude.[2]

---

[1] B. VAWTER, "Levitical Messianism and the NT", in *M. Gruenthaner Memorial: Bible in Current Catholic Thought* (ed. J. McKENZIE; New York: Herder, 1962) 83-100; we follow his spelling Jeshua (as in Ezra-Nehemiah) for the Joshua ben-Jehozadak, to avoid ambiguity. "The authors cannot agree whether Joel or Zechariah can properly be classed among the apocalyptic writings", says VAWTER in "Apocalyptic: its Relation to Prophecy", *CBQ* 22 (1960) 33-46.

[2] *Excepting* Zc vii-viii, "apocalyptic completely replaces the older prophetic style" after the return from exile, according to C. STUHLMUELLER, "Apocalyptic", *New Catholic Encyclopedia* (New York: McGraw, 1967) 1,664. But he holds that Ezekiel was the standard model of the apocalyptic style for several centuries (see p. 67, n. 1. below): "The Historical Development from Prophecy to Apocalyptic", in R. BROWN, *Jerome Biblical Commentary* (Englewood Cliffs: Prentice-Hall, 1968) 1,339; cf. p. 338, "The apocalyptists will take up this note of prophetic

Prophetic traits. Zechariah (i-vi, like the rest of the book) is classed in the Hebrew canon as a prophet. In this he differs from Daniel, whose book is placed among the sapiential "riddles", and by moderns is treated as definitively apocalyptic.

Zechariah, precisely by his absorption in a concrete historical situation like Haggai's, acts like the classic prophets. Moreover the night-visions have much in common with experiences of the earliest prophetic books: Amos vii 1.4.7; Is vi 1; as well as Jer i 11.13; Ezek i 1; x 1; iii 12; ii 9; viii 2; xxxvii 1. The First-Zechariah content also resembles the "symbolic actions": Hos i 2; iii 1; Ezek iv 1.4.9; vi 11; viii 7; xii 7; xxiv 17; xxxvii 15.

First-Zechariah nowhere cites any preceding prophetic or other book of the Bible. Instead, he furnishes new "predictions" of his own especially about the Messiah, or rather descriptions of how the awaited Messiah is related to current events (iii 8; vi 12, the Sprout; iv 14, the *two* Anointed Ones; vi 15, as echo of Haggai ii 7).

In a way Zc i 5 seems very significantly to imply that prophetism has already come to an end (so 1 Mcb ix 27; cf. Ps lxxiv 9). And yet Zc i 4 seems to reckon with *present-day* prophets when he calls for a conduct differing from that which greeted the prophets "who preceded": *rîšônîm* must have this sense here, since the message it introduces fits the "later" (preexilic) prophets rather than the technically-designated "prior prophets", Joshua through Kings.

We have noted that Zechariah's visions seem to have been composed interlockingly for private reading. The opposite is true of the *Schrift-propheten*, who have that name because someone later gathered into a *Schrift* or scroll their numerous disconnected oral fulminations. Yet in spite of this stylistic feature, we may say that all in all First-Zechariah speaks *as* a prophet rather than *about* or *echoing* the prophets.

Second-Zechariah. From the beginning of chapter ix, suddenly there is no more mention of the builders of the Temple such as had dominated the previous chapters. Jerusalem from this point on is brought in rather with hostility (xii 2; xiv 1; but otherwise xiv 8.11 f.17; also ix 9), or at least the interest centers more favoringly on Judah than on Jerusalem (ix 13; x 3; xii 4 despite xii 5 f).

---

preaching and sound the day of the Lord with even more strenuous determination . . . thunderous outcries, weird premonitions . . . armies scaling heights of power and then suddenly collapsing in fire and smoke . . . charred ruins under desert sands . . . an eerie fear of the uncontrollable gods".

The most dominant motif is a shepherd-metaphor, which seems to have a common unity throughout despite incompatible applications.[1] For the most part the shepherd-figure is blameworthy (xi 6.15; xiii 7) or there are several bad shepherds (x 3). In xi 8 they are three, destroyed by one who is himself foredoomed (xi 4.8 thirty shekels). In x 2 the reproach is that there is *no* shepherd; but in xiii 7 this is because the bad shepherd is struck down; in ix 10 is mentioned the flock but no shepherd.

In no single case is there clearly a "good shepherd" as in John x 11 or Ezekiel xxxiv 15 (though through most of this chapter and book it is again the *bad* shepherds who are focused). But Second-Zechariah has some unexpected nuances (*my* shepherd and *companion* xiii 7) which seem to link the shepherd with *good* and admirable figures in adjacent verses: the *prophet* wounded by his own in xiii 6; the pierced first-born mourned xii 10; more remotely the humble victor king ix 9.

Relevances of prophetism. Second-Zechariah does not "act like a prophet" in the sense of making independent and original oracles of his own. Instead he seems concerned with gathering up expectations of the earlier prophets and interpreting them or showing how they are to be fulfilled. This is evidenced chiefly by his large number of citations from earlier prophetic books, whereas First-Zechariah does not have even one.

This has been made the subject of a detailed research by DELCOR, who claims the following more or less unmistakable though implicit citations.[2]

Zc	ix 9 = Zeph iii 14 ff.		Zc	x 8 = Jer xxxi 27.3.11
	(Gn xlix 11)			xxx 19
	xiii 5 = Am vii 14			x 10 = l 19 ?
				xi 1 = xxv 36
	x 8 = Is v 26			xi 4 = vii 32
	vii 18			xix 6
	x 11 = Is xi 11			xi 5 = l 7
				xi 7 = xiv 19
	xiv = Joel iv			xi 8 = 22
				xi 9 = xv 2
				xiv 10 = xxxi 38

---

[1] G. WALLIS, "Pastor bonus — Eine Betrachtung zu den Hirtenstücken des Deutero- und Tritosacharja-Buches", *Kairos* 12 (1970) 221; 220-234. On p. 226 he maintains that the shepherd represents not YHWH nor king nor priest but prophet.

[2] M. DELCOR, "Les sources du Deutéro-Zacharie et ses procédés d'emprunt", *R.B.* 59 (1952) 385-411; *Zacharie I-II* (L. Pirot *Sainte Bible* 8/1; Paris: Letouzey, 1964). DELCOR has now treated our problem of apocalyptic more directly in *Le livre de Daniel* (Sources Bibliques; Paris: Gabalda, 1971).

$$(\text{xii } 4 \; = \text{Dt xxviii } 28)$$

Zc	ix 15 =	Ezek xxxix 17 ff.
	x 3 =	xxxiv 5
	x 5 =	xxxviii 15
	xi 7 =	xxxvii 15 ff.
	xi 10 =	xxxiv 20 f
	xi 11 =	xxxiv 12
	xi 17 =	xxi 30
	xii 10 =	xxxvi 24 ff
	xii 1 f.=	xxxvi 17 ff.
	xiii 7 =	21
	xiii 8 f.=	v 1 ff.
	xiv 4.8.13 =	xxxviii 19 ff.

As we will see, the citation of earlier prophecies and preoccupation with their fulfilment is one of the traits which is considered most distinctive of apocalyptic or "epigonal" (second-hand, unauthentic) prophecy.

Relation to history. In conspicuous opposition to First-Zechariah, there are no dates whatever after chapter viii. There are indeed some brief concrete allusions to historical situations (Greeks ix 13; Egypt x 10) but each of these receives from experts dates ranging over several centuries. This is notoriously true of the more vague and symbolic allusions: three ousted shepherds xi 8; national mourning over Megiddo xii 11. Largely on the basis of what they consider "datable" allusions, experts debate as to whether a *third* Zechariah should be separated out beginning with chapter xii or xiv or x. Since we find no workable consensus, we claim that the whole six chapters have a unity at least in their kaleidoscopic heterogeneity.[1] We also see no consensus in the reasons given for dating chapters ix-xiv notably later or notably earlier than First-Zechariah, though the compiler's person is certainly different and some tiny proportion of glosses must likely be admitted.

More important for our purpose is that the last six chapters do not afford any kind of coherent "historical" or rather cosmic framework such as is typical of Apocalyptic. There are no recurring cycles and no reference to one age succeeding the others in a series. There

---

[1] R. NORTH, *Exégèse pratique des petits prophètes postexiliens* (Rome: Biblical Press, 1969) 97, though we view with reserve the proof of unity in a complicated artful pattern: P. LAMARCHE, *Zacharie IX-XIV: structure littéraire et messianisme* (Paris, 1961). Cf. above all: B. OTZEN, *Studien über Deuterosacharja* (Copenhagen, 1964).

is indeed an "eschatological day" prominent only in the *last* chapter, which is why some experts claim that it alone constitutes Third-Zechariah. But this eschatological description has more in common with Amos than with the undoubted apocalypts. Though *all* of Second-Zechariah shows an unconcern with "history as event", still Second-Zechariah does not in turn emphasize "history as pattern", which is typical of apocalyptic as opposed to prophetism.

II. What is Apocalyptic?

To decide whether and how far either First or Second Zechariah forms an outset of apocalyptic, we must necessarily have in mind some preliminary guideline as to what apocalyptic is. We will not lay down an a priori definition. This would dictate or prejudice any eventual conclusions. Instead, we will try to show how the word has recently become prominent, and to what type of writings it is generally applied.

Apocalypse. The most objective datum which we can find for making a start is the fact that Apocalypse is the name of the final New Testament book, called Revelation in English and in Greek *apokálypsis*. The weird imagery and arcane puzzles with which this book abounds distinguish it instantly from all other New Testament books and link it with the Old Testament canon chiefly via Daniel (vii 13 = Rev i 13).[1] However, the author "John" regards himself as a *seer* and/or prophet (i 3; v 1 f.; xxii 8 ff. 18). And like Daniel himself he has obvious links with Ezekiel and other Hebrew prophets. The frequency and variety of *angels* as vehicle or interpreter of the revelation (Rev i 1; vii 1; xiv 6; xviii 1; xxii 1.16) is an evident echo of Zechariah. But the memorable angels of the seven *cities* in Rev ii-iii are more on the side of the *recipients* of the revelation or their "protectors" (? bishops), like Michael in Dan x 13; xii 1: who however is called prince rather than angel.

Both Daniel and the Revelation of John, like Jubilees and several similar works, have one or more elaborate frameworks of distinct "eons" into which history is divided and which serve to give a unified "meaning" to its totality. This feature is lacking in Ezekiel and other classic prophets, as well as in both Zechariahs.

Apocryphal. Though only one book of the canonical (Christian) Bible is called apocalypse, this title is given to very many of the "Pseudepigrapha".[2] These are books which historically and content-

---

[1] The first overall survey of Apocalyptic, by F. Lücke in 1832, also takes John's Apocalypse as point of departure, as is noted by Schmidt (p. 67, n. 1) p. 116.

[2] We use this cumbrous term reluctantly. It is misleading, since these books are not "of mendacious *content*", nor even any more *pseudonymous* than most books of the canonical Bible are now seen to be. Doubtless it is useful to have technical terms to distinguish those non-canonical books "held by great portions of the

wise have much in common with the "Apocrypha". Both groups *looked* like canonical revelations without being able to impose themselves universally as such. These Apocrypha (in both senses), far from being intended to deceive or delude, were almost identical in scope with what we call today "spiritual reading". They do in fact often claim to be divine revelation, indeed more directly than most canonical books themselves claim. But this must be interpreted in the light of the *pseudonymy* which they share with many canonical books. What their claim of direct revelation means chiefly is that they *adapt* authoritatively the canonical revelation to the changing interests and culture and vocabulary of their own day. Obviously the more successful they were in this laudable goal, the more they were apt to be *mistaken* for a real revelation (as has been true of A KEMPIS or LOYOLA), and so they had to be "hidden away", *apo-krypha*.[1] Apocalyptic as a genre has much in common with these Apocrypha: even more with books like Jubilees and Enoch than with those which are expressly entitled Apocalypses.

Specifically, a major goal of the apocalyptic writings has been to interpret *past* prophecies, and thereby distinguish their own epigonic function from that of the real prophet. "The apocalyptic writers were essentially students of prophecy who believed they had been raised up by God to make known its meaning to their people. [They worried about unfulfilled predictions.] The words and activities of the prophets have been worked over ... in an attempt to re-cast or re-interpret certain prophecies so as to revive the old hopes in a new form and to adapt them to new circumstances of life in the nation." [2] This

---

Church for a long time and even today as canonical and inspired" [= deuterocanonical (for Catholics); = Apocrypha] from the rest [pseudepigrapha = (Catholic) apocrypha]. But we are rightly advised by C. C. TORREY, *The Apocryphal Literature, a Brief Introduction* (New Haven: Yale, 1945) 11, that we should return to Jerome's use of the term apocrypha for all the "outside writings", instead of the term pseudepigrapha applied at Hamburg in 1722 by J. FABRICIUS to those writings overlooked by the Reformers in restricting Jerome's term to the *antilegomena*.

[1] Identical Greek elements give paradoxically opposite sense in *apo-krypha* and *apo-kalypta*. *Kalýptō*, "cover" is virtually synonym of *krýptō*, "hide". But in apocryphal the prefix *apó* has taken on an intensive sense, "for hiding *away*", while the same prefix in apocalyptic has a negating sense, "for *dis*closing".

[2] D. S. RUSSELL, *The Method and Message of Jewish Apocalyptic 200 B.C. — A.D. 100* (Old Testament Library; London: SCM, 1964) 182; cf. 73; also from p. 218: the claim that the apocalypts invented universal history or philosophy of history "does less than justice to the OT prophets and enhances the reputation of the apocalyptists in a way they hardly deserve ... What they did was to carry still further the sense of divine purpose, which was already to be found in the

statement of RUSSELL's pondered and informative survey, which sees
the rise of apocalyptic as the *decline* of prophecy, nevertheless is used
to exemplify the ambiguous adage "apocalyptic is the child of prophecy".[1] But his analysis, and the facts of the case, would tend to
show that this adage means apocalyptic is *not* prophecy rather than
it *is*.

The weird imagery prominent in the apocrypha, but also in canonical
apocalyptic, is often made a primary norm.[2] This feature, for those
who see in apocalyptic a cognate and continuation of prophecy, is
most often illustrated by traits of classic prophets, especially Ezekiel.
But there have been rare efforts to identify it rather with the pre-
classic "mantic" or irrational origins of prophecy.[3]

Eschatological, also, in a very general way, applies to the same body
of writings which are called Apocalyptic. Eschatology of course means
"the last things", and refers to the subject-matter or informational
content of a treatise, whereas apocalyptic designates rather its literary
techniques, imagery, or claim to divine origin.[4] *Myth* has been taken
as a feature of eschatology, but perhaps has greater relevance to
apocalyptic.[5] There are many works of eschatology being written

---

prophets, as the unifying principle of all human history". The properly apocalyptic citations of the prophets are for RUSSELL Daniel xii 2-4 (re-interpreting
Hos xiii 14 + Ezek xxxvii + Is lxvi 24; liii 11 + Am viii 12); Daniel iv 10-18
(adapting Ezek xxxi 1-9); Daniel xi 30 (Nm xxiv 24).

[1] As seen by J. BLOCH, *On the Apocalyptic in Judaism* (*JQR* Monograph 2;
Philadelphia: Dropsie, 1952) 28, Daniel "does not introduce a new type of
literature in Judaism ... shows rather that apocalyptic is strongly dependent
on prophecy".

[2] [W. BOUSSET[3]] H. GRESSMANN, *Die Religion des Judentums im späthellenistischen
Zeitalter* (Tübingen: Mohr, 1926; reedited 1966 by E. LOHSE) 211.

[3] A. S. PEAKE, "The Roots of Hebrew Prophecy and Jewish Apocalyptic",
Bulletin of the John Rylands Library 7 (1923) 235; 233-255; Y. KAUFMANN, "Apo-
kalyptik", *Encyclopaedia Judaica* (Berlin: 1928) 2, 1144; 1142-1154; S. H. HOOKE,
"The Myth and Ritual Pattern in Jewish and Christian Apocalyptic" in [his]
The Labyrinth (London: SPCK, 1935) 213.

[4] Not all agree that apocalyptic may be defined by style rather than content,
especially insofar as "patterned universal history" reveals the *events* of the end-
time. But it is precisely the *events* which remain obscure, while the pattern or
stylized scheme is clear and prominent. As for a "style" of eschatology, see
C. STEUERNAGEL, "Die Strukturlinien der Entwicklung der jüdischen Eschatologie", *Festschrift A. Bertholet* (Tübingen: Mohr, 1950) 479-487.

[5] S. B. FROST, "Eschatology and Myth", *VT* 2 (1952) 70-80; 73, "Wherever
[H. WINCKLER, A. JEREMIAS, and H. GUNKEL (*Schöpfung und Chaos in Urzeit und
Endzeit*[2], Göttingen 1921)] found mythology they presumed eschatology, and
so read it back into man's earliest thought". Cf. R. H. CHARLES, *Eschatology: the
Doctrine of a Future Life in Israel, Judaism, and Christianity* (Jowett Lectures 1898;
[2]1913; with introduction by G. BUCHANAN vii-xxx, New York: Schocken, 1963)

today, but no works of apocalyptic (even if we advert to the Book of Mormon and similar exceptions rare enough to prove the rule). The "last things" treated in eschatology used to be considered exactly four: death, judgment, heaven, and hell. Nowadays the situation is more subtle. By the *éschata* is meant rather a whole new mode of existence replacing the old one, not necessarily altogether in the future but in part already realized ever since some messianic event in the past, like the return from exile for Second-Isaiah, or the ministry of Jesus for post-SCHWEITZER Christians.[1] Failure to mention the massive influence of SCHWEITZER on eschatology terminology leaves many of the complaints in a recent article rather irrelevant.[2]

More successful has been an effort of FOHRER to bring clarity into the question of what we mean by eschatology. We begin with noting what he puts only at the end: Apocalyptic is "a younger and more modern form of eschatology" of the type found in Zechariah. He explicitly adds that thus the norms given here apply also to apocalyptic. Among these I would single out this one as even more typical of apocalyptic than of eschatology in general: "God changes first the *world* and then through it men; not first men and through them the world."[3] What was most frustrating for (apocalyptic; First)

177: The prophet and apocalypt use the same channels, but each has his eschatology, a thing not identical with either; prophets deal with the future hope of the nation, but only apocalyptic gives us the future expectation of individuals and the catastrophic new earth; and it is less limited in time and space than prophetism, but also more deterministic and mechanical in its conception of history.

[1] G. E. LADD, "Why Not Prophetic-Apocalyptic?", *JBL* 76 (1957) 192-200; W. D. DAVIES, "Apocalyptic and Pharisaism", *Exp.T* 49 (1948) 233-7 = *Christian Origins and Judaism* (Philadelphia: Westminster, 1962) 19-30. Less clear is the position of R. LEIVESTAD, "Der apokalyptische Menschensohn ein theologisches Phantom", *ASTI* 6 (1968) 99; 49-105.

[2] G. WANKE, "'Eschatologie'. Ein Beispiel theologischer Sprachverwirrung", *Kerygma und Dogma* 16 (1970) 300-312. We may note the 1970 Rome Biblical Institute dissertation of V. COLLADO, *Escatologías de los profetas: estudio literario comparativo*.

[3] G. FOHRER, "Die Struktur der alttestamentlichen Eschatologie", *Th.Lit. zeitung* 85 (1960) 401-420; see now his "Glaube und Hoffnung: Weltbewältigung und Weltgestaltung in alttestamentlicher Sicht", *Th.Zeits.* 26 (1970) 1-21. According to H. P. MÜLLER, *Ursprünge und Strukturen alttestamentlicher Eschatologie* (*ZAW* Beiheft 109; Berlin: de Gruyter, 1969) 222, the eschatological is what is not only definitive but also future: though this basic OT position is obscured not only by the generalizings of apocalyptic, but also by the mytho-cultic "Zion psalms", with which on pp. 87-101 2-Zc is often compared. Comp. too H.-P. MÜLLER, "Mantische Weisheit und Apokalyptik", in this Congress Vol., pp. 268-293; and S. AMSLER, "Zacharie et l'origine de l'apocalyptique", *ibidem*, pp. 227-231.

Zechariah (i 1; viii 14) was, as also for Haggai (i 15; ii 15), that return to the old ritualism which Malachi typifies.

FOHRER describes six basic forms in which eschatology appears: (1) Second-Isaiah gives many details but is not always consistent; (2) Haggai and Zechariah extend the impending demolition from Babylon to *all* evil nations, and name the "Messiah"; (3) In Zc ix-x (which FOHRER unlike us dates after 350) there is a paradisiacal situation but with destruction of the ruling power [Form (3) combines with (1) and (2) in Is lxiii and lxvi; Ob 15 ff.; Zeph iii 14 f.]; (4) In Joel (after 400 as 2-Is) inverting Ezek xxxviii, YHWH challenges the nations for their offenses against Israel: so Zc xiv except that Jerusalem there shares in the punishment; (5) In the later Zc xii-xiii is found paradise-peace in normal development without violence; (6) Is xxiv-xxvii (still later?) after 400 reverts to a catastrophe, which is however *cosmic* while Israel survives.

From these six "Forms", FOHRER distinguishes eleven *structural elements* of eschatology relevant to apocalyptic: (1) In 2-Is the punishment is for *present* sins, but without the *dualism* of apocalyptic; (2) Also in 2-Is, the new era is *near*; (3) There is a cosmic catastrophe in Joel ii adapting the "foe from the north" of Jer iv-vi, and also in Zc v; (4) Whereas salvation in Second-Isaiah is due only to God's initiative, in Zc i 3 man's repentance is partly responsible; (5) The changed world can be *either* nationalistic or universalist; (6) In neither case have we properly an "end of the world" but rather a development *within* history; as in Zc ix; x; xii-xiv; (7) In fact we have a "restitution of the prior" or rather its *renewal* (Urzeit || Endzeit; Zc x 6), specifically of Jerusalem, Zc ii 5 f.; (8) Centering of the restitution in Jerusalem is even stronger in Zc ch. i and ii than in xiv; (9) The awaited good is *eternal*, but this by no means implies "other-worldly" (except in deuterocanonica like Wisdom of Solomon); (10) "Remnant" which to earlier prophets had meant little people unimportant enough to escape invasions, now becomes proud name for the sharers in Jerusalem's felicity; (11) The restoration is compatible with various kinds of *rule*.

FOHRER's intuitions, though instructive, are perhaps justly claimed to distinguish too sharply the preexilic from the postexilic.[1] The central position of Jerusalem, and its relation to First-Zechariah (ii 1-9.10-17; viii 20-23), are compared by VRIEZEN to 1 Chr vii 14

---

[1] H. D. PREUSS, *Jahweglaube und Zukunftserwartung* (*BWANT*, 87; Stuttgart: Kohlhammer, 1968) 212. Now in "Ort und Eigenart des Danielbuchs innerhalb der alttestamentlichen Apokalyptik", in C. WESTERMANN, *Ausgewählte alttestamentliche Texte* (Calwer Predigthilfen, 6; Stuttgart: 1971) 217, PREUSS declares it impossible to draw a threshold-line between prophecy and apocalyptic: they are united in their understanding of history as a unity with a goal: a concept to which the Wisdom corpus is utterly alien.

and various chronological schemes of the Priestly Code, which are really eschatological and are taken up in Daniel; Hebrew thought does not make such a sharp distinction between historical and suprahistorical as we do.[1] Eschatological themes like the "cup of wrath" and in general the "Day of YHWH" dear to our Scandinavian colleagues, though relevant cannot occupy us further at this point.[2]

Wisdom. The only thing which VON RAD changed seriously in a later edition of his influential *Old Testament Theology* was the chapter on Wisdom-origins of Apocalyptic in his second volume, which he completely re-wrote for the 1965 fourth German edition, used for the French but not for the English translation. Earlier editions had already claimed strongly enough that apocalyptic is a definitively sapiential genre and *"not* prophecy *nor* 'the child of prophecy' ". This claim had been approved and carried further by disciples and other experts.[3] But since BUBER, BULTMANN, and others disapproved, VON RAD focused this thesis more sharply and "tried to give it a more solid base" as the new Preface says, partly by adding a whole separate

---

[1] Th. C. VRIEZEN, "Prophecy and Eschatology", *SVT* 1 (1953) 219; 199-229; H. M. LUTZ, *Jahwe, Jerusalem und die Völker: zur Vorgeschichte* ['Forschungsgeschichte'? cf. pp. 1-6] *von Sach. 12, 1-8* [Ezek Is Joel] *und 14, 1-5* (*WMANT*, 27; Neukirchen: Verlag, 1968); N. MESSEL, *Die Einheitlichkeit der jüdischen Eschatologie* (*ZAW* Beiheft 30; Giessen: Töpelmann, 1915) 89; H. JUNKER, "Sancta civitas, Jerusalem nova [Is 2]", *Festschrift for M. Wehr, Ekklesia* (Trierer Theologische Studien, 15; 1962) 17-33; S. TALMON, "Die Bedeutung Jerusalems in der Bibel", in W. ECKERT, *Jüdisches Volk — gelobtes Land* (Munich: Kaiser, 1970) 135-152 [153-168, "Das Land Israel im Wandel der alttestamentlichen Geschichte", by R. RENDTORFF]; E. LIPIŃSKI, "Recherches sur le livre de Zacharie", *VT* 20 (1970) 42; 25-55.

[2] H. RINGGREN, "Vredens kalk", *Svensk Exegetisk Årsbok* 17 (1955) 19-30; S. MOWINCKEL, "Jahves dag", *Norsk Teol. Tids.* 59 (1958) 1-56, 209-229; J. H. GRØNBÆK, "Zur Frage der Eschatologie in der Verkündigung der Gerichtspropheten", *Svensk EÅ* 24 (1959) 5-21; G. W. BUCHANAN, "Eschatology and the 'End of Days' ", *JNES* 20 (1961) 188-193; G. VON RAD, "The Origin of the Concept of the Day of Yahweh", *JSS* 4 (1959) 97-108; F. COUTURIER, "Le 'Jour de Yahvé' dans l'AT", *Revue de l'Université d'Ottawa* 24 (1954) 193-217; A. GELIN, "Jours de Yahvé et Jour de Yahvé", *Lumière et Vie* 2/11 (1953) 39-52.

[3] G. REESE, "Die Geschichte Israels in der Auffassung des frühen Judentums: eine Untersuchung der Tiervision und der Zehnwochenapokalypse [Henoch, 4 Ezra]", referat of 1967 Heidelberg dissertation under VON RAD, showing relations to Sirach xliv-l; xvi 6-10; and Wisdom of Solomon x: *Theol. Lit. zeitung* 94 (1969) 391-2; H.-J. KRAUS, "Schöpfung und Weltvollendung", *Ev. Theol.* 24 (1964) 478; inverse influence of apocalyptic on wisdom seems maintained by K. ROMANIUK, "Die Eschatologie des Buches der Weisheit", *Bibel und Leben* 10 (1969) 198-211; less clearly W. H. SCHMIDT, "Transzendenz in alttestamentlicher Hoffnung", *Kairos* 11 (1969) 213; 201-218.

section on the relation of Traditionsgeschichte to (RÖSSLER's) apocalyptic "unity of history".

VON RAD's earlier edition had begun by describing apocalyptic in
terms of eschatology, transcendence, pseudonym, esotericism, and in
contradistinction to prophecy and history, before adding as a brief
but strong conclusion its dependence on Wisdom-literature as matrix.
In the re-written form his description sets out from specifically "scribal"
or sapiential traits of Daniel (i 3; ii 48; xii 3), Enoch (Ethiopian;
xxxvii 2 = *mašal*; xii 3; xv 1; xcii 1; xxxvii 4), and Fourth Ezra (xiv 50).
The four non-sapiential traits previously set as primary are now
relegated to their enumeration in the retained footnote from BAUM-
GARTNER.[1] Emphasis on the *mašal* as implicit subtitle of two Enoch
sections now replaces the coming new eon of 2 Ezra vii 50, "God has
made not one world but two".

Lengthy citations from Assumption of Moses xii 4 and Wisdom of
Solomon vii 18 ff. are now introduced by VON RAD to prove that for
the apocalypts (a) the whole of history is minutely patterned in advance
(and static, and re-told with no concern for its *salvation* aspects), as
distinct from the prophets' spontaneous dynamic interventions of God
in history; (b) this "knowable pattern" corresponds to the Sapiential
craving to treat of "everything knowable", which from the start
included in principle also eschatology, though in fact no trace of
eschatology is found in the (non-apocalyptic) Wisdom corpus. Moreover the apocalypts' claim of extending their science even to include the divine secrets, and their consequent pessimism, pass beyond
any strictly sapiential purview. Much of the material here given on
dream-schemata would suggest Zechariah, but he is unmentioned
both here and in the later listing of proto-sapiential sources linked to
Third Isaiah lxv 17; lxvi 22; Second-Isaiah and Jeremiah without
reference; beside Gn v 24 and Nm xiv 21.

VON RAD's subjoined new section on Traditionsgeschichte includes
Joseph (Gn xli 25) among the sapiential origins of dream-interpretation. The sapiential *catalogues*, echoed in Ethiopian Enoch vi 7, are
linked with Egyptian onomastica.[2] There is no mention of McCOWN's

---

[1] G. VON RAD, *Theologie des Alten Testaments II. Die prophetischen Überlieferungen
Israels* (Munich: Kaiser, 1960; [4]1965) 314; *Old Testament Theology II* (Edinburgh:
Oliver, 1965) 302; *Théologie de l'Ancien Testament II* (Geneva: Labor et Fides,
1967) 264. The note from W. BAUMGARTNER, "Ein Vierteljahrhundert Daniel-
forschung", *Theol. Rundschau* 11 (1939) 136 [59-83; 125-144], is now put ahead of
P. VOLZ, *Die Eschatologie der jüdischen Gemeinde im neutestamentlichen Zeitalter*
(Hildesheim: Olms, 1966 = Tübingen 1934) 4, whose statement is now omitted.
J. MUILENBURG's *Interpreter's Bible* 1, 340, cited in the English edition, is not in
the French. See now P. FRUCHON, "Sur l'herméneutique de G. von Rad" and
other essays for his seventieth birthday in *Revue des Sciences Philosophiques et
Théologiques* 55 (1971) 4-32.

[2] Renvoi only to VON RAD's first volume (French p. 368), not to A. ALT,
"Die Weisheit Salomos", *Theol. Lit. zeitung* 76 (1951) 139-144 [= *Kleine Schriften* 2,

earlier effort to link apocalyptic with those Egyptian themes which would today be considered distinctively sapiential.[1] Nor is it noted that LAGRANGE had already examined the claim that Apocalyptic with its cosmic generalizations was a kind of pioneering natural science: he rejected that claim because the apocalypts though bookish are unoriginal and unscientific.[2] The same unoriginal and classifying erudition which is common to sapientials and apocalypts has now become prominent at Qumran, as VON RAD notes only generically and in the prior edition.[3]

A more recent inquiry concludes that the framework of erudition which we find in apocalyptic may just as truly be said to be of prophetic origin and to open out toward Wisdom-horizons only in a later stage.[4] Even Daniel xii does not necessarily involve a transcendent eon such as the Wisdom literature reckons with.[5] We have noticed VON RAD's virtual answer to the objection that the Wisdom authors "were wholly concerned with the affairs of this world; the apocalyptic seers [along with other basic contrasts] concentrated mainly upon the world to come".[6] The revised chapter concludes by noting that it obviously does not mean to deny *all* link of apocalyptic with prophecy, notably in the use of dreams and in outright imitations such as the Syriac Baruch apocalypse, which now replaces Fourth Ezra as *terminus post quem* in the opening paragraphs. VON RAD surprisingly nowhere takes up the specific kinship of Ezekiel or of either Zechariah to apocalyptic. He finally claims that only *eschatologization* (of Wisdom-concerns) and with it the *unity of history* can survive in place of the

---

90-99], comparing 1 Kgs iv 33 to *Ancient Egyptian Onomastica* (ed. A. GARDINER; Oxford U.: 1947).

[1] C. C. McCOWN, "Hebrew and Egyptian Apocalyptic Literature", *Harvard Theol. Rev.* 18 (1925) 368; 357-411; R. H. PFEIFFER, "Wisdom and Vision in the OT", *ZAW* 52 (1934) 95; 93-101; G. EDWARDS, "The Exodus and Apocalyptic", in the *Festschrift for W. Irwin, A Stubborn Faith* (Dallas: 1956) 27-38.

[2] M.-J. LAGRANGE, *Le judaïsme avant Jésus-Christ* (Études Bibliques; Paris: Gabalda, 1931) 79.

[3] See p. 61, n. 2; L. ROST, *Einleitung in die alttestamentlichen Apokryphen und Pseudepigraphen einschliesslich der grossen Qumran-Handschriften* (Heidelberg: Quelle, 1971).

[4] P. VON DER OSTEN-SACKEN, *Die Apokalyptik in ihrem Verhältnis zu Prophetie und Weisheit* (Theologische Existenz Heute, 157; Munich: Kaiser, 1969) 63.

[5] P. GRECH, "Interprophetic Re-Interpretation and Old Testament Eschatology", *Augustinianum* 9 (1969) 238; 235-265.

[6] W. O. E. OESTERLEY, "The Apocalyptic Literature" in *The Age of Transition* (1937), reprinted in *Judaism and Christianity* (New York: Ktav, 1969) 83(-101); see also his *The Jews and Judaism during the Greek Period* (London: 1941). Also, "Wisdom lacked eschatological interest": P. VIELHAUER, "Die Apokalyptik", in HENNECKE-SCHNEEMELCHER, *Neutestamentliche Apokryphen* (1964) 2,420.

traits hither to considered distinctive of apocalyptic: esotericism, periodicity of history, interpretation of prior biblical texts, pseudonym, dream-interpretation, space-travel, prediction *ex eventu*.[1]

Qumran. In contrast to VON RAD's indifference, RINGGREN is brief but firm in his backing of those authors who see the Qumran writings as a phase of apocalyptic; he connects this with the fact that a thin but steady trickle of scholarship had already sought apocalyptic origins in Essenism.[2] Yet the Essenes came out of a ferment which was far from antiquarian or sapiential erudition, and was more akin to that vitality and concern for current issues of real history which we find in the prophets. "Every age of great political agitation had its apocalypses".[3] Again relevant here is the question of whether there was an apocalyptic branch within Pharisaism.[4] If so, is it to be regarded

---

[1] The English p. 308, apparently omitted in VON RAD's revision, notes that the apocalyptic time-divisions of world history are simply the interpretation and actualization of earlier cosmological schemata found in myth. Relating of apocalyptic to wisdom seems traceable back to L. NOACK 1857. G. HÖLSCHER is also invoked; but in his "Entstehung des Buches Daniel", *Theol. Studien und Kritiken* 92 (1919) 114-138, p. 135 derives apocalyptic rather from "legend", which however is distinguished by its "erudite" character. See also HÖLSCHER's "Problèmes de la littérature apocalyptique juive", *Revue d'Histoire et de Philosophie Religieuses* 9 (1929) 101-114; *Die Ursprünge der jüdischen Eschatologie* (Giessen: 1925).

[2] H. RINGGREN, "Apokalyptik", *RGG*[3] (Tübingen: Mohr, 1957) 1,464, defining apocalyptic simply as a "speculative-allegorical portrayal of the world's course" with "vision and interpreting angel" as characteristic; no sharp distinction from prophecy is possible, though from its *decline* apocalyptic arose; the apocalypts aimed to communicate a secret *wisdom* rather than guidance for a concrete situation; it is significant that Jewish apocalyptic has been mostly preserved by Christians. The Essene view derives from A. HILGENFELD, *Die jüdische Apokalyptik in ihrer geschichtlichen Entwickelung* (1857, reprinted 1966); see the whole chapter of SCHMIDT (p. 67, n. 1) pp. 127-147, using H. A. PÖLCHER, *Hilgenfeld und das Ende der Tübinger Schule* (Erlangen: 1954). See also KAUFMANN KOHLER, "The Essenes and the Apocalyptic Literature", *JQR* 11 (1920) 145-168; O. PLÖGER, "Prophetisches Erbe in den Sekten des frühen Judentums", *Theol. Lit. zeitung* 79 (1954) 291(-6) and his *Theokratie und Eschatologie* (*WMANT* 2; Neukirchen: 1959).

[3] M. BUTTENWIESER, "Apocalyptic Literature", *Jewish Encyclopedia* (New York: Funk, 1901) 1, 676 (675-685; but 669-675 "Apocalypse" by C. C. TORREY); W. R. FARMER, *Maccabees, Zealots, and Josephus: an Inquiry into Jewish Nationalism in the Greco-Roman Period* (New York: Columbia, 1956); M. A. BEEK, *Nationale en transcendente motieven in de joodsche Apokalyptiek* (1941) and *Inleiding in de Joodse apocalyptiek van het Oud- en Nieuw-Testamentisch Tijdvak* (Theologica, 6; 1950) 3.

[4] RUSSELL (p. 54, n. 2) p. 25 gives a limited defense of the linking of Pharisaism with apocalyptic by R. H. CHARLES, W. BOUSSET, S. ZEITLIN, against R. TRAVERS HERFORD, *Talmud and Apocrypha: a Comparative Study on the Jewish Critical Teaching in the Rabbinical and Non-Rabbinical Sources in the Early Centuries* (New York: Ktav, 1971 = 1933) and G. F. MOORE, *Judaism in the First Centuries of the Cristian Era* (Harvard: 1930) vol. 3, p. 17. A. OEPKE, "(Apo-)Kalýptō", *Theological Dictionary of the New Testament* (Grand Rapids: Eerdmans, 1965) 3,578, rejects

on the side of the traits which distinguish Pharisees from Essenes, or
rather of those which unite them in a common origin, Maccabee-era
Hasidism? [1] SCHREINER's recent survey declares that apocalyptic had
less connection with either Qumran or Wisdom than has been alleged;
he makes it rather a reaction against the eschatological minimizing
of the Chronicler's levitical circles.[2]

A working definition. From all the above, we may diffidently essay
this inductive description of apocalyptic.[3] *Any writing claimed or
appearing to be divinely inspired and to open out the true meaning and future
or end-time relevance of prior revelations, by applying them enigmatically to
current events in a unifyingly astro-cosmic historical framework of bookish
erudition; with weird or outer-space imagery, and related to an intensely active
world of beings midway in nature between men and God.*

III. What is Prophecy?

In the Hebrew canon there are certain books to which the name of
prophecy is officially given. Daniel is not one of these; he is put in
the third major division, *keṭûbîm* meaning really "miscellaneous".[4]
Among other inadequate names for this section is "sapiential", and
this fits Daniel if we take the book of Proverbs as norm. This title
is in Hebrew *mešālîm*, which also means parables (as of Jesus) or simply
riddles. The number-riddles like Prov xxx 15; v 16, are a characteristic
of Hebrew Wisdom's pedagogic "rules of thumb". So also are the

---

the opinion of J. JEREMIAS, *Jerusalem zur Zeit Jesu* (1929) 107, that apocalyptic
followed a *secret* tradition of the rabbis.

[1] J. MORGENSTERN, "The Hasidim—Who Were They?", *HUCA* 38 (1967)
59-73.—A. BENTZEN, *Daniel²* (Handbuch zum AT 1/19; Tübingen: Mohr, 1952),
87, claimed that the apocalyptic movement was *opposed* to "Maccabee activism",
and aimed to counter existing evils rather with a purely moral rearmament of
eschatology.

[2] J. SCHREINER, *Alttestamentlich-jüdische Apokalyptik: eine Einführung* (Biblische
Handbibliothek, 6; Munich: Kösel, 1969) 176-190; R. MARTIN-ACHARD,
"L'apocalyptique d'après trois travaux récents", *Revue de Théologie et de Philosophie*
20 (1970) 310-318.

[3] We note the disapproval expressed for this definition at Uppsala by B.
UFFENHEIMER, to the title of whose book our own was indebted: *Ḥᵃzônôt
Zᵉkaryâ; The Visions of Zechariah, from Prophecy to Apocalyptic* (Jerusalem: Israel
Society for Biblical Research, 1961), on which see K. SCHUBERT in *BZ* 8 (1964)
131-4.

[4] This section is sometimes called "the poetic books" on account of Job,
Psalms, and the strophic form of Wisdom epigrams; but the (Later) Prophets
are really more poetical. Chronicles happens to be included in the *keṭûbîm* only
because of its late composition and canonization. The five books of Moses are
Torah, "law" or rather "teaching", though they give us the term *tôlᵉdôt* (really
"acts of generating") which has become a generalized modern Hebrew term for
"history".

didactic psalms, whose "poetry" is of very pedestrian quality. Most of the content of Daniel also is riddles, though they are not explicitly named $m^e\check{s}\bar{a}l\hat{\imath}m$.

Prophets is the name given in the Hebrew canon to a quite varied collection of books. The ones we call prophets today, except Daniel, are entitled "secondary", $ah^a r\hat{o}n\hat{\imath}m$: strictly "later" in a temporal sense, which is also the basic meaning of secondary. The primary or $r\hat{\imath}\check{s}\hat{o}n\hat{\imath}m$, "earlier" prophets in Hebrew are all those books which we call distinctively historical. We must regard as very significant the deeply-rooted tradition by which Joshua, Judges, Samuel, and Kings are called "the outset of prophecy". In part this is doubtless because they largely describe the activities of charismatic voices of God in human affairs, not only Elijah and Elisha alongside a host of lesser "mantic" prophets, but also the Judges. In fact the type of activity which the Judges exercised gave a more proximate stimulus than the Prophets to Max WEBER's now classic view of Hebrew charisma as the anti-thesis of another valuable agency for the betterment of human affairs, bureaucracy. "Earlier" prophetism as a synonym of *mantic* is thus an appellation both for charismatic leadership, and for all the cruder oracle-mongers both within and outside Israel who preceded the classic book-prophets.[1]

The so-called "Later Prophets", from Amos and Isaiah on, are not only linked with the rather academic procedures of writing and publication. They also have a comparatively schoolmasterly or reasoned approach in their presentation of God's message, as contrasted not only with the later sapiential "bookworm" but also with the preceding type of prophet whom for convenience we call "mantic".[2] This term is not ideal, because in implying "charismatic" it forms a common bond between the prior-prophets and the book-prophets, along with the Judges and other leaders who were *not* delirious or ecstatic like the Pythian or Delphic oracles from whom the name mantic is derived. On the other hand, many of these called "prophets" in the earlier sense were not charismatic at all. They were tame and institutionalized; they had an *Amt* or routine bureaucratic

---

[1] "Writing-prophet" is legitimate as a rendering of *Schriftprophet* on condition that "writing" be taken as a "thing written"; but since it would more naturally be taken as a participle, "person who wrote", we find the rendition "book-prophet" preferable. *Schriftprophet* does not imply that the classic prophets themselves either wrote or did not write the prophecies named after them; only that the oracles *spoken* by them were gathered into *books* bearing their name.

[2] An etymologically better term is "enthusiastic" (*en* + *theós*, "having a god inside"). This means really "possessed by a divine governance leaving one's action no longer under control of finite reason and choice". But the term has come to have far different nuances, and different in America from England.

function which in principle is the antipodes of charisma.[1] They were court-functionaries or cult-ministers who earned their bread by turning an occasional uninspired prophetic jingle. For this reason the Hebrew term *nabi'*, which has come to mean prophet in its noblest and fullest sense, was indignantly disclaimed by real prophets like Jeremiah in his scorn for "false" prophets; so Amos vii 14. They felt that *nabi'* had become a name too generally associated with liars who claimed to squeeze out a word in God's name only to placate their boss. Admittedly we are faced with a dilemma in the fact that the earlier mantics, both in Israel and at Mari and similar settings, were permanent officeholders, banded together in guilds or professionally trained, and thus creatures of anti-charismatic routine. WESTERMANN'S valiant service in identifying core-forms distinctive for *all* the prophets does in fact draw chiefly on the earlier ones of Mari or Elijah era. Thus it tends to set forth prophecy as a permanent learnable function rather than a charismatic irruption.

There is a deeper reason for the name "prior prophets" for those books which in fact happen to describe the activities of some mantics or charismatics. *Prophētēs* in Greek, or *nabi'* in Hebrew, does not essentially mean "predicter". The clearest examples of its sense are in Exodus vii 1 f. (iv 16) where Moses is told that Aaron will be his "prophet i.e. mouth(-piece)" and Moses himself will be "God for Aaron". In other words, the function of the prophet is to proclaim loudly in appropriate language whatever God has communicated "softly in his ear", secretly or mysteriously. Thus Augustine rightly declared that the function of the prophet is to proclaim the (present) will of God to men.[2] The expression "present will" of itself involves a certain paradox: what one *wills* relates inevitably also and chiefly to the future. Moreover that miraculous credential by which the prophet can justify his claim to speak in the name of God better than other deluded fakes who make this claim, is often seen to take most suitably the form of a miraculous *prediction*, as Dt xviii 22 recommends though Dt xiii 2 no less explicitly rejects it.

---

[1] The "prophet-*Amt*" dilemma (echoed in the calling of bureaucracy itself a charisma in 1 Cor xii 28 "administrators") is set forth in our "Angel-Prophet or Satan-Prophet?", *ZAW* 82 (1970) 61, in dissent from E. WRIGHT, J. MUILENBURG, and H. REVENTLOW. Now more explicitly G. FOHRER, "Priester und Prophet—Amt und Charisma?", *Kerygma und Dogma* 17 (1971) 15-27, finds charisma a fuzzy term and *Amt* quite unsuited even for priesthood.

[2] Augustine, *Quaestiones in Exodum* 17, on Ex iv 16, ed. J. ZYCHA (*CSEL*; Vienna: Tempsky, 1895) 28, 100 [= Migne PL 34,601].

Prophet as historian. God's present will can thus to some extent be embodied in the future. But it can also be embodied in the past. The historian, *any* historian, is the specialist who diagnoses the past not for the sake of the past but for *now*. To say he "discerns the meaning of history" is tendentious and unwarranted by today's standards, which do not allow us to presume that history of itself has any "meaning". The function of the conscientious historian is reflected more directly in the classic prophet, reading the lessons of current history as a call to specific action here and now, than in the Apocalypt whose so-called "universal history" is more often a blurred and scarcely-relevant astrological pattern.[1] We do not deny that the Apocalypt too, and rightly, claimed to discern the meaning of history. But by his very generalization he seems somewhat indifferent or hostile to "history as *event*".[2] The classic prophet discovers God's present will, or in secularized terms "what ought to be done", chiefly in events; thus the prophet as admonitor does not differ from the prophet as historian. The doom or weal which he "predicts" is precisely the lesson of history, rather than any unfathomable free future event capriciously released from the treasury of God's foreknowledge.

---

[1] H.-D. Betz, "On the Problem of Religio-Historical Understanding of Apocalypticism", *Journal for Theology and the Church* 6 (1969) 134-165, plus 192-207 and relevant contributions by E. Käsemann and others: from *Zeitschrift für Theologie und Kirche* 63 (1966) 391-409 etc.; also J. Behm, "Das Geschichtsbild in der Apokalyptik"; E. Stauffer, "Das theologische Weltbild der Apokalyptik", *Zeitschrift für systematische Theologie* 2 (1924) 323 f.; 8 (1931) 205 f.; F. Crawford Burkitt, *Jewish and Christian Apocalypses* (London: Schweich Lectures, 1913) 7: the prophet [Ezekiel xxix 15] is unable to imagine a new arrangement of the world with no Egypt at all; "in Daniel, on the other hand, there is a philosophy of universal history"; R. H. Charles, *Religious Development between the Old and New Testaments* (London: Williams, 1914) 23 f.: "Apocalyptic, though its interests lie chiefly in the future as containing the solution of the problems of past and present, took within its purview things past, present, and to come. It was no mere history of such things, [but] sought to get behind the surface and penetrate to the essence of events ... Apocalyptic sketched in outline the history of the world and of mankind ... Apocalyptic and not prophecy was the first to grasp the great idea that all history, alike human, cosmological, and spiritual is a unity".

[2] Apocalyptic is "rejection of history as the medium in which religious truth is to be sought and expressed. 'Put not your trust in history', biblical writers warn us. In the hands of the apocalyptists, history itself takes on an unhistorical character", says S. B. Frost, "Apocalyptic and History", *SBL* Festschrift, *The Bible in Modern Scholarship* (Nashville: Abingdon, 1965) 99; 98-113: offered as a corrective to his *Old Testament Apocalyptic* (London: 1952). Compare von Rad's *OT Theology* 1,92: When Israel "began to look upon the will of Jahweh in such a timeless and absolute way, the saving history necessarily ceased moving on. [Postexilic] Israel no longer had a history, at least a history with Jahweh. From now on she lived and served her God in, as it were, an enigmatic 'beyond history'".

The predictive side of prophecy, though a relative side-issue to its producers, is what the apocalypts attempt to rationalize and systematize.[1] They much more directly focus the future, the otherwise-unforeseeable future.[2] They use features found in both the mantic and the classic prophets, such as the dream. But when this is used extensively as a rational mode of either acquiring or imparting information, it becomes a kind of *riddle* or intellectual diversion.

No prophet is more classic than Isaiah, and yet his case is indicative of the confusion which surrounds the attempt to distinguish apocalyptic from prophetism.[3] The so-called Second (and/or Third) Isaiah shows no trace of the core-form which WESTERMANN determined as characteristic, though we find here affinities with the "lawsuit" which WESTERMANN's improvers regard as more "nuclear".[4] Moreover Second-Isaiah lies temporally outside the period of Prophetism (-Kingship-Temple). On the other hand, the most genuine Apocalypses of Isaiah, and the *latest* compositions of that book according to all plausibility, are imbedded in the earlier chapters xxiv-xxvii and xxxiv f.[5]

Ezekiel is even more an obstacle than Isaiah to a clear delimitation of prophetism from apocalyptic. This appears in SCHMIDT's recent

[1] T. W. MANSON, "Some Reflections on Apocalyptic", *Festschrift for M. Goguel, Aux sources de la tradition chrétienne* (Neuchâtel: Delachaux, 1950) 142.

[2] J.-B. FREY, "Apocalyptique", *Dictionnaire de la Bible, Supplément* (Paris: Letouzey, 1928) 1,329; 326-254 (-459, Apocryphes de l'AT).

[3] J. FICHTNER, *Prophetismus und Apokalyptik in Protojesaia* (Breslau: unpublished dissertation, 1929), analyzed in SCHMIDT (p. 67, n. 1) p. 273 ff.

[4] C. WESTERMANN, *Basic Forms of Prophetic Speech* (Philadelphia: Westminster, 1967); "Das Heilswort bei Deuterojesaja", *Ev. Theol.* 24 (1964) 355-373; "Sprache und Struktur der Prophetie Deuterojesajas", *Forschung am AT* (Theologische Bücherei, 24; Munich: Kaiser, 1964) 92-117; *Das Buch Jesaja: Kapitel 40-66* (Das AT Deutsch, 19; Göttingen: Vandenhoeck, 1966) 12 ff.
In a letter of February 24, 1971, WESTERMANN kindly confirmed (but with greater emphasis on the Dream, p. 48, n. 2, as a legitimate prophetic form) this view of 2-Is expressed in my "Angel-Prophet or Satan-Prophet?", *ZAW* 82 (1970) 31-76, comparing H. B. HUFFMON, "The Covenant Lawsuit in the Prophets", *JBL* 78 (1959) 285-294; J. HARVEY, *Le plaidoyer prophétique* (Studia ... Montréal, 22; Paris: Desclée, 1967) and *Biblica* 43 (1962) 172-196. Only the pre-HUFFMON WESTERMANN position is defended by T. M. RAITT, "The Prophetic Summons to Repentance", *ZAW* 83 (1971) 30-49.

[5] A. MAILLAND, *La "petite apocalypse" d'Isaïe* [34-35] (Lyons dissertation, 1956); J. MUILENBURG, "The Literary Character of Is 34" and M. POPE, "Is 34", *JBL* 59 (1940) 339-365; 71 (1952) 235-243; E. S. MULDER, *Die Teologie van die Jesaja-Apokalipse Jes. 24-27* (Groningen dissertation, 1954).—J. LINDBLOM, despite his title, *Die Jesaja-Apokalypse Jes. 24-27* (Lund Universitets Årsskrift 34/3, 1938) 102, calls this rather a "cantata", but in virtue of criteria for apocalyptic called deficient by H. H. ROWLEY, *The Relevance of Apocalyptic*[3] (London: Lutterworth, 1963) 23 n. 3; see further ROWLEY's "Apocalyptic Literature" in *Peake's Commentary on the Bible* (ed. M. BLACK; London: Nelson, 1962) pp. 484-8; *Jewish Apocalyptic and the Dead Sea Scrolls* (London U.: 1957).

erudite survey of the history of the research in this field. He states in a preliminary summary that Apocalyptic finds its place toward the end of a history of prophecy, and there notes specifically the visions of First Zechariah.[1] But he had just quoted favoringly and at length the 1856 view of E. MEYER that apocalyptic appears full-blown in Ezekiel but is then bypassed until Daniel. DÜRR's study unhesitatingly sets Ezekiel within apocalyptic.[2] Basis for this is really admitted by those who claim that the relevant passages are later interpolations, and that only thus Ezekiel himself can be eliminated as "father of apocalyptic".[3] Actually a place cannot be assigned definitively to Zechariah without fully taking issue on where Ezekiel stands. There nevertheless seems to be good reason for first trying to locate Zechariah provisionally, since he is at least chronologically nearer to the period when apocalyptic thrives and prophecy is non-existent.

IV. What is History?

We have not been able to describe either apocalyptic or prophecy without anticipating the extent to which their definition must include that of history. The prophet grasps history as *event*, for and in the here and now; while the apocalypt grasps it as *pattern*, called forth indeed by a present crisis but with hardly any concrete relation to it discernible in the blurred cosmic view. Each of the two discerns a *meaning* in history. For the prophet this is limited to what we ought to be doing today. The apocalypt deals with *universal* history, the unity of history in its totality with emphasis on the most remote future, and only ambiguous relevance to the point where we are now standing.

While not spurning these varying and legitimate definitions of history, we must now recognize that there exists a special competence for deciding what *history itself* means in today's understanding of the term. This competence is not the theologian or the linguist but the professional historian. In a modern academic purview the best definition of history is "what historians do". It seems strange that in the vast bibliography on the relations between exegesis and history, the only biblist who seems to have consulted the professional historians is RICHARDSON, very successfully.[4]

---

[1] J. M. SCHMIDT, *Die jüdische Apokalyptik: die Geschichte ihrer Erforschung von den Anfängen bis zu* [vor!] *den Textfunden von Qumran* (Neukirchen: Verlag, 1969) 34; 270, using J. A. MESNARD, *Les tendances apocalyptiques chez le prophète Ézéchiel, études des influences qui ont déterminé le développement* (1909).

[2] L. DÜRR, *Die Stellung des Propheten Ezechiel in der israelitisch-jüdischen Apokalyptik* (*AA* 9; Münster: Aschendorff, 1923) 10.

[3] G. R. BERRY, "The Apocalyptic Literature of the OT", *JBL* 62 (1943) 9(-16).

[4] A. RICHARDSON, *History Sacred and Profane* (Oxford 1962, Bampton Lectures; SCM, 1967) 195; J. J. NAVONE, *History and Faith in R.* (London: SCM, 1966); see our bibliography in *History and Theory* (1973, and earlier Beihefte on "Philosophy of History").

We already distinguished history as event from history as pattern, but a prior distinction ought to be made. History as *object*—meaning really the event, but including also the combination of events into patterns—must be distinguished from history as *record*. And this last is the real or primary meaning of history. Though the event happens first and is more normative and real, still the word history came into existence and use primarily for "the *writing* of history". This implies already that history in its very definition is something precarious and deficient: the compilation of those relatively few and superficial aspects of an event which can be ascertained by even the best chroniclers and expressed "objectively". This "objectively" cannot be a priori assumed to be an absolute value; we mean only to imply that even the best histories will perforce tell a different story about events which they none the less agree were identical.

> Today no historian subscribes to the view attributed perhaps unfairly to von RANKE, that the ideal of written history is to express objectively "what really happened". History is some man's *expression* of what really happened to *man*. No man writes a history unless he has enough strong and personal conviction about the *significance* of what happened. The most slanted and dangerous histories are those which pretend to give the reader "only the facts, without any admixture of the writer's personal judgment". To this extent we have dared to say that the best modern definitions of history and prophecy coincide. Each means "the known facts told in such a way as to indicate the line of action which the author thinks they dictate for today". Thus too in a sense vanishes the debate about whether the Gospels are "real history": they give us not "what really happened" but the *convictions* of some men *about* what really happened; yet so does every "real history"; to that extent *every* written history is a "gospel".

What we call history as event or object is thus in some ways *less* real than history as record. It is for us an "unknown X" dimly discerned to lie behind the varying records of the event which are available to us. Nevertheless it is far more real than the variation or special form of "history as event" which is called universal history. Obviously just as the individual event really happened before it could be written about, so also there exists objectively a totality of all the events which have really happened. But this cannot ever be said to be truly past, since even while we pronounce the words millions of more events are being added to the total. Hence universal history tends to be regarded as "the totality of all events which ever *will have* happened". There are *big* histories about the things which have only happened so far; but if a history claims to be universal it generally implies somehow that it reveals *patterns* in the past which will continue in the future down to the end, like the line determined by points on a graph. Most historians today deny that history has any patterns or laws; therefore any project of universal history is either regarded as an illusion, or relegated to the speculative branches of scholarship like philosophy. And in fact the principal example of a universal history is HEGEL's, which is really philosophy with a strong admixture of theology. The same could be said of TOYNBEE, SPENGLER, and VOEGELIN.[1]

So from the help which professional historians give us the lines seem to be quite clearly drawn. The only real history is the sort of thing we have in the gospels or the Hebrew prophets: a summation of those events which the compiler *wishes* to notice in order to convey a lesson about how men *should* be acting here and now. Any surgical antiseptic "objective" history which claims to give *all and only* "what happened" is a delusion. Also a delusion is the phantom of a patterned or universal history. This would perforce be too static or cosmic, as MOLTMANN has well set forth. He notes six points on which the patterned history of apocalyptic is unlike prophecy: Apocalyptic (1) imposes a religious determinism on history; (2) reduces the world to "evil against God"; (3) admits that the evil is not to be overcome but replaced; (4) sees this as about to be accomplished by an unchangeable foreordained plan; (5) is the product of a ghetto community; (6) has no identifiable place-time within history.[2]

Hence we must regard with anxiety the popular and successful recent claim that apocalyptic is the truly biblical form of history. We will accord all due respect to RÖSSLER's serious and detailed working out of this principle.[3] Though his goal is proximately the New Testament, his contention is precisely that its message is an acceptance and ratification of the apocalyptic "cosmicized unitary world-history"

---

[1] W. F. ALBRIGHT, *History, Archaeology and Christian Humanism* (New York: McGraw, 1964) 259, adding E. VOEGELIN, *Order and History I. Israel and Revelation* (Oxford U.: 1956) to his survey of SOROKIN, SPENGLER, TOYNBEE, "Toward an Organismic Philosophy of History", *From the Stone Age to Christianity*[2] (Garden City: Doubleday, 1957 = 1940) 82-126.

[2] J. MOLTMANN, *Theology of Hope: on the Ground and Implications of a Christian Eschatology* (New York: Harper, 1967) 134.—W. MURDOCK, "History and Revelation in Jewish Apocalypticism", *Interpretation* 21 (1967) 167-187.

[3] D. RÖSSLER, *Gesetz und Geschichte: Untersuchungen zur Theologie der jüdischen Apokalyptik und der pharisäischen Orthodoxie*[2] (*WMANT* 3; Neukirchen: Verein, 1962) 24-54.

which was prevailing in its authors' background. Rössler claims to follow Noth, who does indeed recommend taking Daniel ii and vii as outset for appraising the biblical notion of history, but admits that their apocalyptic owes its origins not to Judaism but to Rome.[1] Further relevance of Old Testament exegesis comes out largely in Rendtorff's ongoing debate with Zimmerli, as we set forth at Uppsala; but since this tends largely toward New Testament themes, we have published that part of our paper elsewhere.[2]

V. Conclusions

1. Neither First nor Second Zechariah gives a framework of periodized history such as in apocalyptic really rejects the dynamic immediacy of historic *event* in favor of static and astro-mythic cosmic patterns.

2. First-Zechariah's dream-riddles resemble canonical Daniel, the normative example of apocalyptic, including its Hellenistic (whether or not sapiential) origin; and like Daniel have more of history and less of cosmic myth than characterizes most apocalyptic.

3. Despite thought-provoking urgency of the claim that "apocalyptic is the truly biblical form of history", the patterns of apocalyptic are not real history at all. On the contrary, classic prophecy uses real events to enforce a policy of current action. This fits a definition of history as understood not only in the Bible but by the most recent critical historians.

4. The dream and cognate features in First-Zechariah also echo Ezekiel and even Amos and the "inaugural visions" (Is vi, Jer i, Ezek i). Thus to some extent the question whether Zechariah is apocalyptic must reduce to whether prophecy itself is apocalyptic.

5. First-Zechariah, like the greatest classic prophets, is completely enmeshed in a concrete moment of history which his oracles depict and interpret and improve. Though far more sensitive, pensive, and

---

[1] M. Noth, "The Understanding of History in OT Apocalyptic", *The Laws in the Pentateuch and other studies* (Philadelphia: Fortress, 1966) 194-214, aiming to refute "The conception of history hardly plays any role at all in the Hebrew spirit", L. Köhler, *Hebrew Man* (Nashville: Abingdon, 1967) 136.

[2] R. North, "Pannenberg's Historicizing Exegesis", *Heythrop Journal* 12 (1971) 379-400. More directly relevant here is K. Koch, *Ratlos vor der Apokalyptik: eine Streitschrift über ein vernachlässigtes Gebiet der Bibelwissenschaft und die schädlichen Auswirkungen auf Theologie und Philosophie* (Gütersloh: Mohn, 1970). Our faulty referral of the summary of this work in *ZAW* 82 (1970) 489 at Uppsala gave occasion for Koch's stimulating and appreciated presentation of his viewpoint in relation to *the Pannenberg school*: see his reserves on his p. 97 n. 9.

impractical than Haggai, he steadily focuses the task in hand, and gives explicit dating and historical eponyms.

6. Second-Zechariah like Daniel and the apocrypha plainly grows out of a special historical ferment, but nowhere identifies it (at least for *us* later readers), and is concerned with remoter and more cosmic aspects of history.

7. Concern with the explanation and fulfilment of earlier prophecies, such as is typical of most apocalyptic and also of Second-Zechariah, is not really a trait of genuine prophetism, but marks the passage to an epigonic culture in which prophecy is already regarded as a thing of the past.

8. The artificiality and structure of First-Zechariah's visions, with their interpreting angels, suggest that we have here a literary composition intended to be read silently rather than aloud. This is in common with the erudite apocalypts as against the oral disconnectedness of what has been gathered into the "book-"prophets.

9. Second-Zechariah is kaleidoscopic. At first sight his disconnectedness seems to echo the oral preaching of the classic prophets, or even to postulate a distinct Third or Fourth Zechariah. Yet various types of artful structuring have been seen by experts to unite all of Zc ix-xiv and thereby give it also a kinship with the erudite structures of Apocalyptic.

10. The explicit night-visions of First-Zechariah are doubtless intended to represent *dreams*, but as a purely literary vesture. The kaleidoscopic flux of images in Second-Zechariah has more in common with genuine dreams objectively reported. Both have resemblances and differences not only with apocalyptic but also with classical prophecy.

11. The claim that prophetism is a phenomenon co-terminous with Kingship and the First Temple has been part of a valid and influential new outlook on the "core-form of classic prophecy". This purview leaves both Zechariahs nearer to the orbit of Apocalyptic. Peculiarly significant and insoluble is the relevance of Isaiah, not only the post-exilic *ex eventu* prophecies of chapters lx-lxvi, but also the "Apocalypses" xxiv-xxvii; xxxiv f.

12. The diverging items which in First and Second Zechariah respectively are most characteristic of apocalyptic are precisely the items which most separate these two Zechariahs from each other and require their attribution to distinct authors.

SLAVERY IN THE OLD TESTAMENT

BY

J. P. M. VAN DER PLOEG
Nijmegen

When one opens the Summa Theologica of the greatest christian theological author of the 13th century, St Thomas Aquinas, at the rare places where it mentions slavery and has something to say about it, he reads that "Slavery has been introduced as a punishment for sin"; "by slavery something is taken away from man which belongs to his competence, viz. to have the free disposal of his own person", "what a slave is, belongs to his lord" (servus enim id quod est, domini est).[1] "It belongs to slavery that a man suffers what he dislikes, because it belongs to a free person to have the disposal of himself according to his own will".[2] "Slavery belongs to the body, not to the soul",[3] the soul remains free.

In the time of the author, slavery belonged to the *ius gentium*, the law of nations, which means that it was a universally observed institution existing everywhere. Because of this it was thought to be normal; it could even in a certain way be called "natural". But though slavery was thought to be "natural" in the present sinful condition of mankind, it is never natural for *this* person to be a slave rather than a free person.[4] Using a modern comparison one may say: it not natural for someone that he is imprisoned, though it is a quite normal and "natural" thing that there are prisons and imprisoned people. This is so "because of sin".

These are some introductory ideas, taken from a non-Old Testament source which illustrates some fundamentals of slavery. The object of this paper is to speak of the fundamental nature of slavery in the Old Testament, its primary consequences and how they were looked upon.

---

[1] Th. Aquinas, *Summa Theologica*, IIa IIae, Q. 189, art. 6, ad 2.
[2] *O.c.*, III, Q 48,4.
[3] *O.c.*, IIa IIae, Q. 104, art. 6, ad 1.
[4] *O.c.*, IIa IIae, Q. 57, art. 3, ad 2.

In the Europe of the 13th century, slavery had already a long history. Teutonic tribes appear to have known it as soon as they appear in the history of our continent,[1] their slaves seem first of all to have been prisoners of war and their offspring. It also happened that a man gave up his freedom to enjoy the protection of a mighty nobleman and to be fed by him. At a certain moment of their history many Frisians had to hand over their women and children to the Romans, being unable to pay the heavy tribute imposed by them.[2]

During many centuries Christianity did not fight against the institution of slavery as such. It did not endeavour to change what was considered to be the *ius gentium*. But it tried to reduce its harshness. Convinced that the Kingdom of God is not of this world, the Church tried to change the conditions of worldly life only where they would hinder the entrance to the Kingdom.

Luther:

> "Wo du sonst ein rechter Christ bist, schadet dir ein solcher Dienst und Elend nicht", i.e. "Such a service and misery do not harm you, if for the rest you are a good Christian" (quoted in A. BERTHOLET, *Wörterbuch der Religionen*, 1962, p. 19).

At the end of the Carlovingian times, hard slavery seemed to come to an end, but it was replaced by a new kind: the bondage or serfdom of people living on the land of their masters. A great number of forms of servitude developed, all of which had in common: the belonging of the bondsman, the serf, the slave, to someone else (a mighty person, a monastery, even the Church). The rise of free towns was not without influence on the lot of the serfs on the countryside.

In medieval Europe one witnessed the development of a variety of forms of slavery, an evolution which was determined by historical, social and economic factors. Some of these factors, though not always identical in character, determined also the development of slavery in Israel.

After all it is a strange thing that man can consider a fellowman as his possession and treat him accordingly, like his cattle. For us slavery is as abominable as it is intolerable; it is against one of the most fundamental human rights; the right to be free. We abhor it and can only with difficulty understand that in some civilised countries

---

[1] *Cf.* H. D. J. VAN SCHEVICHAVEN, *Slavernij en Dienstbaarheid, hoofdzakelijk in de vroege Middeleeuwen* (= Werken, uitgegeven door GELRE, No 15) 1924 (104 pp.), passim.

[2] *O.c.*, p. 6.

it was abolished as late as in the 19th century. When this happened
it was more because of the intolerable consequences of slavery than
because of ideological reasons.

It is remarkable that whereas the word "slave" has in our languages
one very definite meaning, in Hebrew and other Semitic languages
the terms used to indicate slaves, male and female, may have different
meanings. This is significant, and makes our investigation difficult.
Our word "slave" comes via the Byzantine word σκλάβος from the
ethnic name of the *Slavs*. Slav prisoners of war were sold as "slaves"
by the Byzantines and retained their ethnic name in western Europe.

In Hebrew the most common word for "slave" is *ʿebed*; it occurs
in other west-semitic languages and even in Accadian, where it has
been borrowed from Canaanite (VON SODEN, *Wörterbuch*, *s.v.*, p. 6).
In the Old Testament *ʿebed* is a technical term to indicate a slave, but
it is also used for people who are not. In the Septuagint the word is
variously translated. The Greek δοῦλος is the proper term to indicate
a born bondman or slave; in a more or less metaphoric sense, Herodot
and other authors called the Persians and other nations subjected to
despots contemptuously δοῦλοι, using this word metaphorically.

It is interesting to see that in the Septuagint δοῦλος always translates
the Hebrew *ʿebed* = slave (more than 300 times; in some cases where
TM has *ʿam* = people, Ps. lxxviii 71; lxxx 4; cxxxv 3; 1 Kings viii
34.36 the Greek translater had a different text). Only in Prov. ix 3
τοὺς ἑαυτῆς δούλους stands for the Hebrew *naʿarōtêhā* and is evidently
the translation of a variant. TM *ʿebed*, on the contrary, is differently
translated. Mostly we find δοῦλος, but also other terms:

in			
	Is xxxvii 24	*ʿebed* is translated by	ἄγγελος
	2 Chr xxiv 6		ἄνθρωπος
	Num xxii 18		ἄρχων
	Esth ii 18		δύναμις
	i 3		ἔθνος
	Eccl ix 1		ἐργασία
	Gen xlv 16		θεραπεία
	Is liv 17		θεραπεύων
Gen l 17 etc. (42 ×)			θεράπων
	2 Kings xxv 8		ἑστὼς ἐνώπιον (cf. Dan iii, 15, verb *ʿbd* = ἱστάναι)

1 Kings viii 32.36	λαός
Ps cxxxvi 22	λαός (variant)
Is xlviii 20	λαός (variant)
Gen ix 25, etc. (35 ×)	οἰκέτης (household slave, but οἱ οἰκέται also: household, hence opp. δοῦλοι)
Jer xxii 2	οἶκος
Gen ix 25 etc. (more than 300 ×)	παῖς
Jud xix 19	παιδίον (boy, slave, servant)
1 Sam xxi 8	παιδάριον
Is lxvi 14	σεβόμενος
Prov xiv 35	ὑπερέτης

From these translations it is abundantly clear that for the authors of the Septuagint an ʿebed was not alway a δοῦλος, slave. Except for rare translations (and possible variants) we find θεράπων, οἰκέτης, παῖς (together more than 400 times).

The primary meaning of the root ʿbd seems to have been "to work", hence also "to make", "to work for someone", "to serve". Very common is also the religious meaning of the word: "to serve (a god)" (cf. the Hebrew names ʿabdeʾēl, Jer xxxvi 26; ʿabdîʾēl 1 Chr v 15; ʿobadyāh(û), Ob 1; Esdr viii 9; 1 Kings xviii 3; etc. According to E. KÖNIG (Wörterbuch) the primary meaning of the verb is "to serve", the secondary only (per metonymiam) "to work", but this is hardly probable. In semantic development, the most concrete meanings are mostly the most original. The slave was (originally) called ʿebed because he had to work for his master. There is only a masculine form of the word, indicating the male slave; the female slave is called ʾāmāh or šifḥāh. If one considers that in tribal society men liked to leave the work to women, a man working all the time could not normally be a free person. One may meet under an Arab tent men talking, smoking and sipping coffee, whereas the womenfolk are doing the work all the time. Things are different in towns, where skilled labour is exercised by qualified artisans, working not rarely day and night.

The most common meaning of ʿebed is "slave". The slaves were the possession of their masters, who had captured, bought, inherited them. In several texts they are mentioned in one breath with the cattle of the master: "Abram came to possess sheep and cattle and asses, male and female slaves, she-asses and camels" (Gen xii 16). The decalogue: "You shall not covet your neighbour's house, nor his wife, his slave, his slave-girl, his ox, his ass, or anything that belongs to him" (Ex xx 17). In Deut v 21 the order is: wife, house, field, male and female slave, ox, ass, anything else that belongs to you. Between both texts of the decalogue there is a slight but remarkable difference: in the first one the slave comes directly after the wife, in the second he is enumerated among the possessions.

That a man should work in the sweat of his face was considered as the effect of a curse, and happy was he who had a slave to do so for him. But one may also understand that a slave tried to withdraw from this cursed duty, and had often to be forced. Because of this the wise man recommended not to be weak in one's attitude towards slaves:

> A slave is not corrected by mere words,
> even if he understands, he does not obey. (Prov. xxix 19)

> If one pampers his slave from boyhood,
> he will prove ungrateful in the end. (Prov. xxix 21)

But let us not forget another sentence of the same book:

> He who spares the rod hates his son,
> but one who loves him is eager to chastise him. (Prov. xiii 24)

Nevertheless, the son is to be chastised out of love, the slave that he may fear his master and be compelled to work.

Slavery existed in the whole Ancient Near East, long before the people of Israel came into being. One may read on it the useful survey published by Isaac MENDELSOHN in 1949: *Slavery in the Ancient Near East, being: A Comparative Study of Slavery in Babylonia, Assyria, Syria and Palestine from the Middle of the Third Millennium to the End of the First Millennium* (New York 1949, 162 pp.). Amongst the Arabs slavery exists even in modern times, though only in a few, mostly unaccessible places. It is mentioned by people like Julius EUTING in his still very interesting *Tagbuch einer Reise in Inner-Arabien* (Leiden, 2 vol., 1896/1914), Max VON OPPENHEIM, *Die Beduinen*, II, Leipzig 1943 (p. 43; 197), Robert MONTAGNE, *La Civilisation du Désert*, 1947 (p. 69) and many others.

When we now ask ourselves how slavery came into being in Israel, our first answer is: slavery belonged to the social pattern of the Near East, to its *ius gentium*. Though it was not as differentiated as in medieval Europe, the rules on slavery were not everywhere the same and not the same at all times. In Israel there were special rules, and also special problems. Therefore we are entitled to ask how some of these rules came into being.

As for slavery in general, Eduard MEYER has long ago exposed his ideas on the origin and nature of slavery.[1] Originally, he says, there were no legal relations between two different tribes. Being captured, the member of a completely foreign tribe had no rights, the capturer could do with him what he liked: kill him or condemn him to forced labour.

The interest of man for his fellow-man is not as big as is often supposed; by nature man is selfish, egoistic; in religion he even expects to be served by God. By nature we love only ourselves, and others as far as they have something in common with us, first of all the body (Gen ii 24). To consider the other as a fellowman having fundamentally the same rights as we have, is not as natural as many think. A more refined psychology, a possibility of penetrating into the soul and mind of somebody else are needed to be more than superficially interested in the other as such and to recognise *and* practise the ancient saying, ascribed to rabbi Hillel: "Do not treat others as you do not like to be treated yourself" (cf. also Mt vii 12).

The lack of qualities necessary to be interested in the fellowman as such is found among people of all times and civilisations, but especially in primitive ones. C. NORTHCOTE PARKINSON cynically tells the reader of his *In-laws and Outlaws* (1962), that if he wants to become number one in an organisation or industrial undertaking, he must be ruthless. He must even be prepared to sack Joe Wittering, that most honest and faithful servant with a wife and five children, if this is in the interest of himself and the company and sleep soundly afterwards, not asking one single minute: "Did I do the right thing?" (p. 144). A Joe Wittering has no rights at all, no claim. If the reader of PARKINSON's book is able to follow the advice of the author, he might have become, in other times, a ruthless slave-holder. To be insensible to the lot of others is rather too common amongst men; it explains so many evils of our society and it was a necessary presupposition to the rise—and to the maintenance—of slavery.

Reading again Ex xx 17, we see that amongst the possessions of

---

[1] See his *Die Sklaverei im Altertum*, quoted at the end of this article.

a man his wife ranks first; the slave comes second. The idea that the
wife, or wives, are the possession of a man may have contributed to
the idea that a man may also become his possession, in certain circumstances, and work for him. MENDELSOHN knows of four major causes
of slavery in the Ancient Near East: 1) war; prisoners of war being
killed or reduced to slavery; 2) the sale of minors by poor or indebted
parents; 3) self sale, a common phenomenon, the reasons of which
were: lack of employment, debts, lack of protection in distress; 4) in-
solvency of a debtor, who thus became a slave.

In medieval Europe, in a society which had nothing to do with
the society of the Ancient Near East, the same factors had the same
results; they are human, though they do not show man from his best
side. In semi-nomadic Israel, slaves, if there were any, may first of all
have been prisoners of war. We read of much fighting in the beginning
of the history of the people and its settling in the land of Canaan.
According to Num xxxi 7; Dt xx 13-14, captured males were killed,
women reduced to slavery (cf also 1 Sam xxx 3). It seems that male slaves
were not wanted in those ancient times, at least not in big numbers.
But though this may be true, we should not forget that already Abram
is presented to us as having slaves in his household. A rich man like
he could not be without slaves.

When in the beginning of the monarchy, espcially during the reign
of Solomon, a social and economic revolution took place, assimilating
the life of the people to the way of life of the peoples of the other
states of the ancient Near East, slavery developed in the same way.
The proofs are to be found in the historical books and in the legislation
of the Old Testament.

The *mišpāṭîm* of the book of the Covenant open with some paragraphs on slavery (Ex xxi 1-11). There are some reasons to think that
these paragraphs do not belong to the original section Ex xxi 12-xxii
16, which is a coherent whole,[1] and which also treats of slavery (Ex
xxi 20-21; 26-27). In the last verses it is determined what has to be
done in the case of ill-treatment of a slave by his master, followed by
death or not, at least not at once. Ex xxi 20: "When a man strikes his
slave or his slave-girl with a stick and the slave dies on the spot,
he must be *avenged*" (*nāqōm yinnāqēm*). This does not apply in the case
the slave survives one or two days, "because he is his money" (vs 21:

---

[1] *Cf.* J. VAN DER PLOEG, "Studies in Hebrew Law", II, *CBQ* XII, 1950, p. 425;
id., III, *CBQ* XIII, 1951, p. 28-29.

kaspô hû'). What is the exact meaning, in this context, of the verb *nāqam*?

H. CAZELLES estimates, with several others, that the punishment to be inflicted is blood-revenge, to be exercised by the relatives of the slave.[1] As a matter of fact, the verb *nāqam* always means bloody revenge, which includes killing. Even when Jahwe takes revenge on his enemies, he is killing them. B. COUROYER explains the expression by "compensation pécuniaire ou vengeance du sang".[2] Because no distinction is made between the "Hebrew" and the alien slave (as in Ex xxi 2) one may infer that the law applies equally to both. But this seems excessive. In the latest commentary of Exodus, a Dutch book written by F. C. FENSHAM and publisehd in 1970,[3] one finds the remark that blood revenge could by no means have been prescribed in the case of the arbitrary killing of a foreign slave. Even in the case of a Hebrew slave blood-revenge would not have been tolerated, he thinks; he suggests that the "revenge", meaning punishment, had to be taken by the authorities of the community. In his commentary on Exodus M. NOTH says that Ex xxi 20 applies to intentional killing, whereas the following verse applies to the non-intentional; in the first case, he thinks, the death of the slave must really been avenged, he is not considered as his chattel, but as a man.[4] A. CLAMER made the judicial remark that a stick is not the proper instrument for killing but for punishing. When the slave died under the strokes, the master went much too far and should be punished, not executed.[5]

If we turn up the passage in the Samaritan text, we find at the end of verse *môt yûmāt* in stead of TM *nāqôm yinnāqēm*. This reading is rather an old interpretation than a variant. It is not confirmed by the Septuagint, which reads δίκη ἐκδικήσεται, its normal translation of *nāqôm yinnāqēm*. Targum (Onkelos) and Pešiṭṭā are almost identical; both translate *nāqam* by *dān*: to judge ("he shall be judged"). Vg: *criminis reus erit*. The translation of Onkelos and the Pešiṭṭā is a special one and also an interpretation, the normal verb for translating TM *nāqam* being *pᵉraꜥ*. This verb is used in the Neophyti 1 Palestinian Targum (ed. A. DÍEZ MACHO, Madrid 1970): *mtprꜥ mynyh*: "revenge shall be taken of him" whereas a marginal variant has *bqnsꜥ ytqns*: "by a punishment he shall be punished".

[1] *Études sur le Code de l'Alliance*, 1946, p. 54.
[2] In his *L'Exode* (Bible de Jérusalem), 1968³, p. 102.
[3] *Exodus* (De prediking van het Oude Testament, Vol. III), p. 154.
[4] M. NOTH, *Das zweite Buch Mose* (Das Alte Testament Deutsch, 5), 1959, p. 146.
[5] *L'Exode* (La Sainte Bible, Pirot-Clamer, I, 2). 1956, p. 191.

The difficulty of the Hebrew verse is obvious; it was felt by the earliest interpreters, not only by modern ones. We may translate *nāqam* according to the rules of philology, and than we must adopt the interpretation given by CAZELLES and NOTH. Or we are reluctant to do so because of the consequences which seem unacceptable, and than we may translate with the New English Bible "must be punished".

Translating has first to be in accordance with the laws of philology. Therefore *nāqōm yinnāqēm* means "he shall be avenged", which implies the shedding of the blood of the master of the slave. But one must admit that this leaves us perplexed. The solution may be found in the supposition that *nāqōm yinnāqēm* is not the original expression, as also *môt yāmût* of the Samaritan text is not. The expression is purposely somewhat vague (revenged ... by whom?) and betrays the tendency to see a human person in the slave, not merely a human kind of cattle. The Samaritan text leaves no doubt in this respect. It betrays a tendency to recognise the human personality in the slave and its inalienable rights, one of which was to be "avenged".

The same respect for the human personality appears from the prescriptions of Ex xxi 26-27; when a master blinds an eye or knocks out teeth of his slave, he shall give him liberty in compensation. According to the Code of Hammurabi, however, only the master of the slave must be idemnified in such a case: he gets one-half of his price (§ 199).

Leaving for a moment the law on slaves of the beginning of the *mišpāṭîm* of the Book of the Covenant, we come now to Deuteronomy. Deuteronomy is a law of reform; amongst other things it wishes to protect categories of weak persons and their rights or interests. Slaves are one of those catagories, more especially the "Hebrew" (= Israelite) slaves. The law admits of the possibility that an Israelite sells himself into slavery because of debts, a universal phenomenon in the Ancient World and in medieval Europe. In that case he had to serve his master six years and had to be set free by him in the seventh (Deut. xv 12). The law adds that the slave should not go empty-handed; his master must lavishly give him from his own possessions. For what can a man do, possessing nothing but his freedom? Freedom alone is not enough to earn a livelyhood. If the slave wished to remain with his master, he might do so and become his slave for life. "He shall be *your* slave for life" the law says (Dt xv 17), which may mean that he has also a *right* to remain in the family. Ex xxi 2 simply states that when one buys a Hebrew slave, he shall be his slave for six years, but in the seventh he shall go free (*ḥinnām*), the master not having to pay him anything. If he wishes to remain, he may do so and be the master's slave for life (Ex xxi 4-6). The law of Deuteronomy is an improvement, it is more human, it tries to find a place in society for the slave, enabling him to begin his life anew. The Code of Hammurabi asks that a debt-slave should be set free after three years (§ 117), but this is not necessarily a milder regulation; it all depended of the work a slave had to do, the treatment he had to undergo and also of the easiness to become a debt-slave.

In an earlier publication I stated that the slave-law of Ex xxi 2-11 does not seem to belong to the body of casuistic laws Ex xxi 12-xxii 16, a little code, the paragraphs of which have been arranged according to plan.[1] If this is true, the being placed at the beginning of the Book of the Covenant is a proof of the great importance attached to the law of the liberation of slaves. We can only guess when this happened, at any rate some time before the origin of the new redaction of the law in Deuteronomy.

The levitical law of Holiness (Lev xvii-xxvi) states that a "brother", i.e. an Israelite, who is reduced to poverty and sells himself to another Israelite, may not serve as a true slave doing the work of a slave (Lev xxv 39); he has to be treated as a *śākîr* (a hired man) or a *tôšāb* (the non-Jew who lives in the land of Israel). He shall work untill the year of the jubilee and than go back, with his children, to his ancestral property (v. 41). After all, an Israelite should not be the slave of his "brother", and if he is, he ought not to be treated as a slave. This does not apply to alien slaves (vv. 44-46). If an Israelite had to sell himself to a *gēr wetôšāb* (v. 47), the only possibility considered here, he had a right to be "redeemed" by his family (for a sum of money).

We see that in the legislation a difference is made between the "Hebrew" and the alien slave; the first one is in a privileged position with respect to the latter. The question is now: does this betray a development of ideas, or rather a re-establishment of an old custom going back to tribal life, in which it was unconceivable that a "brother" was a slave of another "brother"? The fact that Abraham is reported to have slaves, even 318 men "born in his house" and called *ḥanîkîm*, seems to militate against the supposition that in tribal times the

---

[1] *Cf.* J. van der Ploeg, "Studies in Hebrew Law", quoted p. 78, n. 1.

Israelites had no slaves. But it does not tell of what kind they were: members of the clan or aliens? It is expressly stated that the head of Abraham's household, Eliʿezer, was a foreigner (Gen xv 2). It is also stated that Abraham had sheep and cattle, male and female slaves (Gen xx 14; cf. also xxiv 35; xxx 43). Because Abraham is represented as a rich semi-nomad, his hersdmen (Gen xiii 7) were certainly reckoned amongst his slaves. Modern Arab Bedouins have, or had slaves,[1] not to speak of certain other Arabs living in Central-Arabia.[2] A whole chapter of the book of E. W. LANE, *Arabian Society in the Middle Ages* (London 1883) is consecrated to slavery amongst the Arabs (ch X), from which one can infer that the position of Arab slaves was at that time much below the ideal level of the Pentateuch. The slaves of the Arabs are mostly, he says, from Abessinia and the negro countries; a few are from Georgia and Circassia[3]; it might happen that slaves rose to a position ranking above that of free servants. In Central Arabia Julius EUTING met dark coloured slaves in high positions.[4]

The conclusion is that a growing consciousness that all the Israelites were brothers contributed much to the development of the idea that an Israelite ought not to be a slave of another one.

This consciousness was normal in the tribal state, but was partly lost during what we may call the socio-economic revolution. From the development also the alien slave benefitted. After all it was not the possibility of slavery which was rejected, this being taken granted, it belonged to the *ius gentium* of the time. But slavery had not to be permanent for an Israelite, and the treatment of the aliens should also be improved. Job could solemnly declare that he never rejected the plea of his slave, nor of his slave-girl, when they brought their complaints before him (Job xxxi 13). The motive of this conduct? "Did not who made me in the womb make them? Did not the same God create us in the belly?" (v. 15).

The root of slavery was certainly the fact that the slave was the possession of his master, his "money" (Ex xxi 21). But is seems that the lawgivers considered more the consequences of slavery: the duty to work for a master, according to his will. The lawgivers tried to make less hard the position of the Israelite slave, and pious people like

---

[1] *Cf.* R. MONTAGNE, *La civilisation du désert*, 1947, p. 69.

[2] *Cf.* M. VON OPPENHEIM, *Die Beduinen*, II, 1943, p. 38/9; 197.

[3] *O.c.*, p. 250. Much of this book can also be found in the same author's *Manners and Customs of the Modern Egyptians*, 2 vol., 1836, often reprinted; a most interesting and valuable book of the author of the famous Arabic Dictionary.

[4] J. EUTING, *Tagbuch einer Reise in Inner-Arabien*, I, 1896, p. 129.

Job treated their slaves in a "human" way, being convinced that they were human beings too, created by the same God. The last idea has been fundamental for the abolition of slavery, though its actual abolition had often other reasons, amongst which the terrible lot of many slaves ranked first.

It has been said very often that slavery in Israel, or in the Near East as a whole, should not be put in line with classical Greek and Roman slavery. Slaves were not too numerous and their position was very often that of (unfree) house servants. If they had good masters, they were maintained by them and were in a position very often preferable to free but poor people. But in spite of this consideration, slavery was an evil.

Their is one ordinance in the Deuteronomic legislation to which special attention should be drawn. It is Deut xxiii 16; "You shall not deliver a slave unto his master who escaped to you from his master". The ordinance continues: "Let him stay amidst of you, in the place he chooses within anyone of your gates, wherever suits him best; you shall not force him" (v. 17). To understand this paragraph, one should bear in mind the situation in which the people of Israel, recieving the second Law, is supposed to be: in the desert country of Moab. Therefore a fugitive slave, coming to take refuge in Israel, is supposed to be a slave in a foreign country and presumably being himself also a foreigner. This law is unique in the legislation on slaves in the whole Ancient Near East. Laws and treaties stipulated that fugitive slaves should be handed over to their former masters.[1] The stipulations relating to this were very strict. Why does this Deuteronomic legislation make such an extraordinary exception? Various answers may be given, none of which is certain. Did the lawgiver adjudge a right of asylum to the people of God of which the fugitive slave could take advantage? Or is it rather an ideal measure of humanity? The Israelites had been the "slaves" of the Egyptians, according to a well known deuteronomic idea, they know what slavery means, and do not wish to send fugitives back to their foreign masters. MENDELSOHN draws attention to the fact that David had to swear to an Egyptian, slave of an Amalekite, that he would not extradite him to his master[2]; Šimei went to the Philistine city of Gath, and came back with his two fugitive slaves.[3] This is com-

---

[1] For the treaties, see *e.g.* I. MENDELSOHN, *o.c.*, p. 58-64.
[2] 1 Sam xxx 15.
[3] 1 Kings ii 39-40.

pletely in accordance with the common oriental practice we known, and for this reason the Deuteronomic law is very exceptional. Without the firm conviction of the lawgiver that Israel was absolutely unlike the other nations, the law cannot be understood. Nehemiah rebuked the Jews of Jerusalem for holding their fellow-Jews as a pledge for debt (Neh. v 7), which they should not do (ib. v. 10) in spite of the permission, or rather permissiveness of the Law.

We see that Israel had its own ideas on slavery and that they became more distinctive in the course of time. The distinctiveness was not commanded by social evolution or economic needs, but by ideas, and perhaps tradition.

In this paper we have only spoken of the male slave, leaving the female slave or slave-girl, the 'āmāh or šifḥāh out of consideration, being unable to treat both in one lecture. Now I wish to draw the attention to the fact, that other persons than slaves were sometimes called ʿᵃbādîm.

The ministers, officials, employees, ambassadors of a king were called his ʿᵃbādîm. Goliat called the Israelites the ʿᵃbādîm of Šaul, probably in contempt of them (1 Sam xvii 8); Joab called thus the soldiers of David (2 Sam xix 6). ʿᵃbādîm are called the persons of the entourage of Pharao (Ex x 7), Akiš (1 Sam xxi 12), Šaul (1 Sam xvi 15), and the ambassadors David sent to Rabbat Ammon (2 Sam x 2). The conspirator Zimri, commanding half the chariotry of the king of Israel is called his ʿebed (1 Kings xvi 9; he may have been a real slave, cf. supra). In 2 Kings xxii 12, a certain ʿᵃśāyāh is called ʿebed-hammelek, he was in the company of high officials; the expression may be a title, but may also indicate a true slave, risen to a high position.

When David subjected the Edomites, they became ʿᵃbādîm lᵉdāwīd (2 Sam viii 14). A special expression is mas ʿōbēd, people submitted to forced labour (Gen xlix 15; 1 Kings ix 21, etc.), which was a special kind of serfdom.[1] It does not appear that those serfs could be sold and were slaves in the strict sense of the word; they were a group wich had to work in certain circumstances for the benefit of others: the king, a community, the sanctuary (cf. Josh ix 23 ff.; the word mas ʿōbēd is not used in this passage).

---

[1] Cf. A. BIRAM, "mas ʿobed", in Tarbiz XXIII 1952, 137-142; A. F. RAINEY, "Compulsory Labour Gangs in Ancient Israel", IEJ XX 1970, 191-202; Tryggve N. D. METTINGER, Solomonic State Officials (= Coniectanea Biblica, OT Series 5), 1971, 128-139.

When inferiors adressed themselves to superiors, they often humbly called themselves *ᵃbādîm* (1 Kings xviii 9); even the son of the king (Salomon) could be called thus (1 Kings i 19). The vassals of a king could be called his *ᵃbādîm* (2 Sam x 19).

The absolute power of a king, the moral power of a prophet or a venerable person, the influence, reputation, prestige of someone, or the wish to obtain something from him were enough to take the word *ᶜebed* of *ᶜabdᵉkā* on the lips or in the pen of man who adressed himself to them. From the Amarna letters we know how far abject flattery could go and which expressions a petty king of a town in Canaan might use in his correspondence with the great Pharao of Egypt. The word slave, therefore, should not surprise us when used by inferiors in their relations with superiors in the Old Testament. But in spite of this, the meaning of *ᶜebed* seems to switch in the direction of "servant" ("total servant"). In our word "slave" we hear first of all the meaning of "being the *possession* of another person", but it seems that the Israelite heard in it more and more the man who has to *work* for another man and on behalf of that man, and in some cases also: the inferior.

The use of the word *ᶜebed* = servant may have influenced the development of the ideas on slavery of which we have spoken. It is true, that first of all, ideas ask for words and create them; but on the other hand the influence of words and expressions in the development of ideas is not to be underestimated, one has only to think on the influence of modern slogans. The human language is a powerful instrument, not only for communication.

The term *ᶜebed* got also a religious meaning. Man was created by Got and therefore totally depending on Him; his supreme scope (and privilege) is to serve Him. Man is therefore God's *ᶜebed* in the true sense of the word. But remarkably enough, the term was applied to the actual and foremost servants of God; here again, the word evoked the idea of "service", i.e. "working" for God (offering sacrifices) and executing his orders. Thus the prophets were called Jahwe's *ᵃbādîm* (2 Kings ix 7; x 23; Jer vii 25 etc.). For some famous personalities the title of *ᶜebed* was one of honour: Abraham (Gen xxvi 24), Moses (Deut xxxiv 5), Kaleb (Num xiv 24), Job (Job i 8), Ahia (1 Kings xiv 18), David (2 Sam vii 8), Isaiah (Is xx 3), not to speak of the enigmatic *ᶜebed Yahweh* of Deutero-Isaiah. Amongst the Arabs, the word *ᶜabd(un)* may indicate persons specially dedicated to the service of God, like the Christian monks (cf. the name Ṭûr ᶜAbdîn

= mountain of monks, now in southern Turkey). When Israel is called ʿebed Yahweh (Is xl ss.), it is a title of honour, because it was a privilege to be elected by Yahwe for service. In 1 Kings viii 23, all the members of the people with whom God had concluded a covenant are called God's ʿᵃbādîm.

The fact that it was honorific to be called ʿebed of Yahwe, of God, proves that the word ʿebed did not have the same emotional value as for us the word "slave". Slavery was often not felt too much, or even not at all. In Israel, and in the Ancient Near East as a whole, it was generally not the mass-slavery of exploited and maltreated thousands of human beings, who rose from time to time in revolt, as the history of the Romans and the Greeks tells us.

To finish this paper, we add two remarks. The first is on the word naʿar "young man", which in a number of cases may have indicated slaves. So Ṣiba is called naʿar of Šaul (2 Sam ix 9) and also ʿebed of the family of Šaul (2 Sam ix 2). The servant of the priest of Šilo is called naʿar (1 Sam ii 13.15); the same is true for servants of Elia (1 Kings xix 3), of Eliša (2 Kings v 20; viii 4; vi 15), of the levite of Ephraïm (Jud xix 9), of the prince Amnon (2 Sam xiii 17). Not only teenagers, but also young adult men could be called neʿārîm (David's warriors, 1 Sam xxi 5; xxv 5; the Amalecites, 1 Sam xxx 17; Abšalom, 2 Sam xviii 5, etc.). The naʿar was sometimes a slave, sometimes he was not, but he was also a young strong man, able to work.

To express the idea "to serve", the piel of šārat was used, but this is a kind of noble service, preferably the service of God in his temple. In a profane meaning we find it only in the following texts:

> Gen xxxix 4: Joseph served Potiphar;
>
> Gen xl 4: Joseph served the prisonners;
>
> 2 Sam xiii 17.18: Amnon had in his house a servant (mᵉšārēt);
>
> 1 Kings i 4.15: Abišag served David;
>
> 1 Kings x 5 (= 2 Chron ix 4); the mᵉšārᵉtîm of Salomon;
>
> 1 Kings xix 21: Eliša, servant of Elia;
>
> 2 Kings iv 43: vi 15: Eliša had also his mᵉšārēt;
>
> 1 Chr xxvii 1; xxviii 1; 2 Chr xvii 19; xxii 8; Prov xxix 12: to serve the king;
>
> Est i 10; ii 2; vi 3: the servants of king Xerxes;
>
> Is lx 7.10: the rams of Nabayot and the kings of the earth shall serve Sion and Israel.

Even from most of these texts it appears that *šērēt* means "to serve" in a noble sense: to serve a king, a prophet, a dignitary. In the history of Joseph the verb may have been used because of the high dignity of Joseph.

In this paper we tried to do some gleaning in the field of the institution of slavery in the Old Testament, to bring out some of its distinctive characteristics. We found that the Old Testament did a definite attempt to raise the position of the Israelite slave; if possible, it would have abolished slavery amongst the Israelites themselves. Doing so, it also tried to raise the situation of the alien slave as a human being. It did not attempt to overthrow the *ius gentium* concerning slavery. It was not revolutionary in this respect. But it sowed a seed which in later times did contribute to its final and universal abolition.

Literature

There is no complete up to date study on slavery in the Old Testament. One may see the commentaries on Exodus, Leviticus, Deuteronomy and also books like F. Nötscher's *Biblische Altertumskunde*, Bonn 1940, p. 140-144. See also:

P. Heinisch, "Das Sklavenrecht im Alten Testament", in *Studia Catholica* XI, 1934/35, p. 201-218; 276-290.

Ed. Meyer, "Die Sklaverei im Altertum", in *Kleine Geschriften zur Geschichtstheorie und zur wirtschaftlichen und politischen geschichte des Altertums*, 1900, p. 169-212.

R. de Vaux, *Les institutions de l'Ancien Testament*, I, 1958, 125-140; (328-329: bibliography on slavery).

I. Mendelsohn, *Slavery in the Ancient Near East*, 1949 (162 pp.).

DIE METHODE DER "TOTAL-INTERPRETATION"

Von der Notwendigkeit der Struktur-Analyse für das Verständnis der biblischen Dichtung

VON

MEIR WEISS

Jerusalem

Dem Andenken
meiner Mutter זצ״ל

Das Unbehagen, das in der Bibelwissenschaft der letzten Jahrzehnte spürbar ist, erweckt „ketzerische" Bedenken: Kann die biblische Forschung in ihrer letzten Entwicklungsphase noch als kritische Disziplin gelten? Ist die Art, in der, die in ihr herrschende „Form- und Gattungsgeschichte" gehandhabt wird, nicht schon dogmatisch festgelegt? Ist es nicht die Methode *per se*, die eine prinzipielle Erwägung fordert? Mir scheint, jedenfalls, eine radikale Revision der herkömmlichen Methode von Nöten, zunächst — wie sogar schon manche ihrer Anhänger zugeben[1] — weil ihre Grundlagen nicht klar umrissen, sondern verschwommen sind; zum andern — weil sie das *Geschaffene* als *Gewordenes* zu begreifen und durch Rekonstruktion (oft eher: Konstruktion) seines hypothetischen, überhaupt nicht unproblematischen *Werdeganges* verständlich zu machen sucht, also mit nichten die literarische Schöpfung als solche in den Blick fasst; zum dritten — weil sie das einzelne, in seinem So-Sein einmalige Sinngebilde verflacht und verallgemeinert dadurch, dass sie es nur als Schachfigur auf einem vorgefundenen (nicht selten: vorerfundenen) Denkmuster, als Füllsel in einem „historischen" oder „typologischen" System ansieht; vor allem aber, weil ihre Betrachtungsweisen und

---

[1] Siehe K.-H. Bernhardt, *Das Problem der altorientalischen Königs-ideologie im AT*, SVT 8, 1961; W. Richter, „Formgeschichte und Sprachwissenschaft", ZAW 82, 1970, S. 216 ff. Besonders häufig werden gegen den herkömmlichen Gebrauch, ja sogar gegen die prinzipielle Voraussetzung dieser Methode Einsprüche erhoben (vgl. z.B., E. Sellin-G. Fohrer, *Einleitung in das AT*[10], 1965, S. 26 ff., 283 f., 391; H. Ringgren, "Literaturkritik, Formgeschichte, Überlieferungsgeschichte", ThLZ 91, 1966, Sp. 644; H. J. Stoebe, "Geprägte Form und geschichtlich individuelle Erfahrung im AT", SVT 17, 1969, 212 ff.; J. Muilenburg, "Form-Criticism and Beyond", JBL 88, 1969, S. 1-18; und Andere).

stilkritischen Fragestellungen nicht auf die neueren Erkenntnisse vom Wesen der Sprache basieren, sie also nicht adäquat sind.

Das Bewusstsein, sich in einer „krisenhafte Lage" zu befinden, spiegelt sich auch in der Fülle methodischer Schriften und in den vielfältigen Methoden der allgemeinen Literaturwissenschaft [1] wieder. Die Krise in der wissenschaftlichen Beschäftigung mit der Literatur ist zweifellos Ausdruck der Erfahrung, dass es sich bei literarischen Schöpfungen um überaus komplexe Erscheinungen handelt, die mit wissenschaftlichem Anspruch kaum vielseitig genug umworben werden können.[2] In der allgemeinen Literaturwissenschaft jedoch ist es nicht zu einem einseitigen Dogmatismus gekommen. Vielmehr haben sich beim Streite der Methoden einige Grundsätze herauskristallisiert, die sich in der Interpretations-Praxis glänzend bewährt haben und zwar im gleichen Masse bei der Arbeit an moderner wie an klassischer [3] Dichtung.

Da diese Erkenntnisse aus dem *Wesen* des Sprachwerks als solchem fliessen, also für *jedes* sprachliche Kunstgebilde gelten, habe ich auf dem 2. Weltkongress für die Wissenschaft des Judentums in Jerusalem (29.7.1957) — als Ergänzung und Korrektur der herkömmlichen philologisch-kritischen Methode — zum Erfassen und Erforschen der poetischen Teile der Bibel eine Betrachtungsweise und Methode vorgeschlagen, die auf die Grunderkenntnisse der neueren Literaturwissenschaft und auf die daraus fliessenden methodologischen Folgerungen basieren[4]. In meinem hebräischen Buche [5] habe ich versucht diese Methode für die Bibelerforschung fruchtbar zu machen mit Berücksichtigung der biblischen Eigenart und in

---

[1] Siehe, z.B., M. ZABEL (Herausg.), *Literary Opinion in America*, 1962; R. WELLEK, *Concepts of Criticism*, 1963; H. MAYER (Herausg.), *Kritiker unserer Zeit, I. Von Oxford bis Harvard (Methode und Ergebnisse amerikanischer Literaturkritik)*, 1964; *II. Von Paris bis Warschau (Methode und Ergebnisse europäischer Literaturkritik)*, 1967; H. HULTBERG, *Semantisk litteraturbetragtning*, 1966; H. ENDERS (Herausg.), *Die Werkinterpretation*, *Wege der Forschung* XXXVI, 1967.

[2] H. OPPEL, „Methodenlehre der Literaturwissenschaft", *Deutsche Philologie im Aufriss* (herausg. v. W. STAMMLER)[2] I, 1957, S. 81.

[3] Siehe z.B., W. SCHADEWALDT, *Von Homers Welt und Werk*[2], 1951; DERS., *Hellas und Hesperien*, 1960; W. EISENHUT (Herausg.), *Antike Lyrik*, *Ars Interpretandi* 2, 1970.

[4] Von mir unabhängig hat L. ALONSO-SCHÖKEL, in seinem am 3. Kongress der International Organisation for the Study of the OT (Oxford 1959) gehaltenen Vortrag, „Die stilistische Analyse bei den Propheten", (siehe *SVT* 7, 1960, S. 154 ff.), die Anwendung dieser neuen Betrachtungsweise auf die Propheten-Worte empfohlen.

[5] המקרא כדמותו (*The Bible and Modern Literary Theory*)[2], 1967.

Auseinandersetzung mit den vorhandenen Strömungen in der heutigen Bibelwissenschaft. Dort habe ich auch auf Grund von theoretisch-methodologischen Erörterungen versucht die Methode an Hand von vielen Interpretations-Beispielen zu erhärten. Desgleichen habe ich in einigen deutsch geschriebenen Aufsätzen poetische und erzählerische Partien nach dieser Methode behandelt. [1]

Dass ich trotzdem hier meine Forschungstheorie zusammenfasse und zu ihrer Erhärtung zwei Beispiele bringe, hat zur Ursache, dass mich Herr Professor RINGGREN, President der *International Organisation for the Study of the OT*, mit der Aufforderung beehrte, auf dem 7. Kongress der Organisation eine Diskussion über die Funktion der Struktur in der wissenschaftlichen Erforschung der biblischen Dichtung zu eröffnen.

I

Da der Begriff „Struktur" heute mit verschiedenartigen Bedeutungen belastet ist, [2] will ich, bevor ich zum eigentlichen Thema übergehe, um der wissenschaftlichen Sauberkeit willen, vorausschicken, in welchem Sinne ich diesen Begriff im folgenden fasse: Unter Struktur verstehe ich die das Werk durchwaltende Ordnung, die bedingt wird durch den Charakter des Ganzen und der Teile in ihrem gegenseitigen Zusammenhang.

Und nun zur Sache. Was macht eine sprachliche Äusserung zu einem sprachlichen Kunstwerk? Die Beantwortung dieser Frage ist für die Literaturwissenschaft von entscheidender Bedeutung, denn um den zu erforschenden Gegenstand richtig zu handhaben, muss das Wesen des Gegenstands genau erkannt sein.

Auf die Frage nach dem Wesen des Sprachkunstwerks gab MALLARMÉ die Antwort dem Mahler DEGAS, der sich bei ihm beklagte, dass seine Liebe zum Versemachen unglücklich sei, obwohl es ihm doch nicht an Ideen fehle: „Mon cher Degas, ce n'est pas avec des idées qu'on

---

[1] „Wege der neuen Dichtungswissenschaften in ihrer Anwendung auf die Psalmenforschung", *Biblica* 42, 1961, S. 255 ff.; „Einiges über die Bauformen des Erzählens in der Bibel", *VT* 13, 1963, S. 456 ff.; „Weiteres über die Bauformen des Erzählens in der Bibel", *Biblica* 46, 1965, S. 181 ff.; „Methodologisches über die Behandlung der Metapher dargelegt in Am. 1, 2", *ThZ* 23, 1967, S. 1 ff. (Literaturangabe der biblischen Arbeiten Anderer, die den Weg der neuen Dichtungsforschung gehen, siehe in den Anmerkungen meines Buches und der erwähnten Abhandlungen).

[2] Siehe S. FISHMAN, „Meanings and Structure in Poetry", *The Journal of Aesthetics & Art Criticism* 14, 1955/56, S. 453 ff.; J. POULLON, „Structuralisme: Une essai de définition", *Les temps modernes* 22, 1966, S. 769 ff.

fait des vers, c'est avec des mots!"[1] Das Gemeinte ist nicht etwa ein
für die Dichtung zulässiger besonderer Wortschatz, sondern allein
das Besondere in der Funktion der dichterischen Sprache gegenüber
der Funktion der Sprache in einem nicht-dichterischen Sprachgebilde (Bericht, Artikel, Untersuchung, Vortrag, usw.). In einem
nicht-dichterischen Sprachgebilde weist die Sprache auf etwas hin,
was ausserhalb der Sprachgebung liegt. Die dichterische Sprache
meint eine Welt, die nicht jeweils hier und dort vorhandene Gegen-
ständlichkeit ist, sondern die sie selber schafft. In der Dichtung muss
alles, was es in der von ihr gemeinten Welt gibt, ausschliesslich von
der Sprache geschaffen werden. Dadurch bekommt in der dichterischen Sprache schon das einzelne Wort ein besonderes Gewicht,
weil es etwas leistet, was das Wort in der nicht-dichterischen Sprache
gar nicht zu leisten braucht. Daraus folgt, dass während in einem
nicht-dichterischen Sprachgebilde das Wort seine Schuldigkeit getan
hat, indem es die Überbringung seines begrifflichen Inhalts geleistet
hat — es also vergessen werden kann, in der Sprache der Dichtung
das Wort nicht verschwinden darf, nicht verstummen, da es nicht
Überbringer eines Sinngehaltes ist. [2] Hier ist Gestalt selbst Gehalt.
„Der dichterischen Form gehört es also eigentümlich zu, dass sie das
Wesenhaft-Gemeinte als Gehalt in sich birgt und doch nur als Form
greifbar macht". [3] Ja, wie es in dem empirischen Sein nicht „Form"
gesondert von „Inhalt" gibt und diese Zweiteilung nur Folge von
Abstraktion ist, die weit von der Welt der Wirklichkeit fortführt, so
sind im sprachlichen Kunstwerk, das eine „worthafte Stiftung des
Seins" (M. HEIDEGGER) ist, „Form" und „Inhalt" von „jenen zwil-
lingshaften Wesenheiten, deren Sein ineinander verflochten ist und
die ihre Existenz ausschliesslich in dieser Zweisamkeit, bzw. in ihrer
gegenseitigen Wirkung hat. Trachtet man sie, „Form" und „Inhalt",
voneinander zu trennen, entfällt uns das Eine indem wir das Zweite
nicht halten". [4] Die „Form" des Kunstwerkes ist nicht nur ästhetische
Hülle, sondern auch wesenhafter Ausdruck.

Zwar sind dichterische Formen überpersönliches, ererbtes Gut,
Konventionen, aber wie der dichterische Schaffenprozess von der
abgenutzten, verarmten und verblassten Sprache des alltäglichen

---

[1] W. KAYSER, *Das sprachliche Kunstwerk*[6], 1960, S. 240.
[2] A. L. STRAUSS, „„Der Ort des Sprachswerk in der Wirklichkeit", *Auf den
Wegen der Literatur*, 1959, S. 16 (hebräisch).
[3] P. BÖCKMANN, *Formgeschichte der deutschen Dichtung*, [1949], S. 12.
[4] S. ZEMACH, „Inhalt und Form", *Mensch und Mitmenschen*, 1957, S. 205
(hebräisch).

Gebrauchs, von ihrer konventionellen Manier und Formulierung sich abwendet, indem er dem Worten ihren ursprünglichen Ausdruckswert, ihre Bedeutungsträchtigkeit und Kraft zurückgibt, [1] und sie zum persönlichen Ausdruck der Seele prägt, so bedeuten die verpflichtenden oder erwünschten formalen Kunstmittel „für die Sprache dasselbe wie die Register für die Orgel ... Unter den Händen eines Meisters werden die künstlichen Techniken Mittel zur Ausdrucksverstärkung. Künstelei geht über in Kunst und geht in ihr auf", [2] Im beständigen Ringen der individuellen schöpferischen Kraft des Dichters mit den Kräften des Epoches- und Gattungsstils, mit herkömmlichen Motiven oder Topoi, ersteht das Besondere, Einmalige der Dichtung, ergibt sich ihre Struktur.

Zusammenfassend: Da die Aufgabe des dichterischen Werkes Gedanken, Lehren, Gefühle usw., nicht mitzuteilen, sondern zu gestalten ist, spricht es seine Wahrheit nicht in den einzelnen Aussagen, sondern ausschliesslich in der Einheit des Gestaltung, als Ganzes aus. D.h., die Dichtung macht ihren Sinngehalt nur in dieser ihrer konkreten, einmaligen Gestalt offenbar, in dieser Wortprägung, in diesem Satzbau, in diesem Rhytmus und allein in diesem besonderen Verhältnis der Teile untereinander und der Teile zum Ganzen — kurz: in dieser ihrer Struktur.

Was folgt nun auf Grund des Gesagten für das Verstehen von Sprachkunstwerken? Eine häufige Beobachtung ist es, der GOETHE folgenden Ausdruck verleiht: „... dass niemand den anderen versteht, dass keiner bei denselben Worten dasselbe was der andere denkt, dass ein Gespräch, eine Lektüre bei verschiedenen Personen verschiedene Gedankenfolge anregt, hatte ich schon allzu deutlich eingesehen". [3] Jedenfalls zeugen die Kommentare der literarischen Werke (nicht nur der Bibel), dass die Ausleger sich allzuleicht begnügen mit blossen Impressionen und mit einem lässigen Ungefähr, zwischen dessen Ritzen rasch das Unkraut der subjektiven Behauptungen oder der Schwärmereien wächst. Dagegen gibt es keinen anderen Schutz als die Befolgung der bekannten Forderung: „sensus non est inferendus, sed efferendus". Was aber ist Gewähr dafür, dass die Auslegung eine Aus-Legung ist, dass das Wahrgenommene dem im Texte Geformten entnommen und nicht durch

---

[1] E. BETTI, *Allgemeine Auslegungslehre als Methodik der Geisteswissenschaften*, 1967, S. 387.

[2] E. R. CURTIUS, *Europäische Literatur und lateinisches Mittelalter*[2], 1954, S. 394.

[3] „Aus meinem Leben", *Dichtung und Wahrheit* IV. 16.

Subjektivität, oder etwa durch Systemzwang oder dsgl., in ihn hin-
eingelesen wurde? Es ist das Zusammenstimmen aller Teile, aller
formalen und inhaltlichen Elemente mit dem Ganzen. Wie E. BETTI
erwähnt, hat schon der römische Rechtsgelehrte CELSUS gegen die
haarspalterischen Tüfteleien plädierender Rhetoriker argumentiert:
„incivile est, nisi tota lege perspecta, una aliqua particula eius proposita
iudicare vel respondere". ¹ Dieses hier enthaltene Postulat ist grund-
legend für das Verständnis einer literarischen Schöpfung. Es ist die
vordringliche hermeneutische Regel der Methodologie der neuen
Literaturwissenschaft, die von der alten Rhetorik für die moderne
Lehre vom Verstehen übernommen wurde. ² BETTI nennt die Regel:
„Kanon der Ganzheit und inneren Zusammenstimmung der her-
meneutischen Bewertung". ³ Das heisst: die Interpretation hat nicht
jedes Einzelne *per se*, sondern jedes Einzelne aus dem Ganzen und
das Ganze aus all seinen Teilen zu erschliessen. Es handelt sich also
darum, die *Struktur* des dichterischen Gebildes, und zwar „*alle* an
der Gestaltung beteiligten Formelemente in ihrer *Wirksamkeit* und
in ihrem *Zusammenwirken* zu begreifen". ⁴ Deswegen prägte ich für
die von mir vorgeschlagene Methode, einem Vorschlage M. BUBERS
folgend, den Namen: „*Total*-Interpretation" („Total" im philoso-
phischen Sinne des Begriffs). ⁵ Aus dem Wesen dieser Methode folgt
die Folgerung: Genaueste Beachtung jedes Wortes, der Wortfolge,
der rhetorischen Figuren, der syntaktischen Erscheinungen und der
Fügung der Sätze, des Auftaktes der literarischen Einheit, wie ihres
Schlussakkords, ihres Gefälles vom Beginn bis ans Ende, kurz — der
Struktur. Und zwar darf dieses nicht auf statistische Weise des
Abzählens und Rubrizierens und Katalogisierens erfolgen, nicht
durch Beobachten einzelner Elemente, als solcher, sondern allein
durch Befragung jedes sprachlichen und strukturalen Elements auf
seine Funktion innerhalb des Ganzen, durch Beantworten der Frage,
wie alles Einzelne gleichsam umgeschmolzen ist in die gestalthafte
Einheit des Ganzen. Das Verstehen eines Sprachkunstwerks, d.h.

---

¹ *Op. cit.*, S. 219.
² Siehe H. G. GADAMAR, „Vom Zirkel des Verstehen", *Martin Heidegger zum
siebzigsten Geburtstag, Festschrift*, 1959, S. 24.
³ *Op. cit.*, S. 220.
⁴ W. KAYSER, „Literarische Wertung und Interpretation", *Die Vortragsreise*,
1958, S. 46 (Gesperrt von mir).
⁵ In der deutschen Fachliteratur wird die an den erwähnten Grundprinzipien
fussende Methode „*Werkinterpretation*" oder „*Interpretation*" schlechthin genannt, in der anglo-sachsischen: „*Criticism*", „*New Criticism*", „*Scientific C.*",
„*Working C.*", in der französischen: „*explication des textes*".

das Er-fassen und Auf-fassen seiner Struktur, kann mit einer analytischen Methode erreicht werden, die erlaubt sozusagen die Abfolge
der Photogramme zu verlangsamen und die verschiedenen Licht-
bilder als Faktoren zu erkennen, die zur Gestaltung des Gefüges
zusammenwirken, jedoch ohne sie vereinzelt aus dem Gefüge des
Ganzen herauszureissen. Daraus folgt also auch, dass das Wesentliche
für die *Sinne*erfassung (!) des Gedichts nicht das Auffinden der Genesis
der Stilelemente aus der unpersönlichen Vorratskammer, sondern das
Aufdecken ihrer neuen Organfunktion im persönlichen Werk ist,
nicht der Hinweis auf Quellen, Parallelen, sondern allein die Berücksichtigung der Art ihrer Bearbeitung, besser: ihrer Verarbeitung im
konkreten Einzelstück. Die ursprünglichen oder die überkommenen
Themata, Stoffe und Motive sind nichts als Rohstoff in den der
Dichter seinen Odem bläst und aus dem er in seinem Ebenbild
schafft, indem er das Erfundene und Vorgefundene zu seiner nun
mehr unauswechselbaren Gestalt transformiert. Dabei kann freilich
die Kontinuität zur Erhellung der Diskontinuität behilflich sein. Das
Übernommene mag als Nebenton mittönen.

Die „Total-Interpretation" freilich ermöglicht nur das Verstehen
des Kunstwerks; sie zeigt, was das Gedicht meint. Die Bibelwissenschaft, wie im allgemeinen die Literaturwissenschaft, hat aber auch
andere Interessen. Sie will den Text auch nach seinem historischen
Gehalt und Stellenwert beurteilen, als historisches Dokument erkennen und gebrauchen. Kurz, die Bibelwissenschaft hat das Ziel
der Philologie, das der grosse Altphilolog AUGUST BOECKH, wie
bekannt, in prägnanter Form so definiert: „Philologie ist Erkennen
des Erkannten".[1] Jedoch die Erreichung des Ziels der Philologie,
sowie die Lösung aller Teilaufgaben der Bibelwissenschaft, ist an
eine grundlegende Bedingung gebunden: an die genaue Interpretation. Denn bevor ich die historische Bedeutung aller Art, den
ästhetischen Wert eines Bibeltextes bestimmen kann, muss ich erst
wissen, was es ist, was in ihm steht und wie das „Was" gebildet ist.
Für das Erforschen der allgemeinen Literatur wird festgelegt: „Interpretation ist nicht das Alpha und Omega unserer Wissenschaft,
sondern das Zentrum, von dem aus die Arbeit in verschiedener
Richtung weitergehen kann. ... Für die Interpretation selbst werden
alle historische Kenntnisse zum Hilfsmittel; für den Philosophen,
den Literaturhistoriker und Pädagogen wird die Interpretation zum

---

[1] *Enzyklopädie und Methodologie der philologischen Wissenschaften*[2], 1886, S. 10, u.ö.

Hilfsmittel". [1] Und ähnlich heisst es: „Das A und Ω der klassischen
Philologie und jeder Philologie ist die Interpretation und das dadurch
zu erzielende Verständnis der Texte. Dazu können freilich unter
gewissen Umständen auch Interpolationskritik, Echtheitskritik,
Schichtanalyse und Entwicklungstheorien sehr wesentlich beitragen.
Aber es sollte sich von selbst verstehen, dass diese überhaupt erst
anfangen können, wenn die einfache Wort- und Sachinterpretation,
und zwar nicht nur einzelner Stellen, sondern der Stellen im Zusammenhang der ganzen Werke, zu denen sie gehören, so weit ge-
trieben ist, dass es möglich wird einigermassen gesicherte weiterreichende Schlüsse zu ziehen". [2] M.E., ist die Vorbedingung der
philologisch-kritischen Erforschung aller Art der dichterischen Teile
des biblischen Schrifttums die Struktur-Analyse, bzw. die auf dieser
fussende „Total-Interpretation".

Gegen diese Behauptung, bzw. gegen die von mir schriftlich vorgeschlagene und angewandte Methode wurde in der Fachliteratur
der Einwand erhoben: „die vorausgesetzte, in sich geschlossene
Individualität eines dichterischen Werkes ist hier [in den "biblischen
Büchern und altorientalischen Schriften überhaupt"] nirgends zu
finden". [3] Dieser Einwand gründet auf der Voraussetzung der „Form-
und Gattungsgeschichtlichen Methode": der biblische Dichter sei
„im Stil mehr gebunden als in den Gedanken; auch wenn er es vermag,
Neues zu denken und auszusprechen, so bleibt er doch bei den herkömmlichen Ausdrucksformen stehen". [4] Jedoch, wie ich dazu schon
erwiederte, [5] selbst wenn es sich so verhielte, so wäre damit doch
nichts gegen den individuellen, autonomen Charakter der dichterischen
Schöpfungen in der Bibel gesagt. Selbst wenn eine Dichtung ausschliesslich aus überkommenem Gut bestünde, so wäre noch immer
die einzigartige Zusammenfügung aller Elemente ein individuelles, [6]

---

[1] W. KAYSER, „Vom Werten der Dichtung", *op. cit.*, S. 60, 61.
[2] K. VON FRITZ, „Ziele, Aufgaben und Methoden der klassischen Philologie
und Altertumswissenschaft", *Vierteljahrsschrift für Literaturwissenschaft und
Geistesgeschichte* 33, 1959, S. 528.
[3] K. KOCH, *Was ist Formgeschichte?*[2], 1967, S. 20. Vgl. auch F. CRÜSEMANN,
Studien zur Formgeschichte von Hymnus und Danklied in Israel (*Wiss. Mon. z. A u.
NT* 32), 1969, S. 3, Anm.
[4] H. GUNKEL, „Die Propheten als Schriftsteller und Dichter", *Die Schriften
des ATs* 2,2[2], 1923, S. XXXV.
[5] *Biblica* 46, 1965, S. 206, Anm. Vgl. auch *ThZ* 23, 1967, S. 2 f.
[6] Nur nebenbei sei bemerkt: S. MOWINCKEL, der (gegen H. GUNKEL) meint,
dass sämtliche Psalmen unseres Psalters von Tempelsängern stammen und für
den Gebrauch der Beter bestimmt waren, betont sogar, dass diese „bestellten"
Psalme doch nicht blose Formulare, sondern *persönlicher* Ausdruck des Dichters

ein eigentümliches Gepräge, eine Neuschöpfung, und als solche
erforderte sie ihre eigene Deutung. Was der biblische Dichter eigentlich dachte und in den „herkömmlichen Ausdrucksformen" sagen
wollte, kann niemand erschliessen. (Es erübrigt sich hier das über
„intentional fallacy" Gesagte zu wiederholen.) Der kritische Philolog,
sobald er sich mit Interpretation befasst, kann und hat nur nach dem,
was im Sprachwerk tatsächlich zum Ausdruck gekommen ist, zu
fragen, nur nach dem, was Wort geworden ist, so in „herkömmlichen"
wie in individuellen Formen. Er hat nicht zu erörtern, denn er kann
es ja nicht, was ursprünglich beabsichtigt war und vielleicht gar nicht
zum Ausdruck gekommen ist.

Übrigens sei bemerkt: Ob diese Methode für die biblische Dichtung
angemessen ist, so wie sie sich für die klassische und moderne erwiesen hat, kann nicht durch theoretische Überlegungen, sondern
allein durch praktische Anwendung erprobt und bewiesen werden.
Darum möchte ich meine These an zwei Beispielen erhärten. An
Hand von Ps. lxxiv und i will ich die Wichtigkeit, ja die Notwendigkeit der Struktur-Analyse (im oben erörterten Sinne) für das Verständnis der biblischen Dichtung aufweisen. Am Beispiel der Analyse
des Ps. lxxiv [1] beabsichtige ich zu zeigen, dass Struktur-Analyse zum
Erörtern des Sinnganzen wie der Bestandteile förderlich, sogar
erforderlich ist. An Hand von Ps. i [2] möchte ich die formgebende
Kraft eines einzelnen Elements innerhalb des Ganzen der Dichtung
illustrieren. Es soll also versucht werden zu beweisen, wie die Einheit
des Ganzen und die einzelnen Bestandteile in ihrer wechselseitigen
Beziehung und Wirkung zur Erfassung des Sinnes hinleiten. Es geht
jedoch keinesweg darum eine neue Erklärung einiger Schriftstellen
vorzuschlagen, sondern darum eine in der Bibelwissenschaft nicht
im Allgemeinen bekannte Betrachtungs- und Interpretationsweise
vorzulegen.

II

(1) Dass Ps. lxxiv zur Gattung der "Klagelieder des Volkes"
gehört, kann noch immer als herrschende Meinung in der heutigen
Forschung gelten. [3] Im Allgemeinen werden in ihm die „Kenn-

---

sind („Traditionalism and Personality in Psalms", *HUCA* 22/1, 1950-51,
S. 205-231).

[1] Auf Grund der Ausführung in meinem erwähnten Buche (S. 89), S. 146-
153, 144-146.

[2] Siehe mein Buch, S. 82-98.

[3] Die Exegeten der „Pattern School" und die ihnen nahestehenden Gelehrten
setzen zwar den Psalm mit dem „Thronbesteigungsritual" in Verbindung, aber

zeichen" der für diese Gattung „gesetzmässigen Form" [1] gefunden. Nach C. WESTERMANN ist der Psalm in sieben Teile gegliedert, von denen fünf „für die Bitte des Volkes konstitutiv" sind. [2] Wäre diese Behauptung richtig, so wäre damit die Gattung unseres Psalms erwiesen, der Aufbau des Psalms entspräche dem „gesetzmässigen" Aufbau dieser Gattung, und nach dem herkömmlichen Grundsatz, sei die „erforderliche Grundlage" für seine richtige Interpretation gegeben.

Dem aber ist durchaus nicht so. Vor allem, was den von WESTERMANN behaupteten Aufbau des Psalms betrifft. H.-J. KRAUS meint zwar, dass ihn „C. WESTERMANN in einem Schema *gut* herausgearbeitet" hat. [3] Jedoch was bezeugt ein Vergleich der Struktur des Psalms mit dem von WESTERMANN erarbeiteten Schema? [4]

nrede und ein- tender Hilferuf		Gott Warum? . . . Gedenke! Erhebe deine Schritte! . . .	V 1, 2aαℵ, 3
inweis auf Gottes iheres Heilshandeln		Gedenke deiner Gemeinde, die du einst erworben . . . erlöst . . . Wohnung genommen . . .	V 2
lage	die Feinde	Es brüllen deine Feinde inmitten deiner Stätten	V 4-8
	wir	Wir sehen nicht . . . Keiner weiss . . . kein Prophet	V 9aα, b, aβ
	du	Warum verwirfst du für immer? . . . wie lange . . .	V 11, 10
ʒkenntnis der ıversicht		Aber Gott ist mein König von uran . . . Du hast . . .	V 12-17
tte	höre!	vergiss nicht . . .	V 19bβ
	rette!	gib nicht preis! stehe auf . . .	V 19a, bα, 22a
	strafe!	vergiss nicht den Lärm deiner Feinde . . .	V 23
otive		darf der Feind deinen Namen verachten? . . . deiner Elenden Leben . . . dein Bund . . .	
ıbgelübde		mögen der Elende und der Arme deinen Namen preisen . . .	V 21b

halten ihn für „nationalen Klagepsalm" (Siehe BERNHARDT, *op. cit.*, S. 217 f.). Nach F. WILLESEN ist unser Psalm „a lament of the profaned sanctuary" innerhalb des Neujahrsrituals („The Cultic Situation of Psalm LXXIV", *VT* 2, 1952, S. 289 ff). H. RINGGREN meint, dass der „Sitz im Leben" dieser Klage bei Erneuerung eines Tempels ist („Die Funktion des Schöpfungsmythus in Jes. 51", *Schalom, A. Jepsen-Festschrift*, [1971] S. 39).

[1] Siehe H. GUNKEL-J. BEGRICH, *Einleitung in die Psalmen* (*HK*), 1933, S. 117 ff.
[2] *Das Loben Gottes in den Psalmen*[2], 1961, S. 39.
[3] *Psalmen* (*BK* XV/1), 1960, S. 514 (Gesperrt von mir).   [4] *Op. cit.*, S. 40.

Auf den ersten Blick fällt es auf, dass dieser Aufbau nicht aus dem uns vorliegenden Texte „herausgearbeitet", sondern von ihm unabhängig und in ihn hinein-konstruiert ist. Dieses wird besonders klar, wenn man z.B. die zwei letzten Teile von WESTERMANNS „Aufbau" — „Motive", „Lobgelübde" — im Ps. lxxiv finden will. Denn WESTERMANN selbst fand sie auch nicht, deshalb abstrahierte er von den vorhandenen Versen eine Idee, zerschlug die vom Psalmist geprägte Form, gab ihnen eine neue Form, indem er Worte aus ihrem Kontext riss. So gewann er durch Umbau den „gesetzmässigen" Aufbau des Volksklageliedes: nun hat der „Ps. lxxiv" wirklich die zwei Teile, die für den Abschluss jeder Bitte des Volkes „konstitutiv", bzw., herkömmlich sind. Und ein Weiteres: Um die Angemessenheit der WESTERMANNschen Gliederung zu überprüfen, habe ich der Tabelle die entsprechenden Verszahlen hinzugefügt, so dass die Umstellung der Verse anschaulich wird. Ebenso erweist sich das vom Schema erforderte Teil: „Motive" als nichtexistent. Es wurde nur dem Schema zuliebe aus zerstückelten Versen gebildet. Das so konstruierte Gebilde aber spiegelt durchaus nicht den Gedankengang und die Geisteshaltung unseres Psalms wieder. Denn — wie bekannt — nicht ein gewisser Gehalt macht das Wesen der Dichtung aus, sondern die dem Gehalt vom Dichter verliehene Gestalt. Nun, die Gestalt des Ps. lxxiv, „die uns eine Wahrheit zuspricht, welche auf keine andere Weise als eben auf diese, auf die Weise der Gestalt, zu Worte werden kann" [1] — ist im WESTERMANNS Aufbau völlig zertrümmert, d.h., dem Psalm ist seine Wahrheit genommen.

Um dem Sinnganzen unseres Psalms nahezukommen, müssen wir seine Struktur auf Grund der Versabfolge, wie sie dasteht, feststellen.

M.E., berechtigt die Struktur des Ganzen, Vv 1-3 als Eingangsstrophe und Vv 4-23 als Hauptteil des Psalms anzusehen. Vv 1-3 und Vv 4-23 entsprechen einander genau im Aufbauprinzip, in Leitworten, in der Motivik und in der Reihenfolge der Motive. Die Eingangsstrophe und der Hauptteil sind in je drei Teile gegliedert. Sowohl die degenwärtige Lage, alsdann Rückblick auf die Vergangenheit, zum gritten: Ruf um Befreiung in der Zukunft. Der erste Teil der Eingangsstrophe beginnt mit למה (V 1), die erste Strophe des Hauptteils schliesst mit למה (V 11). Im zweiten Teil der Eingangsstrophe steht das Wort קדם (V 2), desgleichen in der zweiten Strophe des Haupt-

---

[1] M. BUBER, „Das Wort, das gesprochen wird", *Logos*, 1962, S. 23.

Eingangs-strophe	Klage über unsere Not	Die Gegenwart	V 1	למה אלהים זנחת לנצח יעשן אפך בצאן מרעיתך
	Erinnerung an Grosstaten	Die Vergangenheit	2	זכר עדתך קנית קדם גאלת שבט נחלתך הר ציון ...
	Ruf um Eingreifen	Die Zukunft	3	הרימה פעמיך למשאות נצח כל הרע אויב בקדש
Strophe I	Die Gegenwart		4	שאגו צרריך בקרב מועדך שמו אותתם אתות
			5	ידע כמביא למעלה בסבך עץ קרדמות
			6	ועת פתוחיה יחד בכשיל וכילפת יהלמון
			7	שלחו באש מקדשך לארץ חללו משכן שמך
	(Schilderung unserer Not)		8	אמרו בלבם נינם יחד שרפו כל מועדי אל בארץ
			9	אותתינו לא ראינו אין עוד נביא ולא אתנו ...
			10	עד מתי אלהים יחרף צר ינאץ אויב שמך לנצח
			11	למה תשיב ידך וימינך מקרב חוקך כלה
Strophe II	Die Vergangenheit		12	ואלהים מלכי מקדם פעל ישועות בקרב הארץ
			13	אתה פוררת בעזך ים שברת ראשי תנינים על המים
			14	אתה רצצת ראשי לויתן תתננו מאכל לעם לציים
	(Erinnerung an Gottes Grosstaten)		15	אתה בקעת מעין ונחל אתה הובשת נהרות איתן
			16	לך יום אף לך לילה אתה הכינות מאור ושמש
			17	אתה הצבת כל גבולות ארץ קיץ וחרף אתה יצרתם
Strophe III	Die Zukunft		18	זכר זאת אויב חרף יהוה ועם נבל נאצו שמך
			19	אל תתן לחית נפש תורך חית ענייך אל תשכח לנצח
			20	הבט לברית כי מלאו מחשכי ארץ נאות חמס
	(Ruf um Gottes Eingreifen)		21	אל ישב דך נכלם עני ואביון יהללו שמך
			22	קומה אלהים ריבה ריבך זכר חרפתך מני נבל ...
			23	אל תשכח קול צרריך שאון קמיך עולה תמיד

teils מקדם (V 12). In der Eingangsstrophe begegnet uns zweimal das
Wort נצח: im ersten Teil לנצח (V 1), im dritten Teil נצח (V 3 — in
seiner ersten (V 10) und dritten (V 19) Strophe לנצח.

Es besteht also ein auffallender Parallelismus zwischen der Eingangsstrophe und dem Hauptteil. Man kann mit Recht sagen, dass
die Eingangsstrophe ein verkleinertes Abbild des Hauptteils ist. Wie
erwähnt, lehrt die neue Dichtungsforschung den Zusammenklang
von Gehalt und Gestalt zu hören. „Formale" Übereinstimmung also
ist nicht nur architektonischer Aufputz, sondern organischer Teil
vom Wesen des Gedichtes. Die Entsprechung zwischen Eingangsstrophe und Hauptteil unseres Psalms ist nicht Sache der Gestalt allein,
sondern ist bedeutsam für den Gehalt, so dass die Eingangsstrophe
zur Deutung des Hauptteils führt.

Der erste Teil der Eingangsstrophe (V 1) und die erste Strophe des
Hauptteils (Vs 4-11) also sind gegenwartsbezogen, beide klagen über
Not. Während aber im V 1 Gottes Zorn „wider die Schafe seiner
Weide" beklagt wird, zeigen die Vv 4-11, dass das Bewusstsein der
traurigen Gegenwart den Schwerpunkt verschiebt: nicht die Lage
des Volkes ist es, was so wehtut, sondern zuerst die Schändung des
Heiligtums (Vv 4-8), dann die Schmähung des Namen Gottes (V 10).
Die Wiederaufnahme der Klage ist also auf höherer Warte. Diese
Steigerung und Vertiefung wird durch den Aufbau des Psalms
bewirkt, d.h., dadurch, dass die Strophe der Klage nicht unmittelbar
nach der Klage der Eingangsstrophe (V 1) folgt, sondern nach dem
sich dort befindenden Rufe um das Eingreifen Gottes (V 3). In der
Eingangsstrophe nämlich ändert sich das Objekt in jedem ihrer drei
Teile. Das Objekt des Gotteszornes ist das Volk („die Schafe deiner
Weide"). Das Objekt der Gnadentaten Gottes heisst: „deine
Gemeinde", dann „Stab deines Eigens" [1] und zuletzt der „Zions-
berg" (V 2). Und als um Gottes Eingreifen gerufen wird, ist als
Objekt der Not das „Geheiligte" erwähnt (V 3). Da nun die Ein-
gangsstrophe mit den Worten „im Geheiligten" endet, beginnt die
dem V 1 entsprechende Klage der ersten Hauptstrophe nicht mit der
Schilderung der Not des Volkes, sondern mit der Schilderung des
Vandalismus der Feinde im Heiligtum und schreitet von da zur
grössten aller Nöte, zum Höhnen, Schmähen des Gottesnamens. Nun

---

[1] Die Übersetzung fusst auf der Verdeutschung von M. BUBER-F. ROSENZWEIG
(*Das Buch der Preisungen*). Im Allgemeinen sind die deutschen Bibelzitate dieser
Übersetzung entnommen.

kommt die zweite Strophe des Hauptteils (Vv 12-17), in der, wie im zweiten Teil der Einleitungsstrophe (V 2), der finsteren Gegenwart die glorreiche Vergangenheit gegenübergestellt wird. Dort wird an das Erwerben, an das Auslösen des Volks erinnert, hier wendet sich die Erinnerung zu Gott, „der Befreiungen wirkt im Innern des Erdlands" (V 12) und erwähnt: „Du zerbrocktest mit deiner Macht das Meer, du zerbrachst Drachenhäupter überm Wasser, du zerstücktets die Häupter des Lintwurms" u.s.w. (Vv 13 ff.). Über das Objekt dieser Erinnerung wird noch immer diskutiert. Nach dem Wortlaute des Kontextes ist unter den „Befreiungen" das Weltschöpfungswerk Gottes gemeint, welchem, wie bekannt, nach der babylonischen und ugaritischen Mythologie,[1] der Kampf Gottes mit dem chaotischen Urmeer und seinen „Helfern", den Ungeheuern, vorausging. Dieses ist heute die Meinung der meisten Erklärer.[2] Einige der neueren Kommentatoren meinen, dass „hier die Tradition der Schöpfungs- und Heilsgeschichte wie bei Jes. 51,9; Ez. 29,3 in der heilsgeschichtlichen Zusammenschau miteinander verknüpft [ist], so dass in Vv 13-15 zugleich auch Anspielungen auf die Wunder des Auszugs und Einzugs ... durch das Gewand der mythischen Stilisierung der Schöpfungsgeschichte durchscheinen".[3] Andere[4] wieder vertreten die alte herkömmliche Deutung,[5] die nur an die Wundertaten in Ägypten und beim Schilfmeer gedacht hat.

---

[1] Siehe H. GUNKEL, *Schöpfung und Chaos*, 1894; O. KAISER, *Die mythische Bedeutung des Meeres in Ägypten, Ugarit und Israel* (*BZAW* 78), 1959.

[2] So zuletzt M. DAHOOD, *Psalms II* (*The Anchor Bible*), 1968, ad loc. (S. 205 f.) und H. RINGGREN, der entsprechend seiner Vermutung über den „Sitz im Leben" des Psalms (siehe S. 97), bzw., auf Grund eines akkadischen Texts es wahrscheinlich hält, dass „der Hinweis auf die Schöpfung soll die Grundlage angeben, die für eine Wiederherstellung des Tempels nötig ist" (*loc. cit*). — Soweit ich die jüdischen Kommentare des Mittelalters übersehe, ist JOSEPH IBN JACHJA (XVI. Jhd.) der einzige, der diese Verse auf die Schöpfung deutet. Nach seiner Erklärung heisst es: „du zerbrachst Drachenhäupter überm Wasser" (V 14), „denn als das Wasser sich sammelte, zerbrachen, durch seine Eile den Willen seines Schöpfers zu verfolgen, die Häupter der Drachen, die im Wasser stehen".

[3] A. WEISER, *Die Psalmen* (*ATD* 14/15)[4], 1955, ad loc. (S. 354); O. KAISER, *op. cit.*, S. 146 ff. So auch KRAUS, *op. cit.*, ad loc. (S. 517 f.); H. ZIRKER, *Die kultische Vergegenwärtigung der Vergangenheit in den Psalmen*, (*BBB* 20), 1964, S. 138[295]; und Andere.

[4] Z.B., E. HERTLEIN, „Rahab", *ZAW* 38, 1919-20, S. 147 ff.; E. KÖNIG, *Die Psalmen*, 1927, ad loc.; K. GALLING, *Die Erwählungstraditionen Israels* (*BZAW* 48), 1928, S. 25; O. EISSFELDT, *Baal Zaphon*, 1932, S. 29 f. (anders in „Gott und das Meer in der Bibel", *Studia Orientalia Joanni Pedersen dicata*, 1953, S. 80 (= *Kleine Schriften* 3, 1966, S. 260); H. HERKENNE, *Das Buch der Psalmen* (*HS*), 1936, ad loc.

[5] So schon *Mechilta* ad Ex. xiv 16 (ed. M. ISCH-SCHALOM [FRIEDMANN]), S. 30a; *Targum*, ad loc.

Da jedoch der Psalm mit Hilfe der „Total-Interpretation" durch-
leuchtet wurde, zeigt nun seine sichtbar gewordene Struktur den
wahren Sinn unserer Strophe, indem sie uns in den Stand setzt, den
Werdegang des in ihr gestaltgewordenen Gedankens im nachvoll-
ziehenden Verstehen mit aller Angemessenheit darzustellen. Nachdem der Psalmist das feindliche Treiben und Lästern bis zum Über-
mut im Jetzt und Hier beschrieben hat, setzt er, der Eingangsstrophe
entsprechend, mit der Erinnerung an die Wirkungen von Gottes
Allmacht in der Vergangenheit fort. Er erwähnt Gottes „Befreiungen",
womit er seine Gnadentaten mit Israel in Ägypten meint. Darauf
deutet das Wort „Befreiungen" (V 12) und der unserer Strophe in der
Einleitung entsprechende V 2, wo auf die Erwählung hingewiesen
wird. [1] Da die Erlösung aus Ägypten erst durch die Spaltung des
Schilfsmeers vollkommen wurde, bezieht sich der Anfang auf dieses
Ereignis: „du zerbrocktest mit deiner Macht das Meer" (V 13a). Die
Aussage über das Tun der Gottes-Macht mit dem Meere, erweckt im
Dichter, vielleicht kraft einer Identifizierung Pharao's mit dem
„Drachen" (vgl. Jes. li 9, Ez. xxix 3), [2] längst verhallte mythische
Bilder vom Niederringen des chaotischen Urmeers und der Un-
geheuer durch Gott, und diese Assoziation gestaltet die Fortsetzung
seines Rufs: „Du zerbrachst Drachenhäupter überm Wasser, du
zerstücktest die Häupter des Lintwurms" (Vv 13b, 14a). Auf dem
durch „*contiguous association*", [3] durch diese Gedankenverknüpfung
geebneten Wege fortschreitend, gleitet der Gedanke unversehens vom
Bild zur Wirklichkeit hinüber (Vv 15-17). So wird die Erinnerung
an die einmalige, wundervolle historische Begebenheit in einer

---

[1] Vgl. GALLING, *loc. cit.*

[2] Nach KAISER mischen sich auch hier „die Bilder des Krokodils als des
ägyptischen Symbols für den Pharao und des gottfeindlichen Urdrachens miteinander" (*op. cit.*, S. 148. — So erklärt G. FOHRER Ez. xxix 3 [*Ezechiel*/: *HAT*
13:/, 1955, ad loc./: S. 166 ff.:/]. W. ZIMMERLI hingegen vermutet, dass „in
Ez 29, 3 (32, 2) zunächst einfach an das für das Nilland besonders typische ...
Krokodil gedacht" sei [*Ezechiel*/: *BK* XIII:/, 1969, ad loc./: S. 708:/]. Wie
oben (S. 101) erwähnt, meint EISSFELDT in seinem *Baal Zaphon*, dass die
Erinnerung unseres Psalms nicht auf die Schöpfung hinweist, sondern nur auf
die Befreiung aus Ägypten. Er ist nämlich der Meinung, dass es sich bei der
Verbindung zwischen der Auszugstradition und dem Drachenkampfmythos
nicht um eine sekundäre Verbindung zwischen dem Schöpfungsmythos und
jenem grundlegenden historischen Ereignis handelt. Seiner Vermutung nach
war dieser Drachenkampfmythos ursprünglich an die Gegend gebunden, in der
sich der Zug Israels durch das Meer ereignete, d.h., an die Gegend des sirbonischen
Sees, wo das Heiligtum des Baal Zaphon stand (*loc. cit.*).

[3] Siehe I. A. RICHARDS, *Philosophy of Rhetoric*, 1936, S. 107.

Erwähnung des einstmaligen Wunders der „mythischen" Schöpfungs-
Episode weitergeführt und mit einem Hinweis auf das allererste,
ständige Wunder des Kosmos, auf das Werk Gottes an der Welt
beendet. Die dritte Strophe (Vv 18-23) ruft Gott nicht allein, gemäss
der Endklage der ersten Strophe (Vv 10 f.), zum Eingreifen um seines
Namens willen, sondern all die in den drei Teilen der Einleitungsstrophe ausgedrückten Gedanken gestalten sich zu einem Aufschrei
um Hilfe.

Aber nicht nur der Gedankengang spiegelt sich in der Struktur,
sondern auch der Seelenzustand.

Zum Schlussvers vom Ps. lxxiv — „Vergiss nimmer die Stimme
deiner Bedränger, das Toben der gegen dich Aufständischen, das
stetig hinansteigt" (V 23) — bemerkt Joel BRILL (1762-1802) in
seinem Kommentar (*Biur*) zum Psalter: „Beim Ausklang des Psalms
scheint es, als ob die Stimme des Dichters verschlungen wird und
nicht mehr hörbar ist wegen der tobenden Stimme des Feindes, die
sich stetig verstärkt". Und wahrlich, der Ausblick am Schluss des
Psalms ist vollkommen hoffnungslos. Dieser Mangel an Hoffnung
kommt auch im Aufbau des Ganzen zum Ausdruck. Zweimal kon-
trastieren in schärfster Wendung die aufeinanderfolgenden Teile des
Psalms: Finsternis — Licht — Finsternis. Die erste Strophe des
Hauptteils (Vv 4-11): Feuer, Zerstörung, Brüllen der Feinde in der
Gegenwart. Dem gegenüber Gottes Grosstaten in der Vergangenheit,
das glänzende Licht der zweiten Strophe (Vv 12-17). Der Ruf der
dritten Strophe (Vv 18-23) meint zwar, dass es doch Licht werde,
was aber zum Ausdruck kommt, bezieht sich auf die finsteren Erscheinungen der Gegenwart. Auch in anderen Volksklageliedern
wird um Erhellen der jetzigen Finsternis mit einem Hinweis auf die
lichtvolle Vergangenheit gebetet. Zuweilen ist die Reihenfolge, wie
in unserem Psalm und, z.B. im Ps. lxxx: Gegenwart, Vergangenheit;
zuweilen, wie z.B. im Ps. xliv: Vergangenheit, Gegenwart. [1] Wie

---

[1] Mit der Stelle innerhalb des Ganzen, den der Hinweis auf Gottes früheren
Gnadetaten einnimmt, beschäftigt sich WESTERMANN nur zu Erörterung der
Frage nach der Beziehung dieser Gattung zum "Loben Gottes". Für seine
zweifache Stellung in den verschiedenen Klagen bringt er genetische, historische
Gründe (*op. cit.*, S. 41 f.). Abgesehen davon, dass mir diese Erklärung überhaupt
nicht einleuchten will, ist sie, nach adäquater Auffassung der Aufgabe der Dich-
tungsinterpretation, keinesfalls relevant. ZIRKER widmet einen ganzen Abschnitt
der Geschichtserinnerung in den Klageliedern (*op. cit.*, S. 118 ff.), aber auch er
hat kein Wort darüber, dass die Verschiedenheit in der diesen Erinnerungen
zugewiesenen Stellung innerhalb des Ganzen verschiedenen Seelenzustand aus-
drückt und verschiedene Wirkung auslöst.

immer in der Dichtung, ist die Reihenfolge, die Struktur etwas Sinnvolles, Wesentliches. Sie spiegelt die Seele des Dichters wieder. Der
im Aufbau der Klage gestaltgewordene Seelenzustand ist ein anderer,
wenn der erste Teil die Schilderung der Gegenwart ist als wenn
zuerst die Vergangenheit geschildert wird. Beginnt die Klage mit
dem hellen Einst um dann über das trübe Jetzt zu klagen, so ist der
Klagende vertrauensvoll, er hat noch die Kraft im Anfang sich über
die Not der Gegenwart hinwegzusetzen, er kann noch mit der
Erinnerung an Gottes Hilfe in der Vergangenheit anheben. Und wenn
er dann über die gegenwärtige Not klagt, so fällt doch ein Licht-
strahl der Vergangenheit auf das finstere Bild der Gegenwart.

Der Auftakt mit der Klage hingegen zeugt für das Verstricktsein
im Jetzt. Der Dichter kann sich von dem Heute nicht losmachen,
und wenn er sich um Hilfe aus dieser klagenvollen Lage auf die
einstigen Gnadentaten Gottes beruft, ist auch sein formales Preisen
Gottes von Tränen durchwirkt. Dass unser Psalmist ganz der Verzweiflung unterlegen ist, zeigt der Ausklang seiner Klage. Dieses
wird besonders klar, wenn man die Schlusstrophe des Psalms mit
jener des Ps. lxxx vergleicht. Wie gesagt, beide Psalmen beginnen
mit der Gegenwart, aber während die Bitte in Ps. lxxx von seinen
sechs Schlussversen (Vv 15-20) nur in einem (V 17) auf die jetzige
Lage hinweist, ist im Ps. lxxiv von den ebenfalls sechs Schlussversen
kein einziger in dem die furchtbare Not nicht zu Wort kommt. Dem
Dichter des Ps. lxxx gelang es also, sich von der Tiefe der Trauer
durch Sein Sich-Hinwenden zu Gott, insbesonders durch das Erinnern
an die göttlichen Hilfetaten zum hoffnungsvollen Ausblick empor-
zuheben. Unserem Psalmisten hilft das Beten, das ins Bewusstsein-
Rufen der Gottestaten in Geschichte und Natur, nicht. Er kann seiner
Verzweiflung nicht Herr werden. [1]

Dieses ist auch fühlbar, wenn man den ersten Satz in V 13 mit dem
fast gleichklingenden Ps. xliv 5 vergleicht. Dort wendet sich der
Psalmist zu Gott: אתה הוא מלכי אלהים. Unser Psalmist sagt: ואלהים
מלכי מקדם. Schon die Anrede in beiden Versen ist charakteristisch.
Dort: in vertrauensvoller Nähe der zweiten Person. Hier: in der

---

[1] H. SCHMIDT behauptet: „Aber unser Dichter verzweifelt nicht. Aus der
Klage ringt sich seine Seele empor zu dem hymnischen Ausdruck eines hohen
Vertrauens" (*Die Psalmen* [*HAT* 15], 1934, ad loc. S. 75). WEISER bemerkt zu
V 18-23: „Aus dieser Bitte spricht der unerschütterliche Glaube" (*op. cit.*, ad loc.
S. 354). Diese und ähnliche Beurteilungen unseres Psalmisten sind ein ent-
scheidender Beweis für die Notwendigkeit der Struktur-Analyse in der biblischen
Dichtungsexegese.

Ferne der dritten Person. Dort folgt die Anrede dem Verse: „Nicht
mit ihrem Schwert ja ererbten das Land sie, . . . sondern deine Rechte,
dein Arm, und deines Antlitzes Licht, du hast sie begnadet" (V 4).
Nach dieser Aussage kommt der Satz: „Du bist es, mein König, oh
Gott". Mithin: unerschütterliches Vertrauen. Aber in unserem Psalm
kommt der Satz ואלהים מלכי מקדם nach dem Verse: „Warum ziehst
du zurück deine Hand, deine Rechte? Hervor aus deinem Busen sie!
beends!" (V 11). ואלהים מלכי מקדם drückt also den Gedanken aus:
„Gott", der „mein König ist vor ureinst her, der Befreiungen wirkt"
— jetzt: wo ist er? wo sind seine Wirkungen?

אתה הוא מלכי אלהים — Bekenntnis, Ausdruck des *Vertrauens*;

ואלהים מלכי מקדם — Klage, Anklage, Vorwurf, Ausdruck der
Enttäuschung.

Den Unterschied zwischen dem Seelenzustand des im Ps. lxxiv
Klagenden und dem Seelenzustand in Ps. xliv wird auch durch den
Vergleich der Endstrophen der beiden Psalmen sichtbar. In beiden
wird um Hilfe gerufen. Im Ps. xliv drücken den Hilferuf Verben im
Imperativ aus: „Rege dich!", „erwache!", „nimmer verabscheue!"
(V 24). Und so auch endet der Ruf: „Steh auf zu Hilfe uns! erlöse
uns deiner Huld zu willen!" (V 27). Alle Imperative sind Rufe zum
tätigen Eingreifen; nur einmal ist der Ruf negativ. In unserem Psalme
wird abwechselnd um Tun und Lassen gerufen: „Gedenke!" (V 18),
„nimmer gib!", „nimmer vergiss!" (V 19), „blick!" (V 20), „nimmer
möge sich abkehren müssen!" (V 21), „steh auf!", „streite!", „gedenke!" (V 22), „vergiss nimmer!" (V 23).

Die Forderung zur Aktivität beginnt mit „Gedenke!" und setzt sich
fort in aufsteigender Linie: „blick!", „steh auf!", „streite!". Die erste
Forderung ist nur ein Tun in Gedanken. Auch die zweite fordert keine
Tätigkeit, sondern nur ein Blicken. Die dritte ruft zu einem tätigen
Tun: „steh auf!". Aber erst nach diesem wird Eingreifen gefordert:
„streite!" D.h., wenn der Psalmist fordern will, wagt er es nur langsam
und schrittweise. Und als er endlich doch den Mut fasst vom Gott ein
Eingreifen zu fordern mit seinem: „streite *deinen* Streit!", da verliert
er den Mut und kehrt zur Forderung zurück, mit der er begonnen
hat: „Gedenke!". Nur hat dieses „Gedenke!" einen anderen Ton,
einen anderen Sinn als das erste Mal. Nach: „streite deinen Streit!"
bedeutet „gedenke!": *wenigstens* gedenke! Dieses plötzliche Absinken
in den Forderungen der Aktivität ist ganz sicher auch ein Ausdruck
des Pessimismus. Endlich, drückt sich der Mangel an jede Hoffnung
auch in dem letzten Hilferuf aus: „vergiss nimmer!" D.h., wenn

auch „gedenke!" ein zu kühnes Verlangen sei, so doch wenigstens das negative: „vergiss nimmer!".

Der Seelenzustand, der sich im Schlussvers des Psalms — „das Toben der gegen dich Aufständischen, das stetig hinansteigt" — spiegelt, kommt also zum Ausdruck im Ganzen des Psalms, in seiner Struktur, in seinem Stil, d.h., in seiner Gestalt wie in seinem Gehalt, genau gesagt: im organischen Zusammenwirken von Gestalt und Gehalt, und entspricht dem Psalm in seiner Ganzheit.

(2) Ps. i wird allgemein als didaktische Dichtung aufgefasst. [1] Was ist also die in ihm beabsichtigte Lehre? Die Antworten der älteren und neueren Exegeten lassen sich in zwei Gruppen zusammenfassen: 1. Den Lohn des צדיק und die Strafe des רשע zu lehren; [2] 2. den Weg zu zeigen, den der Mensch wählen soll. [3] Beide Antworten fussen auf jeweils verschiedenen Auffassungen der in Vv 3-4 enthaltenen Bilder.

Nach Ansicht der Einen, ist Baum und Spreu Bild für Lohn und Strafe, nach Ansicht der Andern — Bild für Wesen und Art von צדיק und רשע. Für die erste Auffassung sprechen dreierlei: a) Der letzte Satz im V 3: וכל אשר יעשה יצליח, indem man als Subjekt den Mann fasst und den Satz übersetzt: „und alles, was er tut, führt er glücklich aus". b) Der fruchttragende, grünende Baum ist häufig in der Bibel Gleichnis für das glückhafte Gelingen des Menschen. [4] c) Die Spreu, die der Wind verweht, dient an mehreren Stellen als Bild für die Strafe, die den Frevler trifft. [5]

Als Vertreter der zweiten Auffassung (Wesen und nicht Lohn) zitiere ich A. WEISER: „Das Bild von Baum redet hier nicht etwa von dem Lohn der Vergeltung, die der Fromme zu erwarten hat — *dafür wäre es in allen Teilen ungeeignet* — sondern von dem Sinn und Wert,

---

[1] I. ENGNELL sieht im Ps i „*tōrā*-liturgy", einen Teil des Königrituals, einen „Fürstenspiegel" („Planted by the Stream of Water", *Studia Orientalia Joanni Pedersen dicata*, 1953, S. 91).

[2] So in der Aggada (*Schōchēr Tōw* ad Ps. i). Von den jüdischen Exegeten des Mittelalters, z.B. IBN ESRA. Von den Neueren: H. GUNKEL, R. KITTEL, P. AUVRAY (*RB* 53, 1946, S. 365-371), G. J. BOTTERWECK (*Tüb. Theol. Quartalschrift* 1958, S. 129-151), H.-J. KRAUS, M. DAHOOD und Andere.

[3] RASCHI, DAVID KIMCHI, H. SCHMIDT, A. WEISER, M. BUBER („Recht und Unrecht", *Werke II, Schriften zur Bibel* [1964], S. 984-990), etc.

[4] Jer. xvii 8; Ps. lii 10, xcii 13; Hiob viii 16, xxix 19, u.s.w.

[5] Z.B. Hos. xiii 3; Zeph. ii 2; Jes xxix 5; Ps. xxxv 5.

ירמיה יז	תהלים א
(7) בָּרוּךְ הַגֶּבֶר אֲשֶׁר וגו׳	(1) אַשְׁרֵי הָאִישׁ אֲשֶׁר וגו׳
(8) וְהָיָה כְּעֵץ שָׁתוּל עַל מַיִם	(3) וְהָיָה כְּעֵץ שָׁתוּל עַל פַּלְגֵי מָיִם
וְעַל יוּבַל יְשַׁלַּח שָׁרָשָׁיו	
וְלֹא יִרְאֶה כִּי יָבֹא חֹם	
וְהָיָה עָלֵהוּ רַעֲנָן וּבִשְׁנַת בַּצֹּרֶת לֹא	אֲשֶׁר פִּרְיוֹ יִתֵּן בְּעִתּוֹ
יִדְאָג	
וְלֹא יָמִישׁ מֵעֲשׂוֹת פֶּרִי	וְעָלֵהוּ לֹא יִבּוֹל

JEREMIA xvii	PSALM i
(7) Gesegnet der Mann, der usw.	(1) O Glück des Mannes, der usw.
(8) Der wird sein wie ein Baum, ans Wasser verpflanzt,	(3) Der wird sein wie ein Baum, an Wassergräben verpflanzt,
an den Lauf sendet er seine Wurzeln:	
wenn Glut kommt, sieht er nicht darauf,	
üppig bleibt sein Laub,	der zu seiner Zeit gibt seine Frucht
im Mangeljahe sorgt er nicht,	und sein Laub welkt nicht
lässt nicht ab, Frucht zu bereiten.	

ירמיה יז	תהלים א
(5) אָרוּר הַגֶּבֶר אֲשֶׁר וגו׳	(4) לֹא כֵן הָרְשָׁעִים
(6) וְהָיָה כְּעַרְעָר בָּעֲרָבָה וְלֹא יִרְאֶה	כִּי אִם כַּמֹּץ אֲשֶׁר תִּדְּפֶנּוּ רוּחַ.
כִּי יָבוֹא טוֹב	
וְשָׁכַן חֲרֵרִים בַּמִּדְבָּר אֶרֶץ מְלֵחָה	
וְלֹא תֵשֵׁב	

JEREMIA xvii	PSALM i
(5) Verflucht der Mann, der usw.	(4) Nicht so sind die Frevler,
(6) Der wird sein wie ein Wacholder in der Steppe:	sondern wie Spreu, die ein Wind verweht.
wenn Gutes kommt, sieht er nichts davon,	
Flammengrund in der Wüste bewohnt er,	
salziges Geländ, das nie besiedelt wird.	

den der Fromme durch sein Leben im Gottesgehorsam findet". [1]
Warum? Das wird nur behauptet, aber nicht begründet.

Ich will versuchen diese Auffassung auf dem Wege der „Total-
Interpretation" zu erhärten. Ferner möchte ich auch den methodologischen Grundsatz beweisen, dass gleiches Motiv an verschiedenen
Stellen nicht auf Gleichheit der Bedeutung hinweist, [2] sondern, dass
allein die genaue Formgebung und die Beziehung des Motivs innerhalb des Ganzen für das Verständnis massgebend ist.

Wie bekannt, steht unserer Stelle Jer. xvii 5-8 besonders nahe. Ich
beabsichtige den Sinn der Bilder in unsrem Ps. durch Gegenüberstellung beider Stellen aufzudecken. (S. 107).

In beiden Stellen dient dasselbe Bild für den Gerechten: der Baum
der ans Wasser verpflanzt ist. Die Bilder für den Frevler jedoch sind
verschieden. Im Psalm wird er mit der Spreu verglichen, die im Wind
verweht, beim Propheten: dem Wacholder in der Steppe. Was
bedeutet dieser Unterschied?

Was besagt der Gegensatz der Bilder, zuerst, bei Jeremia? Sicher-
lich nicht, dass der eine Frucht trägt und dem anderen die Kraft
Frucht zu tragen fehlt. Die Gegenüberstellung bei Jeremia lautet ja
nicht: Der Mann, der auf Gott vertraut, wird wie der Baum sein,
der nicht aufhört Früchte zu bringen. Und der Mann, der auf Menschen vertraut, wird sein wie der Baum, der nie Früchte bringt. Die
Gegenüberstellung ist eine ganz andere. Der eine Baum leidet nimmer
an Wassermangel, auch nicht im Jahre der Dürre, dem anderen fehlt
es immer an Wasser, auch in Regenzeiten. Für die Richtigkeit dieser
Auslegung bürgt das gemeinsame Prädikat: ולא יראה, „er sieht nicht."
V 6: „wenn Gutes kommt, *sieht er nichts* davon"; V 8: „wenn Glut
kommt, *sieht er nicht* darauf". D.h., der Wachholder geniesst nie vom
Guten, das der Welt gegeben wird; der am Wasser verpflanzte Baum
wird nie von Unglücksfällen betroffen.

Wie ist nun die Gegenüberstellung in unsrem Psalm? Wäre die
Absicht des zweiten Bildes — wie an anderen Stellen der Bibel [3]—,
dass der Frevler wie die Spreu dahinfliegt, d.h., ein schnelles, spur-
loses Ende findet, so müsste ja das erste Bild, als Gegensatz, von
einem fest- und tiefverwurzelten Baum sprechen. Aber erstens: lässt
sich שתול als „festverwurzelt" durchaus nicht begründen. Zweitens,
wäre dann Frucht und Laub eine unwesentliche, ja überflüssige Zutat,

---

[1] *Op. cit.*, ad loc. (S. 71 [Gesperrt von mir]).
[2] W. KAYSER, *Das sprachliche Kunstwerk*, S. 106.
[3] Siehe 106, Anm. 4.

während sie doch im Verse zwei wesentliche Bestandteile des Bildes sind. Ferner wäre die Absicht des Bildes von der vom Winde verwehten Spreu, das schnelle, spurlose Ende des Frevlers — so müsste doch als Gegensatz der Gerechte dargestellt werden, etwa wie es R. Elieser b. Asarja sagt: „Der wird sein wie ein Baum, der viele Wurzeln hat; mögen auch alle Winde der Welt kommen und ihn anwehen, so rühren sie ihn dennoch nicht von seiner Stelle". [1] Aber nicht so lautet der Psalmvers. Das Wort שרש „Wurzel" wird hier überhaupt nicht erwähnt

Wenn nicht der gegründete Bestand als Lohn des Gerechten gemeint ist, ist vielleicht ein anderer Lohn im Bilde ausgesprochen?

Der Sinn des Gleichnisses wird klar, wenn wir nochmals das Gegengleichnis betrachten, wieder in Gegenüberstellung mit seiner Parallele in Jeremia:

תהלים א	ירמיה יז
(3)... אֲשֶׁר פִּרְיוֹ יִתֵּן בְּעִתּוֹ וְעָלֵהוּ לֹא יִבּוֹל	(8) וְהָיָה עָלֵהוּ רַעֲנָן ... וְלֹא יָמִישׁ מֵעֲשׂוֹת פֶּרִי

PSALM i	JEREMIA xvii
(3) ... der zu seiner Zeit *gibt seine Frucht* und sein *Laub* welkt nicht	(8) üppig bleibt sein *Laub* ... lässt nicht ab, *Frucht zu* *bereiten.*

Die Gegenüberstellung zeigt drei Unterschiede in den gleichen Teilen beider Bilder: (1) Die Reihenfolge. Im Psalm: erst Frucht, dann Laub. In Jeremia hingegen: erst Laub, dann Frucht. (2) Im Psalm heisst es vom Baum, dass „er *seine Frucht gibt*"; in Jeremia, dass „er nicht ablässt *Frucht* zu *bereiten*". (3) Im Psalm wird der Gerechte mit einem Baum verglichen, der seine Frucht „*zu seiner Zeit*" gibt. Der Mann, der auf Gott vertraut in Jeremia: mit einem Baum, „der *nicht ablässt* Frucht zu bereiten".

So klein die Unterschiede zunächst scheinen, so bedeutsam sind sie für die Sinngebung des Ganzen. Vor allem beachte man, dass der

---

[1] Aboth iii 22.

Ausdruck: עשה פרי „Frucht bereiten" in Gen. i 11-12 vorkommt:
„Fruchtbaum, der nach seiner Art *Frucht bereitet*". Im übertragenen
Sinn in 2 Kön. xix 30; Jes. xxxvii 31. Hingegen die Wortfügung:
נתן פריו, „seine Frucht geben", treffen wir nur in Ankündigungen
von Lohn und Strafe. Lev. xxvi 3-4: „Werdet ihr in meinen Satzungen
gehn, . . . der Baum des Feldes *gibt seine Frucht*". Ferner ebenda V 20;
Ez. xxxiv 27; Sach. viii 12. D.h., redet die Schrift von Baum aus
biologisch-botanischer Perspektive, sozusagen vom „Baumhaften"
ausgehend, wie in Gen., dann sagt sie: „Frucht bereiten". Redet sie
vom Menschen ausgehend, menschlich gesehen, von der für den
Menschen spendenden Tat des Baumes, sagt sie: „seine Frucht geben".
Der Unterschied zwischen diesen beiden Ausdrücken ist nicht nur im
Prädikat: נתן, „geben", עשה, „machen", „bereiten", sondern auch
im Objekt. Das Objekt des Prädikats „geben" ist immer: פריו, „*seine*
Frucht"; das Objekt des Prädikats „bereiten" ist: פרי, „*Frucht*".

Der Gerechte im Psalm gleicht nicht einem Baume, der Frucht
bereitet, sondern der „*seine* Frucht *gibt*". Hier ist die Rede also, nicht
vom Lohn, von dem ihm zugemessenen, glückhaften Los, sondern
von seinem segensvollen Tun, vom Geben. Jeremia hingegen spricht
vom Lohn dessen, der auf Gott vertraut, daher ist der Mann, wie
ein Baum, „der nicht ablässt *Frucht* zu *bereiten*".

Auch die anderen Unterschiede erklären sich aus dieser Verschieden-
heit der Gesamtbedeutung. Der Baum *gibt seine* Frucht nur „*zu seiner
Zeit*", d.h., zur Zeit, wenn er sie schon hat. Ruht der Segen auf dem
Baum, so „*lässt er nicht ab Frucht* zu *bereiten*", denn das Bereiten der
Frucht hat keine Saison, das ist ein ständiger Prozess, solang der
Baum lebt.

Der auf dem Baume ruhende Segen, in Jeremia, wird entsprechend
der biologischen Ordnung, chronologisch geschildert: erst das Laub,
dann die Frucht. Handelt es sich aber, wie im Psalm, von der Spende
für den Menschen, entspricht die Reihenfolge der Wichtigkeit für den
Menschen, d.h., erst die Frucht, dann schattenspendendes Laub. Zu
dieser verschiedenen Reihenfolge vergleiche man Ez. xlvii 12. In
der ersten Vershälfte heisst es: „Und am Bach steigt empor . . .
allerhand essbar Gehölz, dessen *Laub* nicht welkt, dessen *Frucht* nicht
aufhört". Erst: Laub, dann: Frucht, denn die Vershälfte spricht vom
Baum in seiner botanischen Seinsweise. In der zweiten Vershälfte
hingegen heisst es: „darum taugt seine *Frucht* zum Essen und sein
Laub zur Arznei". Hier werden ja die für den Menschen heilbringenden
Spenden geschildert.

Mithin: Die stilistische und strukturalen Merkmale des Bildes vom Baum sprechen dafür, dass im Psalm nicht Lohn, sondern Wesen gemeint ist. Aber spricht nicht gegen diese Deutung die Fortsetzung des Bildes in V 3bβ: וכל אשר יעשה יצליח? Ja, wenn man, wie erwähnt, den Mann als Subjekt auffasst, יצליח als transitivum und den Satz übersetzt: „und alles, was er tut, führt er glücklich aus". Der ganze Kontext jedoch verlangt eine andere syntaktische Auffassung. Subjekt ist כל, „alles" und יצליח intransitiv. Demnach ist der Satz zu übersetzen: „*was* alles er tut, *es* gelingt". D.h., nicht dem Gerechten gelingts, sondern alles, was er tut, *es* gelingt. [1] V 3 ist also eine direkte Fortsetzung vom V 2: „der über Gottes Weisung sinnt Tag und Nacht, der wird sein wie ein Baum, an Wassergräben verpflanzt, der seine Frucht gibt ... und alles was er tut, es gelingt". Daher ist auch die Antithese zum Baum nicht der Wacholder, wie bei Jeremia, sondern „die Spreu, die ein Wind verweht". Denn „die Spreu, die ein Wind verweht" ist hier als Gegensatz zum Frucht gebenden, mit seinem Laub schattenspendenden Baum, das Bild für das *Wesen* des Frevlers. Beim Worfeln fallen die Körner zur Erde und werden lebenerhaltendes Brot für den Menschen, hingegen die Spreu — der Wind verweht sie, sie verschwindet spurlos. So ist das Leben des Frevlers, leer, ohne Inhalt, ohne Wert. [2]

Noch ein Beweis für die Richtigkeit der Auffassung, dass in den Bildern das Wesen des Gerechten und des Frevlers gezeichnet ist. Wäre der Sinn beider Bilder die Vergeltung, das Los, wie schliesst an V 4 der Folgesatz: על כן, „*Darum* bestehen Frevler nicht im Gericht"?. [3] Ist die Strafe Folge der Strafe? Fassen wir aber die Bilder als Darstellung ihrer Art, ihres Wesens, dann schliesst V 5 sinngemäss an. Da ihre Lebensweise, ihre Art, ihr Tun und Lassen so ist, „*darum* bestehen Frevler nicht im Gericht".

Und nun zum Rahmen der Bilder. Jeremia spricht eindeutig von Strafe und Lohn, daher hebt er an mit: ברוך, ארור, „*verflucht*", „ge-

---

[1] BUBER, *loc. cit.*, S. 985.

[2] Vgl. WEISER, ad loc. Ähnlich schon DAVID KIMCHI: „Die Frevler, man geniesst nicht von ihnen und von ihrer Güte, da sie doch schaden ... wie die Spreu ... die der Wind schnell verweht und sie fährt den auf dem Wege Einherziehenden ins Gesicht und in ihre Augen, oder der Wind treibt die Spreu in die Häuser oder in die Gärten und bringt Schaden".

[3] GUNKEL, z.B., erklärt: „Darum aber, weil die Frevler keinen Bestand haben, bleiben sie auch nicht in der 'Gemeinde der Gerechten' " (*HK* II, 2, S. 2). KRAUS: „Warum aber treten die Frevler in diese Bereiche nicht ein? Weil ihr Leben — wie die Spreu vom Winde — zuvor bereits verweht" (*op. cit.*, S. 8). DAHOOD übersetzt: „*and so* the wicked shall not stand".

segnet". Unser Psalm schildert das Wesen, daher ruft der Psalmist: אשרי, „Oh das *Glück*". Ferner, Jeremia lehrt die Vergeltung, darum zeigt er den Mann, der auf Gott vertraut, wie er frei von Leiden ist auch in schlimmen Zeiten. Der Psalmist lehrt den rechten Weg, darum zeigt er den Mann, wie er über Gottes Weisung sinnt Tag und Nacht, und dann, wie er die Frucht seines „Sinnens", „seine Frucht" den Mitmenschen gibt.

Ich fasse zusammen. Alle einzelnen Elemente im Ps. i und Jer. xvii 5-8 sind in die gestalthafte Einheit des Ganzen aufgenommen, gleichsam umgeschmolzen. Das Zusammenstimmen aller einzelnen Elemente innerhalb des Ganzen bestimmt ihren Sinn; durch die einzelnen Elemente und deren Verbindung spricht das Ganze der Dichtung seine Wahrheit. Dem Leser wird diese Wahrheit erschlossen vermittels der *Struktur-Analyse*, bzw. vermittels der auf dieser fussenden „*Total-Interpretation*".

Wenn nach dem Gesagten gefragt wird, ob die Struktur-Analyse, bzw. die Methode der „Total-Interpretation" eine sachgemässe sei zur wissenschaftlichen Erforschung der Dichtung im biblischen Schrifttum, so soll darauf das am Ps. lxxiv und i Gezeigte die Antwort geben. Und wenn das Gezeigte Einspruch erhebt oder Zweifel weckt, dass es nicht *Ex*egese sondern *Eis*egese sei, so bringe genauere historische und philologische Prüfung des Textes das Unadäquate zur Schau und weise in einer gründlichen Untersuchung der Gedanken-, Stil- und Strukturelemente nach, dass und wie es nicht stimmt. Stellt es sich aber heraus, wie alles im Ganzen, und wie das Ganze zum Einzelnen stimmt, dass jeder Zug, der im Gehalt und in der Gestalt der Psalmen sichtbar wird, bestätigt was bereits erkannt ist, und dass Historie und Philologie nicht dem widersprechen, was gezeigt wurde, so ist die Interpretation evident. Auf solcher Evidenz — behauptet E. STAIGER — beruht die Wahrheit der Literaturwissenschaft. [1] M.E., auch die der Bibel.

---

[1] *Die Kunst der Interpretation*, 1957, S. 15 (= in H. ENDERS, *Die Werkinterpretation*, S. 155).

L'ANALYSE STRUCTURALE ET L'EXÉGÈSE BIBLIQUE

PAR

PAUL BEAUCHAMP
Lyon

Cet exposé a son origine dans la question qui a été posée à l'auteur avant l'ouverture du congrès: elle portait sur „structure et réalité". La réponse demande des précisions sur le structuralisme, terme dont il faut reconnaître la circulation sans se méprendre sur ses ambiguïtés. Nous sommes dans l'impossibilité de définir le structuralisme d'aujourd'hui à partir d'un accord explicite entre chercheurs qui (de leur propre avis ou de l'avis d'autrui) lui appartiendraient. Il n'y a pas de profit à le définir en termes qui relèveraient de la sociologie des milieux scientifiques. Nous préférons le saisir à son origine, sans aller faire de celle-ci un commencement absolu.

I. *Bref état de la question.*

1. La source. Le structuralisme est une direction de recherche qui prolonge une démarche novatrice. La dénomination de „structuraliste" convient pour grouper les travaux qui trouvent dans l'œuvre de Ferdinand DE SAUSSURE, linguiste genevois (1857-1913) et „structuraliste sans le savoir" (Georges MOUNIN) le schéma et le programme d'une science de l'expression. SAUSSURE a établi une théorie de la linguistique générale, utilisée ensuite comme *schéma* matriciel, mais lui-même voyait dans cette théorie un cas particulier qui restait — c'est son programme — à placer sous la dépendance d'une théorie générale des signes, appelée par lui „sémiologie". Son œuvre a ensuite fructifié sur le terrain linguistique où elle s'était manifestée, mais son programme d'une *sémiologie*, qu'il n'a pas réalisé, a été rendu crédible par l'œuvre de ses successeurs.

2. Les prolongements. Roman JAKOBSON affirme avec un enthousiasme communicatif

> „le droit et le devoir, pour la linguistique, d'entreprendre l'étude de l'art du langage sous tous ses aspects et dans toute son étendue",

ceci dans un exposé sur *Linguistique et Poétique* (Indiana,1958), ¹ où il exerce ce droit et s'acquitte de ce devoir. Le linguiste danois Louis HJELMSLEV, faisant mention des recherches du Cercle de Prague (comprenant entre autres JAKOBSON et TROUBETZKOY), n'est pas moins formel:

> „Il semble donc fructueux et nécessaire d'établir dans un nouvel esprit un point de vue commun à un grand nombre de sciences allant de la critique littéraire, artistique et musicale, et de l'histoire à la logique et aux mathématiques, pour que ... celles-ci se concentrent autour d'une problématique définie en termes linguistiques".²

Enfin le linguiste Emile BENVENISTE décrit en ces termes l'influence saussurienne:

> „loin que la langue s'abolisse dans la société, c'est la société qui commence à se reconnaître comme 'langue' ... le jour où une science de la culture prendra forme ... elle élaborera ses dualités propres à partir du modèle qu'en a donné Saussure pour la langue, *sans s'y conformer nécessairement*".³

L'extension et l'exhaussement au niveau sémiologique se sont effectivement produits, sinon encore sous forme d'une théorie générale des signes, au moins sous forme d'une annexion progressive de plusieurs domaines. Ici s'inscrit l'œuvre ethnologique de LÉVI-STRAUSS, celle des formalistes russes et pragois pour les faits prélittéraires et littéraires, de GREIMAS et BARTHES pour la sémantique et la littérature.

3. Le schéma. C'est par ses extensions programmatiques que le structuralisme intéresse l'exégèse. Mais c'est en retournant à son origine linguistique qu'on peut le comprendre. Rappelons donc, en nous en excusant puisqu'ils sont largement connus, les principes saussuriens de la linguistique générale.

1. *Le langage est une réalité autonome*, car il n'a pas d'autre matériel que la sonorité vocale, et le signifiant ne provient pas du signifié. Le signe est constitué par le rapport d'une image acoustique et d'un

¹ Publié dans le recueil *Essais de linguistique générale*, Paris 1963, et paru d'abord sous le titre Closing Statements: *Linguistics and Poetics*, T. A. SEBEOK, éd. *Style in Language*, New York 1960.
² *Prolégomènes à une théorie du langage*, Paris 1968, p. 147 (*Omkring Sprogteoriens Grundlaeggelse*, Copenhague 1943).
³ „Saussure après un demi-siècle", in *Cahiers Ferdinand de Saussure* 20 (1963), Genève, repris dans *Problèmes de linguistique générale*, Paris 1966, p. 44: les mots soulignés de la citation le sont par nous.

concept, et ce rapport est arbitraire. Tout fait de signification a donc une face non signifiante. Le rapport de l'autre face à la signification est appelé „pertinence".

2. Le langage se divise en *langue* et *parole*. La parole désigne l'événement particulier de signification et la langue le *système*. Par le système, la langue, qui ne s'appuie pas sur l'extérieur d'elle-même, se réalise à l'intérieur d'elle-même. Chaque unité n'y vaut que par son rapport et sa différence avec une autre, que ce soit au niveau du phonème ou au niveau du signe, tel qu'il vient d'être défini. Le système est cet ensemble où chaque terme ne fonctionne, ne signifie, que par sa relation avec les autres. C'est par là que le système est appelé une *structure*, terme que Saussure ne privilégie pas: c'est à peine s'il l'emploie.

3. Le système de la langue est une totalité inconsciente à la disposition de la parole, un ensemble de rapports *en coexistence simultanée, selon un point de vue appelé synchronique*. Il n'y a de système que dans la synchronie, et celle-ci est à étudier pour elle-même et à séparer rigoureusement des faits de transformation de la langue, qui relèvent de la *diachronie*. Comme, en principe, la diachronie n'affecte pas le système, l'étude de la synchronie commande tout: la structure, en effet, consiste en un rapport, ou rapport de rapports, qui peut se maintenir si les termes changent, or la diachronie ne modifie que les termes.

4.   Les révisions. Ces points ont subi des révisions et ceci, dans plusieurs cas, à partir d'hésitations intérieures à la doctrine elle-même, et propres à Saussure qui ne la publia pas.[1] Elles portent [2] sur:

1. le principe de l'arbitraire du signe: il garde toute sa valeur, mais ne doit pas faire oublier les effets de langage par lesquels le signifiant renvoie au signifiant lui-même. Jakobson les a décrits dans la poésie.

2. Les dualités fondamentales: ainsi le rapport entre langue et parole interfère avec le rapport *paradigme* (champ associatif) et *syntagme* (chaîne effectivement signifiante), et cette interférence restait à élucider, puisque Saussure reconnaît que „dans le domaine du syntagme, il n'y a pas de limite tranchée entre le fait de langue, marque de l'usage

---

[1] Le *Cours de linguistique générale*, publié par Ch. Bally et A. Sechehaye avec la collaboration de A. Riedlinger, Paris 1916, connait 3 éditions sans différences appréciables. Voir R. Godel, *Les sources manuscrites du CLG de F. de Saussure*, Paris et Genève 1957.

[2] Voir, entre autres ouvrages, G. C. Lepschy, *La linguistica strutturale*, Turin 1966 (traduction française Paris 1969).

collectif, et le fait de parole, qui dépend de la liberté individuelle".[1]
C'est probablement dans l'espace laissé par cette hésitation que vient
s'insérer la linguistique transformationnelle de Noam CHOMSKY, qui
étend et précise la notion de système.

3. On a cessé de penser que la diachronie doive être tenue en dehors
de la notion de système.[2]

Mais la révision des principes n'est pas à confondre avec leur
effacement.

5. Le programme. S'il y a un structuralisme, il représente le
maintien de la vitalité d'un mouvement novateur et n'a rien de com-
mun avec une orthodoxie saussurienne. En admettant que les révisions
les plus intéressantes, et en tout cas les plus intéressantes pour l'exégèse,
proviennent, comme il fallait s'y attendre, de l'application du programme lui-même, de l'extension de la linguistique à la sémiologie,
on en tire l'avantage de lire aussi les modifications du structuralisme
comme un nouvel apport positif. Le projet du structuralisme est
nécessairement aussi son problème, que nous comprenons comme suit:
il paraît facile de circonscrire l'autonomie du langage, mais son fonctionnement est inséparable de celui des autres systèmes sémiotiques.
Un signe renvoie toujours à un autre signe, mais avec changement
de niveau. Or il est souvent difficile de fixer le niveau d'autonomie
de chaque système de signes, sa ligne de pertinence. Quittant le terrain
de la langue, le structuralisme est (ou serait) contraint par une nécessité
plus pressante à poser son réseau de différences non seulement à
l'intérieur d'un système, mais entre les systèmes, puisque ceux-ci
ne sauraient exister sans autonomie. Mais ces différences renvoient
à un rapport, en sorte que la signification elle-même se manifeste entre
les systèmes. A ce moment, le sens de la structure, devient
structure du sens. Le structuralisme a le mérite de conduire, si on le
veut, à ce point [3] dont il est facile de vérifier s'il est ou non névral-
gique, au fractionnisme qui s'y manifeste. Ce fractionnisme nous met
à l'aise pour présenter à notre compte quelques applications.[4]

---

[1] *Cours*, p. 173.

[2] Voir en particulier le recueil de R. JAKOBSON, *Essais de linguistique générale*,
par exemple p. 77.

[3] ,,A l'horizon de la science et de la philosophie", dit Emile BENVENISTE,
loc. cit., p. 45.

[4] Sur les problèmes théoriques et philosophiques du structuralisme, voir la
revue *Esprit*, nov. 1963: ,,La 'Pensée Sauvage' et le structuralisme", avec un
débat groupant notamment P. RICOEUR et Cl. LÉVI-STRAUSS.

Les essais qui permettent de vérifier dans quelle mesure le structuralisme peut intervenir dans l'exégèse sont en nombre fort réduit.[1] Prévenons dès l'abord qu'on ne voit pas pourquoi le structuralisme fonctionnerait, dans le domaine exégétique, pour remplacer les autres méthodes. Il est plutôt alimenté par elles, pour qu'il les utilise, regroupe, critique ou remanie, mais la zone qu'il atteint est la plus proche de la signification, puisqu'elle touche à son organisation. Hors de la Bible, la démarche a été menée sur des niveaux divers, appliquée à des formes mythiques non écrites (LÉVI-STRAUSS), à des textes (BARTHES, GREIMAS), à des réalités telles que l'inconscient (LACAN). Dans la Bible, ses niveaux d'application peuvent être également multiples. E. LEACH vient de fournir un essai qui prend un ensemble de représentations telles qu'elles sont vues par delà un texte donné. Mais c'est la manifestation textuelle comme telle — et les problèmes qu'elle pose — qui nous intéressent directement. Signalons encore que plusieurs essais d'analyse structurale biblique ont été faits à partir de la langue de traduction, ce qui se légitime par le fait que la communication se produit effectivement par ce seul canal en nombre de cas. Il n'existe aucune raison de considérer cette modalité comme inhérente au structuralisme.

II. *Formes bibliques et structures.*

1. La structure dans le modèle. La critique structuraliste a renouvelé l'intérêt porté à la *Rhétorique*, à la *Poétique* d'Aristote et autres traités similaires.[2] Nous l'appliquerons ici au traitement des Formes (*Gattungen*) et des genres littéraires, à partir de résultats connus.[3] Car

---

[1] On trouvera dans *Recherches de Science Religieuse* 1970 (58) n° 1, une série de trois études de Roland BARTHES, Louis MARIN, Edgar HAULOTTE, portant sur Actes X-XI. Dans la même revue, 1970, n° 2, Paul BEAUCHAMP: ,,Propositions sur l'Alliance comme structure centrale de l'Ancien Testament''; *Etudes Théologiques et Religieuses*, Montpellier 46 (1971) 35-74, Louis MARIN: ,,Essai d'analyse structurale d'un récit parabole: Matthieu 13, 1-23''; *Langages* (Paris, Seuil) 22 (juin 1971) est consacré à ,,la sémiotique narrative du récit biblique''. Il est impossible de citer toutes les contributions: notons celle de LEACH, ,,La Genèse comme mythe'', déjà parue en anglais, de C. CHABROL, L. MARIN, et de E. HAULOTTE, ,,Lisibilité des 'écritures' ''. Notre ouvrage, *Création et Séparation. Etude exégétique du chapitre premier de la Genèse*, Paris (Bibl. des Sciences Religieuses) 1969 — comporte plusieurs sections apparentées à l'analyse structurale, mais le présenter en bloc comme type d'analyse structurale ne peut qu'induire en erreur sur ce qu'est le structuralisme.

[2] Voir le numéro 16 de *Communications*, Paris (Seuil), 1970.

[3] Notre dette envers l'ouvrage de Cl. WESTERMANN, *Das Loben Gottes in den Psalmen*, Göttingen 1968[4], (dont le schématisme de notre exposé n'est pas fait pour donner une idée exacte!) démontre qu'une démarche structuraliste n'est pas

l'*identification* en général et celle d'une Forme en particulier ne relève en rien du structuralisme, lequel s'appuie (semblable à cela à quelque méthode que ce soit) sur des connaissances trouvées ailleurs et autrement. On ne saura pas par le structuralisme s'il existe vraiment telle forme, pas plus que Propp ne nous aide à décider si tel conte russe qu'il étudie à partir d'un index fait par un autre, est vraiment conte et vraiment russe.

Le parti du structuralisme est de comparer entre eux les ensembles. La structure se présente comme espace théorique organisé. *Les formes diverses n'y sont intelligibles que par leurs relations entre elles*: elles sont corrélatives, et le tracé de ces corrélations construit une théorie des formes à valeur interprétative. A titre d'exemple rapide, partons d'un modèle construit, schématisé à l'extrême et absolument minimal: il comprend deux formes, la supplication et la louange, dont chacune par réduction est devenue un syntagme:

	A. Supplication	B. Louange
	allocutif	
1.	TOI sois le même	VOUS parlez
2.	car EUX parlent	car IL est le même
3.	contre descriptif MOI	pour MOI

Dans sa pauvreté, ce schéma ou modèle se prête déjà à des opérations complexes:

a) les oppositions (en langage saussurien, les différences) apparaissent sur deux lignes de pertinence: 1. les *fonctions*: modes (*allocutif/descriptif*) et personnes (*Je/Tu/Il*, avec les subdivisions *Tu/Vous, Il/eux*, le passage du singulier au pluriel se faisant avec changement de porteur) et 2. les *valeurs*, identité, parler, pour et contre.

b) La structure est un rapport qui transforme ses éléments, mais la la véritable *transformation* se fait dans un rapport de rapports. Le changement de personnes qui se lit en ligne verticale (1-2-3) sur le

---

isolable. Relevons la valeur fondamentale donnée à l'opposition lamentation/louange qui forme ,,*das polare Geschehen des Redens zu Gott*'': c'est cela ,,*der eigentliche Sitz im Leben für die Psalmen*'' (p. 117). Cela revient à dire que le *Sitz im Leben* est *Sitz im Logos*.

modèle proposé, et le changement de valeur qui se lit en ligne horizon-
tale A-B, sont des transformations élémentaires. La transformation
structurelle n'intervient que sous forme d'une combinaison du vertical
et de l'horizontal (lignes entrecroisées): elle combine le changement
de mode (allocutif/descriptif) et le changement de porteur de la
personne (destinataire: *Tu/Vous*; objet: *Eux/Il*). La principale modi-
fication manifestée (*contre/pour*) est celle du seul élément qui dans le
schéma reste fixe, du „MOI". Nous parvenons ainsi à la simple tran-
scription figurée de ce fait qu'un syntagme n'a réellement de sens que
par rapport à d'autres syntagmes: la *coupure* entre les syntagmes (entre
les formes figurées ici par des syntagmes) est la condition de la
structure et du sens. Louange et supplication n'existent que parce
qu'elles sont séparées, ce qui permet de les comprendre selon leur
transformation.

c) Une transformation peut être exprimée en termes d'*effets*. Au
niveau de la transformation élémentaire, l'allocutif et le descriptif
fonctionnent [1] en transformant l'absence en effet de présence ou inversement. Appeler, c'est rendre présent; décrire, c'est rendre présent
ou absent, l'effet étant inverse de la modalité de la description. Au
niveau de la transformation structurelle, si l'on indique l'effet par le
signe +, on obtient:

allocutif: Dieu + présent		Autrui + PRESENT
descriptif: Autrui + ABSENT	vs	Dieu + présent

L'allocutif ne change pas d'effet en changeant de destinataire. Le
descriptif change d'effet en changeant d'objet. La présence d'*autrui*
(dont le signe descriptif est le présent ponctuel) est décrite pour un
effet d'absence, alors que l'absence de *Dieu* (dont le signe descriptif
est l'absence de présent ponctuel) est décrite pour un effet de présence:
le descriptif n'a pas changé de fonction, mais seulement d'effet.

d) Par l'interprétation, la transformation devient le *sens*. Dieu a
changé son mode de présence, celle-ci restant invisible dans les deux
cas. Autrui (il est supposé ici que le terme désigne dans les deux cas
les mêmes personnes) est devenu présent en B sous le même mode qui
rendait Dieu présent en A. En raccourcissant l'analyse, nous dirons
avoir recueilli que le sens de la louange est *l'acquisition de la présence*

---

[1] L'ouvrage de Jean LADRIÈRE, *L'articulation du sens*, Paris (Bibl. des Sciences
Religieuses) 1970, développe plusieurs possibilités d'application d'une étude des
modalités du discours aux recherches bibliques.

d'autrui dont la vérité est la présence de Dieu invisible, et la parole est l'agent de cette transformation. Ce sens se trouve manifesté par exemple dans l'opposition de ces deux versets: „ne sois pas *loin*, l'angoisse est *proche*" (Ps. xxii 12) et „J'annoncerai ton nom à mes *frères*" (Ps xxii 23; Heb. ii 12).

e) La transformation est réversible: l'acte d'appeler Dieu en A suppose la situation B et l'acte d'appeler le prochain en B suppose la situation A.

f) Le principe d'intelligibilité réciproque s'applique par voie de conséquence à toutes les parties du modèle, une fois admis que ces parties ne sont que les termes d'un rapport. Ainsi, le dossier descriptif de la plainte est intelligible par le dossier descriptif de la louange et réciproquement. L'hypothèse à rejoindre par le progrès de recherche, c'est qu'un récit de passion est intelligible par le dossier descriptif de le gloire de Dieu et réciproquement.

g) L'extension des analyses tend à montrer un fait souvent remarqué, à savoir que tout texte porte des indicateurs qui manifestent, thématisent la fonction de transformation. Ainsi le rôle du dire, porteur de cette fonction, est thématisé dans notre modèle: „*Je* (dis) que les moqueurs *disent*", et la louange est aussi un dire. Bien que ces thématisations ne puissent guère apparaître dans le modèle, on y voit cependant que même la transformation est comme telle thématisée: „être le même".

A partir de cet exemple, il est à remarquer que:

1. Une forme (ici supplication ou louange) est déjà elle-même rapport du fait de la pluralité de ses éléments. Sans cette pluralité, une corrélation de formes entre elles serait impossible.

2. Le risque pris dans l'esquisse qui précède est celui 1. d'un appauvrissement des données de départ et 2. d'un tassement de l'analyse, l'un et l'autre artificiels et nullement exemplaires.

3. C'est dans le choix des lignes de pertinence, mais beaucoup plus encore dans l'interprétation des transformations, que la méthode laisse le chercheur à lui-même.

Compte tenu des limitations mentionnées, nous avons voulu montrer que la recherche structurale est apte à répondre à la question *qu'est-ce que plainte?* et *qu'est-ce que louange?* et surtout qu'elle n'a pas ici d'autre objet que celui-là, que peu trouveront futile.

2. La structure et le texte. Nous avons présenté un schéma ou modèle sans présenter la démarche qui le fait sortir des données

textuelles. Il va de soi que l'établissement d'une structure doit reposer sur un modèle validé par les textes, pris à partir de leur singularité, et animer à son tour d'une circulation leur réseau de corrélations en redescendant vers leur singularité. Circulation et organicité traduisent la notion saussurienne de „système" en termes de vie car, sauf preuve du contraire, c'est la mort qui est inorganique. Mais le fonctionnement révélé au prix de la recherche n'est que le passage à la conscience des structures de l'expression dont le fonctionnement n'est pas conscient. Ce passage s'obtient par l'artifice de la formalisation scientifique, qu'il n'est pas „pertinent" (faut-il s'attarder à le dire?) d'opposer à la spontanéité de l'œuvre. On a trouvé ce métalangage (ou langage employé pour décrire un langage objet) „étranger au milieu biblique". Autant préférer les étymologies des auteurs anciens à celle de la science, ou bannir de la grammaire hébraïque des termes que les Hébreux n'eussent pas compris.

La structure n'est pas le modèle, mais ce qui s'exprime dans la formule de transformation du modèle. Elle n'est pas la résultante statistique d'un ensemble de réalisations et ne peut donc être confondue avec aucune de celles-ci; „elle n'est pas une donnée" (J. POUILLON).[1] La différence entre la structure et les textes n'est pas celle du meilleur modèle à une série de copies dérivées. La perspective n'est pas génétique, comme dans la *Formgeschichte*, mais réversible. En même temps, la recherche historique n'a pas à être indifférente à l'analyse structurale, selon le principe posé jadis par PROPP: „L'étude des légalités formelles prédétermine l'étude des réalités historiques».[2]

Le mouvement circulaire évoqué plus haut enrichit la structure, la complexifie, particulièrement quand il établit les équivalences des unités. Il s'agit du rangement des éléments associés *dans* la structure, unités dites „discrètes" du type 1, 2, 3 dans notre modèle, selon des oppositions plus ou moins proches du type 1A/1B, etc. . . . Toujours suivant le choix des lignes de pertinence, on essaiera par exemple de grouper autour de la réduction „même — non même" des oppositions comme „toujours/maintenant", „fidèle/traître", „vie/mort", „cosmos/homme", „hier/demain", „nos Pères/nous", etc. Ces associations, qu'on peut considérer comme paradigmatiques, sont en même temps

---

[1] „L'hôte disparu et les tiers incommodes", dans *Echanges et Communications. Mélanges offerts à Cl. Lévi-Strauss*, La Haye (Mouton) 1970, p. 882: un exposé particulièrement éclairant de ce qu'est la structure.

[2] Vladimir PROPP, *Morphologie du Conte*, (traduit du russe), Paris 1970, p. 25. La première édition (Leningrad, Akademia) est de 1928.

distribuées dans une unité de discours, selon des lois dont l'étude ressort à la stylistique structurale : la stylistique limitée à l'inventaire des procédés peut être utile à l'identification des sources, mais elle n'est utile à l'interprétation que si elle interprète, c'est-à-dire organise des niveaux de pertinence.[1]

Par exemple, le niveau du *toujours* (= „même" dans le temps) est traduit par le descriptif énumératif (répétition), c'est l'énumération des hauts faits divins dans la litanie de la louange. Quand des objets sont énumérés, la description est celle du *partout* (= „même" dans l'espace), intégrée aussi à la litanie de la louange. Cette opposition, analysable dans la constante „même" et le variable „temps espace" est, soit thématisée dans la formule de louange „toujours et partout", soit réalisée dans la succession litanique des objets cosmiques et des hauts faits divins. Mais, puisqu'il y a vraiment opposition, ces deux séries répétitives ne sont pas à additionner : ce n'est pas leur effet cumulatif qui compte mais la transformation. Cette transformation peut se résoudre dans une manifestation du texte.

L'expérience apporte toujours de nouvelles surprises devant le haut degré d'organicité de l'expression. On l'accepte facilement, en se rappelant que cette organicité est inconsciente. C'est sans doute ce qui distingue l'analyse structurale de l'étude des Formes, dont l'objet est l'imitation concertée, décelable à des critères externes.

III. *Limites et niveaux.*

La réduction de notre modèle à deux colonnes permet de vérifier s'il existe une structure entre deux formes. Mais on vérifiera si elle s'étend plus loin. En fait, l'oracle de salut, étudié par BEGRICH (*Heilsorakel*) permet de joindre au modèle la reprise de l'*allocution-description* à la première personne, avec le syntagme „ne crains pas : je suis le même". On peut aussi étudier la relation du kérygme „Dieu règne" avec cette structure. Après les études de HUFFMON, HARVEY et quelques autres, on connaît aussi, toujours avec Dieu comme locuteur, la forme du *rîb* ou impropère : „je n'ai pas changé : pourquoi as-tu changé ?", et sa relation avec d'autres formes. Les possibilités de ce genre d'extension sont considérables.

---

[1] Voir dans *Linguistics and Literary History*, Princeton, 1948, p. 1-41, l'introduction de Leo SPITZER, traduite en français dans *Études de Style*, Paris 1970 : „Art du language et stylistique". L'acquis du structuralisme y est particulièrement net, sans qu'aucune raideur en résulte, tant s'en faut !

DIEU ALLOCUTEUR

Y = impropère	oracle de salut = Z
A = supplication	louange = B

HOMME ALLOCUTEUR

Plutôt que de les suivre à loisir, nous sommes obligés de faire état des problèmes qu'elles posent. Elles ouvrent la question des limites de réalisation d'une structure, que nous sommes obligés de poser si nous acceptons la question qui fut à l'origine de cette conférence: rapport des structures et du réel. L'idée d'une „structure de la littérature française" est saugrenue et mystifiante, alors qu'une mise en structure de cette aire d'expression au 17⁰ siècle, entre Pascal, Descartes et Molière par exemple, est praticable. Mais la situation de la littérature biblique offre cette particularité que la Bible nous est donnée comme un *corpus*, dont la *clôture* est la marque essentielle. Il en résulte une incitation à admettre, à l'horizon de la recherche, l'existence d'une structure du tout biblique coextensive à ce corpus et rendue possible par sa fermeture. Mais ceci reste encore mystifiant, à s'en tenir à un seul niveau: on se trouvera nécessairement en face d'une hiérarchie de structures. Si la structure du corpus peut être atteinte, ce ne sera pas sur la voie d'une propagation de type plan d'une petite unité à l'autre comme celle qui vient d'être suggérée. Il y aura changement de niveau, la coupure ou le passage de niveau à niveau étant le signe du réel dans les structures, mais le niveau n'étant lui-même pas autre chose que passage ou différence.

On pose une structure de structures en relayant la notion de forme (adaptée à de petites unités) par celle de *genre littéraire*, reçue pour désigner de grandes aires comme, „tragédie", „comédie", dont Molière sait que la tragédie montre des „héros" et la comédie des „hommes", posant ainsi une structure inter-genres faite d'oppositions signifiantes. A l'instar des formes, les genres littéraires se définissent par leur corrélation.[1] Les notes essentielles des deux couples de formes que nous avons groupés peuvent nous conduire en direction des genres. Quelles sont ces notes? Nous pouvons les prendre à la variable „temps" de l'opposition *non identité/identité*, ce qui donne la

---

[1] Northrop FRYE (*Anatomy of Criticism*, Princeton 1957, trad. française Paris 1969) n'est pas sans montrer lui aussi la ramification et les variantes des genres littéraires. Une déclinaison des genres sur le modèle linguistique a été tentée par A. JOLLES, l'auteur de *Einfache Formen* (1930, 2⁰ éd. 1956): voir T. TODOROV, „Poétique", dans *Qu'est-ce que le structuralisme?*, Paris 1968, p. 144.

formulation en „maintenant" et „toujours", comme note que nous
attribuons respectivement à la prophétie et à la sagesse. Ceci fonde
une mise en structure oppositionnelle de ces deux genres, qui ouvrira
une large voie à l'interprétation. La validité des deux notes est d'abord
à établir, en justifiant la réduction de marques multiples à une seule:
du côté de la prophétie, celle-ci est datée, inscrite dans le singulier de
la crise, le moment de la mort; du côté de la Sagesse, celle-ci est
„toujours avec les hommes", transmise des pères aux fils, etc. ...
L'allocutif descriptif à la première personne, on se le rappellera, est
un des genres privilégiés de la Sagesse, et l'arétalogie est à brève
distance de l'oracle de salut. On a donc:

$$
\text{PROPHETIE} \left\{ \begin{array}{cc} Y & Z \\ \\ A & B \end{array} \right\} \text{SAGESSE}
$$

PROPHETIE / maintenant   SAGESSE / toujours

Ce rangement hiérarchisé des formes dans les genres peut être poursuivi, avec étude des variations concomitantes dans la marque de
de chaque genre. L'opposition structurale révèle que ces marques *ne
peuvent être isolées.* Mais il faut dès maintenant prévenir une difficulté.
—Comment, dira-t-on, réduire une forme à une note? Mais c'est
précisément parce que les notes se rencontrent à l'intérieur de chaque
réalisation de forme qu'il est important de pouvoir dire *quelles* notes
de forme se recontrent dans une seule forme réalisée: la structure n'est
pas un donné, mais ce qui permet de comprendre le donné.

C'est à partir du point où nous sommes que nous poserons la
question du rapport de la structure au réel. Ce rapport reste, dans le
structuralisme, à l'état problématique, et il ne semble pas qu'aucune
déclaration péremptoire puisse y rien changer. Il est déjà remarquable
qu'y émerge toujours un problème que bien des méthodes esquivent.
S'opposer à l'arbitraire, ou s'expliquer par elle-même est pour la
structure la première manière (non définitive) de se présenter comme
réel. Mais un signe renvoie toujours à un autre signe, et des études
historiques parallèles, dont le style est à trouver, restent indispensables:
les textes qui se laissent organiser dans une structure plane peuvent se
se révéler de même appartenance au niveau socio-historique. On sera
alors en face de deux signes parallèles du réel et l'on se gardera d'expliquer, dans un style causaliste, l'un par l'autre, le langage n'étant ni
produit ni instrument. La condition de cela est que tout fait ou état

historique soit reconnu pour ce qu'il est: un signe. L'analyse socio-historique peut révéler dans les faits-signes qui la concernent, une structure: on parlera alors d'une *homologie* entre celle ci et les structures littéraires, et cette homologie se classera comme effet de réel, dont la nature est à déterminer. L'opposition „homme"/„héros" des genres littéraires est homoloque à la même opposition prise à un autre niveau, celui du découpage sociologique. On peut en dire autant, évidemment, de l'opposition prophétie/sagesse. Le maintien de la démarche suppose qu'on considère que l'indice du réel, c'est l'homologie et que le réel, au lieu d'être l'un ou l'autre niveau, est le changement de niveau. Ce sera aussi, finalement, dans cette perspective qu'on étudiera le rapport de l'événement avec la fermeture du corpus. L'analyse structurale doit placer toutes les marques qui concourent à la signification: le fait d'être dit lui importe autant que ce qui est dit. Par cette voie, la notion de „système" se trouve opposée à une différence ou décalage, qu'on pourrait appeler „diastème". Bien conscient du caractère encore elliptique et purement indicatif de ce que nous avançons, il nous paraît que l'extension du modèle utilisé jusqu'ici éclaire cette voie.

Entre la supplication (A) et la louange (B) survient un acte de salut dont le locuteur est bénéficiaire. Ou bien cet acte est narré en B2, ou bien il trouve place dans une autre forme qui est le récit et que nous appellerons C. Même dans la seconde hypothèse, l'ensemble ABC peut être traité ainsi que l'a été (non sans quelque artifice) AB, comme déploiement d'un même acte de parole sur la même aire historique. On aurait alors un discours plan, qui pourrait omettre les coupures pour englober la supplication, l'histoire de salut, la louange d'un même homme, mettons David, les formes étant agencées comme les sub-ordonnées dans une phrase. Mais en fait, de même que la linguistique s'en tient à l'étude des phrases séparées et doit être relayée pour rendre compte du discours, ainsi la sémiologie biblique doit franchir sans l'effacer le seuil qui relie entre eux plusieurs discours et recueils de discours. Le recueil des psaumes se présente comme AB(C) englobant le descriptif dans l'allocutif, alors que la biographie de David se présente inversement comme C(AB): AB n'y sont que sous l'instance du narratif.[1] La structure AB/C se fait entre les recueils par franchisse-ment, „transgression" d'une clôture, le changement de recueil (au point de vue éditorial) pouvant servir comme symbole d'un change-

---

[1] Sur la temporalité propre au récit, voir M. WEISS, „Einiges über die Bau-formen des Erzählens in der Bibel", *VT* 13 (1963) 456-475 et „Weiteres über die Bauformen des Erzählens in der Bibel", *Biblica* 46 (1965) 181-206.

ment de niveau. Il semble qu'une analyse structurale n'est autorisée
à s'étendre vers un niveau global que si elle recueille avec empresse-
ment les faits de décalage (et il en est de divers ordres) car, si le décalage
n'est pas intégré à la structure, celle-ci risque d'être comprise et
légitimement méprisée comme la projection externe d'un modèle
interne tout fait, ce qu'elle n'est pas. Le décalage ou „diastème", ici,
est la relation d'absence AB/C, à prendre au sérieux.

Le diastème AB/C prend sa place dans une structure des genres
littéraires bibliques pris à leur étage supérieur. Pour cela, l'extension
du modèle doit encore se propager jusqu'à un modèle triangulaire
incluant la loi. *Doit* se propager: l'analyse est contrainte, ici encore,
par l'inscription d'une classification qui lui est préexistante. Observons
1. que classification n'est pas structure, 2. que la propagation trouve
une limite avec le troisième terme. Nous venons d'introduire le
récit dans notre catalogue de formes. Le récit est au passé, selon la
modalité de l'achevé. Il présente des *types*. C'est en prolongeant dans
cette direction, que nous trouvons la Loi attendue, qui présente des
archétypes, ou types du commencement. Le récit devient alors C', par
rapport à la Loi C. L'intitulé *prophetae priores* repère avec sûreté la
la position intermédiaire du type, entre le maintenant des prophètes
et le commencement de la Loi. Ceci élargit la figure où manquait un
élément:

PROPHETIE   SAGESSE
A Y   Z B
    maintenant   toujours

                  LOI
              commencement
                   C

Ce schéma étale la position des genres dans la temporalité, qui est
la ligne de pertinence choisie. La relation de la structure au réel pose
alors la question suivante: une structure dont les constituants sont ainsi
formés peut-elle poser la temporalité et rester en dehors d'elle? Ceci
qui est vite dit, n'a de réponse acceptable qu'après longue vérification,
mais confirme déjà l'obligation de n'effacer aucun décalage. L'itinéraire
s'éclaire si l'on introduit le passage de la transformation *dans* le modèle,
à la transformation *du* modèle. Nous avons observé plus haut en effet
§ 2, *1*, g) que la transformation se thématise, ce qui nous explique un
fait capital et pourtant escorté ordinairement d'explications banales,
le fait que la forme, prise ici comme point de départ, ne peut rester en

repos. Ce fait nous permet d'interpréter le schéma précédent: dans celui-ci, l'absence de la dimension du *télos* est impressionnante. Nous en avons l'explication: s'il n'y a pas de genre qui lui soit applicable, c'est que le *télos* est effectué par la rencontre des genres, ou plutôt que la rencontre des genres est l'indice de son effectuation, l'agent de celle-ci étant la transformation structurelle, principe actif:

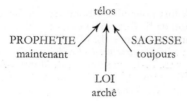

Ainsi est rempli le concept de transformation structurelle en concept de *travail* (les structures travaillent), et posée l'obligation de traiter la rencontre des genres en effet de réel. Chaque cas d'expression est alors à comprendre comme fait unique où la transformation des genres s'opère différemment, la notion de genre étant prise comme pôle d'une structure active. Cette rencontre des genres est effectivement réalisée, et la méthode qui pouvait sembler ne pas tenir compte des irrégularités apparaît au contraire faite pour en rendre compte, et mieux que les précédentes. Aussi bien en effet le Deutéronome que les apocalypses apparaissent comme des types particuliers de confluence de la Loi, de la Sagesse et de la Prophétie: Ben Sira ne dit-il pas que la Sagesse est le Livre de la Loi et qu'il l'annoncera comme une prophétie (ch. xxiv)? Dans cette perspective, chaque texte est un commencement et reçoit tout son poids de vie, au lieu d'être l'écho assourdi d'une articulation originelle ou le reflet de l'extérieur dans le corpus. On sait que la *Formgeschichte* a beau se présenter comme *histoire* des formes, elle a trop souvent traité comme inessentielles ou même regrettables les dérogations qui éloignent le texte d'une forme liée à l'éclair du commencement, alors que pour le structuralisme la catégorie d'exception n'a pas de place. S'il est vrai que la Parole surgit dans le moment, c'est ce moment qu'il faut saisir, mais on ne peut le faire qu'en le relatant à tout ce qui n'est pas lui et se transforme en lui. La fascination de la forme originaire, „*jene stille ewige Macht des Vorbilds*", comme dit Herder, peut en détourner.

Beaucoup d'autres trajets auraient été possibles pour illustrer les possibilités offertes par la prise au sérieux des structures.[1] Il aurait mieux valu, surtout, que la tâche fût confiée à un exégète prêt à présenter plus de choses faites que de choses à faire, s'il en existait un. Dans l'état actuel de la recherche, nous avons voulu offrir des possibilités à la critique et, non moins qu'à elle, à l'invention.[2]

---

[1] Cf. M. VAN ESBROECK, *Herméneutique, Structuralisme et Exégèse*, Paris 1968 et, par plusieurs auteurs, *Exégèse et Herméneutique*, Paris (coll. „Parole de Dieu"), 1971.

[2] Il faut signaler l'effort poursuivi à Bonn dans le bulletin (offset) *Linguistica Biblica,* sous la direction de E. GÜTTGEMANNS, et quelques travaux parus après la rédaction de la présente conférence: L. MARIN, *Sémiotique de la Passion. Topiques et Figures*, Paris 1971; *Analyse structurale et exégèse biblique (Essai d'interprétation)*, par R. BARTHES, F. BOVON, F.-J. LEENHARDT, R. MARTIN-ACHARD, J. STAROBINSKI, Paris 1971, et enfin Jean DELORME, „Luc V 1-11: Analyse structurale et histoire de la rédaction", *New Testament Studies* 18 (1972) 331-351.

SOME COMMENTS ON STRUCTURAL ANALYSIS AND BIBLICAL STUDIES

BY

ROBERT C. CULLEY
Montreal

Discussion of structuralism and structural analysis is slowly but surely finding its way into biblical studies.[1] Some may welcome it. Some may shudder at the prospect. Either way we will be obliged to come to terms with it. This paper has been characterized as "comments" for good reason. When it comes to an understanding of structuralism and structural analysis as it exists and is practised in a great variety of disciplines, including anthropology, folklore, linguistics, and literary criticism, my knowledge is limited and I would have to be considered an outsider. But even an outsider can make comments, especially when he finds structural analysis being carried on in what he considers to be his field of interest, biblical studies.

One problem which must be faced at the start is that "structural analysis" is not easily defined.[2] One may speak of a certain scholar's way of doing "structural analysis" or another scholar's way of doing "structural analysis" but there does not seem to be a simple way of stating what they are all doing. This problem is freely conceded.[3] Nor is it necessarily a bad thing. Nevertheless this difficulty should not be underestimated. It will be important in any discussion to strive to make necessary distinctions and qualifications and to avoid misleading generalizations, without at the same time quibbling needlessly over terms, since it is what is being done to texts and its possible value which is of primary interest not what the method or approach may be called.

---

[1] See the paper read by Paul BEAUCHAMP at the Uppsala Congress, "L'analyse structurale et l'exégèse biblique," and the references in the notes to recent literature.

[2] The term "structuralism" will not be used to avoid any suggestion of a philosophy or ideology when what is at issue is a way of analyzing texts.

[3] See the paper by BEAUCHAMP; also R. BARTHES, "L'analyse structurale du récit: à propos d'Actes X-XI," *Recherches de Science Religieuse*, 58 (1970), pp. 18 ff.

If the problem of defining structural analysis is complex, the problem of assessing it is equally so. In order to make comments which might deserve serious consideration, it is necessary to limit the scope of the discussion to manageable proportions which at the same time allow for some measure of control or testing. Thus, the strategy of this paper is to examine one scholar's attempt to apply structural analysis to biblical material. The scholar in question is E. R. LEACH, a social anthropologist at Cambridge.[1] The disadvantages of this strategy are clear. Not everyone who considers himself a structural analyst would want to be held responsible for what LEACH does. Although going his own way, LEACH is closely aligned with Claude LÉVI-STRAUSS and "myth" is an important concept mentioned continually in the discussion.

One last point before moving on to the work of LEACH. In order to try to relate the discussion of structural analysis to biblical studies in a positive way, it might be useful to suggest a broader frame of reference or context which might be labelled "the interpretation of texts". Even though this term is even vaguer than "structural analysis", it could be argued that interpretation of texts involves a study of two things at least: first, a study of as many different levels or aspects of a given text as possible and, second, a consideration of how the results of such investigations can or must be related to each other when trying to establish the meaning of the text. When it comes to the structures of language at or below the sentence level, we can discuss these with a certain amount of sophistication. At least contemporary linguistics offers some acceptable options for this procedure. But what about structures in larger segments of the text above the sentence level, which in biblical studies might be the size of a chapter, several chapters, a book, or several books? Surely it is important to explore options for describing structures above the sentence level as well. Here "structure" is used in a broad sense to indicate that the number and kind of structures to be found in texts are likely not limited to those proposed by practitioners of "structural analysis" in the narrower sense. In this context a consideration of LEACH's application of structural analysis to biblical texts may prove

---

[1] In what follows material has been used from two earlier papers: "Should Edmund Leach Be Cast Out of the Garden of Eden and Made to Take Lévi-Strauss with Him?" read at the Canadian Society of Biblical Studies, Winnipeg, June 1970, and "A Structural Anthropologist at King David's Court," read at the Society of Biblical Literature, New York, October 1970.

useful. At the very least his work, along with similar attempts by others, has forced the discussion of structure. Beyond this it is anticipated that the comments which can be made on LEACH's work may be relevant to the more general discussion of structural analysis and biblical studies.

LEACH's foray into biblical studies is remarkable in many ways. He makes no pretensions to being a biblical scholar. Although he seeks to employ the methods of LÉVI-STRAUSS, LEACH does not consider himself a disciple of LÉVI-STRAUSS nor does he call himself a structuralist. He presents himself as "at heart still a 'functionalist' " with a certain fascination for the work of LÉVI-STRAUSS and a willingness to experiment with his method of structural analysis.[1] LEACH's attitude to LÉVI-STRAUSS is perhaps well reflected in the comment: "Lévi-Strauss often manages to give me ideas even when I don't really know what he is saying".[2]

In what follows three articles by LEACH will form the basis for discussion, two on the first few chapters of Genesis and one on the historical books of Samuel and Kings. In 1961, LEACH tried out LÉVI-STRAUSS' approach on the early stories in Genesis in an article entitled: "Lévi-Strauss in the Garden of Eden".[3] This article came out in a revised form a year later under the title "*Genesis as Myth*".[4] Then in 1966 there appeared "The Legitimacy of Solomon: Some Structural Aspects of Old Testament History",[5] a study of much of the material between the fourth chapter of 1 Samuel and the second chapter of 1 Kings. It should be added that LEACH has since put out an evaluation and critique of the work of LÉVI-STRAUSS in the form of a small paperback.[6]

It must be stressed that the present discussion is deliberately limited to LEACH's application of the methods of LÉVI-STRAUSS. Whether or not LEACH has accurately imitated LÉVI-STRAUSS is a

---

[1] *Lévi-Strauss* (London, 1970), p. 9.

[2] Edmund LEACH (ed.), *The Structural Study of Myth and Totemism*, A.S.A. Monograph, 5 (1967), p. xvii.

[3] In William A. LESSA and Evon Z. VOGT, *Reader in Comparative Religion*, 2nd ed. (New York, 1965), pp. 574-81; originally in *Transaction of the New York Academy of Science*, 23-4 (1961), pp. 386-96.

[4] *Genesis as Myth and Other Essays* (London, 1969), pp. 7-23; originally in *Discovery*, 23 (1962), pp. 30-5; also in John MIDDLETON (ed.), *Myth and Cosmos* (New York, 1967), pp. 1-13.

[5] *Genesis as Myth*, pp. 25-83; originally in *European Journal of Sociology*, 7 (1966), pp. 58-101.

[6] *Lévi-Strauss* (London, 1970).

question which must be left to others who know more about the work of Lévi-Strauss.[1] There is another good reason for limiting attention to Leach. Remarking on Leach's work on Genesis, Lévi-Strauss has indicated that he would not do this sort of thing himself, since he does not consider biblical material suitable subject matter for this kind of analysis.[2] For Lévi-Strauss, the myths in the Old Testament have been distorted too much by later interpreters for successful analysis. Leach's reply is that such a stand is too cautious. To emphasize his point he goes on to tackle even less suitable material in "The Legitimacy of Solomon" with the warning that he is "engaged in an enterprise for which Lévi-Strauss himself has shown no enthusiasm".[3]

Since Leach claims that he is applying Lévi-Strauss' method for analyzing myth, the term "myth" is continually used when referring to biblical texts. This use of the term is not so surprising in connection with the early stories in Genesis. However, the books of Samuel and Kings are seldom described in this way. Thus it is important to establish what Leach means by "myth".

Following Lévi-Strauss, Leach argues that myths are organized around insoluable paradoxes basic to all human existence, such as the desire for immortality set over against the certainty of death or man's awareness of himself as animal set over against his awareness of himself as not-animal. A whole series of basic oppositions arising from such paradoxes are found: human/superhuman, mortal/immortal, life/death, male/female, legitimate/illegitimate, sexual partner who is permitted/sexual partner who is not permitted and the like. It is claimed that myths occur in many variants which play on these paradoxes with the effect that the variations in mythological systems "serve to blur the edges of such 'contradictions' and thus remove them from immediate consciousness".[4] As a result, investigation concentrates where possible on a set of variants of a single myth. Furthermore, myths mediate the oppositions contained in the paradox by introducing a third element which shares the nature of both

---

[1] See, J. Rogerson, "Structural Anthropology and the Old Testament," *Bulletin of the School of Oriental and African Studies*, 33 (1970), 490-500 and B. Nathorst, *Formal or Structural Studies of Traditional Tales*, Stockholm Studies in Comparative Religion, 9 (1960), not seen by me but apparently discusses Leach and Lévi-Strauss among others.

[2] "Réponses à quelques questions," *Esprit*, 31 (1963), p. 631.

[3] *Genesis as Myth*, p. 31.

[4] *Ibid.*, p. 39.

opposites, thus providing a partial but not a real resolution of the paradox. It may then be said that the purpose or function of myth is to offer "a 'logical' model by means of which the human mind can evade unwelcome contradictions" so that such contradictions appear less absolute.[1] It is by the repetition of the variants of a single myth, or a complex of several myths in sets of variants, that the unwelcome contradictions, although not resolved, are blurred. Variants and sets of variants are all transformations of the meaning or message of a given myth. It also follows that wherever it is found myth will betray certain similarities since there will always be the same pre-occupation with the same basic oppositions.

According to this view, then, the structure of myth can be revealed by listing sets of opposites in a text or set of texts along with the elements which act as mediations. That is to say, the elements in the text (characters, objects, and events) are removed from their context in the narrative and classified according to their similarity to each other, i.e., paradigmatically. The patterns which now emerge from the rearrangement form the structure which bears the meaning or message of the myth. Elements in the text do not have meaning in themselves. Only the relationships between elements or patterns of elements have meaning. And while it is said that the meaning of myth lies in its structure, the structure referred to is not any obvious surface structure apparent in what the myth seems to be talking about. The structure important for the real meaning of myth lies beneath the surface. It should be added that the structure is said to be more easily discovered through analysis when working with a set of variants rather than with one version only.[2]

It follows that the message borne by such a structure is not the conscious creation of a single person. The message is rather the product of the unconscious workings of the minds in a group. The fact that LEACH uses the word "message" affirms that he views myth as a mode of communication. However, myths do not say what they appear to say.[3] The structural patterns which are below the surface and which bear the meaning "are 'felt' to be present, and convey meaning much as poetry conveys meaning".[4] It is important to re-cognize variants as transformations in which seemingly innocent

---

[1] LESSA and VOGT, p. 576.
[2] *Ibid.*
[3] *Genesis as Myth*, p. 7.
[4] *Ibid.*, p. 22.

oppositions very often stand for basic oppositions of the sort mentioned above.

This has been an attempt to offer a compressed statement of LEACH much of which is already a compressed version of LÉVI-STRAUSS. In this theory a debt to one kind of structural linguistics is generally conceded. It is interesting that LEACH goes on to point to two further links which he sees with other disciplines.[1] One is with the work of FREUD in which the theory and practice of the interpretation of dreams required getting below the surface to lay bare the unconscious wish being expressed, the *real* meaning of dreams. The other parallel claimed is with information theory. LEACH proposes the following explanation. If it is assumed that the "senders" are the ancestors and the "receivers" are the generation hearing the myths, then the large amount of repetition (or put another way, the high level of redundancy) overcomes the distortions present in each single version so that what is being said eventually sinks in.[2]

The analysis by LEACH of biblical material being considered here falls into two stages: the work on Genesis and the work on Samuel and Kings. With regard to the first stage, it should be sufficient to consider briefly the analysis of the Creation Story of chapter one of Genesis and the Garden of Eden Story.

In the Creation Story, LEACH notes the following major oppositions: heaven/earth; light/darkness; evening/morning; water above the firmament (rain, fresh, fertile)/water below the firmament (sea, salt, infertile) with the firmament (sky) forming a mediation between the two waters; sea/dry land mediated by vegetation (i.e. grows on dry land but needs water); and the vegetation containing its seed (unisexual)/animals mentioned at a later stage (bisexual). It is argued that the first three days of creation show a phase which is static or dead as opposed to the last three days where the phase is moving or living, both phases thus presenting an over-all death/life opposition. The oppositions mentioned for the last three days are: moving sun (day)/moving moon (night), thus showing that light/darkness alternates and indicating that the underlying life/death opposition is also an alternation; fish/birds parallels the earlier sea/land opposition, with the fish mediating the earlier fresh water/salt water opposition and the birds mediating the earlier sky/land opposition; cattle (domestic animals)/beasts (wild animals) are mediated by creeping

---

[1] *Lévi-Strauss*, pp. 57 ff.
[2] *Genesis as Myth*, pp. 88 f.

things, a triad which in turn parallels the earlier triad of grass, cereals, and fruit trees; and finally the opposition male/female, both being created at the same time.

Some preliminary comments are in order. It is true that there are quite a number of elements in the text which can be drawn together to serve as oppositions. However, the objection can be made that the status of such pairs as polar oppositions or binary opposites is not especially obvious from the text. For example, it may be deduced that the water above the firmament may have been thought rain water, and thus fertile, and that the water below the firmament may have been considered sea water, and thus salty and infertile. But, however plausible these inferences may be, the text itself does little to highlight them in such a way that the opposition is readily brought to mind. Then too, if vegetation is viewed as mediating the sea/land opposition mentioned above, the sea now represents the fertility needed by the dry land to produce vegetation. Incidentally, the supposed triad of grass, cereals, and fruit trees is a poor possibility since the Hebrew words may be taken to indicate that the first term is a general designation of which the other two are subclasses. One of the more interesting observations made by LEACH concerns the the contrast static/moving (the first three days as opposed to the last three days) which is taken to represent a life/death opposition. Yet here again the fact that the sun and moon are mobile is an inference, reasonable enough, to something which is not drawn attention to in the text itself. Furthermore, if the static stands for death and the mobile stands for life, the text does not seem to invite the recognition of a stark opposition in the steady progression of creation.[1] However, in making objections of this sort, we must remember that LEACH has argued that the meaning of myth does not lie in any obvious way on the surface of the text. In fact the aim of myth is to blur oppositions not to stress them. Thus, it is not surprising at all if the surface structure of the text does not especially emphasize the basic oppositions in such a way that they are clearly seen as polar opposites. It will be sufficient for the moment to point out that all this makes LEACH's job easier. Given the assumption that binary oppositions are to be expected in a text in a disguised form, it is less difficult to select pairs which can fill this role.

In the Garden of Eden Story, LEACH notes a number of variations

---

[1] However, LEACH claims support from early Rabbinic exegesis and he refers to a paper (unpublished?) by Leo STRAUSS. See *Genesis as Myth*, pp. 35 ff.

of a life/death opposition, often blurred by mediation. There is a heaven/earth opposition mediated by a fertilizing mist which comes from the infertile ground, although the implications of a different translation for "mist" are not discussed. It is argued that the pair fertile/infertile (life/death) is seen in several forms. Here it is the repetition of the various forms of the same basic opposition which tends to blur the polar opposites. For example, Adam (living) is formed from the dust of the ground (static, dead). Also, Eve (fertile) comes from Adam (infertile). It might, of course, be objected that the first case Adam is on the side of life, while in the second case he is on the side of death. The parallels are further spun out by the oppositions man/garden and tree of life/tree of death, where the tree of death is also the tree of the knowledge of good and evil which means sexual difference. Mediations mentioned are man/animal mediated by Eve and man/woman mediated by the serpent. Death and life are paradoxically linked by virtue of the fact that eating the fruit leads to awareness of sexual difference and death yet this is accompanied by the possibility of creating life through reproduction.

Another important opposition mentioned is unity in the other world (Eden, paradise)/duality in this world. This appears in many forms. For example, the one river in the garden becomes four outside. Man can exist alone in the garden but outside there must be man and women. In the garden there is life, but outside the garden there is life and death.

The Garden of Eden Story would appear to be a more promising example for discussion than the Creation Story in that the narrative structure displays a definite contrast between the situation in the garden and life as it is. This contrast involves the issues of life, death, and sex. In the garden, there is Yahweh God, life, and no sex. Outside the garden there is the opposite. All this invites the recognition of oppositions. More troublesome are many of the details of LEACH's exposition. For instance, the proposed variations of life/death such as heaven/earth and the living creatures (men and animals)/dead earth are not so compelling in terms of the obvious structure of the text. The same may be said for the role of Eve as a mediation between man and animal and the role of the serpent as a mediator between man and woman. Although, in this last case, LEACH is able to refer to examples of Christian art where the portrayal of the serpent appears to offer some support for his argument.[1]

---

[1] *Genesis as Myth*, p. 15.

The analysis of the Genesis material, then, has illustrated the main features of LEACH's method. The obvious arrangement of the elements in a text (i.e., the narrative, plot, or surface structure, whichever term is preferable) is not of great importance and is not to be considered *the* structure of the text in question. To get this structure, it is nesessary to lift the actors, objects, and events out of the narrative and rearrange them paradigmatically in order to search for pairs which might serve as transformations of basic oppositions such as life/death, male/female, and good/evil.

The second stage of LEACH's experiment with the traditions of Israel, the analysis of material from the books of Samuel and Kings, represents a bolder step and is in many ways different from the work on Genesis. The most important difference is the selection of material from the historical books which is not usually described as myth. Yet, as suggested earlier, the selection is deliberate. LEACH states his aim this way: "I seek to demonstrate the creation of a myth as the precipitate of the development of an historical tradition".[1] The Solomon story, according to LEACH, mediates a major contradiction. On the one hand, the land of Israel is a gift of the God of Israel to the people Israel, a theory which provides a basis for a rule against intermarriage. On the other hand, the tradition indicates that the land was conquered from foreigners, a situation which led to intermarriage. These two points state the paradox or major contradiction which the story of Solomon, as a myth, tries to blur and appears to resolve. This is possible, it is argued, because the historical tradition in the Bible involved, as does all historical writing, a process of selection of incidents and details. This selection process was not the work of one person but many persons over a long period of time, so much so that the editorial work amounts to a random process apart from the conscious control of individual authors. Thus the whole text generates a message not consciously intended by an individual at any stage. However, LEACH tries to tie this process into space and time by claiming that the patterns of endogamy/exogamy and legitimacy/illegitimacy form the structure of the story of the succession of Solomon along with the other historical parts of theHebrew Scriptures which are a "unitary myth-history which functioned as a justification for the state of Jewish society" in the later period.[2] He sums it up this way:

---

[1] *Ibid.*, p. 27.
[2] *Ibid.*, p. 81.

... any attempt to synthesize into a unitary whole a set of stories which purport to provide historical justification for rival political positions must end up as a text full of paradoxical contradictions. The received text of the Old Testament abounds with such contradictions, and the final result is a 'history' of randomized incidents with the structure of 'myth'. What the myth then 'says' is not what the editors consciously intended to say but rather something which lies deeply embedded in Jewish traditional culture as a whole.[1]

Now, with regard to the actual analysis of the chosen segment of text, 1 Samuel iv to 1 Kings ii, LEACH indicates four stages in his procedure. First, he takes the text as it is and leaves aside any search for sources or layers of tradition. Second, he pays special attention to kinship status. Third, he concentrates "almost exclusively upon the changing role positions of the *dramatis personae* and the relations between them".[2] Finally, he assumes that themes related to fundamental oppositions will constantly recur and will be of prime importance. In particular, examples of contrasts such as Israelite/foreigner, house of Judah/house of Joseph, and legitimate king/usurper king are sought.

The underlying structure of the whole, as LEACH sees it, may be summed up very briefly. The key to the analysis is a set of major roles in the drama. On the one hand, there is the anti-king or usurper, sometimes accompanied by a champion. Opposite him is the king or legitimate right-holder, sometimes accompanied by a champion. Right in the middle is the female intermediary. The recurrances of this pattern consisting of the two male opposites usually mediated by a female is seen by identifying the characters who assume these roles in the story which LEACH conceives of as a three act play. In act one, the prologue, Nabal is the legitimate right-holder, David is the usurper and Abigail is the female intermediary. In scene one, David is the anti-king, Saul the legitimate king, and Michal is the female intermediary. In scene two, David is still the anti-king, Ishbosheth is the king, and Michal is still the intermediary. In act two, the prologue has two patterns: David, the usurper, opposite Uriah the legitimate right-holder with Bathsheba as the intermediary and Amnon the usurper opposite Absalom the legitimate right-holder with Tamar as the intermediary. The two scenes of act two show that David has switched over to become king while being opposed

---

[1] *Ibid.*, p. 53.
[2] *Ibid.*, p. 65.

by two successive anti-kings, Absalom and Sheba, with no female intermediaries. In the third and final act, after a prologue with only the two characters David and Abishag, David's role as king is taken up by Solomon who is opposed by the anti-king Adonijah. Bathsheba and Abishag share the role of female intermediary. As LEACH sees it, the theme of sexual relations ranging from excess to inadequacy is stated in the prologue (David-Abigail-Nabal, David-Bathsheba-Uriah, Amnon-Tamar-Absalom, David-Abishag). Parallel to this is the theme of political relations as presented in a series of scenes where anti-king or usurper is opposed to king or legitimate title-holder. In addition, other themes are intertwined such as endogamy/exogamy, Israelite/foreigner, father/son, and the rival lineages Judah/Benjamin.

As with the Genesis analysis there are many points at which questions might be raised. Many of the details may be left aside here since a good list of points which a biblical scholar would raise has been provided by Abraham MALAMAT in a brief response to LEACH's article.[1] Even trying to sum up the main points of the article on Solomon is by no means easy, since in LEACH's own words the demonstration of his argument is "a long and devious one".[2] The article is stimulating and puzzling at the same time. His selection of oppositions are limited to the themes of sex, legality, and foreignness, all of which play an important part in the narrative structure of the stories in the selected segment of text. His three act play is a valid way of setting out the roles of the major figures, at least the kings and anti-kings. To the extent that LEACH is dealing with patterns which have some basis in the narrative structure of the text, his analysis is stimulating. What is puzzling, or at least not clear to me, is the move from these patterns to the myth which mediates a major contradiction described above, the unconscious product of the editorial work over a long period of time. Not the least problem in this regard is the fact that act two and three of the drama come from the "Court History" which is generally recognized to have a uniform style and a minimum of editorial additions.

A major point which LEACH wants to demonstrate is that "the chronological sequence of Biblical history may itself have 'structural' relevance".[3] His demonstration of this seems to hang on the fact that

---

[1] "Comments on Edmund Leach: 'The Legitimacy of Solomon: Some Structural Aspects of Old Testament History.'" *European Journal of Sociology*, 8 (1967), pp. 165-7.

[2] *Genesis as Myth*, p. 31.

[3] *Ibid.*, p. 56.

in his drama scheme David begins as anti-king and moves over to the role of legitimate king, thus indicating a progression which joins the series of usurper/legitimate right-holder pairs together. Whether other structural analysts will allow this or not remains to be seen. On the one hand, to get the patterns LEACH emphasizes the roles such as usurper and legitimate right-holder. On the other hand, to get the chronological sequence he stresses the persons who fill these roles.

Looking back at LEACH's three articles, one is tempted to employ a modified version of his comment about LÉVI-STRAUSS and say that LEACH can give the reader ideas even when the reader is not particularly convinced about what LEACH is saying. Several matters which LEACH mentions raise important points which will bear further consideration and discussion, although not necessarily within the framework of LEACH's theory, because it is the theory which causes the trouble. One such point, for example, would be the role of opposites in narratives and how a pair like good and evil shapes the development of characters into heroes and villains. Another matter of some interest is the question of what governs the process of the shaping of a tradition passed on and developed by many persons over a long span of time.

In discussing my problems with LEACH's work, I will try to focus on issues which might be relevant to a wider discussion of structural analysis in biblical studies within the framework of the problem of interpretation. A central issue is the problem of presuppositions. In order to do LEACH's kind of analysis it is necessary to accept beforehand a theoretical statement about the nature of myth involving notions of polar oppositions, mediations, operations at the unconscious level and so on. A great deal is determined before work on the text begins: what elements to look for and what significance these elements have. In the first chapter of Genesis, LEACH's presuppositions clearly enabled him to select pairs which the text itself did not emphasize. In the Garden of Eden Story and the Solomon material where the text provided some basis for the themes and oppositions LEACH was looking for, it was not at all certain that these items had the significance he wanted to give them with his theory of myth. Thus in any structural analysis of biblical material it would be helpful to have some discussion about the danger of imposing structures and significance on texts.

Now, of course, if LEACH's theory of myth is correct, he is in far less danger of imposing anything on the text. But this leads to the problem of verification. Given the proposal that the structure and meaning of myth lie beneath the surface, it is inherently difficult to argue for or against the presence of hidden or disguised structure or meanings in texts. The present form of the text cannot be used as a check on the correctness of the analysis or the validity of the assumptions. Perhaps the most that can be done is to try to show by analyzing more and more material that the analysis and the theory upon which it rests is plausible. At the end of his article on Solomon, LEACH indicates that here is a case where verifiability is possible.[1] What is verifiable is that many of the patterns LEACH points out are discernable in the text. What is not verifiable is that these patterns have the significance LEACH wishes to attach to them, although it may be said to be plausible that the problems of the land as a divine gift and intermarriage with foreigners was a preoccupation of Israel for a long period and did influence the shaping of their literature in many ways, not all of them at the conscious level. And there is still an even bigger jump from the patterns to the full blown theory of myth enunciated in the articles on Genesis, since in the Solomon article LEACH has deliberately limited himself to the exploration of certain themes in order to try to demonstrate the relevance of chronology for structure.

Another potential difficulty is the problem of a one-dimensional view of the text, potential because it is not clear to me that LEACH has committed himself unequivocally on this point. It is one thing to point to structure in a text, attach a significance, and urge that this be considered along with the results of other kinds of analysis in the process of interpretation. It is another thing to insist that a structural analysis yields *the* meaning of the text. It may be that there are some myths which only make sense under a LÉVI-STRAUSSian analysis. But much biblical material is complex and produces sense from many points of view, historical, sociological, literary, psychological, and so on. It is hardly a matter of one approach being right and others wrong. Rather it is a question of trying to gauge the validity of each approach and endeavouring to assess the weight it should have with reference to others when talking about the meaning of a text.

In view of my difficulties with LEACH's approach, it would seem more fruitful from my point of view to concentrate more on narrative structure. This could reduce the presuppositions to a minimum and at the same time allow a greater measure of control by using

---

[1] *Ibid.*, pp. 82 f.

the text itself as a check. What form such a brand of structural analysis, which aims to reflect the contours of the narrative structure, would take remains to be seen.[1] At any rate there are many interesting and important questions to be followed up. For example, what has structure got to do with the fact that a text can survive and live on through a whole series of historical contexts? Or, what has structure got to do with the fact that texts can survive translation from one culture to another and from one language to another? Questions like these deserve as much attention in biblical studies as those questions which seek to elucidate the particular links a text might have with a particular historical time and place.

---

[1] Perhaps help will come from linguists. See the comments on discourse analysis in E. A. NIDA and C. R. TABOR, *The Theory and Practice of Translation* (Leiden, 1969), pp. 131 ff. and 152 ff. Or folklorists, A. DUNDES, *The Morphology of North American Indian Folktales*, Folklore Fellows Communications, 195 (1964) for example.

KUMUDI UND DIE AUSGRABUNGEN AUF TELL KĀMID EL-LŌZ*

VON

ARNULF KUSCHKE und MARTIN METZGER
Tübingen   Hamburg

I. Kumidi in den Amarnabriefen

Die Amarna-Tafeln erwähnen bekanntlich die Stadt Kumidi als
Sitz eines Rabiṣ. [1] Man gibt dieses Wort im Deutschen meist mit
„Vorsteher" wieder. Die englische Übersetzung „commissioner" ist
zutreffender; denn es bezeichnet in der Amarna-Korrespondenz offen-
sichtlich einen Bevollmächtigten oder Statthalter des Pharao in einer
Provinz seiner asiatischen Besitzungen. Und „der Große von
Kumidi" [2] ist nur ein Wechselwort zu „Rabiṣ von Kumidi".

Dieses Amt hatte nach dem ersten hettitischen Einbruch in Nord-
westsyrien unter Šuppiluliuma z.Zt. Amenophis' IV ein gewisser
Paḫura inne. Er hat neben Janḫamu, dem Rabiṣ von Kanaan, eine
nicht unbedeutende Rolle gespielt. Zwei Bittgesuche des Königs Rib-
Addi von Byblos an den Pharao lassen erkennen, daß er es diesen
beiden Statthaltern zutraute, den Vormarsch der Söhne des Abdi-
Aširta auf Byblos zum Stehen zu bringen und Amurru zurückzuero-
bern. [3] In einem weiteren Schreiben allerdings versichert derselbe
König, daß Paḫura sich in Kumidi nicht mehr halten könne, wenn
der Pharao sich weiterhin zurückhalte. [4]

Neben dem Rabiṣ ist uns für Kumidi auch ein lokaler Herrscher
bezeugt, Araḫattu, „der Mann von Kumidi". Wir kennen ihn aus
einem Hilfegesuch an den Pharao, in dem er bittet „Schenke mir
Leben! Denn nicht ist Pferd und nicht Wagen für mich!". [5] Ein ähnlicher Hilferuf kommt von Biriawaza, einem offenbar einst sehr

---

* Die Verfasser danken dem Grabungsleiter Professor Dr. R. Hachmann,
Saarbrücken, für die freundliche Bereitstellung der Unterlagen für die Tafel- und
Textabbildungen.
[1] *EA* 116, 75.
[2] *EA* 129, 85.
[3] *EA* 116; 117 und 129.
[4] *EA* 132, 46 ff.
[5] *EA* 198, 20-23.

mächtigen und einflußreichen Regenten, von dessen Territorium und
von dessen rechtlichem Verhältnis zu den Kommissaren des Pharao
uns die Amarna-Briefe keine eindeutige Vorstellung vermitteln. Er
war jedenfalls ein loyaler Vasall der Ägypter und wurde später mehr
und mehr nach Süden abgedrängt, nach Damaskus und zuletzt
scheinbar nach Kumidi. Denn am Ende seines letzten Briefes heißt es
„Nachdem meine Brüder mir feind geworden sind, schütze ich
Kumidi, die Stadt meines Königs, meines Herrn. Der König möge
sie seinem Diener erneuern. [Nicht l]asse der König seinen Diener im
Stich". [1]

II. Zur Geschichte der Lokalisierung

Gerade dieser Brief zeigt, daß Kumidi in der näheren oder weiteren
Umgebung von Damaskus zu suchen ist. Da Biriawaza auch von
Bašan, also vom Lande nördlich des mittleren Jarmuk her bedroht
war, lag es nahe, daß er sich von Damaskus aus nach Westen zu
absetzte, um entweder eine Rückzugsmöglichkeit durch das Wādi
et-Taim in den obersten Jordangraben oder über den Paß von Ġezzīn
zur phönikischen Küste zu haben. Von dieser Erwägung aus
und auf Grund der Übereinstimmung der Konsonanten [2] hatte
H. Guthe schon 1897 Kumidi mit Kāmid el-Lōz in Verbindung
gebracht. [3] Dieser Identifizierungsvorschlag hat sich weithin durchgesetzt, nachdem im Jahre 1953 im Zuge des von K. Galling
geleiteten Lehrkurses des Deutschen Evangelischen Palästina-
Instituts und 1954 im Rahmen eines vom Verfasser durchgeführten
Survey auf dem Tell von Kāmid el-Lōz Tonscherben der Spätbronze-
und der Eisenzeit gefunden worden waren. [4]

Kāmid el-Lōz liegt im Schnittpunkt zweier Verkehrswege, die im
Altertum und im Mittelalter viel begangen wurden, einem Nord-
südweg, der aus dem nordwestlichen Syrien durch die Biqāʿ her-
unterkommend bei Kāmid el-Lōz durch den ʿAqabat Kāmid genannten kleinen Sattel in das Wādi et-Taim überwechselte und über
Hazor die Jesreel-Ebene und die palästinische Via Maris erreichte,

---

[1] *EA* 197, 37-40.
[2] Der Beiname „el-Lōz" = „der Mandeln" kommt bei den arabischen Geo-
graphen des Mittelalters noch nicht vor und hat sich offenbar erst in neuerer
Zeit eingebürgert, vgl. P. Maiberger, *Saarbrücker Beiträge zur Altertumskunde*
(im folgenden: *SBA*) VII, Rudolf Habelt Verlag Bonn 1970, S. 20, Anm. 73.
[3] Vgl. *Aegyptiaca, Festschrift für Georg Ebers*, 1897, S. 72.
[4] Vgl. A. Kuschke, *ZDPV* LXX, 1954, S. 113 f.

und einer Ost-West-Route, die von Damaskus über den Paß von Ǧezzīn nach Sidon führte [1].

III. Die Ausgrabungen auf Tell Kāmid el-Lōz

1. *Vorbemerkungen zur Organisation und zur Stratigraphie*

Als der Verfasser im Frühjahr 1962 die Biqāʿ nochmals bereiste mit Rolf Hachmann, dem Direktor des Instituts für Vor- und Frühgeschichte und Vorderasiatische Archäologie der Universität des Saarlandes, geschah dies mit dem Ziel, ein möglichst günstiges Objekt für eine gemeinsame Grabung auszumachen. Die Wahl fiel auf den Tell Kāmid el-Lōz (s. Taf. I). Als ideale Grabungsbasis stand und steht die Johann Ludwig Schneller-Schule in Ḥirbet Qanafār zur Verfügung, die von Kāmid el-Lōz nur 12 km entfernt ist. Nach einer Vorbereitungskampagne im Herbst 1963 konnte im Sommer 1964 die erste Hauptkampagne stattfinden. [2] Inzwischen hat R. Hachmann 6 weitere Kampagnen von ca. 8 Wochen mit einem Grabungsstab von 12-16 Mitarbeitern aus Deutschland und anderen europäischen Ländern und jeweils 60-70 Arbeitern aus Kāmid el-Lōz durchgeführt. [3]

Das Unternehmen ist schon insofern bemerkenswert, als der Grabungsleiter sich fortlaufend und intensiv mit den Problemen der Grabungsmethodik und -technik auseinandergesetzt hat. Zu Beginn der ersten Hauptkampagne lag bereits ein kleines „Vademecum" vor, das den Mitarbeitern als Leitfaden dienen sollte. Während der folgenden Kampagnen wurden die darin enthaltenen Grundsätze und Richtlinien vom gesamten Grabungsstab ständig auf ihre Praktikabilität hin überprüft, Änderungen und Ergänzungen diskutiert. Das Ergebnis liegt vor in der wesentlich umfangreicheren 2. Auflage, [4] die auch für andere Grabungen von Interesse sein dürfte.

---

[1] Vgl. A. Kuschke, *ZDPV* LXX, 1954, S. 112 f.; M. Noth, *ZDPV* LXXII, 1956, S. 61-71; A. Kuschke, *ZDPV* LXXIV, 1958, S. 86-88.

[2] Die 2. Kampagne nach der offiziellen Zählung der Dokumentation; über ihre Ergebnisse s. R. Hachmann-A. Kuschke, *Kamid el-Loz 1963/64*, *SBA* III, 1966; dies., Rapport préliminaire sur les travaux au Tell Kāmid al-Lōz durant les années 1963 et 1964. *Bulletin du Musée de Beyrouth* (BMB) XIX, 1966, p. 107-136.

[3] Vorbericht über weitere Kampagnen: R. Hachmann u.a., Kamīd el Loz 1966/67, *SBA* IV, 1971; ders., Rapport préliminaire sur les fouilles au Tell Kāmid el-Loz de 1966 à 1968, *BMB* XXII, 1969, p. 49-91.

[4] R. Hachmann, *Vademecum der Grabung Kamid el-Loz*, *SBA* V, 1969. Nachträglich entnehme ich dem soeben erschienenen Band William G. Dever u.a., *Gezer I*, Jerusalem 1970, S. 9, daß bei den neuen Grabungen in Gezer ähnlich

Der Tell ist dem heutigen Dorf Kāmid el-Lōz unmittelbar nördlich vorgelagert und mit einer nordsüdlichen Ausdehnung von etwa
300 und einer ostwestlichen von etwa 200 m einer der größten Sied-
lungshügel der Biqāʿ. Sein Gipfel wird markiert durch einen trigono-
metrischen Punkt der Landesvermessung, der zugleich der Bezugs-
und Nullpunkt des Vermessungssystems der Grabung ist. Er liegt
950 m ü.d.M. und etwa 26 m über dem Niveau der Ebene. Dort
stoßen die 4 Quadrate zusammen, in die das den Tell und seine unmittelbare Umgebung deckende Gitternetz eingeteilt ist. Ihre Nume-
rierung erfolgt durch römische Ziffern; das Nordwestquadrat z.B,
trägt die Ziffer I. Jedes Quadrat hat 9 × 18 Areale von je 10 × 20 m,
deren Längsachse nordsüdlich verläuft. Sie werden von Nord nach
Süd mit den Buchstaben A bis J, von West nach Ost mit den arabischen
Ziffern 1-18 bezeichnet. So hat beispielsweise das unmittelbar am
Nullpunkt gelegene Areal des Nordwestquadrats die Bezeichnung
IJ18. Die Areale sind jeweils in einen Nord- und einen Südteil von
10 × 10 m gegliedert. In diesen Halbarealen werden zunächst an
deren Rändern Testgräben von 1 m Breite vermessen und in gleich-
mäßigen Straten von 20 cm abgeräumt, bis die oberste Begehungsfläche erreicht ist. Sobald diese freigelegt und geputzt ist, beginnt
die Grabung in dem zugehörigen Halbareal. [1]

Da der südliche Teil des Siedlungshügels noch heute als Friedhof
benutzt wird und deshalb nicht in die Grabung einbezogen werden
darf, und da andererseits die Nordwestseite die steilsten Hänge
aufweist und dort am ehesten Befestigungsmauern vermutet werden
konnten, wurde die Ausgrabungstätigkeit auf das Quadrat I kon-
zentriert.

Da eine gleichmäßige Verteilung aller Siedlungsschichten über den
ganzen Hügel hier wie auch andernorts nicht zu erwarten war, hat
zunächst jedes Areal seine eigene Schichtenzählung. Die Areale sind
aber so angelegt, daß die Profile (sections) von der Mitte des Tells
zu seinem Nordfuß ineinandergreifen und in einem Gesamtprofil
synchronisiert werden können. Seit 1966 arbeitet man systematisch
auf eine solche Gesamtstratigraphie hin. Man rechnet mit etwa 45
Schichten insgesamt. Das interessanteste Areal war vom Beginn der
Grabung an IG13. Dort und in den benachbarten Arealen wurde

---

verfahren wird, vgl. *Excavation Manual for Area Supervisors*, herausgegeben von
der Hebrew Union College Biblical and Archaeological School, New York 1967.
Eine überarbeitete und erweiterte Ausgabe ist in Vorbereitung.
[1] Näheres bei R. HACHMANN, *SBA* V, S. 55-57.

der spätbronzezeitliche Tempel entdeckt, über den sein Ausgräber Martin METZGER unten [1] selbst berichten wird. Das Südprofil von IG13 [2] ließ 1964 bereits drei Schichtenbereiche erkennen. [3]

Der oberste (1), in den zahlreiche islamische Gräber eingelassen waren, besteht im wesentlichen aus sandigem oder lehmigem und stark mit Humus angereichertem Boden, der zwar viele Keramikscherben, aber keine Architekturreste enthielt. Hier ist offenbar über lange Zeit hinweg der Abfall und Unrat der weiter südlich gelegenen Siedlungen abgelagert worden. Es fanden sich auch rundliche Gruben, die vom Schichtenbereich 1 in die darunter liegenden Schichten reichten, und in verschiedenen Tiefen stark gestörte pflasterartige Lagen von mittelgroßen Steinen, die als Reste von Dreschplätzen gedeutet werden.

2. *Eisenzeitliche Siedlungsreste*

Die Schicht 1 c läßt sich ziemlich genau datieren. Denn von ihr aus waren die ältesten Gräber des achämenidenzeitlichen Friedhofs in die Schicht 2a eingetieft. Die Bedeutung dieses Friedhofs liegt einmal in der großen Zahl von Bestattungen — es waren 91 — und zum anderen darin, daß die Art der Bestattungsanlagen, die Lage und die Funktion der Grabbeigaben und die Details der Bekleidung der Toten wesentlich genauer beobachtet und dokumentiert werden konnten als bei früheren Freilegungen von Friedhöfen dieser Epoche. [4]

Die zugehörige Siedlung muß weiter südlich gelegen haben. Der Bereich der Ausgrabung ist nur bis in die frühe (oder mittlere) Eisenzeit besiedelt gewesen. Es waren unbedeutende dörfliche Siedlungen. Man zählt 6 Bauschichten. [5]

---

[1] S. 155 ff.

[2] Vgl. *SBA III*, Abb. 17.

[3] Eine differenziertere Analyse konnte 1966/67 im Areal IF13 erzielt werden; vgl. J. REICHSTEIN, *Die stratigraphische Grabung in IF13*, in dem im Druck befindlichen Band „*Kamid el-Loz 1966/67*", *SBA IV*, 1971.

[4] Die Ausgrabung dieser Nekropole war 1968 abgeschlossen; ihre Bearbeitung hat Rudolf POPPA noch in demselben Jahre in Angriff genommen. Die Veröffentlichung wird voraussichtlich 1973 als Band 1 der definitiven Grabungsberichte von Kāmid el-Lōz erscheinen. Das Grab IG13: 2 und einige Funde aus anderen Gräbern wurden bereits von P. KRANZ, A. KUSCHKE und H. WREDE in *SBA III*, 1966, S. 69-104 veröffentlicht. Siehe ferner R. HACHMANN, *BMB* XXII, 1969, p. 61-65.

[5] Ihre Datierung wird sich in etwa erschließen lassen aus der demnächst erscheinenden Beschreibung und Dokumentation ihrer Keramik durch J. REICHSTEIN in *SBA IV*, 1971, S. 33-35, Taf. 14-24.

148 A. KUSCHKE

Infolge der Erosion am Hang und des im Altertum vielfach
üblichen Steinraubs sowie der Tatsache, daß die bisher freigelegten
Häuser meist nur teilweise in den ausgegrabenen Arealen lagen,
konnten bisher nur wenige einigermaßen vollständige Grundrisse

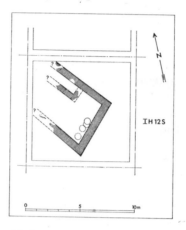

Abb. 1. Tell Kāmid el-Lōz. Grundriss eines eisenzeitlichen Hauses.

ermittelt werden (s. Abb. 1). Sie waren durchweg rechteckig und
hatten ein bis zwei Räume. Das über den Bruchsteinfundamenten
aufgehende Mauerwerk bestand aus Lehmziegeln. Das Dach war
flach, von einfachem Balkenwerk getragen und durch Pfostenstel-
lungen im Haus gestützt. Auf den Balken haben dicht gepackte
Faschinenbündel gelegen, und auf diese waren wasserundurchlässige
Lehmschichten aufgetragen. Hartgebrannte Brocken solchen Lehm-
verstrichs aus abgebrannten Häusern ließen deutlich Schichtungen
erkennen, die durch das meist alljährlich vor Beginn der Regenzeit
erfolgte Auftragen einer neuen, dünnen Lehmschicht zu erklären sind.
Zählt man diese Schichtungen, so kommt man durchweg auf mindestens 10 Jahre.[1]

Obwohl diese Häuser am Rande der Siedlung lagen, wurden
keinerlei Reste eines Mauerrings gefunden. Es ist also anzunehmen,
daß die eisenzeitlichen Siedlungen von Kāmid el-Lōz unbefestigt gewesen sind.

3. *Die Stadtmauern und der Friedhof der Mittelbronzezeit am Nordrand des Tells*

Was nun die Spätbronzezeit angeht, so haben die jüngsten städti-

---

[1] Näheres bei R. HACHMANN, *SBA IV*, 1971, S. 15-17,

schen Siedlungen dieser Epoche keine Stadtmauer gehabt. Weder auf
der West- noch auf der Nordwestseite des Hügels sind Reste einer
solchen Anlage gefunden worden. Daß sie hangabwärts gerutscht und
völlig verschwunden seien, wird — wohl mit Recht — für unmöglich
gehalten. Dagegen folgen, wie der Grabungsleiter in einem un-

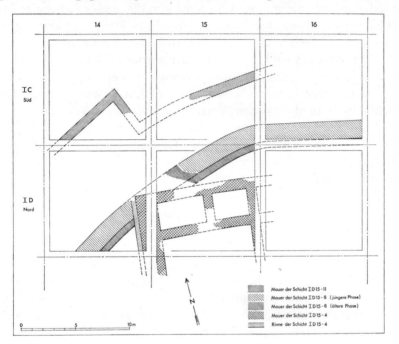

Abb. 2. Tell Kāmid el-Lōz. Plan der mittelbronzezeitlichen Stadtmauern in
IC14-15 und ID14-15.

veröffentlichten Bericht von 1968 mitteilt, unter den „fünf oder mehr
Schichten einer spätbronzezeitlichen Stadt mit einer zentralen
Zitadelle und ohne Stadtmauer ... spätbronzezeitliche städtische
Siedlungen mit einer Stadtmauer. Höchstwahrscheinlich wurden
zwei Mauersysteme 1967 in Areal IF13 freigelegt, die Abschnitte der
Stadtmauern dieser Siedlungen darstellen". Auf die spätbronzezeit-
liche Zitadelle werden wir später eingehen.

In der Mittelbronzezeit hat die Stadt offenbar nacheinander drei
verschiedene Befestigungssysteme gehabt, die am Nordrande des
Tells angeschnitten wurden (s. Abb. 2).

In ID15 stieß man zuerst auf zwei ostwestlich verlaufende parallele
Mauern von 1 m Stärke, die durch zwei Quermauern miteinander

verbunden sind. Die Fortsetzung der Grabung im westlich anschlie-
ßenden Areal ID14 zeigte dann, daß die beiden hangparallelen
Mauern im Westen in eine 2 m starke, nordsüdlich verlaufende
Mauer eingebunden sind und mit ihr eine Ecke bilden. Unmittelbar
westlich anschließend wurde eine Abflußrinne festgestellt. Der
Grabungsleiter nimmt an, daß es sich um die noch erhaltene rechte
Wange einer Toranlage handelt. Definitives kann man erst sagen,
wenn die südlich und östlich angrenzenden Areale bis zu dieser
Schicht freigelegt sind. Es ist nach der dortigen Zählung die Schicht
4, die in die ausgehende Mittelbronzezeit gehört.

Die darunter liegende Schicht 5 ist nur in Resten erhalten. Die
Schichten 6 und 7 stellen Verschwemmung und Versturz weiter
südlich gelegener Siedlungen dar. Von der Schicht 7 aus ist ein
Friedhof in die Schicht 8 eingetieft, von dem bisher 20 Bestattungen
freigelegt wurden. Weitere sind in den östlich, südlich und westlich
angrenzenden Arealen zu erwarten. Es sind durchweg Hocker-
gräber, z.T. reich ausgestattet mit Keramikbeigaben. Sie scheinen in
die Mittelbronze IIA und B-Zeit zu gehören. Der Friedhof hat, wie
die Befunde auf den Grabungsflächen und die Profile zeigen, außerhalb und zwar nördlich der zu dieser Siedlungsschicht gehörenden
Stadt gelegen.

Die Schicht 8, in die diese Gräber eingetieft waren, hatte eine
massive Stadtmauer von ungefähr 2,30 m Stärke. Sie liegt jetzt frei
über eine Strecke von 30 m. Es handelt sich genauer um eine ältere,
schwächere Mauer, die in einer etwas späteren Phase eine erhebliche
Verstärkung auf ihrer Außenseite erfuhr.

Vor dieser mächtigen Mauer wurden in IC14 und ID15 innerhalb
der Schicht 11 zwei Mauerzüge entdeckt, die höchstwahrscheinlich
als Abschnitte einer Stadtmauer aufzufassen sind. Das Zwischenstück
ist gestört. Die Mauer ist nur knapp 1 m stark. Im westlichen Teil
weist sie einen rechtwinkligen Knick auf, der vielleicht als die nord-
östliche Ecke eines Flankierungsvorsprungs gedeutet werden kann.
Die Schicht 11 dieser beiden Areale ist nach den Scherbeneinschlüssen
und einigen vollständigen Tongefäßen in die Mittelbronze I-Zeit
(Intermediate Early Bronze-Middle Bronze-Period) anzusetzen.

4. *Spuren älterer Besiedlung am Nordrand des Tells*

Nachdem im Jahre 1968 in IC15 und in den nördlich und südlich
angrenzenden Arealen unter der Schicht 11 der gewachsene Boden
erreicht schien, sollte 1970 im Zuge der weiteren Klärung des Gesamt-

profils die Stratigraphie nochmals überprüft werden. Das, was man 1968 als „gewachsenen Boden" angesehen hatte, war zwar homogen und im allgemeinen ohne Siedlungsrückstände. Doch waren im oberen Bereich einige amorphe Scherben gefunden worden. Deshalb hat man in der letzten Kampagne den Boden erneut untersucht und zwei Testschnitte bis zum gewachsenen Fels gegraben. Dabei stieß man in 80 cm Tiefe auf ein Nest neolithischer Scherben.

Der vermeintliche „gewachsene Boden" war also eine neolithische Kulturschicht, jedoch ohne irgendwelche Reste von Wohnbauten. Ähnlich verhielt es sich hier am Nordrand des Hügels mit der Hinterlassenschaft der Frühbronzezeit. Die Schicht 11 ist dort nach den vorläufigen und vorsichtigen Feststellungen des Grabungsleiters „frühmittelbronzezeitlich", doch wurden in ihr einige charakteristische Scherben der Frühbronzezeit aufgelesen. Die Siedlungen, aus denen die neolithischen und die frühbronzezeitlichen Scherben stammen, dürften weiter südlich zur Mitte des Tells hin zu erwarten sein. Ja, es kann mit der Möglichkeit gerechnet werden, daß Kāmid el-Lōz vom Neolithikum an ziemlich kontinuierlich besiedelt gewesen ist.

5. *Zitadelle und Palast der Spätbronzezeit* (Abb. 3)

Wir wenden uns nun wieder der Kuppe des Hügels, den Arealen IJ13-15 und IIIA14-15, zu, um abschliessend auf die spätbronzezeitliche Zitadelle einzugehen, die bis jetzt auf einer Fläche von annähernd 1000 qm freigelegt ist. Auf der Westseite zieht sich die mächtige Befestigungsmauer hin, deren südlicher Trakt 2,70 m stark ist; von dem 5,50 m breiten und 2,80 m vorspringenden Turm an setzt sich die Mauer in einer Stärke von 3,20 m nach Nordwesten fort, in ihrer zweitletzten Phase (nach der dortigen Schichtenfolge 3b2), soweit bisher festgestellt, mehr als 20 m, während sie in der letzten Phase (3b1) nach 17 Metern in nordnordöstliche Richtung umschwenkte. Kurz darauf folgt ein Tor mit einem 2,20 m breiten Durchgang. Diese Befestigungsmauer hat aber zweifellos mindestens noch zwei ältere Bauphasen (4 und 5).

An die westliche Zitadellenmauer schließt sich östlich ein stattliches Gebäude an, von dem 1969 und 1970 nur der westliche Teil freigelegt werden konnte. Seine Ausmaße und die Aufwendigkeit der Anlage führten bei fortschreitender Freilegung im vorigen Jahr zu dem Schluß, daß man hier den spätbronzezeitlichen Palast, — und zwar in der Schicht 4 den Palast der Amarna-Zeit vor sich hatte. Seine durchschnittlich 1,20 m dicken Innenmauern haben massive

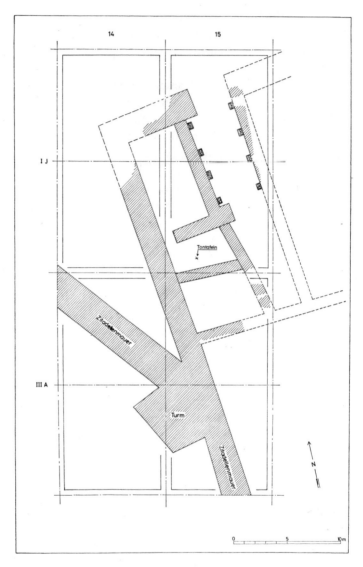

Abb. 3. Tell Kāmid el-Lōz. Plan der Zitadellenmauer und des Westteils des
Palasts der frühen Amarna-Zeit in IJ14-15 und IIIA14-15.

Bruchsteinfundamente und sind in Lehmziegeln aufgeführt. Sie sind
z.T. sehr gut erhalten und stehen noch bis zu einer Höhe von 1,50 m
an. Dieser bisher ausgegrabene Teil des Gebäudes besteht aus einem
Langraum, der von Norden her zugänglich ist. Seine Länge beträgt

etwa 19 m, seine Breite im nördlichen Teil bis zu einem vorspringenden Pfeiler 4,50 m. Auf seiner Westseite liegen drei kleinere Räume.
Die Innenwände des Bauwerks sind mit feinem Lehmmörtel sorgfältig verputzt. Und die Seitenwände des Langraums sind im nördlichen Teil durch symmetrisch angebrachte Risalite gegliedert. Diese
bestehen aus je zwei senkrecht aufgestellten Holzpfosten, die rechteckig von Lehm eingefaßt und auch verputzt sind. Die Pfosten haben
sich im Laufe der Jahrtausende zersetzt; aber der Lehmmantel und
-verputz haben sich durchweg gut erhalten.

Während dieser Langraum einen sauber gestrichenen horizontalen
Estrichfußboden hatte, waren die westlich angrenzenden Nebenräume
mit einem Holzfußboden ausgestattet, unter dem sich ein 60-80 cm
hoher Hohlraum befand. Dieser Holzfußboden lag 80 cm höher als
der Estrichfußboden des Langraums. Das Balkenwerk, das ihn trug,
war in die Wände eingelassen und hatte Hohlräume hinterlassen, die
von den Ausgräbern deutlich beobachtet werden konnten.

Der Palast war durch Brand zerstört. Ein Teil der Lehmziegel war
bis zum Glasfluß erhitzt und dann erstarrt. Und Kalksteine des
Fundaments, gebrannt und durch Feuchtigkeit langsam wieder ab-
gelöscht, erschienen als weißes Pulver. Dieser Befund zeigt, daß das
Feuer von außerordentlicher Heftigkeit gewesen sein muß. Erstaun-
lich war, daß das Gebäude fast gar keine Funde enthielt. Nur in dem
mittleren der Nebenräume kamen ein Krug der Spätbronze IIA-Zeit,
große Mengen von rechteckigen, aus dem Haus einer Meeresschnecke
geschnittenen Platten und drei Tontafeln zutage, eine vollständige
(KL 69:277) und zwei fragmentarische (KL 69:278 und 279). Die
letzteren lagen ziemlich hoch im Brandschutt des Raumes. Daraus
wird geschlossen, daß sie im Obergeschoß magaziniert waren und
bei dessen Brand und Einsturz herabgefallen und zerbrochen sind.
Da die Mauern und der Brandschutt der Bauschicht 4 durch die nach-
folgende Bauschicht 3c in ihren oberen Teilen abgeräumt waren,
wird mit der Möglichkeit gerechnet, daß hier Fragmente eines ganzen
Tontafelarchivs beseitigt worden sind. Ein weiteres Tafelfragment
(KL 69:100) wurde in den Auffüllungsschichten des Glacis westlich
des Palastes entdeckt.

Diese Dokumente sind von Dietz O. EDZARD publiziert worden. [1]
Er übersetzt die vollständige Tafel (KL 69:277) wie folgt: „Zu
Zalaja, dem Mann von Damaskus, sprich! Folgendermaßen der

---

[1] D. O. EDZARD, *Die Tontafeln von Kāmid el-Lōz*, *SBA* VII, 1970, S. 50-62;
ders., *BMB* XXII, 1969, p. 85-91.

König. (3) Hier sende ich dir diese Tafel zu, meine Rede an dich.
(5) Ferner: Schicke mir die Ḫapiru-Leute ..., deretwegen ich dir
geschrieben hatte (8) mit folgenden Worten: 'Ich werde sie zu den
Städten des Landes Kāša geben, (10) damit sie in ihm wohnen an
[St]elle derer, die ich weggeführt habe'. (12) Wisse im übrigen, daß
der König heil wie die Sonne am Himmel ist. Seine Truppen (15) und
Streitwagen sind zahlreich; vom Oberen Land bis zum Unteren Land,
von Son[nen] aufgang [b]is Sonnenuntergang (ist alles) in bester Ver-
fassung".

Das Fragment KL 69:279 ist der Anfang eines Briefes, der offenbar
gleichlautend war. Er war jedoch an einen anderen Adressanten,
nämlich an 'Abdi-milki von Šaza'ena, gerichtet. Beide sind bisher in
den Amarnabriefen nicht bezeugt. Die abschließenden 7 Zeilen des
vollständigen Briefes folgen einem festgeprägten Formular, das in
einer Reihe von Amarnabriefen wörtlich wiederkehrt. Es besteht also
kein Zweifel, daß der Brief zur Amarnakorrespondenz gehört und
daß der Absender ein Pharao ist; [1] es fragt sich nur, welcher Pharao.
R. HACHMANN hat in einer anregenden und scharfsinnigen Erörterung
der für die Geschichte und Lokalisierung relevanten Amarnatexte [2]
darauf verwiesen, daß Amenophis IV. weder in Syrien noch im
südlichen Vorfeld seines Reiches kriegerisch tätig gewesen war, daß
sich aber Amenophis III. in seinem 5. Regierungsjahr, also etwa um
1408 v. Chr., genötigt sah, einen Feldzug gegen das aufständische
Nubien zu unternehmen. [3] Es ist durchaus einleuchtend, wenn EDZARD
und HACHMANN die beiden Briefe in diesen geschichtlichen Zusammenhang stellen: [4] Amenophis III hat einen Teil der Bevölkerung
aus den Städten Nubiens deportiert. Anstelle der Weggeführten
sollen nun Ḫapiru-Leute aus Syrien dort angesiedelt werden.

Da diese Tafeln im Brandschutt des Palastes der Schicht 4 gefunden
wurden, ist zugleich ein „Terminus post quem für den Brand des
Gebäudes und darüber hinaus für das Ende der Bauschicht 4 — IJ15"
gegeben. [5]

Es muß noch erwähnt werden, daß das Fragment KL 69:100
„sicher auch ein Brief ist", der „unter anderem die unmittelbare
Nachbarschaft von Kumidi betrifft, da in Z. 3 das Land Amqi er-

---

[1] EDZARD, *SBA* VII, S. 57.
[2] *SBA* VII, 1970, S. 63-94.
[3] *Ebda.* S. 90.
[4] *Ebda.* S. 57 und 90 f.
[5] R. HACHMANN, *ebda.* S. 91.

wähnt ist", daß er aber „für eine Übersetzung und Interpretation viel zu schlecht erhalten ist". [1]

Im übrigen darf zur Information über Details der Interpretation sowie über weitere Schriftdokumente aus Kāmid el-Lōz, vor allem über die von G. MANSFELD veröffentlichten 8 Ostraka mit alt-kanaanäischer Schrift, die in den spätbronzezeitlichen Schichten 3b und 4a beim Palast und beim Tempel zutage kamen und für die Frühgeschichte der Alphabetschrift von Bedeutung sein dürften, auf die erwähnte Publikation hingewiesen werden. [2] Abschließend kann gesagt werden, daß die Ausgrabungen einen literarischen Beweis für die Identifizierung des Tell Kāmid el-Lōz mit Kumidi zwar bisher nicht erbracht haben, daß aber die Argumente für diese Gleichung durch die Grabungsbefunde und die dort entdeckten Tafeln der Amarna-Korrespondenz zusammen mit den neuen kulturgeographischen Beobachtungen von R. HACHMANN [3] so erheblich vermehrt werden konnten, daß Zweifel an ihrer Berechtigung kaum noch übrig bleiben.   A. KUSCHKE

6. *Der spätbronzezeitliche Tempel von Tell Kāmid el-Lōz*

a) *Allgemeines*

In der ersten Grabungscampagne 1964 auf dem Tell Kāmid el-Lōz kamen im Areal IG13 nach Abtragen der eisenzeitlichen Schichten in der Schicht 3 Teile eines größeren Gebäudes zutage, das aufgrund des stratigraphischen Kontextes, zu dem milk-bowl-Scherben, eine Linsenflasche, spätmykenische Scherben und churrisch-mitannische Rollsiegel gehörten, in die Späte Bronzezeit zu datieren war. Als besonders schöner Kleinfund ist eine 7,5 cm hohe Sitzfigur aus Elfenbein zu nennen. [4] Um das Gebäude in seiner ganzen Ausdehnung zu erfassen, wurden in den Campagnen der Jahre 1966-1969 die benachbarten Areale IG12, IG14, IH13 geöffnet, wobei sich 1969 herausstellte, daß auch die beiden Areale IG15 und IH14 einbezogen werden müssen, um das Gebäude ganz freizulegen. In IG15 konnte die jüngste

---

[1] EDZARD, ebda. S. 60.

[2] D. O. EDZARD, R. HACHMANN, P. MAIBERGER und G. MANSFELD, *Kāmid el-Lōz — Kumidi, SBA* VII, 1970. Zu den Ostraka s. auch G. MANSFELD, *BMB* XXII, 1969, p. 67-75.

[3] *SBA* VII, S. 43-47 mit Abb. 9.

[4] Näheres zu den Ergebnissen der Campagne 1964 in Schicht 3 des Areals IG13 bei R. HACHMAN/A. KUSCHKE, *Kamid el-Loz 1963/64*, Saarbrücker Beiträge zur Altertumskunde 3, 1966, S. 45 f., 48-58; Abb. 11-13, 17-24.

bronzezeitliche Schicht gegen Ende der Campagne 1970 nur im westlichen Testschnitt erreicht werden, in IH14 befinden wir uns noch
in den eisenzeitlichen Schichten.

Das in den genannten Arealen großenteils freigelegte Gebäude ist
bislang in 4 Hauptschichten (3a, 3b, 4a, 4b) nachweisbar, wobei die
Schichten 4a und 4b an einigen Stellen wiederum in je zwei Unter-
phasen zu gliedern sind, so daß man mit mindestens 6 Bauphasen zu
rechnen hat. Der folgende Bericht beschränkt sich auf die Schicht 3b,
da die Grabungsergebnisse in dieser Schicht am besten gesichert sind,
da sich hier am ehesten ein Bild vom Grundriß des Gebäudes gewinnen
läßt und da in dieser Schicht bislang die interessantesten Kleinfunde
zu verzeichnen sind.

b) *Beschreibung des Gebäudes* (Abb. 4)

Das zur Besprechung stehende Gebäude der Schicht 3b ist ein
Hofhaus, das ein Geviert von mindestens 26 × 22 m Ausmaß deckt.
Um einen mit Lehmplatten gepflasterten Innenhof G sind mindestens
10 Räume gelagert. Die im Westen liegenden Räume A, B, C sind
vollständig freigelegt. Der genaue Grundriß der Räume im Süden
(D.E.F.) und im Osten (H und weitere Räume) wird erst nach Erreichen der Schicht 3b in den Arealen IH14 und IG 15 zu erstellen
sein. Der Anbau im Nordwesten ist großenteils zerstört. Die erhaltenen Mauerreste lassen jedoch eine Rekonstruktion der Räume J
und K zu. Die Mauer, die den Hof G nach Norden hin begrenzt, ist
teilweise zerstört, der Verlauf der Mauer ist jedoch gesichert durch
eine mit weißer Asche ausgefüllte Ausbruchgrube, die sowohl an
den Profilen des Steges zwischen IG13 und IG14 als auch im Planum
deutlich auszumachen ist.

Die Mauern sind aus großen, nur grob behauenen Bruchsteinen
errichtet. Die Steine sind im Lehmmörtel verlegt. Bei den Mauern,
die die Räume A-C umgeben, haben sich z.T. noch mehrere Lagen
aufgehenden Lehmziegelmauerwerks erhalten. Die Mauer, die das
Gebäude nach Westen hin abschließt, ist tief fundiert und bis zu
über 2 m Höhe erhalten. Sie existierte schon zur Zeit der Schicht 4b.
Gleiches gilt von der Mauer, die den Hof nach Norden hin begrenzt.
Die an der Ostseite des Hofes gelegene Mauer ist auf Mauerfunda-
menten der Schicht 4 errichtet. Die beiden Mauern, die im Süden und
im Westen des Hofes liegen, sowie die Trennmauern zwischen den
Räumen A, B, C, D sind nachweislich erst zur Zeit der Schicht 3b

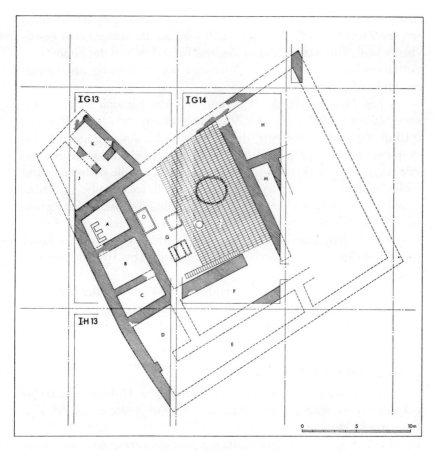

Abb. 4. Tell Kāmid el-Lōz. Plan des spätbronzezeitlichen Tempels. Areale
IG13-14 und IH13. Schicht 3b.

errichtet; denn die Brandschicht der Schicht 4a geht eindeutig unter
diese Mauern hinweg.

Der trapezförmige Innenhof (Taf. II) hat folgende Ausmaße: Nordwestseite: 10,50 m, Nordostseite: 12 m, Südostseite: 10 m, Südwest-
seite: 10 m. Der Hof ist zu 2/3 seiner Breite mit luftgetrockneten
Lehmziegeln gepflastert. Die einzelnen Ziegel messen 0,40 m ×
0,20 × 0,8 (bis zu 0,10) m. Die von Südost nach Nordwest, parallel
zur Ost- und Westmauer des Hofes, verlaufenden Längsfugen sind
zwischen 0,06 und 0,10 m, die schmalen Querfugen zwischen 0,04
und 0,03 m breit. Die Hofpflasterung nimmt deutlich auf die Mauern
der Schicht 3b Bezug. Unregelmäßigkeiten in der Mauerführung sind

dadurch ausgeglichen, daß ein Lehmverstrich vom gleichen Material
wie die Ziegel der Pflasterung vom Pflaster an die Mauer heran gestri-
chen wurde. Ein 3,00 m breiter Zugang befand sich an der Südostseite
des Hofes. An der Ostseite des Raumes F lag ein Zugang zum Ostteil
des Gebäudes.

An den Mauern, die den Hof umschließen, hat sich an der Hofseite bis zur vollen Höhe des Mauerwerkes ein zwischen 0,025 und
0,10 m starker Lehmbewurf, der wiederum mit einem dünnen Kalkverputz versehen war, erhalten. Zur Zeit der Schicht 3a wurde ein
zweiter, 0,02 m starker Wandverputz aufgetragen, die Hofpflasterung
erhielt einen bis zu 0,25 m starken estrichartigen Lehmbelag. Dabei
ging die Wandverkleidung der Schicht 3a unmittelbar in den Lehmbelag des Hofpflasters über. Sowohl der zu 3a gehörende Lehm-
verputz an den Wänden als auch der Lehmbelag auf dem Pflaster
waren wiederum, wie der Wandputz der Schicht 3b, mit dünnem
Kalkverstrich überzogen.

Läßt sich nun etwas über Verwendung und Funktion des Gebäudes
der Schicht 3b sagen? Eine Antwort auf diese Frage ist aufgrund der
Einrichtungen des Gebäudes und aufgrund der im Gebäude gemach-
ten Kleinfunde möglich.

c) *Einrichtungen und Kleinfunde*

An die Westmauer des Hofes G war an der Hofseite ein recht-
eckiges *Becken* von 2,70 m Länge und 1,31 m Breite angebaut. Das
Fundament bestand aus Lehmziegeln, die Füllung aus Stampflehm.
Das Becken war mit harter Kalkestrichmasse verkleidet. Die Oberfläche des Beckens fiel von den Rändern zur Mitte hin ab. In der
Mitte befand sich eine runde Öffnung, deren Ränder mit Kalkestrich
sauber verstrichen waren. 2-3 cm unterhalb des Randes dieser Öffnung
war ein kugeliges, einhenkliges Gefäß, dessen Mündung einen Durchmesser von 0,25 m hatte, fest eingelassen.

Bruchstücke von zwei weiteren rechteckigen Becken, deren Längs-
kanten parallel zu denen des erstgenannten Beckens liefen, konnten
beim Abräumen des Steges zwischen IG13 und IG14 gesichert
werden.

Im Westteil des Raumes A kam eine *E-förmige Setzung* aus Lehmziegeln, bis zu drei Lehmziegellagen hoch, zu Tage. Die nach Osten
hin offenen Nischen dieses Gebildes waren mit weißer Asche, ver-
mischt mit Knochen und Knochensplittern, angefüllt. Bei diesem
Gebilde kann es sich nur um eine Feuerstelle handeln. In der süd-

lichen der beiden Nischen lag ein bemerkenswerter Kleinfund: ein etwa 20 cm langes harpenartiges Messer aus Bronze. Griff und Schneide sind aus einem zusammenhängenden Stück gearbeitet. Der Griff endet in einem Löwenkopf mit Löwenbeinen. Den Handschutz zwischen Griff und Schneide bildet ein Kopf mit Hathorfrisur.

Eine zweite, größere *Feuerstelle* lag im Nordostteil des Hofes. Sie war von einer runden Steinsetzung aus mittelgroßen Bruchsteinen eingegrenzt. Der Steinkreis hatte einen Durchmesser von 2,5 m. Innerhalb der Steinfassung hat sich eine bis zu 20 cm hohe Schicht aus weißer, feiner Asche angehäuft. In der Asche und z.T. auch außerhalb des Steinkreises fand sich eine große Anzahl von Tierknochen, in der Asche außerdem ein verkohlter Mandelkern. An der Brandstelle waren die Lehmziegel der Hofpflasterung infolge großer Hitzeeinwirkung rot und hart gebrannt.

Alle Wahrscheinlichkeit spricht dafür, daß die genannten Einrichtungen kultische Funktionen hatten. Das Becken mit Einflußöffnung und darunter befindlichem Gefäß diente wohl zur Aufnahme von Trankopfern. Daß es sich bei dem in Raum A gefundenen Messer nicht um einen profanen Gebrauchsgegenstand handelt, ergibt sich aus Größe und Form des Messers, vor allem aus den Löwenprotomen am Griff und aus dem hathorkopfartigen Handschutz. So wird man das Messer als Opfermesser und das E-förmige Gebilde, in dem es gefunden wurde, als Opferstelle anzusprechen haben. Daß es sich bei der mit Steinen eingekreisten Feuerstelle im Hof nicht um eine Kochstelle handelt, beweist ihr großes Ausmaß. Für intensiven Gebrauch sprechen die umfangreiche Aschenansammlung und die hart gebrannten Lehmziegelplatten an dieser Stelle. So wird man die runde Feuerstelle im Hof als den großen Brandopferplatz und das E-förmigen Gebilde als eine Nebenopferstelle anzusehen haben. Auffällig und überraschend ist die Tatsache, daß hier kein erhöhter Brandopferaltar, sondern stattdessen eine ebenerdige Brandopferstelle vorhanden war. — In der Schicht 4a ließ sich unterhalb des Pflasters etwa an der gleichen Stelle des Brandopferplatzes von 3b ebenfalls eine weiße Aschenschicht nachweisen, die allerdings nicht durch Steine eingekreist und darum etwas weitläufiger zerstreut war. In Schicht 4b war keine Aschenschicht nachweisbar, an der Stelle der Aschenschicht von 4a fand sich jedoch in 4b ein Stufenpodium aus Stampflehm.

Wenn es richtig ist, daß es sich bei dem mit Steinen umgrenzten Aschenplatz auf dem Zentralhof des Gebäudes und bei dem E-förmi-

gen Gebilde in Raum A um Brandopferstellen handelt und daß das
Becken im Westteil des Hofes zu Libationszwecken diente, dann folgt
daraus, daß das zur Besprechung stehende Gebäude ein Heiligtum
war. Diese Annahme wird erhärtet durch Funde kultischer Art, die
sich im Hof und in den Räumen A-D fanden. Für Schicht 3b sind hier
zu nennen: ein mykenisches Tonidol aus Raum D, ein Rhyton in
Form eines Schweines (Taf. V), dessen Scherben z.T. in Raum D,
z.T. über das Pflaster von Hof G hinweg zerstreut gefunden wurden,
ein zweites Rhyton in Form eines Fisches. Aus Schicht 4a stammen
mykenische Kelche.

Die Wahrscheinlichkeit, daß wir es bei dem freigelegten Gebäude
mit einem spätbronzezeitlichen Tempel zu tun haben, wird zur Gewiß-
heit durch den Befund im Ostteil des Gebäudes. In der Campagne
1969 stießen wir in Areal IG 14 im Raume M auf eine *Deponierung*,
deren Fortsetzung nach Südosten hin in den letzten Tagen der
Campagne 1970 unter dem Steg zwischen IG14 und IG15 sowie im
östlichen Testschnitt von IG15 nachgewiesen werden konnte. Diese
Deponierung ist in eine Lehmpatzenpackung hinein verlegt und
nach oben hin durch eine Lehmpatzenabdeckung abgeschlossen.
Die Lehmpatzen der Deponierung sind an die zu Schicht 3b
gehörende Mauer, die den Hof G nach Osten hin begrenzt, her-
angepackt. Das bedeutet, daß die Deponierung die Existenz der zu
3b gehörenden Mauer voraussetzt. Die Gegenstände der Deponierung
sind in mehreren Komplexen beigesetzt. Zu den auf Tafel III-VI
abgebildeten Kleinfunden s.u. S. 172 f.

Eine zweite Deponierung wurde in der Campagne 1970 in Raum
H aufgedeckt. Sie fand sich unter der Begehungsfläche von 3b, die
an dieser Stelle durch Reste eines schlecht erhaltenen Lehmziegel-
pflasters markiert ist. Diese nördliche Deponierung ist nicht in Lehmpatzen verlegt und nicht durch Lehmpatzen abgedeckt. Sie erstreckt
sich bis unter die Trennmauer zwischen Raum H und Raum M. Auch
diese nördliche Deponierung setzt sich nach Osten hin fort, wie in
der letzten Woche der Campagne 1970 im östlichen Testschnitt von
IG15 festgestellt werden konnte. Beide Deponierungen sind bisher
noch nicht in ihrem vollen Umfang erfaßt.

Im Bereich der nördlichen Deponierung wurden bisher über 60
ganze Gefäße (u.a. carinated bowls, Schalen, Näpfe, Krüge, Flaschen,
bemalte Kelche), spätbronzezeitliche Tonlampen, Pfeilspitzen und
Idole aus Silberblech und ein churrisch-mitannisches Rollsiegel ge-
borgen, in der südlichen Deponierung bislang über 50 Tongefäße,

u.a. ein großer Kochtopf, in dem sich mehrere kleine Gefäße, Tierknochen, ein churrisch-mitannisches Rollsiegel, ein kleines Bronze-
messer und ein Bronzedolch mit Schalengriff befanden. Als bedeut-
samste Funde der Deponierungen sind einige Objekte, über deren
kultische Verwendung kein Zweifel bestehen kann, zu nennen: mond-
förmige Anhänger aus Silber und Bronze, silberne Spangen mit ein-
gepunzten Hathorköpfen, 15 Idole meist weiblicher Gottheiten aus
Silber- und Bronzeblech, ein Lebermodell aus Ton mit eingezeich-
neten Ominafeldern und eine Reihe von vollplastischen Götter-
figuren aus Bronze, nämlich in der südlichen Deponierung 4 Statuetten
von schreitenden Göttern mit erhobenem Arm, bekleidet mit kurzem
Schurz und einer der ägyptischen „weißen Krone" verwandten Kopf-
bedeckung, zwei Bronzefiguren von sitzenden Gottheiten, deren
rechte Hand zum Grußgestus erhoben ist (eine mit Wulstmantel, eine
mit reich verziertem langen Gewand mit überkreuzten Trägern), ein
Bronzebild eines Widders, eine Faust einer größeren Bronzestatuette;
in der nördlichen Deponierung eine stehende Gottheit mit erhobenem
rechten Arm, bekleidet mit der ägyptischen Atef-Krone und einem
langen, reich verzierten Trägerrock, an der Rückseite mit einer Anhängeröse versehen (Taf. IV), ferner ein Bronzearm mit Halterungsstift.

Bereits gegen Ende der Campagne 1968 wurde im östlichen Testschnitt von IG14 an der Stelle der südlichen Deponierung, aber oberhalb der Begehungsfläche von 3b ein vollplastisches Sitzbild einer
Gottheit aus Bronze, eine Bronzefigur eines schreitenden Gottes mit
erhobener Hand und „weißer Krone" sowie der Arm einer größeren
Bronzestatuette gefunden.

Bei den beiden genannten Deponierungen wird es sich aller Wahrscheinlichkeit nach um rituelle Bestattungen älteren Kultmaterials,
das außer Funktion geraten war, handeln. Möglicherweise wurde die
Deponierung anläßlich des Tempelumbaus in der Phase der Schicht
3b vorgenommen. [1]

---

[1] Ähnliche Deponierungen wie im Tempel von Tell Kāmid el-Lōz kamen
auch in Schicht 2 des spätbronzezeitlichen Tempels von Hazor (Area H) zu Tage
(Y. YADIN u.a., *Hazor III-IV*, *Plates*, 1961, Pl. CXIII, 1.2; s.a. das „nest of
vessels" im Sanktissimum, Pl. CXXV, 2!). Eine gewisse Analogie zur Lehmpatzenabdeckung der südlichen Deponierung im Tempel von Kāmid el-Lōz
besteht darin, daß die Deponierung südlich des Raumes 2146 in Hazor durch
eine Lehmziegelsetzung in zwei Teile geteilt ist (a.a.O. Pl. CXIII, 2). In der
Deponierung des Locus 2178 von Hazor (a.a.O. Pl. CXIII, 1) fanden sich
außer Keramikgefäßen auch Lebermodelle aus Ton, wie das bei der südlichen
Deponierung von Tell Kāmid el-Lōz ebenso der Fall war.

162   M. METZGER

Unter den Ausstattungen des Tempels ist schließlich eine im Bereich des gepflasterten Hofes südwestlich des Aschenkreises gelegene *Steinbasis* (Abb. 5) zu nennen. Die trommelförmige Basis ist aus grünem, kompaktem, wenig porösem Basalt gearbeitet. Die Oberseite ist fast kreisförmig (Durchmesser etwa 0,65 m), der konisch

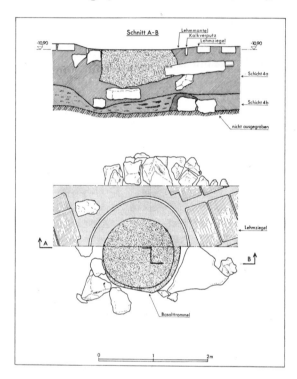

Abb. 5. Tell Kāmid el-Lōz. Schnitt und Planum der Basaltbasis im Hof des spätbronzezeitlichen Tempels. Areal IG14, Schicht 3b. Im Mittelteil des Planums ist ein etwa 1m breiter Streifen stehen gelassen, auf dem Teile des Hof-Pflasters, der Lehmummantelung und des Kalkverputzes zu sehen sind. Oberhalb und unterhalb dieses Streifens sind Pflaster und Lehmmantel entfernt, so daß die Steinfundierung der Basis sichtbar wird.

gestaltete Körper (Höhe zwischen 0,25 m und 0,35 m) nimmt von oben nach unten an Umfang zu. Die Oberfläche der Basis ist sorgfältig bearbeitet und sauber geglättet. Die Basis ist auf einem bis zu drei Lagen hohen Fundament aus grob behauenen, mittelgroßen Bruchsteinen gelagert. Unebenheiten an der Oberfläche des Fundaments sind durch eine dünne Planierungsschicht aus Erde ausgeglichen.

Das Pflaster der Schicht 3b spart rings um die Basis eine quadratische Fläche aus, nimmt also eindeutig auf die Basis Bezug. Das bedeutet, daß die Basis zur Zeit der Schicht 3b in Funktion war. Andererseits läuft die Begehungsfläche der Schicht 4a, gekennzeichnet durch eine dünne Brandschicht, unter der Steinfundierung der Basis hinweg (s. Abb. 5 oben!). Daraus geht hervor, daß die Basis zur Zeit der Schicht 4a noch nicht errichtet war. Das Pflaster von 3b und die Oberfläche der Basis liegen etwa auf dem gleichen Niveau. Die Seitenflächen der Basis liegen unterhalb des Pflasterniveaus.

Um die Seitenflächen der Basis herum ist eine Lehmummantelung, die wiederum mit einem Kalkverputz versehen ist, gelegt. Der Raum zwischen dem Lehmmantel der Basis und den Lehmziegeln der Hofpflasterung ist mit dem gleichen Lehmmaterial ausgefüllt, aus dem die Lehmummantelung und die Fugenverschmierung zwischen den Ziegeln der Pflasterung bestehen.

Fragt man nach der *Funktion der Basis*, so liegt zunächst der Gedanke an eine Säulenbasis nahe, analog zu Säulenbasen in mittel- und spätbronzezeitlichen Tempeln und Palästen. [1] Aber diese Möglichkeit ist sogleich auszuschließen. Das Vorhandensein einer Säule würde bedeuten, daß es sich bei dem Geviert G nicht um einen offenen Hof, sondern um einen überdachten Raum handelte. Hiergegen sprechen jedoch gewichtige Gründe. Es ist fraglich, ob eine einzige Säule genügt hätte, die Last eines Daches von über 100 qm Fläche zu tragen. Anzeichen für das Vorhandensein von weiteren Säulenbasen sind jedoch nicht vorhanden. Falls im Geviert G weitere Säulen gestanden hätten, die Basen aber später durch Steinraub entfernt worden wären, hätte man an der Stelle der entfernten Säulenbasen Aussparungen im Pflaster finden müssen. Derartige Aussparungen ließen sich aber nicht nachweisen. Wenn ein Dach von nur einer Säule getragen wird, so steht diese Säule in der Regel in der Mitte des Raumes. Das ist aber bei der zur Besprechung stehenden Basis nicht der Fall. Die Entfernung der Basis zur Nordmauer beträgt 6,50 m, zur Ostmauer 5 m, zur Südmauer 3,7 m und zur

---

[1] Tempel 5269.5192 und 4040 von Megiddo (*OIP* LXXII, 1948, fig. 180; zur Datierung der beiden erstgenannten Tempel in die Intermediate Period und des letztgenannten in die Mittelbronzezeit s. Th. L. THOMPSON in *ZDVP* 86, 1970, S. 38 ff.); mittelbronzezeitlicher Tempel zu Sichem (G. E. WRIGHT, *Shechem*, 1965, Fig. 41.43.48); spätbronzezeitlicher Tempel („Foss-Temple") von Lachis (O. TUFNELL, *Lachisch II, The Foss Temple*, 1940, Tf. LXVI.LXVII.LXVIII); spätbronzezeitlicher Tempel von Alalach (L. WOOLLEY, *Alalakh*, 1955, Fig. 34a); Palast des Niqmepa in Alalach (a.a.O. Fig. 45).

Westmauer 4,5 m. Gegen eine Überdachung des Gevierts G spricht vor allem der große Brandopferplatz auf dem Pflaster. Bei der hier vorauszusetzenden starken Hitzentwicklung wäre ein Dach sicher in Brand geraten. Es wäre allenfalls an eine teilweise Überdachung, und zwar an eine Überdachung des Westteiles von G, zu denken. Aber da die Basis nicht in der Mitte zwischen der Nord- und der Südmauer, sondern näher zur Südmauer hin liegt, müßte auch bei einer nur teilweisen Überdachung eine zweite Basis nach Nordwesten hin vorhanden sein, was aber nicht der Fall ist. Schließlich bliebe unter der Voraussetzung, daß die Basalttrommel als Säulenbasis gedient habe, die Lehmummantelung und der Kalkverstrich der Basis unerklärt; denn beide Gegebenheiten können keinerlei architektonische Funktion gehabt haben.

Auch die Interpretation der Basalttrommel als Statuenbasis ist auszuschließen; denn Statuenbasen im Vorderen Orient haben in der Regel rechteckigen oder quadratischen Grundriß. Außerdem wäre bei einer Statuenbasis eine Vertiefung zum Einzapfen der Statue zu erwarten. Das gleiche hätte wohl auch für die Basis einer Aschera, einer Massebe [1] oder einer Betylos zu gelten.

Daß der beschriebenen Basis besondere Bedeutung zukommt, beweist deren außerordentlich sorgfältige Bearbeitung. Sie ist der bestbearbeitete Stein im gesamten bisher freigelegten Tempelareal. Die Basis zeichnet sich auch durch die Besonderheit des Materials aus. Während der Kalkstein, aus dem die Mauern errichtet sind, aus Steinbrüchen in der Umgebung von Kāmid el-Lōz gewonnen werden konnte, mußte der Basalt, aus dem die Basis gefertigt ist, aus dem Hauran importiert werden. Einen Anhaltspunkt zur Interpretation der Basis liefert vielleicht die mit Kalkverputz versehene Lehmummantelung. Eine architektonische Funktion beider Gegebenheiten ist vonvornherein auszuschließen. Auch ästhetisch-dekorative Bedeutung kommt nicht in Betracht; denn Lehmmantel und Kalkverputz lagen zur Zeit der Schicht 3b unterhalb der Begehungsfläche und waren zur Zeit der Funktion der Basis nicht sichtbar. Alle Wahrscheinlichkeit spricht dafür, daß der Lehmmantel samt Kalkverstrich die Funktion hatte, die Basis vom umgebenden Bereich zu isolieren und als kultisch reinen Ort auszugrenzen.

Hier sind nun vom Alten Testament her einige Erwägungen anzustellen, aufgrund deren es vielleicht möglich ist, die Funktion der

---

[1] S. hierzu z.B. die Basis mit Eintiefung zur Aufnahme einer Massebe im spätbronzezeitlichen Tempel zu Sichem, G. E. WRIGHT, *Shechem*, 1965, Fig. 36.38!

Basis näher zu bestimmen, In seinem Aufsatz über das judäische
Königritual macht G. VON RAD [1] auf einen Tatbestand im Alten
Testament aufmerksam, der in unserem Zusammenhang von
Interesse ist. Aus dem Bericht über die Inthronisation des Königs
Joas (2 Kön. xi) und aus dem Bericht über die Reformmaßnahmen
des Königs Josia (2 Kön. xxiii) geht hervor, daß es im Hof des
Jerusalemer Heiligtums einen bestimmten Platz gab, auf dem der
König, offenbar in seiner Eigenschaft als Kultherr des Jerusalemer
Heiligtums, bei besonders feierlichen Handlungen stand, nach
2 Reg. xi 14 bei den Zeremonien anläßlich der Königserhebung des
Joas, nach 2 Reg. xxiii 3 beim Verlesen des im Hause Jahwes gefundenen Gesetzbuches und beim Bundesschluß. Dieser für den
König bestimmte Platz trägt die Bezeichnung *hā ʿammûd,*[2] „die Säule"
oder *ʿammûdô,* „seine Säule". [3] Vielleicht ist es nicht abwegig, bei
der Basaltbasis im Hof des spätbronzezeitlichen Tempels von Kāmid
el-Lōz an einen solchen Standplatz für den König zu denken. Eine
gewisse Schwierigkeit bereitet dabei die Tatsache, daß die Oberseite
der Basis mit dem Hofpflaster auf gleicher Ebene liegt und nicht
über dem Pflaster aufragt, wie es die Bezeichnung *ʿammûd* in 2 Reg. xi;
xxiii und der dortige Erzählungszusammenhang nahelegen. [4] Dabei
ist freilich in Rechnung zu stellen, daß auch der Brandopferplatz
nordöstlich der Basis ebenerdig ist und nicht hervorragt, wie das
vom Brandopferaltar im Jerusalemer Heiligtum bezeugt wird [5]
und wie das bei Brandopferaltären an anderen Grabungsstätten [6]
der Fall ist. Vielleicht kam es beim Standplatz für den König nicht
unbedingt darauf an, daß er emporragte, sondern vielmehr darauf,
daß der Platz als ein besonderer gekennzeichnet und als kultisch
reiner Ort ausgegrenzt war. Das war bei der sorgfältig gearbeite-

---

[1] G. VON RAD, *Das judäische Königsritual,* 1947, *Ges. Stud.* S. 205-213, bes. S. 207.

[2] 2 Kön. xi 14; xxiii 3. Die chronistische Lesart ʿal ʿâmdô, „auf seinem Standort"
(2 Chron. xxxiv 31) dürfte eine spätere Vereinfachung sein. Das Targum bietet
eine Verbindung beider Lesarten: ʿal ʿammûdô, „auf seiner Säule".

[3] 2 Chron. xxiii 13.

[4] „Daß der Ort erhaben war, ist wohl unter allen Umständen anzunehmen.
Der König muß doch der festlich gedrängten Menge sichtbar gewesen sein, so
möchte man auch an ein säulenartiges Podest denken" (G. VON RAD, *Ges. Stud.*
S. 207). — S. hierzu die bekannte Stele mit dem sog. „Baal au foudre" aus Ras
Schamra (*Syria* 14, 1933, Pl. 16; *ANEP* Nr. 490), auf der vor der Gottheit eine
in kleinem Maßstab gehaltene Person, wahrscheinlich ein König, auf einem
Podest steht.

[5] Ez. xliii 13 ff.; Ex. xxvii 1 ff.; 2 Kön xvi 14.

[6] S.z.B. den Altar 4017 von Megiddo (*OIP* LXII, 1948, Fig. 180; zur Datierung
in die Frühe Bronzezeit s. *ZDPV* 86, 1970, S. 38 ff).

ten und durch Lehmmantel mit Kalkverputz von der Umgebung
isolierten Basis im Hof des Tempels von Kāmid el-Lōz der Fall.
Es ist zuzugestehen, daß der Terminus *ʿammûd* im Alten Testament in der Regel eine aufragende Säule bezeichnet. Es wäre aber
denkbar, daß dieser Terminus nicht in jedem Falle unbedingt die
ganze Säule bezeichnen musste, sondern sich im engeren Sinne
speziell auf die Säulenbasis als einem wichtigen Element der Säule
beziehen und in diesem Sinne auch die Basis, die als Standort für
den König diente und in ihrer Form der Säulenbasis ähnelte, bezeichnen konnte. G. VON RAD führt aus, daß der Standort des Königs
auch in ägyptischen Quellen erwähnt wird und „daß LEGRAIN diesen
Ort in einer in den Boden eingelassenen Alabasterplatte nahe dem
östlichen Eingang (vgl. 2. Chron. 23,13!) des großen Hypostylen-
saales gefunden zu haben glaubt". [1] Auch bei dieser „in den Boden
eingelassenen Platte" handelt es sich offenbar um einen ebenerdigen
Platz, so daß es keine unüberwindliche Schwierigkeit darstellen
dürfte, die ebenerdige Basaltbasis von Tell Kāmid el-Lōz als einen
Standplatz für den König zu interpretieren. Es könnte freilich auch
sein, daß die Basis als Standplatz nicht für den König, sondern für
einen Priester beim Vollzug kultischer Handlungen bestimmt war,
wobei beide Möglichkeiten keine Alternativen zu sein brauchen, da
auch der König als Kultherr des Tempels priesterliche Funktionen
ausüben konnte. [2]

---

[1] G. VON RAD, *Ges. Stud.*, S. 207, Anm. 5. Gemeint ist der Hypostylensaal des
Amun-Tempels von Karnak.

[2] Auf eine mögliche Parallele im spätbronzezeitlichen Tempel des Areals H in
Hazor machte mich Herr Professor R. HACHMANN in Saarbrücken freundlicher-
weise aufmerksam. Hier kamen ähnlich strukturierte Steinbasen wie im Tempel
von Kāmid el-Lōz zu Tage, und zwar zwei Basen vor dem Eingang 2118 der
Schicht 1A (Y. YADIN, *Hazor III/IV*, 1961, Pl. CI. CXXVIII, 1.2; CXV, 2) und
eine Basis im Adyton der Schicht 1B (a.a.O. Tf. CI.CII.CIII; CIX, 1). Ob es sich
bei letzterer um eine Säulenbasis handelt, kann man bezweifeln; denn diese
Basis liegt nicht in der Mitte, sondern im Osten des Raumes 2123. Man könnte
die im Westen des Raumes liegende rechteckige Steinplatte für eine zweite,
ergänzende Säulenbasis halten. Aber diese Annahme wird erschwert durch die
Tatsache, daß die Fluchtlinie, in der die runde Basis und die eckige Platte liegen,
nicht parallel zu den entsprechenden Ost-West-Mauern des Raumes 2123 verläuft, was wohl der Fall wäre, wenn wir es mit Säulenbasen zu tun hätten. So ist
auch hier die Möglichkeit zu erwägen, daß die runde Basis und die rechteckige
Platte als Kultbasen zu interpretieren sind. — In dem als Bâtiment XL bezeichneten Tempel von Byblos, der ins 3. Jahrtausend zurückgeht (M. DUNAND,
Fouilles de Byblos I, 1926-1932, Fig. 246), befinden sich Steinbasen in den Räumen
D.E.F. Diese Basen stehen nicht im Zentrum des jeweiligen Raumes, sondern
in der Längsachse zu einer der Schmalseiten hin verschoben. Th. A. BUSINK weist

d) Abschließend ist nach der *typologischen Einordnung* des bronzezeitlichen Tempels von Kāmid el-Lōz und nach etwaigen Parallelen aus dem Vorderen Orient zu fragen. Die Beantwortung dieser Frage kann nur mit allem Vorbehalt geschehen, da das Tempelareal noch nicht in seiner gesamten Ausdehnung freigelegt und darum der Grundriß des Tempels nur teilweise erstellbar ist. Es dürfte auf alle Fälle deutlich sein, daß wir es mit einem Hofhaus-Tempel zu tun haben. Dieser Tempeltypus ist im Vorderen Orient seit der Mesilim-Zeit nachweisbar. Seine Ursprünge liegen im 3. Jahrtausend. Die räumlich nächste Parallele ist der als Bâtiment XL bezeichnete Tempel von Byblos,[1] den DUNAND mit der Periode Early Dynastic II des Zweistromlandes gleichsetzt und für einen Vorläufer des jüngeren Baalat-Tempels aus der Zeit der II. Dynastie von Ägypten hält.[2] Etwa zur gleichen Zeit tauchen im Zweistromland ebenfalls Tempelanlagen vom Hofhaustyp auf: in der beginnenden Mesilim-Zeit der Sin-Tempel der Schicht VI in Chafadschi,[3] in der voll entwickelten Mesilim-Zeit der Abu-Tempel in Tell Asmar („Square Temple").[4] In der Zeit der III. Dynastie von Ur kehrt dieser Typ wieder beim Oberbau der Königsgrüfte in Ur.[5]

Die genannten Tempelanlagen teilen mit der Tempelanlage der Schicht 3b von Tell Kāmid el-Lōz folgende Gemeinsamkeiten: um einen Hof herum sind mehrere Räume gelagert, die vom Hof her zugänglich sind; der Zugang zum Hof erfolgt über einen Vorraum. Diese Eigentümlichkeiten weist auch der Mesilimzeitliche Ninni-Zaza-Tempel von Mari auf.[6] Dieser Tempel unterscheidet sich jedoch von den erstgenannten grundsätzlich durch zwei Elemente: 1. durch die im sumerischen Bereich beheimatete Nischenarchitektur an der Hofseite der Umfassungsmauern des Hofes und 2. durch eine kegel-

---

mit Recht darauf hin, daß bei der geringen Breite der Räume (etwa 3,75-4 m) und bei der Stärke der Mauern Stützen zum Tragen eines Dachbalkens nicht vonnöten waren. BUSINK meint, daß „die Stützen hier schon (sc. zurückgehend auf ältere, in der Steinzeit belegbare Bautradition, Verf.) zur architektonischen Schmuckformen geworden" seien (Th. R. BUSINK, *Der Tempel von Jerusalem*, 1970, S. 436 f.). — Auch hier ist m.E. mit der Möglichkeit zu rechnen, daß die Steinbasen keine architektonische Funktion erfüllten, sondern kultischen Zwecken dienten.

[1] M. DUNAND, a.a.O. Fig. 246.
[2] M. DUNAND, *RB* 57, 1950, S. 596.601.
[3] *OIP* 58, Pl. 6; s.a. A. MOORTGAT, *Die Kunst des Alten Mesopotamien*, 1967, Abb. 23, S. 30.
[4] *OIP* 58, Pl. 22; A. MOORTGAT, a.a.O. Abb. 26, S. 31.
[5] *Mus. Journ. Phil.* 22, Tf. XXIX; A. MOORTGAT, a.a.O. Abb. 46, S. 66.
[6] A. PARROT, *Mission Archéologique de Mari III*, 1967, S. 15 ff.; Tf. II/III.

förmige Massebe, die im Hof gefunden wurde und ursprünglich wohl in der Mitte des Hofes stand. Während beim Sin-Tempel von Chafadschi und beim Abu-Tempel von Tell Asmar die durch Kult-Postamente eindeutig auszumachenden Cellae um den Hof herum gelagert waren, ist beim Ninni-Zaza-Tempel in Mari der Hof selbst durch Nischenarchitektur und durch die Massebe als der eigentliche Kultraum ausgewiesen.

A. MOORTGAT [1] hat herausgearbeitet, daß die Besonderheit des Ninni-Zaza-Tempels von Mari in der Verbindung von „west-semitischen", im kanaanäischen Bereich beheimateten Elementen (Massebe im Hof) mit altsumerischen Elementen (Nischenarchitektur an den Umfassungsmauern des Hofes) besteht, und spricht vom „kanaanäisch-sumerischen Tempeltyp". Für unseren Zusammenhang ist von Bedeutung, daß damit für so frühe Zeit Beziehungen zwischen dem westlichen und dem sumerischen Bereich nachgewiesen sind. Von daher erscheint es möglich, daß es nicht auf Zufall beruht, sondern in wechselseitigen Beziehungen zwischen dem Zweistromland und dem syrischen Bereich begründet ist, wenn in der Mesilim-Zeit der Typ des Hofhaustempels im Zweistromland (Sin-Tempel von Chafadschi, Abu-Tempel in Tell Asmar) und zur gleichen Zeit in Byblos auftaucht.

Die zeitlich nächste Parallele zum spätbronzezeitlichen Tempel von Tell Kāmid el-Lōz ist der von Tukulti-Ninurta I. im 13. Jahrhundert vorgenommene Anbau an der Ostseite der Assur-Zikkurat von Kar-Tukulti-Ninurta. [2] Wenn Tukulti-Ninurta I. diesen Anbau nach dem Typ des Hofhaustempels gestaltete, griff er damit aller Wahrschein-keit nach auf alte Bautradition zurück. [3]

Eine gewisse Schwierigkeit, den spätbronzezeitlichen Tempel von Kāmid el-Lōz und den etwa gleichzeitigen Anbau zur Assur-Zikkurat in Kar-Tukulti-Ninurta mit dem Oberbau über den neusumerischen Königsgrüften von Ur und mit den Mesilim-zeitlichen Hofhaus-tempeln des Zweistromlandes und von Byblos in Verbindung zu bringen, bereitet der große zeitliche Abstand, der z.Z. noch nicht

---

[1] A. MOORTGAT, „Frühe kanaanäisch-sumerische Berührungen in Mari," *Baghdader Mitteilungen* 4, 1968, S. 221 ff.

[2] W. ANDRAE, *Das wiedererstandene Assur*, 1938, Abb. 42, S. 92; M. MOORTGAT, *Die Kunst des Alten Mesopotamien*, Abb. 86, S. 120.

[3] „In Kar-Tukulti-Ninurta hat der König wohl mit Absicht babylonisiert, wenn er an die Nordostseite der Zikkurat des Hauptgottes des Reiches, des Assur, einen echt babylonischen Tempel anbaute, im klassischen Grundriß eines Hofhauses und mit echt babylonischer Breitcella" (A. MOORTGAT, a.a.O. S. 120).

Taf. I. Tell Kāmid el-Lōz von Norden

Taf. II. Tell Kāmid el-Lōz. Areal IG14, Schicht 3b. Gepflasterter Hof des spätbronzezeitlichen Tempels. Links neben dem Maßstab die Basaltbasis (s. Abb. 5,
S. 162). Oberhalb des Maßstabes die mit Steinen eingekreiste Feuerstelle. Eine
20 cm starke Aschenschicht, die sich innerhalb des Steinkreises befand, ist bereits
entfernt. Links neben dem Pflaster der Steg zwischen den Arealen IG14 und IG13.

Taf. III. Elfenbeinfigürchen aus
dem spätbronzezeitlichen Tempel
von Tell Kāmid el-Lōz
(Schicht 3b).

Taf. IV. Kāmid el-Lōz bronzene
Götterfigur aus dem Tempel
des 13. Jh. v. Chr.

Taf. V. Theriomorphes Gefäß (Schwein? Igel? Schildkröte?) aus Schicht 3b des
spätbronzezeitlichen Tempels von Tell Kāmid el-Lōz.

Taf. VI. Hausmodel aus dem Tempel des 13. Jh. v. Chr.

durch Bindeglieder überbrückt werden kann. Hier besteht jedoch keine unüberwindliche Schwierigkeit. Es ist keine singuläre Erscheinung, daß im syrischen Bereich auf dem Gebiet der Architektur und auf dem Gebiet der Bildkunst in jüngerer Zeit Formelemente auftauchen, die im Zweistromland in lang zurückliegender Zeit begegnen, ohne daß in den dazwischen liegenden Epochen Bindeglieder nachweisbar wären. So ist z.B. auf einer Münze des 3. Jahrhunderts nach Christus aus Byblos ein Tempel abgebildet, in dessen Hof sich eine Massebe befindet und der in der Grundstruktur dem Mesilim-zeitlichen Ninni-Zaza-Tempel von Mari entspricht. [1] A. ALT hat erarbeitet, daß der in römischer Zeit im Vorderen Orient auftauchende „syrische Tempeltypus" auf ältere im syrischen Raum beheimatete Tradition zurückgeht. [2] Auf einem syrischen Rollsiegel, das in altbabylonische Zeit zu datieren ist, [3] begegnet eine Form des Löwendrachen, die im Zweistromland auf akkadischen Rollsiegeln vorkommt, [4] aber weder auf neusumerischen noch auf altbabylonischen Bilddokumenten des Zweistromlandes nachweisbar ist. [5] Auf demselben syrischen Rollsiegel und auf einem Relief an einem Becken von Tell Mardich in Nordsyrien (altbabylonische Zeit) [6] ist der stumpfkegelförmige Hocker aus Flechtwerk wiedergegeben. Dieser Hockertyp ist im Zweistromland auf Bilddokumenten der Mesilim- und der Ur I-Zeit anzutreffen, [7] kommt aber nach dieser Zeit im Zweistromland nicht wieder vor.

Stellt man all diese Gegebenheiten in Rechnung, so ist es nicht auszuschließen, daß der spätbronzezeitliche Hofhaustempel von Tell Kāmid el-Lōz auf eine alte Bautradition zurückgeht, die bereits in

---

[1] E. J. WEIN/R. OPIFICIUS, 7000 *Jahre Byblos*, 1963, Abb. 49; s. hierzu A. MOORTGAT, *Baghdader Mitteilungen* 4, 1968, S. 225.

[2] A. ALT, *Verbreitung und Herkunft des syrischen Tempeltypus*, 1939, *Kl. Schr. II*, S. 100-116.

[3] U. MOORTGAT-CORRENS, „Altorientalische Rollsiegel in der Staatlichen Münzsammlung München", *Münchener Jahrb. d. Bild. Künste* VI, 1955, S. 16 ff., Tf. III, 24.

[4] R. M. BOEHMER, „Die Entwicklung der Glyptik während der Akkad-Zeit", *UAVA* 4, 1965, Abb. 370-374.

[5] Näheres hierzu bei M. METZGER, *Königsthron und Gottesthron* (erscheint demnächst in der Reihe *AOAT*, Bd. 15), § 56, Exkurs: Löwendrache und Wettergott.

[6] G. CASTELLINO, *Miss. Arch. It. in Siria*, 1965, Tf. XXIII. S.a. das Rollsiegel bei M. MOORTGAT, *Vorderasiatische Rollsiegel*, 1940, Neudruck 1966, Nr. 518.

[7] Sitzbild des Ebih-il aus Mari (A. PARROT, *Mari*, 1953, Tf. 15); vier Statuetten aus Chafadschi (*OIP* XLIV, 1939, Tf. 67, Abb. 83 E.I., Abb. 84, f.g.; Tf. 68, Abb. 86 A.D.G. Näheres hierzu bei M. METZGER, a.a.O. (s. Anm. 5), §§ 28b; 41.

der Mesilim-Zeit im Zweistromland und in Byblos nachweisbar ist, die sich mit dem Oberbau über den Königsgrüften von Ur in der Zeit der III. Dynastie von Ur fortsetzt und auf die Tukulti-Ninurta I. zurückgriff, als er einen Tempel vom Haustyp an die Assur-Zikkurat von Kar-Tukulti-Ninurta anbaute. (s. Korrekturzusatz S. 173).

Im Tempelareal der Schicht 3b wurde bislang noch kein Kultpostament o.ä. freigelegt und es war noch nicht möglich, einen der Räume eindeutig als Cella zu bestimmen. Es ist jedoch anzunehmen, daß sich das Adyton nach Osten hin im Bereich des noch freizulegenden Areals IG15 befindet. Hierauf weisen die Deponierungen, die sich bis nach IG15 hin erstrecken, und die charakteristischen Kleinfunde kultischer Art, die sich im westlichen Testschnitt von IG15 fanden.

e) *Aufgabenstellung kommender Campagnen* wird es sein, den Tempel im Bereich von IG15 freizulegen, um die Deponierung in ihrer gesamten Ausdehnung zu erfassen, um den Tempel nach Osten hin ganz freizulegen und evtl. das Adyton des Tempels auszumachen. Besondere Bedeutung wird der Freilegung des nach Süden anschließenden Areals IH14 zukommen. Zunächst wird man bestrebt sein, den Tempel in seiner Ausdehnung nach Süden hin zu erfassen und den hier zu erwartenden Eingang des Tempels freizulegen. Darüber hinaus wird in diesem Areal die Verbindung zwischen Palast und Tempel herzustellen sein. Es wird sich zeigen, ob ein Verbindungsweg zwischen Tempel- und Palastkomplex bestand, und ob beide Komplexe baulich aufeinander bezogen waren. Schließlich wird über IH14 eine Synchronisation der Stratigraphie zwischen den Arealen des Palastkomplexes und denen der Tempelanlage möglich sein. Da eine bestimmte Schicht des Palastkomplexes durch die Amarnazeitlichen Tontafeln exakt datiert werden kann, wird man über IH14 die entsprechende Schicht des Tempelareals fixieren und so für diese Schicht ein absolutes Datum, für die darunter liegenden Schichten einen terminus ante und für die darüber liegenden Schichten einen terminus post quem gewinnen können. Ein weiter gestecktes Ziel für kommende Campagnen ist die Freilegung des Tempelareals in den Schichten 4a und 4b (samt Unterschichten), die in IG14 bereits völlig, in IG13 zum großen Teil freiliegen. Ein Fernziel ist es, die Tempelanlage bis in ihre ältesten Schichten hin zu verfolgen und dann umgekehrt eine Baugeschichte des Tempels von seinen ältesten bis hin zu seinen jüngsten Phasen zu erstellen.

Bemerkungen zu den auf Tafel III-VI abgebildeten Kleinfunden:

Tafel iii, *Elfenbeinstatuette,* KL 64: 534, Höhe: 7 cm. Aus dem spätbronzezeitlichen Tempel von Tell Kāmid el-Lōz, Raum C, Areal IG13, Schicht 3b. Erstpublikation: R. HACHMANN, *SBA* 3, 1966, Abb. 18.19.20, 1, Text S. 49 f.

Es handelt sich um eine in Syrien angefertigte Arbeit, die ägyptische Vorbilder nachahmt. Rein ägyptisch ist der Sitzschemel. Er entspricht einem Typ, der in Ägypten zur Zeit des Neuen Reiches neu aufkommt. Charakteristisch für diesen Typ sind die Beine, die sich unterhalb der Querstrebe konisch verbreitern und mit Rillenverzierung versehen sind (Näheres hierzu bei M. METZGER, *Königsthron und Gottesthron, AOAT* 15, § 19a, erscheint demnächst). — An beiden Unterarmen trägt die Figur einen typisch ägyptischen Schmuck: ein breites Armband, das aus zwei schlichten Reifen besteht, die durch eng beieinander liegende Querstücke miteinander verbunden sind. — Beispiele für das Vorkommen derartiger Armbänder in Ägypten: K. LANGE, M. HIRMER, *Ägypten,* 4. Aufl. 1967, Tf. XVII. XXII. (Armschmuck der Harfenspielerin). XXIV. 179. XXXI. 193. XXXV. 201. 204. 227. XLVIII. XLIX. L. LI. 229. 235. LV. LVI. LVIII. — Vor diesem breiten Armband, unmittelbar um das Handgelenk herum, befindet sich ein weiterer Armschmuck: ein schlichter Armreifen mit geringerem Durchmesser als das breite Armband. Es fällt auf, daß der Arm der Statuette unterhalb des breiten Armbandes geringere Stärke aufweist als oberhalb des Bandes. Das bedeutet entweder, daß der Ärmel des Gewandes bis an das breite Armband herangeht, oder daß das Armband über den Ärmel gezogen ist. Beide Gegebenheiten sind unägyptisch. Auf den oben genannten ägyptischen Darstellungen werden die Armreifen auf dem unbekleideten Ober- oder Unterarm getragen. Es ist eine Ausnahme, wenn auf einem Wandbild in Grab 38 in Theben (15. Jhdt.) (*ANEP* 208) eine Flötenspielerin an den Oberarmen Armreifen *über* die kurzen Ärmel des Gewandes gestreift hat. Diese Ausnahme zeigt immerhin, daß mit der Möglichkeit eines Armbandes über dem Ärmel zu rechnen ist. Es ist auch die Möglichkeit in Erwägung zu ziehen, daß bei der Statuette von Kāmid el-Lōz das ägyptische Armband als Zierborte am Ende des Ärmels mißverstanden wurde.
Der Kopfschmuck der Statuette von Kāmid el-Lōz hat offenbar das ägyptische Pharaonenkopftuch zum Vorbild. Die Partien unterhalb der Ohren entsprechen in ihren Umrißlinien völlig den herabfallenden Zipfeln des Pharaonenkopftuchs. Das Pharaonenkopftuch ist aber als Perücke mißverstanden worden, was eindeutig aus dem Haaransatz und dem Scheitel hervorgeht.
Die Handhaltung der Figur ist auf keinen Fall ägyptisch. Während bei ägyptischen Statuen die Hand flach auf dem Oberschenkel aufliegt und die Fingerspitzen nie über das Knie hinausreichen (Beispiele: ANEP 397.399), sind hier die Hände über die Knie heruntergezogen. Diese Handhaltung ist aber typisch für Statuen im syrisch-palästinensischen Bereich. Beispiele: Basaltstatue von Tell Mardich, altbabylonische Zeit (G. CASTELLINO, *Miss. Arch. Ital. in Siria,* 1966, Tf. XLIII); Basaltstatue von Hazor, Ende der Späten Bronzezeit (Y. YADIN, *Hazor III/IV,* 1961, Tf. CCCXXX, 6, die linke Hand ist zwar fast weggebrochen, es ist jedoch noch zu erkennen, daß die Hand über das Knie herabgefallen sein muß); Basaltstatuen von Tell Halaf, 9. Jhdt. (M. FREIH. VON OPPENHEIM, *Der Tell Halaf III,* 1955, Abb. A2. C1.).
Am unteren Ende des lang herabfallenden Hemdgewandes der Elfenbeinstatuette von Kāmid el-Lōz sind eine Zickzacklinie und darunter eine Reihe von Vertikalschnitten eingekerbt. Man könnte hierbei entweder an eine gestickte Zierborte (so R. HACHMANN, *SBA* 3, S. 49) oder an einen Fransensaum denken. Die inhaltlich und zeitlich nächste Parallele hierzu ist die Verzierung am unteren

Rand des Gewandes der stehenden weiblichen Person auf einem spätbronzezeitlichen Elfenbeintäfelchen von Megiddo (*ANEP* 332). Auch hier sind Zickzacklinie und Vertikalstriche kombiniert. Es kommt noch eine Reihe von Schräglinien
oberhalb der Zickzacklinie hinzu. Hier hat man offensichtlich an Stickerei zu
denken. Vergl. hierzu auch das Zickzackmuster auf der Zierborte, die das Gewand
eines syrischen Tributträgers auf einem ägyptischen Wandbild im Grabe des
Men-cheper-Re-seneb (15. Jhdt.) ringsum einsäumt (ANEP 45, zweite Person
von rechts), und die Kerbschnittverzierung am unteren Gewandsaum eines
spätbronzezeitlichen anthropomorphen Elfenbeinfläschchens aus Lachis (A.
JIRKU, *Die Welt der Bibel*, 1957, Tf. 65). — Das Gewand des thronenden Königs
auf dem Ahiram-Sarkophag von Byblos endet unten in einer Zickzacklinie, die man
wohl nicht anders als einen Fransensaum deuten kann (*ANEP* 458. Die Einker-
bungen am Gewandsaum sind auf der genannten Photographie nur undeutlich
auszumachen, auf dem Original sind sie jedoch deutlich zu erkennen). Als
Fransensaum sind wohl auch die senkrechten Einschnitte am unteren Rande des
Gewandes einer Basaltstatue aus dem spätbronzezeitlichen Tempel von Hazor
(Y. YADIN, *Hazor III/IV*, Tf. CCCXXX) zu deuten. Senkrechte Striche, die
Fransen oder Zierborte wiedergeben, sind häufig am unteren Gewandsaum von
Personen auf syrischen Rollsiegeln zu finden. Beispiele: E. PORADA, *Corpus of
Anc. Near Eastern Seals I*, 1948, Nr. 921 (1. Person von links). 939.987; A.
MOORTGAT, *Vorderasiatische Rollsiegel*, 1940, Nr. 545. — Auf „späthethitischen"
Stelenbildern von Sendschirli (*ANEP* 455.460) und auf neuassyrischen Relief-
bildern (Beispiele: *ANEP* 441.442.443.444.447.448.449) sind Hemdengewänder,
die unter dem Schalgewand getragen werden, eindeutig mit Fransensäumen
geziert. Beim assyrischen Hemdgewand sind die Fransen so geknüpft, daß
oben eine Zickzacklinie und darunter Fransenbündel senkrecht herabfallen. Den
Grundelementen dieses Fransensaumes — Zickzacklinie und Vertikallinien —
entspricht die Dekoration am Gewandsaum der Elfenbeinfigur von Kāmid el-Lōz.
Dabei ist freilich zu bedenken, daß die neuassyrischen Darstellungen um mehrere
Jahrhunderte jünger sind und einem anderen Kulturbereich zugehören als die
Elfenbeinfigur von Kāmid el-Lōz, während die Elfenbeintafel von Megiddo
(*ANEP* 332), auf der Zickzacklinie und Vertikalstriche offenbar als Zierborte
zu deuten sind, zeitlich und dem Kulturbereich nach in die Nähe der Elfenbein-
statuette von Kāmid el-Lōz gehört.

Tafel iv: *Bronzefigur*, KL 70: 847. Höhe: 18,5 cm. Aus der nördlichen Deponierung des spätbronzezeitlichen Tempels von Tell Kāmid el-Lōz, Areal IG15,
Schicht 3b.

Die Figur hat, wie die vier Bronzefiguren der südlichen Deponierung, den
rechten Arm erhoben und den linken Unterarm vorgestreckt, unterscheidet sich
aber im übrigen durch Kleidung und Haltung erheblich von den vier Figuren
der südlichen Deponierung. Sie ist nicht schreitend, sondern stehend dargestellt.
Während jene Figuren mit einem kurzen Schurz bekleidet sind, trägt sie ein
langes, reich verziertes, kurzärmeliges Gewand, das hoch gegürtet ist. Die
Figuren der südlichen Deponierung tragen hohe Schuhe, diese Figur ist un-
beschuht. Anstelle der einfachen kegelförmigen Mütze, der „weißen Krone"
Oberägyptens, trägt sie die gefiederte kegelförmige Mütze, die sog. Atef-Krone.
Die vier Figuren der südlichen Deponierung sind unter den Füßen mit Zapfen
zum Befestigen in einem Standsockel versehen. Diese Zapfen fehlen bei der zur
Besprechung stehenden Figur, auf deren Rücken eine Anhängeröse angebracht ist.
    Läßt sich diese Bronzefigur mit einer bestimmten Gottheit identifizieren?
Auf einer ägyptischen Stele im Britischen Museum (Standort Nr. 191, ANEP 473)

ist im unteren Fries eine sitzende Göttin, bekleidet mit langem, kurzärmeligen Gewand und der Atef-Krone, abgebildet. In der vorgestreckten linken Hand hält sie Speer und Schild, in der erhobenen Rechten schwingt sie eine Keule. Laut Inschrift handelt es sich bei dieser Göttin um Anat. H. GESE (*Die Religionen Altsyriens*, 1970, S. 159 f.) verweist auf weitere Parallelen, vor allem auf eine Stele der Sammlung Michailidis (a.a.O. Abb. 17, S. 160), auf der eine Göttin in gleicher Kleidung und Haltung wie auf der Londoner Stele 191 abgebildet ist. Da die zu besprechende Bronzefigur von Kāmid el-Lōz in Kleidung und Armhaltung mit der Göttin auf Stele 191 in London übereinstimmt, liegt es nahe, auch diese Figur mit Anat zu identifizieren, wenngleich sie stehend und nicht sitzend, wie die Göttinnen auf den genannten Stelenbildern, wiedergegeben ist. Wenn GESE (a.a.O. S. 159, Anm. 440) recht hat mit der Vermutung, daß die auf einer spätbronzezeitlichen Stele von Bet Sean (ANEP 475) wiedergegebene Göttin mit langem Gewand und gehörnter Atef-Krone Anat darstellt, so wäre damit ein weiteres Beispiel für eine stehend dargestellte Anat gegeben.

Tafel v: *tiergestaltiges Tongefäß*, KL 69: 341. Länge: 21 cm, Höhe: 12 cm. Die Scherben des Gefäßes waren über den gepflasterten Hof des spätbronzezeitlichen Tempels von Tell Kāmid el-Lōz (Areal IG14, Schicht 3b) zerstreut.

Der Körper des Gefäßes ist auf der Scheibe gedreht (Drehspuren sind erkennbar). Henkel, Einguß und Beine sind angesetzt. Die Grundfarbe des Gefäßes ist ocker, die Streifen- und Wellenverzierung ist rotbraun. — Ein fast gleichartiges spätbronzezeitliches Tiergefäß stammt aus Ras Schamra (C. SCHAEFFER, *Ugaritica II*, Tf. XXXVII; A. JIRKU, *Welt der Bibel*, 1957, Tf. 69 unten). Die Streifenbemalung ist hier durch Spiralmuster ersetzt. Weitere Tiergefäße ähnlicher Art stammen aus Minet el-Bēda und aus Cypern, letztere sind im Britischen Museum und im Historischen Museum in Stockholm ausgestellt. — Es ist schwer zu entscheiden, ob es sich bei diesen Gefäßen um ein Schwein, eine Schildkröte oder einen Igel handelt. Die vorgezogene Partie über dem Kopf könnte man für den überstehenden Panzer einer Schildkröte oder für die stark stilisierten vorstehenden Stacheln eines Igels halten. Für ein Schwein sprächen die Formen des Körpers und des Kopfes. Die vorstehende Partie am Kopf wäre dann als stilisierte Ohren oder als vorstehende Borstenbüschel zu deuten.

Tafel vi, *Tonmodell eines Hauses.* KL 70: 505. Höhe: 19,5 cm. Durchmesser: 28 cm. Aus dem Ostteil des spätbronzezeitlichen Tempels von Tell Kāmid el-Lōz, Areal IG15, Schicht 3b.

Die beiden Säulen mit ausladendem Kapitell (das Kapitell der linken Säule ist zerstört) erinnern an die beiden Säulen, die vor dem Eingang des Jerusalemer Heiligtums standen (I Kön. 7, 15-22). Hierzu ist ein eisenzeitliches Hausmodell aus Tell Fara zu vergleichen, dessen Eingang von zwei Säulen mit Volutenkapitell flankiert wird (A. JIRKU, *Die Welt der Bibel*, 1957, Tf. 87). — Neben den Säulen erscheinen am Hausmodell von Kāmid el-Lōz aufgesetzte, bündelartige Verzierungen. Auf der linken Seite des Hausmodells, auf der Photographie nicht sichtbar, ist ein fliegender Vogel eingeritzt.

Korrekturzusatz zu S. 170: Nahe Parallelen: Hofhaus-Bauten am Fuss des Garizim und bei Amman. H. G. WELTER, *AA*, S. 313, Abb. 14; revidierter Grundriss auf Grund neuer Grabungen: R. G. BOLING, *BA* 32, 1969, S. 83, Fig. 2; zur typologischen Einordnung vgl. G. R. H. WRIGHT, *ZAW* 80, 1968, S. 9-16.

M. METZGER

METHODISCHE ERWÄGUNGEN ZUR GEPLANTEN NEUAUFLAGE VON G E S E N I U S, HEBRÄISCH-ARAMÄISCHES HANDWÖRTERBUCH

VON

RUDOLF MEYER
Jena

Der Forschungsstand der Semitistik und in ihrem Rahmen der Hebraistik hat seit der Zeit vor der Entdeckung des Akkadischen einen ungeheuren Aufschwung erfahren; die ständige Erweiterung des Horizontes durch immer neu anfallendes Quellenmaterial und die Befruchtung durch die Indogermanistik haben zu einer Verfeinerung der wissenschaftlichen Methoden geführt, von der sich die Semitisten des beginnenden 19. Jahrhunderts nichts träumen lassen konnten.[1] Gleichwohl muß auch die moderne Semitistik einräumen, daß Heinrich Friedrich Wilhelm GESENIUS in der Geschichte der Disziplin — und hier besonders der hebräischen Grammatik und Lexikographie — eine Schlüsselstellung einnimmt und noch heute in manchen methodischen Grundprinzipien richtungsweisend sein kann. So nimmt es nicht wunder, daß W. GESENIUS in Artikeln über die Entwicklung der Semitistik eine entscheidende Rolle spielt und daß ihm darüber hinaus bis in die jüngste Zeit monographische Aufmerksamkeit gewidmet worden ist[2].

Hinsichtlich der Neubearbeitung des von W. GESENIUS begründeten und zuletzt von F. BUHL bearbeiteten Lexikons mit dem Titel *Hebräisches und aramäisches Handwörterbuch über das Alte Testament* erscheint es zunächst als das Gegebene, nach den allgemeinen Prinzipien zu fragen, die das lexikographische Werk von W. GESENIUS bestimmt haben. Dabei sei hier R. KRAETZSCHMAR zitiert, der in einem von E. REUß (†1891) nachgelassenen Artikel über die sprachwissenschaftliche Leistung von W. GESENIUS schreibt: „Auf den Schultern

---

[1] Vgl. etwa J. FÜCK, *Geschichte der semitischen Sprachwissenschaft*. Handbuch der Orientalistik, hrsg. v. B. SPULER, III, 1: Semitistik, Leiden 1953, S. 33 f.

[2] H. GOESEKE (†), „Heinrich Friedrich Wilhelm Gesenius' Beiträge zur Orientalistik (Maltesisch, Hebräisch, Phönizisch, Altsüdarabisch)". *Wissenschaftliche Zeitschrift der Universität Halle*, Gesellschaftswissenschaftliche Reihe, Band XX, 1971, S. 47-58.

der großen holländischen Orientalisten des 18. Jahrhunderts stehend, hat er die hebräische Sprachwissenschaft aus den Banden einer dogmatisierenden Theologie erlöst und auf den Boden der profanen Sprachkunde gestellt durch gründliche und systematische Heranziehung der verwandten Sprachen und eine durchaus rationale Behandlung des Stoffes ... Auch in der Behandlung der Grammatik zeigt er sich völlig als Empirist und sprachphilosophischen Erörterungen feind" [1]. Damit sind meines Erachtens die drei Hauptpunkte erfaßt, die die philologische Arbeit von W. GESENIUS bestimmt haben, nämlich die Ablehnung der philologia sacra, die Ablehnung jeglicher Art von Sprachphilosophie und schließlich die Verfolgung einer empirischen, auf dem Sprachvergleich fußenden Methode. Es scheint nicht unangebracht zu sein, wenn wir heute diese vor mehr als siebzig Jahren getroffenen Feststellungen in das Gedächtnis zurückrufen, zumal da stark spekulative sprachtheologische und sprachphilosophische Richtungen mitunter die durch W. GESENIUS inaugurierte grammatikalische und lexikographische Arbeitsweise in Frage zu stellen versuchen.

W. GESENIUS ließ die erste Auflage seines Wörterbuches 1810-1812 unter dem Titel *Hebräisch-Deutsches Handwörterbuch über die Schriften des Alten Testaments durchaus nach alphabetischer Ordnung. Mit Einschluß der geographischen Namen und der chaldäischen Wörter beym Daniel und Ezra und einem analytischen Anhange* im Verlag F. C. W. VOGEL in Leipzig erscheinen. Das heute noch unter dem Namen von W. GESENIUS umlaufende und weitverbreitete Lexikon fußt jedoch nicht auf der Ausgabe von 1810-1812 [2], sondern geht letztlich zurück auf eine für Schulzwecke bestimmte Kurzfassung mit dem Titel *Neues hebräischdeutsches Handwörterbuch über die Schriften des Alten Testaments*, die 1815 erschien [3]. Aus ihr ging in der zweiten Auflage 1823 das *Hebräische und chaldäische Handwörterbuch über das Alte Testament* hervor, das den Ausgangspunkt für alle späteren Bearbeitungen des Wörterbuches darstellt [4]. Von W. GESENIUS' eigener Hand stammen noch die 3.

---

[1] *Realencyklopädie für protestantische Theologie und Kirche*, hrsg. v. A. HAUCK, VI, Leipzig 1899, S. 625 f.

[2] Dieses Lexikon, 1819 vergriffen, stellt vielmehr die Basis für das Standardwerk dar, das den Titel trägt: *Thesaurus philologicus criticus linguae Hebraicae et Chaldaicae Veteris Testamenti. Editio altera secundum radices digesta priore Germanica longe auctior et emendatior*, Lipsiae 1829.

[3] Im Vorwort als „ein Auszug für Schulen aus dem größeren Werke" bezeichnet.

[4] Diese Ausgabe verfügt über eine 51 Seiten umfassende Vorrede, in der W. GESENIUS seine lexikographische Arbeit ausführlich begründet und die für

Auflage aus dem Jahre 1828 ¹ und die 4. von 1834. In der Folgezeit
fand das Lexikon immer wieder Neubearbeiter: Die 5. (1857) bis
7. (1868) Auflage wurde von Fr. E. Chr. Dietrich besorgt, während
die 8. (1877/8) bis 11. (1890) Auflage F. Mühlau und W. Volck zum
Verfasser hat. Mit F. Buhl gewann das Lexikon einen Bearbeiter,
der es verstand, es in Zusammenarbeit mit Fachgelehrten wie
H. Zimmern, A. Socin, W. Max Müller und O. Weber auf der
Höhe der laufenden Forschung zu halten. Nicht weniger als fünf
Auflagen (1895, 1899, 1905, 1910 und 1915) hat er der Wissenschaft
geschenkt: die 17. Auflage von 1921 — F. Buhl starb 1932 — stellt
den anastatischen Neudruck der 16. Auflage von 1915 dar; seither
sind eine große Reihe von unveränderten Neudrucken des inzwischen
in den Besitz des Springer-Verlages in Heidelberg übergegangenen
und noch immer unentbehrlichen Wörterbuches erschienen, das nunmehr in absehbarer Zeit dem gegenwärtigen Stand der Forschung
angeglichen werden und in Neubearbeitung erscheinen soll ².

F. Buhl hat das traditionsgeladene Wörterbuch auf einen bisher
nicht wieder erreichten lexikographischen Höhepunkt geführt, ein
Sachverhalt, der die weite Verbreitung des Werkes und die zahlreichen unveränderten Neudrucke rechtfertigt. Gleichwohl darf nicht
übersehen werden, daß sich seit der 16. Auflage von 1915 die sprachwissenschaftliche Situation wesentlich geändert hat. Das gilt zunächst
von den gegenwärtigen Einsichten in das hauptsächliche Quellenmaterial, nämlich das Alte Testament selbst; wohl kaum jemand wird
heute noch zu bestreiten wagen, daß es sich hierbei um eine in sich
abgestufte Schriftengruppe handelt, die nach Inhalt und Form, damit
aber auch unter sprachlichem Aspekt erst um 100 n. Chr. durch die
Synagoge für dogmatisch normativ erklärt, kurz gesagt, kanonisiert
worden ist. Das bedeutet aber, daß beispielsweise eine Schrift wie die

das Verständnis seiner wissenschaftlichen Methode und damit disziplingeschicht-
lich unentbehrlich ist. Den Besitz des wertvollen Werkes verdanke ich der
Freundlichkeit von Herrn Oberkirchenrat E. Stegmann in Weimar, dem an
dieser Stelle herzlich gedankt sei.
¹ Im Anschluß hieran gab W. Gesenius das für die Fachwelt bestimmte und
erweiterte *Lexicon manuale Hebraicum et Chaldaicum in Veteris Testamenti libros*,
1833, heraus, das durch A. Th. Hoffmann im Jahre 1847 eine verbesserte Neu-
auflage erlebte.
² Dem Springer-Verlag, und hier besonders dem Mitinhaber, Herrn Dr. H.
Götze in Heidelberg, sowie Herrn Prokurist G. Schulz in Berlin gebührt
besonderer Dank für die allseitige Förderung der seit längerer Zeit laufenden
Vorarbeiten.

Weisheit des Jesus ben Sira ohne Vorbehalt mit in das Lexikon aufgenommen werden muß [1].

Dieses alttestamentliche Schrifttum, das sich in seinen literarischen
Erscheinungen über mehr als acht Jahrhunderte erstreckt, stellt ein
traditionsgeschichtlich stark belastetes Gut dar; das besagt, daß es
einerseits oft sprachlich normierendem Ausgleich unterworfen war,
anderseits aber alte Formen nicht mehr verstanden oder zumindest
mißverstanden wurden. Als Beispiel hierfür seien die Bildungen
ʾl tštʿ, tiberisch ʾal-tištå̄ʿ, und wnštʿh, wᵉništå̄ʿå̄, in Jes. xli 10b und
23b angeführt. Bereits in der griechischen Übersetzung werden die
Formen nicht mehr in ihrem ursprünglichen Sinn gesehen; im ersten
Falle begegnet hier μὴ πλανῶ „irre dich nicht!", im zweiten dagegen
καὶ θαυμασόμεθα „und wir werden staunen" [2]. Die Tradition geht in
der zweiten Richtung und sieht in beiden Formen Hitpaʿel-Bildungen
zur Wurzel šʿy (שעה) „sehen". Nun zeigt aber schon der Parallelismus
der Stichen in Vers 10a und der offensichtlich in Vers 23 vorhandene
Begriffsparallelismus, daß man mit der Bedeutung „um sich schauen"
nicht auskommt und Ableitungen, wie auch immer sie geartet sein
mögen, nicht weiterhelfen. Hier führen jetzt neuere Erkenntnisse
weiter, über die F. Buhl noch nicht verfügen konnte. So begegnet
im Ugaritischen die Wurzel ṯtʿ „sich fürchten" in Parallelität zu
gleichbedeutendem yrʾ, und als štʿ findet sie sich im Phönikischen
von Karetepe [3]. Auf Jes. xli 23b bezogen ergibt sich somit, daß die
Konsonantengruppe wnštʿh wnrʾ yḥdw mit „wir wollen uns ängstigen
und fürchten allesamt" zu übersetzen ist, wobei zu beachten ist, daß
diese Interpretation dem Ketib wᵉnīrå̄ logisch gerecht wird [4]; desgleichen paßt ʾal-tištå̄ʿ im Sinne von „ängstige dich nicht!", in Vers
10b zu ʾal-tīrå̄ „fürchte dich nicht!" im vorhergehenden Stichos.
Lexikographisch ergibt sich aus diesem Beispiel, daß in Anbetracht
der Wirkung der Tradition die herkömmliche Textauffassung oft

---

[1] F. Buhl führt die dem hebräischen Sira entnommenen Belege nur in
Klammern an.
[2] Auf die Diskussion der Seitenüberlieferungen kann hier nicht eingegangen
werden.
[3] Vgl. C. H. Gordon, *Ugaritic Textbook*, Rom 1965, S. 507 (Nr. 2763); J.
Aistleitner, *Wörterbuch der ugaritischen Sprache*², hrsg. v. O. Eissfeldt, Berlin
1965; S. 345 (Nr. 2956) = Berichte über die Verhandlungen der Sächsischen
Akademie der Wissenschaften zu Leipzig, phil.-hist. Klasse, Band 106/3; Jean-
Hoftijzer, *Dictionaire des inscriptions sémitiques de l'ouest*, Leiden 1965, S. 322.
[4] Das Qere lautet wᵉnirʾāē „damit wir sehen" und entspricht dem Konsonantentext wnrʾh in 1QJesᵃ, wo zugleich das nicht mehr verstandene wnštʿh analogisch
in wnšmʿh „damit wir hören" abgeändert ist.

nicht einfach hingenommen werden kann, sondern kritisch überprüft
werden muß; in unserem Falle führt eine solche Überprüfung dazu,
daß das Hitpa'el zu שעה zu streichen ist und dafür an der entsprechenden Stelle des Alphabets die Wurzel שתע „sich fürchten" eingefügt
werden muß [1].

Die Tradition hat allerdings nicht dazu geführt, daß das aus dem
Alten Testament zu erhebende Sprachgut als Ganzes einer grundlegenden Normierung unterworfen worden sei; vielmehr läßt sich
immer wieder feststellen, daß es alles andere als eine homogene Masse
ist und sich damit wesentlich unterscheidet von einem Material, wie
es etwa in der sogenannten „goldenen Latinität" oder etwa im
Englischen der Gegenwart vorliegt. So läßt sich ganz allgemein sagen,
daß sich das alttestamentliche Sprachgut durch eine bemerkenswerte
Tiefenschichtung auszeichnet, wobei die Basis in den einzelnen
geschichtlichen Ebenen infolge des fragmentarischen Charakters der
Literatur und des verhältnismäßig geringen Bestandes an Inschriften-
material ziemlich schmal ist. Damit ist die Frage nach der diachroni-
schen oder synchronischen Betrachtungsweise des alttestamentlichen
Wortschatzes im Sinne des Vorherrschens der Diachronie einfach von
der Materie her beantwortet.

Hinzu kommt, daß das Hebräische des Alten Testaments keinen
geschlossenen Sprachkörper darstellt, sondern daß es sowohl eine
Vor- als auch eine Nachgeschichte hat. In das Licht der Geschichte
tritt das Hebräische als eine südkanaanäische Dialektgruppe, deren
unmittelbare Vorgeschichte aus den kanaanäischen Glossen der
Amarna-Korrespondenz erkennbar wird, soweit es sich um Belege
handelt, die aus dem späteren Siedlungsbereiche Israels stammen.
Darüber hinaus ist das Hebräische geschichtlich eingebettet in den
größeren Bereich des Nordwestsemitischen, wobei dem Ugaritischen
für die Bestimmung und Deutung hebräischer Wörter und Formen
eine besonders hervorragende Rolle zukommt.

Aber auch die Spätzeit hat durch die Funde in der Wüste Juda eine
noch vor wenigen Jahrzehnten nicht für möglich gehaltene Aufhellung erfahren. Nicht nur der Grammatiker, sondern auch der
Lexikograph muß von dieser neuen Situation Kenntnis nehmen und

---

[1] Die Wurzel fehlt bislang bei KOEHLER-BAUMGARTNER, *Lexicon in Veteris
Testamenti libros*[2], Leiden 1958 (Supplementum), ebenso bei G. FOHRER (Hrsg.),
Hebräisches und aramäisches Wörterbuch zum Alten Testament, Berlin 1971. Auch
D. Winton THOMAS läßt in seiner Neubearbeitung von Jesaja einen Hinweis auf
שתע „fürchten" vermissen; vgl. *Biblia Hebraica Stuttgartensia* 7, S. 63 f. (siehe
S. 182, Anm. 2).

die hieraus gewonnenen Erkenntnisse in sein Wörterbuch einbauen.
Das bedeutet aber, daß er neben dem Althebräischen auch das Mittel-
hebräische zu berücksichtigen hat, das sich in der nachexilischen
Zeit herausbildete und das uns in zwei Gestalten vorliegt, einmal in
Qohelet, Tobith, Jesus ben Sira und bestimmten außerbiblischen
Qumran-Texten, soweit sie nicht archaisierend abgefaßt sind, zum
anderen in der Mischna, der Tosefta, den tannaitischen Midraschim
sowie den hebräischen Dokumenten von Murabbaʿat und Naḥal
Ḥaever, die älter sind als die rabbinischen Quellen. Da es jedoch
nicht die Aufgabe eines Handwörterbuches zum Alten Testament sein
kann, darüber hinaus auch das gesamte Nachleben des Hebräischen
zu umfassen, erscheint es nicht als notwendig, grundsätzlich Formen
aus amoräischer, saboräischer, gaonäischer oder noch späterer Zeit
in das Lexikon einzubeziehen, wobei einzelne Sonderfälle natürlich
nicht ausgeschlossen sind.

Wie wichtig es ist, das gesprochene Mittelhebräisch, das E. Y.
Kutscher als Mittelhebräisch I bezeichnet [1], in das Wörterbuch mit
aufzunehmen, mag an einem Beispiel verdeutlicht werden. Die be-
kannte Vokabel ʾammā „Unterarm, Elle" findet sich im masoretischen
Text nicht in ihrer eigentlichen Bedeutung, sondern nur übertragen
als Längenmaß „Elle" sowie als „Türzapfen". Demgegenüber ist der
Bedeutungsgehalt im Mittelhebräischen wesentlich umfangreicher;
denn hier sind auch „Mittelfinger", „Penis", „Kanal" und sogar
„Teich" belegt, wobei die Vorstellung vom „Langgestreckten" oder
„Geraden" dahinterstehen mag. Schwerlich sind die mittelhebräischen
Bedeutungen sekundär; so findet sich beispielsweise in 3Q15: 1,11
der technische Ausdruck ʾmt hmym „Aquädukt" oder „Wasser-
leitung", und die Peschitta gibt hebräisches bᵉrēḵā mit ʾammā wieder [2].

Mit der Anführung der syrischen Vergleichsform ist die Frage
berührt, ob und wieweit es methodisch gerechtfertigt ist, Vergleichsmaterial aus den benachbarten Idiomen den einzelnen Stichwörtern
beizugeben. Es wäre zu einfach, sich auf die von W. Gesenius
begründete Tradition zu berufen, auch wenn man sie im Prinzip für
richtig hält; ich will daher versuchen, das Problem kurz und ohne
Anspruch auf Vollständigkeit zu umreißen. Die semitischen Sprachen
verfügen bekanntlich entweder im Rahmen der Gesamtfamilie oder

[1] Vgl. E. Y. Kutscher, „Mittelhebräisch und Jüdisch-Aramäisch im neuen
Köhler-Baumgartner," Leiden 1967, S. 158-168 = Supplements to Vetus Testamentum XVI.
[2] C. Brockelmann, Lexicon Syriacum², Halle 1928, S. 24.

innerhalb größerer Gruppen über eine große Anzahl gemeinsamer
verbaler und nominaler Wurzeln. Diese können sich einzelsprachlich
entweder in ihrer ganzen Bandbreite entfalten, sie können aber auch
nur partiell begrifflich realisiert werden oder gar unterschiedliche
Bedeutungen entwickeln. Hierzu kommt, das bei einem eng begrenz-
ten und fragmentarischen Material — wie dies bei der alttestamentlichen Literatur der Fall ist — nicht ohne weiteres jede Bedeutung
einer Wurzel oder ihrer Ableitung erkennbar ist. So ist man einfach,
will man sich nicht mit einem *ignoramus* begnügen oder spekulativ
vorgehen, auf eventuelles Vergleichsmaterial angewiesen.

Greifen wir noch einmal auf unser Beispiel ʾ*ammå* zurück! Während
das fragmentarische Schrifttum des Alten Testaments, wie bereits
angedeutet, die Grundbedeutung „Unterarm" und „Elle" nicht
bietet, findet sie sich im Akkadischen, wo zugleich „Elle" als Maß-
einheit begegnet. Darüber hinaus aber ist, wenngleich durch W. v.
SODEN mit Fragezeichen versehen [1], die Bedeutung „Kraft" belegt;
hierdurch findet der umstrittene Ausdruck *maeṭaeḡ håʾammå* in 2.S.viii
1 als „Zügel des starken Armes" im Sinne von „Oberherrschaft"
mühelos und ohne Konjektur seine Erklärung. Ich muß es mir ver-
sagen, das übrige Material zu unserem Stichwort anzuführen und zu
werten; der Hinweis aus dem Akkadischen mag genügen, um zu zeigen, wie mit Hilfe eines vergleichenden Beitrages ein in der Literatur
nicht vollinhaltlich belegtes Wort bedeutungsmäßig abgerundet
werden kann.

Daß darüber hinaus durch den sprachlichen Vergleich durchaus
auch neue lexikographische Aspekte gewonnen werden können,
möge an einem letzten Beispiel verdeutlicht werden, und zwar an
der gemeinsemitischen Verbalwurzel ʾ*mr*. Diese Wurzel ist nach
herkömmlicher Auffassung im Hebräischen als „sagen" und
„befehlen" realisiert, wobei hier unter Beschränkung auf die Grundbedeutung von den begrifflichen Ableitungen abgesehen werden
kann. Ebenso wie im Hebräischen liegen die Dinge im Phönikischen,
Altsüdarabischen und Aramäischen [2]; hingegen bedeutet die gleiche
Wurzel im Akkadischen und Äthiopischen „sehen" [3]. Friedr.
DELITZSCH vermutete bereits im Jahre 1886 für ʾ*mr* die Grund-

---

[1] W. v. SODEN, *Akkadisches Handwörterbuch*, Lieferung 1, Wiesbaden 1959,
S. 44.
[2] JEAN-HOFTIJZER, a.a.O., S. 17 f.
[3] W. v. SODEN, a.a.O., S. 40-42.

bedeutung „hell sein", „sichtbar machen" oder „kundtun" [1]; die Bedeutung „sehen" ist nunmehr für den nordwestsemitischen Sprachbereich in den Texten von Ugarit belegt [2], und M. DAHOOD hat meines Erachtens bewiesen, daß 'mr im Sinne von „sehen", „schauen auf" oder „trachten nach" auch im Alten Testament begegnet [3]. Dies gilt etwa von Ps. lxxi 10: *kī-'âmᵉrū 'ōyᵉḇay lī wᵉšōmᵉrē nafšī nō'ᵃṣū yaḥdâw*; in diesem Falle steht 'mr im synonymen Parallelismus zu *šmr*, das nach dem Zusammenhang nur mit „nachstellen" zu übersetzen ist. Zieht man nun das ugaritische Vergleichsmaterial heran, dann ist 'mr mit „trachten nach", also mit einer Ableitung von „sehen" wiederzugeben. Somit ergibt sich die Übersetzung: „Denn meine Feinde trachten mir [nach dem Leben], und die mir nachstellen, ratschlagen gemeinsam", und die Heranziehung des entsprechenden Vergleichsmaterials hat zu einem weiteren lexikalischen Punkt im Begriffsfeld der hebräischen Wurzel 'mr geführt, der — soweit ich sehe — noch in kein hebräisches Wörterbuch aufgenommen worden ist [4]; gleichzeitig erweisen sich damit eventuelle Konjekturen am Text als überflüssig, wenn nicht als unsachgemäß.

Wir müssen uns auf diese wenigen Beispiele beschränken; doch dürften sie schon zur Genüge zeigen, daß für ein Wörterbuch, das dem Fachgenossen dienen und dem Studierenden helfen soll, die Beibringung von Vergleichsmaterial unabdingbar ist. Diese Feststellung wird auch dadurch nicht beeinträchtigt, daß die Forschung selbst — nicht zuletzt auf Grund immer neu anfallenden Materials — laufend weitergeht und ergänzende Nachträge unvermeidbar sind. Es muß jedoch hinsichtlich der etymologischen Beiträge eine grundsätzliche Einschränkung gemacht werden: Den einzelnen Grundartikeln des Wörterbuches vorangeschickt, dienen sie keinem Selbstzweck; sie haben lediglich die Aufgabe, das alttestamentliche Sprachgut aus seiner fragmentarischen Vereinzelung zu lösen und die Texte durch die Heranziehung größerer Begriffszusammenhänge zu erhellen. Nicht dagegen kann es die Aufgabe eines hebräischen Lexi-

---

[1] Friedr. DELITZSCH, *Prolegomena eines hebräisch-aramäischen Wörterbuches*, Leipzig 1886, S. 20, Anm. 1.

[2] C. H. GORDON, a.a.O., S. 361 (Nr. 229).

[3] M. DAHOOD, „Hebrew-Ugaritic Lexicography I". *Biblica* 44, Rom 1963, S. 295 f.

[4] So fehlt diese Bedeutung für das Hebräische auch in KOEHLER-BAUMGARTNER, *Hebräisch-Aramäisches Lexikon zum Alten Testament*, Lieferung I, Leiden 1967, S. 67 f.

kons sein, ein sprachvergleichendes Wörterbuch zu ersetzen [1] und die einzelnen Artikel zum Tummelplatz etymologischer Spekulationen zu machen. Ein etymologisches Wörterbuch ist eine Sache für sich und muß erst noch geschrieben werden; aber gerade ein hebräisches Lexikon kann hierzu gute Dienste tun, wie die von F. BUHL geleistete Arbeit zeigt, die für die Zeit vor mehr als 50 Jahren vorbildlich war und auch heute noch methodisch ihre Geltung besitzt.

Dem neuen Wörterbuch, das wiederum den verpflichtenden Namen von W. GESENIUS tragen soll, ist — entsprechend den schon länger laufenden Vorarbeiten — die *Biblia Hebraica* von 1937 zugrunde gelegt; da diese Ausgabe jedoch seit 1968 allmählich durch die *Biblia Hebraica Stuttgartensia* [2] abgelöst wird, die den Codex Leningradensis B19A objektiver wiedergibt, als dies bei der vorhergehenden Auflage der Fall war, ist eine Umstellung auf den neuen Text vorgesehen, soweit noch die einzelnen Lieferungen eingearbeitet werden können.

Hatte schon F. BUHL, soweit das seinerzeit möglich war, mitunter Ausspracheformen aus der Septuaginta und der jüdisch-babylonischen Überlieferung neben den von ihm benutzten textus receptus gestellt [3], so geschieht dies jetzt im Anschluß an die Pionierarbeiten von P. KAHLE [4], dem andere gefolgt sind, systematisch unter zusätzlicher Einbeziehung von Origenes, Hieronymus, der palästinischen und samaritanischen Aussprachetradition; denn dem Benutzer des hebräischen Bibeltextes in der durch den Leningradensis verkörperten Gestalt muß immer wieder vor Augen stehen, daß die tiberische Aussprache historisch relativ ist und keinesfalls — etwa bei der Festlegung metrischer Stücke — absolut gesetzt werden darf. Auch hier sei mir ein sehr einfaches Beispiel, das gleichwohl die Problematik anzeigt, gestattet. Im Tiberischen lautet der Ortsname „Sodom" bekanntlich *S^{e}ḏōm* Gn xiii 13 u.ö.; demgegenüber steht Qumran mit

---

[1] Zum gegenwärtigen Stand des Problems vgl. S. SEGERT, „Considerations on Semitic Comperative Lexicography I". *Archiv Orientální* 28, Prag 1960, S. 470-480.

[2] *Biblia Hebraica Stuttgartensia*, ed. K. ELLIGER et W. RUDOLPH, Stuttgart 1968; bisher liegen vor: Genesis (O. EISSFELDT, 1969), Jesaja (D. Winton THOMAS, 1968), Jeremia (W. RUDOLPH, 1970), Ezechiel (K. ELLIGER, 1971), Dodekapropheton (derselbe, 1970), Psalmen (H. BARDTKE, 1968), Josua/Judicum (R. MEYER, 1972).

[3] Er stützte sich auf P. KAHLE, *Der masoretische Text nach der Überlieferung der babylonischen Juden*, Leipzig 1902; derselbe, *Masoreten des Ostens*, Leipzig 1913.

[4] Vgl. P. E. KAHLE, *Die Kairoer Genisa*. Untersuchungen zur Geschichte des hebräischen Bibeltextes und seiner Übersetzungen, Berlin 1962, S. 162-199.

Swdm = *Sódom* 1Q Jes i 10, Septuaginta Σόδομα und schließlich die samaritanische Aussprachetradition mit *Sâdem*. Sieht man vom unterschiedlichen Vokalismus im Samaritanischen ab, so ist es offensichtlich, daß die tiberische Aussprache allein steht, während die übrigen Traditionen die ältere Form *Sódom* wiedergeben [1]. Derartige Beispiele können unter Einbeziehung der babylonischen und palästinischen Überlieferung beliebig vermehrt werden. Hier soll nur gezeigt werden, wie wichtig es ist, die tiberische Punktation nicht introvertiert, sondern in ihren historischen Relationen zu sehen.

Ein Lexikon — und damit sei noch ein letzter Gedankenkreis kurz angedeutet, — kann nicht ohne ein grammatisches Verständnis des zu behandelnden Sprachgutes geschrieben werden. Die moderne Forschung hat nun gezeigt, daß zum Beispiel das syntaktische Verständnis, wie es von W. GESENIUS und auch noch F. BUHL dem Althebräischen entgegengebracht wurde, den gegenwärtigen Auffassungen nicht mehr ohne weiteres entspricht. Für das Lexikon entsteht hierbei vor allem das Problem der Nomenklatur und damit die Frage, ob man die traditionellen Begriffe beibehalten oder sie durch moderne ersetzen soll. Dies gilt insbesondere von der Bezeichnung für das Verbum. In meiner nunmehr abgeschlossenen Grammatik [2] habe ich für die beiden Konjugationssysteme *yaqtul* und *qatal* grundsätzlich die Begriffe Präformativ- und Afformativkonjugation eingeführt [3]. Syntaktisch gesehen kann es sich hierbei freilich nur um Oberbegriffe handeln; denn bedeutungsmäßig überschneiden sich beide Konjugationen. Daher habe ich speziell für das Hebräische die Termini „Imperfektum" und „Perfektum" als Unterbegriffe beibehalten, da man sonst in Anbetracht der verschiedenen modalen Erscheinungen, die im Hebräischen nicht an die Konjugationsgrenzen gebunden sind, in nicht zu lösende terminologische Schwierigkeiten gerät. Aufs Ganze gesehen versteht es sich von selbst, daß dem neuen GESENIUS die phonologischen und syntaktischen Erkenntnisse zugrunde gelegt, wie sie unter anderem bereits in meiner Grammatik niedergelegt sind.

---

[1] Vgl. *Hebräische Grammatik*[3] I, § 21, 2a (siehe Anm. 2); Z. BEN-ḤAYYIM, *The Literary and Oral Tradition of Hebrew and Aramaic amongst the Samaritans* III, 1 (Jerusalem 1961), S. 176 (hebr.).

[2] R. MEYER, *Hebräische Grammatik*[3] I: Einleitung, Schrift- und Lautlehre, Berlin 1966; II: Formenlehre 1969; III: Satzlehre, 1972; IV: Register, 1972 = Sammlung Göschen 763/763b; 764/764b; 765/765b; 766/766b.

[3] Vgl. a.a.O. III, §§ 100-101.

Abschließend sei es gestattet, die Hauptrichtlinien, nach denen das neue Wörterbuch entsteht, wie folgt zusammenzufassen:

1. Die Neuausgabe beruht zunächst noch auf der 3. Auflage der von R. KITTEL begründeten *Biblia Hebraica*, soll jedoch nach Maßgabe des Möglichen auf die seit 1968 erscheinende *Biblia Hebraica Stuttgartensia* umgestellt werden.

2. Jeder Grundartikel enthält einen etymologischen beziehungsweise komparativen Vorspann, der in erster Linie der Worterklärung und dem sachlichen Verständnis dient.

3. Der tiberischen Punktation werden andere und ältere Ausspracheformen als Ergänzung und gegebenenfalls als Korrektiv zur Seite gestellt.

4. Der Charakter des GESENIUS als Handwörterbuch wird beibehalten. Er wird zwar unter kritischer Prüfung und Neusystematisierung des von F. BUHL gebotenen Materials erweitert, doch ist nicht beabsichtigt, ihn zu einem Thesaurus zu gestalten oder konkordanzmäßig umzuformen[1]. Die Erweiterung bezieht sich einmal auf die Vermehrung einschlägiger Stellen und die umfangreichere Wiedergabe von Übersetzungsbeispielen, zum anderen auf die Einbeziehung von Jesus ben Sira, der anhangsweise auch in die *Biblia Hebraica Stuttgartensia* aufgenommen wird, und ausgewählter Belege aus dem Sprachgut von Qumran, soweit sie der Aufhellung des alttestamentlichen Wortschatzes dienen.

5. Entlastet wird das Handwörterbuch von Diskussionen religionsgeschichtlicher, archäologischer, allgemeinhistorischer und theologischer Art; hierzu werden grundsätzlich die Fachwörterbücher sowie die einschlägigen Aufsätze und Monographien herangezogen.

Um eine möglichst umfassende Dokumentation zu erreichen, erlaube ich mir die Bitte, mich durch Zusendung von Sonderdrucken oder durch Hinweis auf eigene größere Veröffentlichungen auf dem laufenden zu halten. Meine Anschrift lautet: Hornstrasse 1, DDR-69 JENA.

---

[1] Vgl. hierzu LOEWENSTAMM-BLAU, *Thesaurus of the Language of the Bible*. Complete Concordance, Hebrew Bible Dictionary, Hebrew-English Bible Dictionary, Jerusalem 1958 ff.

DIE SEPTUAGINTA ALS PROBLEM DER TEXTGESCHICHTE, DER FORSCHUNGSGESCHICHTE UND DER THEOLOGIE

VON

ROBERT HANHART

Göttingen

Die Septuaginta als Problem der Textgeschichte, der Forschungsgeschichte und der Theologie: Die Formulierung weist innerhalb
eines umfassenderen Problembereichs auf drei Themen hin, auf denen
das Gewicht unserer Gedanken liegen soll. Der umfassendere Pro-
blembereich liesse sich so formulieren: die LXX als Problem der
Geschichte, der Geistesgeschichte und der Theologie. Geschichte:
das bedeutet im Blick auf unser Problem der LXX zuerst: Entstehungsgeschichte und Überlieferungsgeschichte; Geistesgeschichte:
das bedeutet zuerst Literaturgeschichte und Bedeutungsgeschichte;
Theologie: das bedeutet zuerst: Exegese und Dogmatik.

Im Bereich der *Geschichte* stellt die LXX hinsichtlich ihrer Entstehung zuerst die Frage: Was ist der innere Grund für die Übertragung als Offenbarung geheiligter und kanonisierter Texte in eine
fremde Sprache, und welches sind die äusseren, geschichtlichen Voraussetzungen für die Verwirklichung eines solchen Gedankens? Hinsichtlich der Überlieferungsgeschichte stellt sie zuerst die Frage:
Welches ist das Prinzip der Bewahrung übertragenen Offenbarungswortes; liegt es in der Bewahrung des ursprünglichen Übersetzungs
textes oder in seiner Transformation nach bestimmten Kriterien?

Im Bereich der *Geistesgeschichte* stellt die LXX hinsichtlich der
Literaturgeschichte zuerst die Frage: Ist übertragenes Offenbarungswort Literatur im eigentlichen Sinne, oder geschieht solche Übertragung nach Kriterien, die nicht identisch sind mit den Kriterien,
nach denen sich das Wesen von Literatur bestimmen lässt? Hinsichtlich der Bedeutungsgeschichte stellt sie zuerst die Frage: Bestimmt
bei der Übertragung des Offenbarungswortes in die fremde Sprache
die Denkform der Ursprache oder die Denkform der Übersetzungssprache das Wesen des übertragenen Wortes?

Im Bereich der *Theologie* stellt die LXX hinsichtlich der Exegese
zuerst die Frage: Ist das übertragene Wort des Alten Testaments in

seinem Gehalt identisch mit dem ursprünglichen Wort des AT, oder
liegt seine Bedeutung als Offenbarungswort christlichen und jüdischen
Glaubens in seinem dem Text der Ursprache gegenüber eigenständigen Gehalt? Hinsichtlich der Dogmatik stellt sie zuerst die Frage:
Welche Bedeutung hat die Übersetzung der LXX als Zwischenglied
zwischen dem kanonisierten Wort des Alten und des Neuen Testaments für die Lehre von der Heiligen Schrift?

Hier wird deutlich: die drei Fragen nach dem Wesen der LXX: als
Problem der Geschichte, der Geistesgeschichte und der Theologie,
sind einander innerlich notwendig zugeordnet; die eine Frage kann
nur im Licht der beiden andern gestellt und einer Beantwortung
näher gebracht werden: Die geschichtliche Frage ist insofern eine
theologische, als Entstehung und Überlieferung der LXX jenem
geschichtlichen Faktum zugehören, das christlicher und jüdischer
Glaube als die Offenbarung Gottes in der Geschichte bezeichnet. Die
geistesgeschichtliche Frage ist insofern eine theologische als mit ihrer
Beantwortung das rechte theologische Verständnis der LXX steht
und fällt: Die Beantwortung der Frage nach dem literarischen Charakter der LXX entscheidet darüber, ob christlicher und jüdischer
Glaube in diesem literarischen Dokument Offenbarungszeugnis zu
sehen hat oder nicht. Die Beantwortung der Frage nach dem bedeutungsgeschichtlichen Charakter der LXX entscheidet über die innere
Berechtigung zweier diametral entgegengesetzter theologischer Konzeptionen der Gegenwart. Die geistesgeschichtliche Frage ist aber auch
eine rein geschichtliche insofern als die je verschiedenen Versuche ihrer
Beantwortung als Stationen der Forschungsgeschichte Marksteine
darstellen auf dem Weg kirchlicher und profaner Geschichte.

Dadurch, dass wir innerhalb dieses umfassenderen Problembereichs die Frage nach dem Wesen der LXX auf das Problem der
Textgeschichte, der Forschungsgeschichte und der Theologie einschränken, legen wir das Gewicht auf drei zentrale Fragen:

1. Die textgeschichtliche Frage geht an die Geschichte des LXX-Textes im Licht des für Offenbarungstexte bestimmenden Problems
der Kanonisierung.

2. Die forschungsgeschichtliche Frage frägt nach der geistesgeschichtlichen Bedeutung der für die Geschichte der LXX-Forschung
bestimmenden Alternativen: Ist die LXX kanonisierte heilige Schrift
der hellenistischen Diaspora oder literarisches Produkt hellenistisch-synkretistischer Kulturpolitik? Ist sie als literarisches Dokument eine
ursprüngliche Einheit oder Ergebnis einer ursprünglichen Vielheit?

3. Die theologische Frage sucht die theologische Folge, die aus dem textgeschichtlichen und forschungsgeschichtlichen Ergebnis notwendig wird, im Licht der Frage zu klären, welche theologische Bedeutung der LXX in ihrer Zuordnung zu den kanonisierten Schriften des hebräischen Alten und des Neuen Testaments zukommt.

I. These

Entstehung und Geschichte des LXX-Textes sind bestimmt von ihrer einzigen und alleinigen Bedeutung, schriftgewordenes Offenbarungswort von Israels Gott für das griechisch sprechende Israel und für die urchristliche Gemeinde zu sein. Darum ist ihre Geschichte eine wesenhaft andere in der Zeit vor, eine wesenhaft andere in der Zeit nach ihrer Kanonisierung. Die Zeit, die vor der Kanonisierung der LXX im Judentum liegt, d.h.: die Zeit der Entstehung der LXX, gehört gleicherweise wie die Zeit der Entstehung des AT in der Ursprache jenem Bereich der Urgeschichte an, über dem ein undurchdringlicher Schleier liegt. Die Zeit, die vor der Kanonisierung der LXX in der christlichen Kirche liegt, die identisch ist mit der Zeit der nachkanonischen Geschichte der LXX im Judentum, ist bestimmt durch die Überarbeitung des ursprünglichen LXX-Textes nach dem einzigen und alleinigen Kriterium des ursprünglichen Textes der Ursprache. Das Phänomen, das, analog dieser frühesten Textgeschichte der LXX, der nachkanonischen Geschichte der LXX im Judentum, die nachkanonische Geschichte der LXX in der christlichen Kirche charakterisiert, ist die christliche Rezensionsarbeit am überlieferten LXX-Text, die nach dem Zeugnis des Hieronymus um die Wende vom 4. zum 5. Jh.n. Chr. zu einer dreigliedrigen Textgestalt, der palästinensischen, der antiochenischen und der alexandrinischen, führt.

Es ist für das rechte Verständnis von Entstehung und Urgeschichte des LXX-Textes allgemeine und notwendige Voraussetzung — erst die Funde der vergangenen 50 Jahre haben diese Notwendigkeit allen sichtbar gemacht —, das was mit diesen Texten in ihrer ersten Zeit, der letzten Periode des Judentums und der ersten Periode christlicher Gemeinschaft, geschehen konnte, vom Phänomen der Kanonisierung innerhalb des Judentums her zu sehen und zu erklären: Von hier her, nur von hier her, erklärt sich die Existenz jener in sich abgeschlossenen, im ganzen einheitlich überlieferten, die Schriften des masoretischen Textes ausschliesslich und darüber hinaus eine festumgrenzte Zahl späterer Schriften palästinensischer und hellenistischer Herkunft umfassenden Sammlung eines griechischen „Alten Testaments", das

unter dem Namen des „alexandrinischen Kanons" in die Überlieferung eingegangen ist. Von hier her, nur von hier her, erklärt es
sich, dass der Text dieser Sammlung als ganzer — das darf ganz unabhängig von der Alternative Einheits- oder Targumhypothese gesagt
werden — durch die ganze Zeit seiner frühesten Geschichte eine
innere Einheitlichkeit bewahrt hat, wie sie anderwärts höchstens in
der Überlieferung der profanen Gesetzestexte eine Analogie hat.

> Dass Kanonisierung im Judentum schon vor der Zerstörung
> des zweiten Tempels ein Theologumenon von grösster Bedeutung
> war, dafür bleibt das Kanonverzeichnis des Josephus ein unwider-
> legliches Zeugnis, das schon auf dem Prinzip der masoretischen
> Sammlung beruht, dass Schriften, die die Zeit *nach* der Wieder-
> herstellung des Heiligtums unter Esra und Nehemia zur Zeit Arta-
> xerxes I. zum Gegenstand haben, nicht mehr dem Kanon angehören
> können[1]. Die Existenz des alexandrinischen Kanons kann nur von
> dieser Tatsache her erklärt werden; die Frage, ob und in welchem
> Mass sie eine hellenistische Durchbrechung des Prinzips bedeutet, ist
> für unseren Zusammenhang unwesentlich.

Es ist die Grundgegebenheit dieser von Anfang an bestehenden,
theologisch: in einer bestimmten Form von Kanonisierung, begründeten Verfestigung des alttestamentlichen Textes sowohl in der
Gestalt der Ursprache als auch in der Gestalt der griechischen Übertragung, aus der allein sich das Phänomen erklären lässt, das das
Wesen der Textgeschichte in dieser ersten Zeit ausmacht: Dieses
Phänomen besteht in der immer deutlicher werdenden Rückbewegung
des im Anfang noch relativ freien Übersetzungstextes zur formalen
und inhaltlichen Identität mit dem Text des Originals zurück. Das
Phänomen, das in früheren Zeiten vor allem in den in den neutestamentlichen Schriften überlieferten Textformen alttestamentlicher
Zitate sichtbar geworden war, die dort, wo sie vom altüberlieferten
Text der LXX abweichen, fast ausschliesslich eine grössere Nähe
zum Text des Originales von der Art zeigen, wie sie den späteren
jüdischen Übersetzungen des 2. Jh. eigentümlich sind — ein Befund,
der seit dem 17. Jh. bis zu den Forschungen von Alfred RAHLFS zu
den verschiedensten, zum Teil abenteuerlichen Lösungsversuchen
geführt hat —, dieses Phänomen ist seit der Auffindung der „Zwölfprophetenrolle" in einer Höhle des Naḥal Ḥever südlich des Wadi
Murabbat im Jahre 1952 auf Grund der Interpretation von P. BARTHÉ-
LEMY in seinem entscheidenden Aspekt eindeutig geklärt: Es gab

---

[1] *Contra Apionem* I 41.

schon im Judentum der vorchristlichen Zeit, in der christlichen
Tradition griechischer alttestamentlicher Texte vielleicht lediglich in
der Tradition des Judentums, vielleicht unabhängig von ihr, eine
Bewegung der Rezension am überlieferten LXX-Text, deren einziges
Kriterium die Übereinstimmung mit dem Text der Ursprache war.

Das ist die einzige Möglichkeit der Transformation eines kanonisch
schon weitgehend verfestigten Textes: das Prinzip der Transformation ist im Prinzip der Kanonisierung selbst begründet. Das Prinzip
lautet: der Übersetzungstext ist nur in seiner inneren Zuordnung
zum Text der Ursprache kanonischer Text, schriftgewordenes Offenbarungswort. Das Wesen dieser inneren Zuordnung ist das Verhältnis
zwischen Urbild und Abbild. Das Abbild bedarf der immer neuen
Angleichung an das Urbild. Erst mit der Kanonisierung der neutestamentlichen Schriften als schriftgewordenes Wort christlicher
Offenbarung ist diese erste Periode der Textgeschichte abgeschlossen.
Erst jetzt erscheint der Text der LXX unabhängig von seiner Zuordnung zum Text der Ursprache als kanonisierte Schrift. Was jetzt,
innerhalb der christlichen Kirche nach der Kanonisierung ihrer
heiligen Schriften des Neuen und des Alten Testaments, an Textarbeit
am Alten Testament der LXX geschieht, ist etwas grundsätzlich und
wesenhaft anderes: Es ist die zuerst apologetisch, im Streitgespräch
mit Juden und Heiden, dann innerchristlich, im Streitgespräch mit
verschiedenen theologischen Richtungen, begründete theologische
Auseinandersetzung über Wesen und Gehalt von der Urgeschichte
des Textes her tradierter unterschiedlicher Textformen des griechischen Alten Testaments: Das ist der letzte Sinn sowohl der im Bereich
von Palästina sich verbreitenden Textarbeit des Origenes, als auch der
Textarbeit der antiochenischen und der alexandrinischen Schule.

Aus dieser textgeschichtlichen Erkenntnis ergeben sich tiefgreifende
Konsequenzen für die Erforschung des Textes und der frühen Ge-
schichte der Theologie: *Theologiegeschichtlich* wird sich von hier die
Frage stellen, ob sich die weithin befürwortete Erklärung der jüdi-
schen Versuche, den altüberlieferten LXX-Text dem Original der
Ursprache wieder anzunähern, aus der jüdischen Verurteilung des
LXX-Textes auf Grund seiner Aufnahme durch die urchristliche
Gemeinschaft als Offenbarungstext überhaupt noch aufrecht halten
lasse. Man wird diese Erklärung — dafür ist der Dialog Iustins mit
dem Juden Tryphon ein zu beredtes Zeugnis — für eine spätere
Phase und für eine bestimmte Strömung innerhalb dieser Zeit nicht
bestreiten können. Man wird sie aber als Erklärung der *Ursache* dieser

frühen Textarbeit heute als eindeutig widerlegt erklären und wird zum mindesten fragen müssen, ob sie sich als Erklärung für die Entstehung der Übersetzung des Aquila noch halten lasse, ein Befund, in dessen Licht sich auf ein tieferes und gerechteres Verständnis des ursprünglichen Verhältnisses zwischen Judentum und urchristlicher Gemeinschaft hoffen liesse.

Textgeschichtlich wird es von hier her notwendig sein, in der Herausstellung rezensioneller Überarbeitung des altüberlieferten LXX-Textes grundsätzlich zu unterscheiden, ob diese Überarbeitung der „urgeschichtlichen” Zeit *vor* der christlichen Kanonisierung des LXX-Textes zuzuweisen ist oder der „geschichtlich-literarischen” Zeit *nach*kanonischer, christlicher Rezensionsarbeit. Es ist zwar richtig, dass das Rezensionsprinzip in beiden Perioden grundsätzlich das gleiche bleibt: die Überarbeitung des altüberlieferten Übersetzungstextes nach dem Kriterium des Originals der Ursprache; es ist aber etwas grundsätzlich und wesentlich anderes, ob dieses Kriterium an einen in seiner endgültigen Gestalt weitgehend noch offenen Text angelegt wird, sei es zum Zweck eines je neuen Verständnisses vom Original der Ursprache her, sei es zum Zweck seiner endgültigen Festlegung, oder ob es an einen in seiner Gestalt endgültig festgelegten, kanonisierten Übersetzungstext angelegt wird zum Zweck seines literarischen und theologischen Vergleichs mit dem Original der Ursprache: und es ist nur zu erwarten, dass dieser grundsätzliche Unterschied trotz des gleichen Rezensionsprinzips auch eine grundsätzlich andere Art der Rezension mit sich bringt. Von hier her ist es zu erklären — der textgeschichtliche Befund bestätigt den theologiegeschichtlichen —, dass die Berührungen zwischen jenen frühen, auf vorchristliche jüdische Tradition zurückgehenden hebraisierenden Rezensionselementen, deren früheste Exponenten die Zwölfpropheten-Rolle, eine Traditionsstufe des alttestamentlichen Textes bei Philo und der alttestamentliche Text bestimmter neutestamentlicher Schriften sind, und den hebraisierenden Rezensionselementen der nachkanonischen christlichen Zeit, die sich, ausgehend vom Werk des Origenes, vor allem in der Textarbeit der antiochenischen Schule auswirken, nur ein verhältnismässig geringes Ausmass erreichen.

Könnte sich uns von dieser textgeschichtlichen Erkenntnis aus ein Weg eröffnen, auf dem es möglich wäre, jene Alternative, die gemeinhin mit den Schlagwörtern: These der Urseptuaginta - Targumhypothese, gekennzeichnet wird, auf Grund von Kriterien, die besser gesichert sind, als die bisherigen, von einer beiden Alternativen gemeinsamen Grundkonzeption von Entstehung und Geschichte der LXX her in einer Weise zu relativieren, dass ein langjähriger unfruchtbarer Streit, der forschungsgeschichtlich weitgehend als Irrweg gewertet werden muss, als end-gültig beigelegt betrachtet werden dürfte?: An diesem Punkt stellt sich die Frage nach der inneren Zuordnung des textgeschichtlich Gegebenen der Übersetzung der LXX zu seiner theologiegeschichtlichen Begründung:

II. These

Die Bestimmung des LXX-Textes als schriftgewordenes Offenbarungswort von Israels Gott für das griechisch sprechende Israel und für die urchristliche Gemeinde nötigt uns, uns für jenen Weg der LXX-Forschung zu entscheiden, der auf Grund der Kritik an der Historizität des Aristeasbriefes von Joseph Justus Scaliger (1540-1609) eingeschlagen und von Humphrey Hody (1659-1707) weiter beschritten worden ist, und dessen Ziel die Erklärung und Charakterisierung der LXX im Licht von Israels Glaube und Gottesdienst in makedonisch-hellenistischer Zeit ist. Gegenüber dieser grundsätzlichen Entscheidung des Forschungsweges bleibt die Entscheidung zwischen dem Verständnis der LXX als einer ursprünglichen Einheit oder als Ergebnis einer ursprünglichen Vielheit von untergeordneter Bedeutung.

Was der textgeschichtliche Befund sagt, lässt theologiegeschichtlich nur *einen* Schluss zu: Das textgeschichtlich Gegebene einer grundsätzlich unterschiedenen Überarbeitung eines vorgegebenen Übersetzungstextes der LXX nach dem einen und gleichen Kriterium eines als Urbild anerkannten Originals der Ursprache in den beiden theologiegeschichtlich grundsätzlich voneinander unterschiedenen Zeiten der vorkanonischen Urgeschichte und der nachkanonischen Geschichte lässt sich nur vom Wesen dieser beiden je verschiedenen Zeiten selbst her erklären: Das heisst aber: Entstehung und Geschichte der LXX sind bestimmt von der inneren Intention jüdischen und christlichen Glaubens in ihrer bewussten Abgrenzung gegen den ausserchristlich-israelischen Bereich. Was noch offen ist, ist nicht die Frage, *ob* Entstehung und Geschichte der LXX von diesem Grunde her erklärt werden müssen, sondern *in welcher Weise* sie von ihm her erklärt werden müssen.

Hier, und nur hier, kann eine hoffnungsvolle Auseinandersetzung mit der alten Streitfrage, ob der Text der LXX eine ursprüngliche Einheit oder Ergebnis einer ursprünglichen Vielheit sei, einsetzen.

Und hier, gerade hier, hat sich seit der Bekanntwerdung der
1963 von D. BARTHÉLEMY veröffentlichten [1] griechischen Zwölfprophetenrolle, deren Entstehung nach heute ziemlich einhelligem
paläographischem Urteil in die erste Hälfte des 1. Jh.n.Chr. gesetzt
wird, etwas entscheidend geändert. Dieser Text beweist nach den an
diesem Punkte endgültigen Erkenntnissen von BARTHÉLEMY: Die
frühen, vorchristlichen und urchristlichen Textbearbeitungen ge-
schahen — schon damals — an einem in ganzen gefestigten, einheitlichen Grundtext. Der Grundtext ist im wesentlichen der aus der
christlich überlieferten LXX-Tradition durch Ausscheidung der
Rezensionselemente gewinnbare Text der LXX. Die Herkunft der
Rezensionselemente bleibt im Dunkeln; doch weisen einige ihrer
Merkmale darauf hin, dass es sich hier eher um Textformen handelt,
die von Anfang an Rezensionselemente waren, die nach dem alleinigen
Kriterium des vorliegenden Originals der Ursprache entstanden sind,
als um Textteile, die aus dem Zwischenglied einer anderen, älteren,
dem Original näher stehenden vollständigen Übersetzung aus-
gehoben wären. Das bedeutet doch für den bevorstehenden Weg der
LXX-Forschung — gleichgültig welcher Seite innerhalb der Alternative zwischen Einheits- und Vielheitshypothese der einzelne
Forscher mehr zuneigen mag —, dass die einzig sinnvolle Methode
der Arbeit am Text der LXX allein darin bestehen kann, schon innerhalb der LXX-Überlieferung dieser frühen hellenistisch-jüdischen und
urchristlichen Zeit, sich durch Ausscheidung von Rezensionselementen
einem älteren einheitlichen Grundtext entgegen zu arbeiten, den aus-
geschiedenen Rezensionselementen gegenüber aber die Möglichkeit
durchaus offen zu lassen, dass sie sich, wenn neue Funde uns hier
mehr Licht geben sollten, dermaleinst zum Bild in sich einheitlicher
vollständiger Übersetzungen zusammenfügen könnten.

Unsere Zweifel an dieser noch offen gelassenen Möglichkeit
beruhen weder auf einem festgelegten Prinzip, noch auf einem Vor-
urteil — was P. A. DE LAGARDE mit bemerkenswerter Betonung und
Wortstellung von sich selber sagte: „nicht ich bin so dumm, dass ich
meinte, die „Urseptuaginta" rekonstruieren zu können", lässt sich
durchaus von der Konzeption der Göttinger LXX-Forschung als
ganzer sagen—; unsere Zweifel beruhen lediglich auf dem gegenwärtigen überlieferungsgeschichtlichen Befund, der uns keine — noch
keine? — Argumente für diese Möglichkeit liefert.

---

[1] *Les devanciers d'Aquila*, *SVT* X, Leiden 1963. Vgl. für diesen Zusammenhang
Theologische Existenz 140 (1967) 54 f.

Aber darum geht es uns jetzt nicht. Es geht uns um eine auf Grund
des gegenwärtigen überlieferungsgeschichtlichen Befundes gegebene
gemeinsame Konzeption von Wesen, Entstehung und Urgeschichte
der LXX, die — auch bei verschiedenem Urteil über diese noch offene
Möglichkeit — gemeinsame, in gleicher Richtung weisende, sich
gegenseitig stützende Arbeit am Text der LXX möglich macht: Wir
bezeichnen als die *Konzeption* die Existenz eines frühen, in sich einheitlichen LXX-Textes der in den alexandrinischen Kanon aufgenommenen Schriften, der zwei grundsätzlich voneinander unter-
schiedene Überarbeitungen nach dem einen und gleichen Prinzip der
Angleichung an das Original der Ursprache erfahren hat, der jüdisch-
hellenistischen, deren innerer Grund die in früh makedonisch-hellenistischer Zeit geschehene Kanonisierung des AT in der Ursprache
ist, und der christlichen, deren innerer Grund die Entstehung des
christlichen Kanons alt- und neutestamentlicher Schriften in der
zweiten Hälfte des 2. Jh.n.Chr. ist. Wir sehen den *Weg gemeinsamer
Arbeit* auf Grund dieser Konzeption in der von verschiedenen
Kriterien und verschiedenen Arbeitsweisen her möglichen Aushebung
und geschichtlichen Einordnung dieser Rezensionselemente. Die Voraussetzung dieser gemeinsamen Konzeption fordert eine Korrektur
auf beiden Seiten. Sie fordert von den Vertretern der These einer
ursprünglichen Vielheit von Übersetzungen die Einsicht, dass der
Nachweis noch so vieler und noch so früher Rezensionselemente
kein Beweis für die Existenz selbständig nebeneinander bestehender
Übersetzungen ist, so lange nicht eine innere Zusammengehörigkeit
dieser Rezensionselemente unabhängig von ihrer Stellung im Kontext
des rezensierten Textes nachweisbar ist. Sie fordert von den Vertretern der These einer ursprünglichen Einheit das Zugeständnis,
dass die Transformation dieser ursprünglichen Einheit nach festen
und eindeutig erkennbaren Rezensionsprinzipien dermassen früh
einsetzte und theologiegeschichtlich dermassen deutlich periodisierbar
ist, dass sich das Problem der Unterscheidung zwischen Rezension
und Übersetzung schon in der ersten Zeit der Geschichte der LXX
notwendig stellt. Man wird von hier her gegenüber den konsequenten
Spätdatierungen von Rezensionselementen, die Peter KATZ gegenüber der Überlieferung alttestamentlicher Zitate bei Philo, und die
Heinrich DÖRRIE auch gegenüber den von Hieronymus bezeugten
christlichen Rezensionen postuliert hat, berechtigte Bedenken erheben
müssen und wird den Satz, mit dem Walter BAUER schön und zu-
treffend das Lebenswerk von Alfred RAHLFS charakterisiert hat, dass

er sich auf Grund des überlieferungsgeschichtlichen Befundes genötigt sah, „das Ideal" seines Lehrers LAGARDE preisgebend, „. . .
das starre Nebeneinander der drei Rezensionen für die drei Kirchen-
provinzen (aufzugeben) und zu einem elastischeren, der lebendigen
Wirklichkeit in höherem Masse entsprechenden Verfahren zu greifen",
so dass „was von dem alten Schema übrig bleibt . . . seine scharfen
Kanten durch Anerkennung von Übergangsformen und Zwischenstufen (verliert) . . ." [1] — ich glaube durchaus im Sinne dieser
Forscher — dahin präzisieren müssen, dass die Erkenntnis und
Anerkennung von Übergangsformen und Zwischenstufen einzig und
allein unter der Voraussetzung eines Periodenschemas geschehen darf,
dessen scharfe Kanten *besser zu erkennen* nach dem heutigen Stand der
Überlieferung wieder etwas mehr Hoffnung besteht.

Von dieser Konzeption her nach Einzelproblemen zu fragen, kann
nicht meine Aufgabe sein — ich hoffe, dass die weiteren Beiträge
dieser Arbeitsgemeinschaft nicht ihre Infragestellung sondern ihre
Bestätigung mit sich bringen, und das gerade auch dort, wo die
Existenz einer bestimmten Rezension für ein bestimmtes Buch in Frage
gestellt werden muss — doch glaube ich, meine Aufgabe darin sehen
zu dürfen, selbst auf die Gefahr hin, Ihnen als „terrible simplificateur"
zu erscheinen, einige Linien aufzuzeigen, an denen sich eine Berührung
und gegenseitige Hilfeleistung ganz verschiedener Forschungsrichtungen der französischen, italienischen, deutschen, finnischen,
israelischen und englisch-kanadisch-amerikanischen LXX-Forschung,
erkennen lässt, eine Berührung und Hilfeleistung, die diese Konzeption durchaus zu ihrer Voraussetzung haben dürfte.

Wir sehen eine solche Berührung und Hilfeleistung in den von
Anfang an ernst genommenen Bedenken, die G. MERCATI gegenüber
einer zu weit gehenden Infragestellung der alten Zeugnisse über die
christlichen Rezensionen hinsichtlich ihrer Verwertbarkeit als Kriterium für die Zuordnung der überlieferten Textformen bei A. RAHLFS
und H. DÖRRIE angemeldet hat.[2] Wir sehen eine solche Berührung
und Hilfeleistung in der neuen Richtung, die BARTHÉLEMY dem

---

[1] W. BAUER, *Alfred Rahlfs*, NGG, Jahresbericht 1934/35, 60-65 (= A. RAHLFS, *Septuaginta-Studien*, ²Göttingen 1965, 11-16 (das Zitat 15)).

[2] Vgl. Heinrich DÖRRIE, „Zur Geschichte der Septuaginta im Jahrhundert Konstantins", *ZNW* 39 (1940) 57-111; Giovanni Card. MERCATI, „Di alcune testimonianze antiche sulle cure bibliche di San Luciano", *Biblica* 24 (1943) 1-17.

leidigen Streit zwischen Kahle und Katz über die alttestamentlichen
Textformen im Werk Philos mit dem Versuch gewiesen hat, die
Angleichungen philonischer Bibelzitate an den hebräischen Grundtext von einem frühen Rezensionsprinzip her zu erklären, das dem
der Zwölfprophetenrolle entspricht [1] — die nunmehr bezeugte Existenz solcher Textformen im Anfang der christlichen Ära liesse Kahles
These ihrer Ursprünglichkeit im philonischen Werk als die nahelie-
gendste erscheinen; das einzige Kriterium, das Katz für ihren
sekundären Charakter vorbringt, dass der philonische Kontext diese
Textformen nicht voraussetzt [2], bedürfte einer neuen Überprüfung;
das Hauptproblem des ganzen Streites aber, die zeitliche Ansetzung
dieser Textformen, ist seither gelöst —.

Wir sehen eine solche Berührung und Hilfeleistung in den Argu-
menten, die die von I. Soisalon-Soininen und seinen Schülern erarbeiteten morphologischen und syntaktischen Erkenntnisse an der
Übersetzungssprache für die Hypothese bringen, dass jedem einzelnen Buch der LXX eine im wesentlichen einheitliche und durch-
gehaltene Technik der Übersetzung zu Grunde liegt.

Wir sehen eine solche Berührung und Hilfeleistung in den Folgerungen, die die feinsinnigen Erkenntnisse zeitgeschichtlicher Hinter-
gründe der Übersetzung als Aktualisierung des dem Urtext zu Grunde
liegenden geschichtlichen Gegenstandes in den LXX-Forschungen
I. L. Seeligmanns für die Hypothese liefern, dass einer jeden Übersetzung eine in formaler und inhaltlicher Hinsicht einheitliche
literarische Konzeption zu Grunde liege.

Wir sehen eine solche Berührung und Hilfeleistung in dem neuen
Gewicht, das die englisch-kanadisch-amerikanische LXX-Forschung
der von M. L. Margolis ausgehenden, über J. A. Montgomery und
H. S. Gehman zu H. M. Orlinsky und J. W. Wevers führenden
Schule — auch S. Jellicoe — auf die noch nicht ausgeschöpften
historischen und philologischen Möglichkeiten legt, rezensionelle
Textformen historisch und geographisch auch dort zu bestimmen,
wo noch Alfred Rahlfs alles Fragen aufgegeben hatte[3].

---

[1] D. Barthélemy, *Les devanciers d'Aquila* (Suppl. SVT X) Leiden 1963;
„Est-ce Hoshaya Rabba qui censura le „Commentaire Allégorique"?" *Colloques
Nationaux du Centre National de la Recherche Scientifique*, Philon d'Alexandrie,
Lyon 11.-15. Sept. 1966, Paris 1967, S. 45-79.

[2] P. Katz, *Philo's Bible*, Cambridge 1950.

[3] H. M. Orlinsky, „On the present State of Proto-Septuagint Studies",
JAOS 61 (1941) 81-91 u.ö.; S. Jellicoe „The Hesychian Recension reconsidered",
JBL 82 (1963) 409-418; id. *The Septuagint and Modern Study*, Oxford 1968, S. 146-

Die gewaltige Textarbeit Joseph ZIEGLERS an den prophetischen
Schriften weist eindeutig in *eine* Richtung: zur Konzeption einer von
einer grundsätzlichen Einheit des Textes ausgehenden dreigliedrigen
Überarbeitung, von der zwei Formen, die origeneische und die
antiochenische, deutlich bestimmbar sind, die dritte, weniger deutlich
fassbare, doch eindeutig in den Bereich Alexandrias weist: es fällt
schwer, diesen auf breiter Überlieferungsgrundlage beruhenden
Befund nicht als ein Indiz dafür zu verstehen, dass das lang umstrittene Zeugnis des Hieronymus von der Dreiheit der Textformen
wieder ernster genommen werden muss — weder die Feststellung des
Fehlens dieser Dreiheit in andern Schriften, noch die Feststellung
vorhexaplarischer Überarbeitungen nach bestimmtem Rezensionsprinzip kann als Argument gegen die Richtigkeit dieses Befundes in
Anspruch genommen werden und wird, so weit ich sie verstehe,
von ihren Vertretern auch nicht so missbraucht.

> Das letzte Wort über eine alexandrinische Rezension ist mit dem
> Urteil von A. RAHLFS, dass es „bisher noch nicht sicher gelungen
> (ist), diese dritte Rezension nachzuweisen"[1], noch nicht gesprochen.
> Drei Zeugnisse, von denen her neues Licht für dieses Problem zu
> erhoffen ist, müssen ernster genommen werden als es bisher geschehen
> ist: 1) das Zeugnis des der ersten Hälfte des dritten chrl. Jh. ange-
> hörenden Chester Beatty-Papyrus 965, der die Eigenarten der alexan-
> drinischen Zeugengruppe schon für diese frühe Zeit bezeugt und so
> das Kriterium für eine mögliche Periodisierung für diese Textform
> bildet [2], 2) das Zeugnis der alexandrinischen Schriftsteller von Clements
> bis Cyrill von Alexandrien in seinem Verhältnis zu der von den
> Sekundärübersetzungen ältestbezeugten sahidischen Überlieferung,
> ein Bereich, der vor allem für die von J. Ziegler seit einigen Jahren
> in Arbeit genommenen Weisheitsschriften Hoffnung auf neue Erkennt-
> nisse gibt, und 3) das bis jetzt fast nur über das wahrscheinlich dem
> 6. chrl. Jh. angehörende Lexikon des Hesych zugängliche ältere
> alexandrinische lexikographische Gut biblischer Überlieferung, das
> auf das sog. „Stephanosglossar" zurückgehende „Cyrillglossar", in
> welchem Spuren einer in unsern LXX-Handschriften nicht mehr
> erhaltenen Textform nachweisbar sind, deren Zugehörigkeit zur
> alexandrinischen Rezension zuerst Kurt LATTE vermutet hat[3].

Wir sehen die deutlichste Berührung und Hilfeleistung, die
sich zwischen den verschiedenen Forschungsrichtungen anbahnt, in

---

156. Vgl. auch P. KATZ, „Septuagintal Studies in the Mid-Century", *Festschrift
für C. H. Dodd*, 1956, S. 176-208, vor allem S. 194.
  [1] *Septuaginta*, Stuttgart 1935, S. XIV.
  [2] Vgl. W. BAUER, *RGG*, 3. Aufl. III, 299.
  [3] *Hesychii Alexandrini Lexicon* I 1953, S. XLV, 3 (Brief vom 22.12.61).

der Tatsache, dass sich mit der Teilnahme von J. W. Wevers und
D. W. Gooding am Editionswerk der Göttinger LXX nicht nur
nationale und sprachliche Grenzen heben, sondern auch verschiedene
Konzeptionen auf einem einzigen Weg sinnvoller Textarbeit einigen,
als dessen Wegbereiter alle Joseph Ziegler verehren, für dessen
inzwischen noch gewaltig angewachsenes Lebenswerk J. W. Wevers
schon 1954 die schönsten Worte gefunden hatte: „Sein unglaublicher
Fleiss, sein kritischer Verstand und seine unbedingte Hingabe an
seine Aufgabe werden als ein leuchtendes Beispiel akademischen
Idealismus' unvergessen bleiben"[1].

III. These

*Die getroffene Bestimmung von Entstehung und Geschichte des LXX-
Textes und die daraus gefolgerte Entscheidung hinsichtlich des Weges ihrer
Erforschung führen zu dem theologischen Schluss, dass die Bedeutung der
LXX für die Theologie der Gegenwart und einer jeden Zeit nicht in dem
liegen kann, was in dieses literarische Dokument von dem geistigen Bereich
her eingeströmt sein mag, in dessen Sprache es gestaltet wurde, sondern
einzig und allein in dem, was es als Mittelglied in seiner inneren Zuordnung
zur alttestamentlichen Offenbarung in der Ursprache und zum neutestamentlichen Zeugnis bedeutet.*

Wir können hier nur noch Linien andeuten. Die Frage nach Entstehung und Urgeschichte der LXX hat uns zu der Erkenntnis
geführt, dass der Grund ihrer Entstehung der Glaube Israels ist und
nichts anderes, und dass das Wesen ihrer Urgeschichte auf der jüdi-

---

[1] *ThR* 22 (1954) 111. Der sichtbare Ertrag der dem „7. Congress of the IOSOT"
zugeordneten Tagung der „International Organization for Septuagint and
Cognate Studies" in Uppsala (8.-9. August 1971) dürfte vor allem darin bestehen,
dass drei Bereiche der LXX-Forschung, die dringend der Bearbeitung bedürfen, auf
der Grundlage der Editionsarbeit der Göttinger Septuaginta als Gegenstand
gemeinsamer Arbeitsprojekte in Aussicht genommen sind, die *lexikographische*
Erfassung des Wortguts alttestamentlich griechischer Überlieferung (Referat von
R. A. Kraft „Approaches to Translation-Greek Lexicography" und Suzanne
Daniel „The Vocabulary of „Law" in the Greek Pentateuch"), die systematische
Untersuchung der *syntaktischen* Phänomene des LXX-Griechisch als Übersetz-
zungssprache in ihrer Zuordnung zur syntaktischen Struktur der Ursprache
(Referat von I. Soisalon-Soininen „Syntax or Translation Technique") und,
als Plan wahrscheinlich noch fernerer Zukunft, die neue, der heutigen Editions-
technik gerecht werdende, den Unternehmungen der Beuroner Vetus Latina und
der Leidener Peschitta analoge *Editionsarbeit an den Sekundärübersetzungen*, vor
allem des koptischen, des äthiopischen und des armenischen alttestamentlichen
Textes (Referat von J. W. Clear, „The Ethiopic Text of Paralipomenon II"
und Bo Johnson „Some Remarks on the Daughter Versions of the Septuagint").

schen und christlichen Anerkennung dieses Textes als Offenbarungswort beruht, dessen Offenbarungscharakter nur durch seine immer
neue Annäherung an das Urbild des Originals gewahrt bleibt. Aus
dieser Erkenntnis folgte für den richtigen Weg der Erforschung
der LXX, 1) dass das Wesen der LXX nur von diesem ihrem Glaubens-
grund her erkannt werden kann, 2) dass ihre Urgeschichte nur durch
den Versuch aufgehellt werden kann, die Möglichkeiten dieser
Annäherungen an das Urbild den Perioden der nachkanonisch
jüdischen und der urchristlichen Geschichte zuzuordnen.

Das bedeutet aber für die Frage nach der LXX als Problem der
Theologie: Die LXX hat theologisch einzig und allein die Bedeutung
schriftgewordenen Offenbarungswortes, wie es für jüdischen Glauben
das AT in der Ursprache, für christlichen Glauben das AT in der Ursprache und das Schrifttum des Neuen Testamentes hat. Sie hat *nicht*
die Bedeutung eines in seinen Aussagen widerrufbaren exegetischen
bzw. literarischen Werkes *über* schriftgewordenes Offenbarungswort.

Die LXX-Forschung ist oft auf den Stationen ihres Weges einen
Schritt hinter dem zurückgeblieben, was zur gleichen Zeit philolo-
gisch in der Erforschung der griechischen Sprache und theologisch in
der alt- und neutestamentlichen exegetischen Disziplin erreicht war.
Das war zuletzt der Fall, als seit Beginn der Zwanzigerjahre dieses
Jahrhunderts, auf Grund der Erkenntnisse Franz OVERBECKS, am
schärfsten durch die Forderungen der dialektischen Theologie, eine
grundsätzliche Unterscheidung des Verständnisses biblischer Texte
als heilige Schrift und biblischer Texte als literarischer Dokumente als
notwendig erkannt wurde.

Was damals durch die formgeschichtliche Fragestellung gefordert
wurde, grundsätzlich zu unterscheiden zwischen dem, was der Text
nach der inneren Intention seines Zeugen *sagt*, und dem was er als
Glied eines geistes-, religions- und literaturgeschichtlichen Kontextes
bedeutet, hätte, in gleichem Masse wie es dem Urtext des Alten und
des Neuen Testaments gegenüber gefordert wurde, auch dem Übersetzungstext der LXX gegenüber gefordert werden müssen. Das hätte
bedeutet, dass zuerst danach gefragt worden wäre, was der Übersetzungstext — natürlich immer in seiner Zuordnung zum Urbild des
Originals — sagen will, und erst unter Voraussetzung der auf diese
Frage gegebenen Antwort danach, von welchen religions- und kultur-
geschichtlichen Phänomenen her seine Entstehung und Geschichte
aufgehellt werden mag.

Das hätte bedeutet, dass man die Bedeutung der LXX für die

Zeugnisse des NT zuerst von dem her zu verstehen gesucht hätte,
was die LXX für die neutestamentlichen Zeugen *war*: schriftgewordenes Wort der Offenbarung, nicht von dem her, was die LXX
religions- und literaturgeschichtlich an dem Punkt *bedeutete*, an
welchem sie als Schriftbeweis in die Zeugnisse des NT aufgenommen
wurde: die erste Berührung zwischen jüdischem und hellenistisch-
synkretistischem Geist.

Das hätte gefordert, dass der Einspruch, der von diesen Voraussetzungen her vor allem im Blick auf das Neue Testament und das
Alte Testament in seinem Urtext gegenüber der biblischen Exegese
historisch-kritischer und religionsgeschichtlicher Richtung erhoben
worden ist, dass ihre Möglichkeiten statt als Hilfsmittel als *Prinzip*
des Verständnisses biblischer Texte verstanden, nur zu ihrem Miss-
verständnis führen können, auch und gerade im Blick auf das Alte
Testament hinsichtlich seiner griechischen Übersetzung hätte erhoben
werden müssen. Dieser Einspruch hätte zuerst dort erhoben werden
müssen, wo in einer allzu unkritischen Weise die These Adolf Deiss-
manns von der Befreiung des Alten Testaments von seinen nationalis-
tischen und partikularistischen Schranken durch die Übersetzung
der LXX [1] zum Prinzip sowohl für die Bestimmung der inneren
Intention als auch für die Bestimmung ihrer Bedeutung als Vorbereitung für das neutestamentliche Zeugnis gemacht worden ist. Wir
bestreiten damit nicht die Berechtigung, die diese These unter Voraussetzung jener neuen Erkenntnisse vom Wesen der biblischen Texte
hat. Wir bestreiten aber ihre Angemessenheit als These, die nicht von
dort her relativiert ist. Ihre Relativierung von dort her hätte — das
darf heute sine ira et studio gesagt werden — ein der Wahrheit an-
gemesseneres Bild vom Wesen der LXX sowohl hinsichtlich ihres
theologischen als auch ihres literarischen Charakters erbracht, hinsichtlich ihres theologischen Charakters als schriftgewordenes Wort
der Offenbarung für die spätjüdische und für die frühchristliche
Gemeinschaft, wie er schön in den Worten von Katz zum Ausdruck
kommt: „Man darf sagen, dass die der Antike fremde und anstössige
Eigenständigkeit der Kirche neben Staat und Gesellschaft ihre ur-
sächliche Parallele in der die Sonderexistenz der Synagoge zum Ausdruck bringenden Sprachgestalt der LXX als Übersetzung hat" [2],

---

[1] A. Deissmann, Die Hellenisierung des semitischen Monotheismus (Inter-
nationaler Orientalistenkongress in Hamburg, 8. Sept. 1902); vgl. Theologische
Existenz 140 (1976) 58 f.

[2] *RGG* III, 5, Bd. (1961) 1706, vgl. *Theologische Existenz* 140 (1967) 56 f.

hinsichtlich ihres literarischen Charakters als ein Dokument der
spätantiken Literatur, das in den zeitgenössischen Literaturwerken
keine Analogie hat, und dessen Wesen in der Richtung zu bestimmen
sein dürfte, die ZIEGLER mit den Worten angedeutet hat:

„Dies war nicht die klassische Sprache des Demosthenes, die nicht
als Masstab genommen werden kann; ... Die Diaspora in Alexandrien redete die Sprache der damaligen Zeit und der damaligen
Weltstadt Alexandrien. Der erhabene Inhalt der heiligen Bücher mit
den Aussagen über den grossen Gott hob das Griechisch der Bibel
vor allem in den Lesungen der Synagoge über die Sprache empor, die
auf dem Markt und im Hafen, auf der Strasse und im Haus gesprochen
wurde ...".[1]

---

[1] *Die Septuaginta, Erbe und Auftrag,* Würzburg 1962, S. 16 f. (= *Sylloge,* Gesammelte Aufsätze zur Septuaginta, Göttingen 1971, S. 601f.).

ÜBERLIEFERUNGSGESCHICHTLICHE ERWÄGUNGEN ZUR KOMPOSITION DES DEKALOGS

VON

WERNER H. SCHMIDT

Kiel

A) PROBLEMSTELLUNG

Die überlieferungsgeschichtliche Fragestellung hat bei Anwendung auf den Dekalog gegenüber anderen Texten den Vorteil, daß diese Gebotsreihe, die weit über das Alte Testament hinaus Bedeutung erlangte, in zwei voneinander unterschiedenen und darum miteinander vergleichbaren Textformen vorliegt. Anders als in Ex xx ist der Dekalog in Dt v mit einer ausführlichen Einleitung versehen und sinnvoll in einen Erzählungszusammenhang, den Bericht von Theophanie und Bundesschluß, eingefügt. Dennoch wird der naheliegenden Auffassung, der Dekalog sei in Dt v ursprünglich und von dort nachträglich in Ex xx eingedrungen, durch den allgemein anerkannten Tatbestand widersprochen, daß der Text von Ex xx im wesentlichen älter ist als der von Dt v [1]. Immerhin läßt der Vergleich beider Formen zunächst zwei Folgerungen zu:

1.) Die *Begründungen* der Gebote sind variabel [2], also mindestens teilweise sekundär. Eine überlieferungsgeschichtliche Betrachtung hat demnach zwischen den Geboten und ihren Motivierungen zu unterscheiden.

2.) Auch die *Gebotsformulierungen* selbst bleiben nicht ein für allemal streng festgelegt, sondern sind, wenn auch innerhalb ziemlich enger Grenzen, variabel [3].

---

[1] Vgl. J. J. STAMM, Dreißig Jahre Dekalogforschung: *ThR* 27 (1961) 197 ff; K. KOCH, *Was ist Formgeschichte* (²1967) 55 ff; E. NIELSEN, *Die zehn Gebote* (1965) 34 ff; N. LOHFINK, Zur Dekalogfassung von Dtn 5: *BZ* 9 (1965) 17-32. Eine Ausnahme bildet wohl die von Gen i kaum unabhängige Begründung des Sabbatgebots in Ex xx 11.

[2] Vgl. besonders die Unterschiede in der Begründung des Sabbatgebots (Ex xx 11; Dt v 14 f) und die Verlängerung des Elterngebots um zwei Motivierungen (in Dt v 16 gegenüber Ex xx 12).

[3] Im Sabbatgebot überliefert Ex xx 8 „gedenke" und Dt v 12 „bewahre"; im neunten Gebot sagt Ex xx 16 „Lügenzeuge" und Dt v 20 „nichtiger Zeuge", während Dt v 21 im zehnten Gebot sowohl die Reihenfolge der Objekte vertauscht und ergänzt als auch ein Verbum auswechselt.

Von diesen Beobachtungen her drängt sich die Frage auf: Hat eine entsprechende Entwicklung auch vor der in Ex xx und Dt v fixierten Gestalt stattgefunden? Als Ansatzpunkte für diese Rückfrage nach der Vorgeschichte des Dekalogs können weitere Formunterschiede dienen:

3.) Die Gebote sind durchweg *negativ*, nur die beiden Mahnungen zur Sabbathaltung und Elternehrung sind positiv formuliert. Gehen auch diese beiden Ausnahmen auf Verbote zurück?

4.) Die Gebote weichen in ihrer *Länge* stark voneinander ab. Erklärt sich diese Differenz durch verschiedene Entstehung oder nachträgliche Ausgestaltung?

5.) Das *göttliche „Ich"* prägt nach dem Prolog wohl das erste Gebot und die Begründung des Bilderverbots, aber schon nicht mehr die Warnung, den Gottesnamen zu mißbrauchen, erst recht nicht die ethischen Forderungen. Die Gebote scheinen also wenigstens teilweise erst nachträglich als Gotteswort verstanden und damit göttlicher Autorität unterstellt worden zu sein.

Ist aber die vorliegende Gestalt des Dekalogs nicht ursprünglich, sondern erst einem späteren Vereinigungsprozeß zu verdanken, dann stellt sich das Problem: *Woher* stammen die Einzelelemente, und welche *Motive* bestimmen die Gestalt der Einzelgebote sowie die Komposition des Ganzen? [1] Auf diese Frage nach Entstehung und Sinneinheit des Dekalogs soll im Folgenden auf die Weise eine

---

[1] E. GERSTENBERGER, *Wesen und Herkunft des „apodiktischen Rechts"* (1965) bes. 77 ff. 88, hat als erster zu erweisen versucht, daß die Prohibitive mit wenigen Ausnahmen ursprünglich Einzel-, Zweier- oder Dreiergruppen bildeten. Damit hat er faktisch die neuere Dekalogforschung eröffnet; vgl. E. ZENGER, Eine Wende in der Dekalogforschung?: *TheolRev* 64 (1968) 189-198 (mit Lit.).

Von der Einsicht aus, daß der Dekalog eine sekundäre Komposition sei, hat G. FOHRER einen ersten Lösungsvorschlag gemacht: Das sogenannte apodiktisch formulierte Recht und der Dekalog: *KuD* 11 (1965) 49-74 = *BZAW* 115 (1969) 120-148. Die von ihm vorgenommene Aufteilung des Dekalogs auf drei Gruppen verschiedener apodiktischer Reihen geht jedoch zu einseitig von Formalprinzipien aus; die Zahl der Hebungen reicht als Ordnungskriterium nicht aus. Vor allem ist die erste Gruppe, die das 1.-3. mit dem sachlich völlig verschiedenen 9.-10. Gebot verbindet, zu uneinheitlich. Abgesehen von der dadurch notwendig gewordenen Änderung des 1. Gebots, ist nur der Zusammenhang von 1. und 2. Gebot erweisbar. Schon das 3., erst recht das 9. und 10. Gebot sind in Form und Inhalt anderer Art.

Zuletzt hat H. GESE, Der Dekalog als Ganzheit betrachtet: *ZThK* 64 (1967) 121-138, die paarweise Anordnung bzw. „symmetrische Vollständigkeit" als Kompositionsprinzip herausgestellt. Es bestimmt gewiß Teile des Dekalogs, läßt sich aber nur gewaltsam der gesamten Reihe entnehmen. So bilden zwar das 1. und 2. Gebot ein Paar, aber schon die Verknüpfung des 3. und 4. Gebots ist kaum zureichend begründet.

Antwort gesucht werden, daß das Verhältnis der Einzelgebote zu ihren Sachparallelen, also zu inhaltlich entsprechenden Forderungen, untersucht wird.

B) Textbeobachtungen

Lassen Sie mich mit den exegetischen Überlegungen am *neunten* Gebot einsetzen! Bekanntlich enthält der Dekalog keine prinzipielle Mahnung, stets die Wahrheit zu sagen, und damit kein grundsätzliches Verbot der Lüge (vgl. Lev xix 11), sondern untersagt die Lüge nur dort, wo sie die ärgsten Auswirkungen haben kann: in der Zeugenaussage vor Gericht (vgl. Dt xix 18; Spr xxv 18; Ex xxiii 2; 1. Kg xxi u.a.). Das Ziel des Dekalogs ist, wie dieser Fall exemplarisch zeigt, nicht die Proklamation und Realisierung absoluter Prinzipien, nicht die Aufrichtung *der* Wahrheit, vielmehr—wie bei den übrigen Geboten der sog. zweiten Tafel—der Schutz des Nächsten. Die Formulierung von Ex xx 16 „Du sollst gegen deinen Nächsten nicht als Lügenzeuge aussagen" wandelt die Parallele Dt v 20 jedoch leicht, wenn auch nicht unwesentlich ab, indem sie statt von einem Lügner von einem „nichtigen bzw. falschen (שוא) Zeugen" spricht. J. J. Stamm hat den Begriffswandel wohl zu Recht als Ausweitung des Sachverhalts erklärt: „Jede falsche Aussage sollte verboten sein, und keiner sollte sich darauf berufen können, nicht geradezu gelogen zu haben" [1]. Damit nähert sich das Dekaloggebot sowohl in der Ausdrucksweise wie in der Sache dem apodiktischen Rechtssatz von Ex xxiii 1 an, wenn es dessen Intention nicht sogar mitumfaßt: „Du sollst kein nichtiges bzw. falsches (שוא) Gerücht aussprechen." Auf diese Weise wird das Verbot des Lügenzeugnisses in Richtung auf die Untersagung übler Nachrede ausgedehnt, und möglicherweise hat man später sogar die Fassung von Ex xx 16 in solchem weiteren

---

[1] J. J. Stamm, *Der Dekalog im Lichte der neueren Forschung* (1962) 60. 9. M. A. Klopfenstein stimmt zu, daß es „richtig ist, in der Ersetzung von *šæqær* durch *šawᶜ* im Dt eine Verallgemeinerung — eine Verallgemeinerung vielleicht nicht nur im Sinn einer unausweichlicheren Erfassung des Pseudozeugen in der forensischen Situation, sondern wohl auch der Ausweitung des Verbotsbereichs über diese Situation selber hinaus — zu sehen". „Etwa in dem Sinn, wie der allgemeinere Fall der Verbreitung falscher Gerüchte in Ex xxiii 1 neben dem spezielleren Fall der rechtsvergewaltigenden, also falschen Zeugenschaft vor Gericht steht" (*Die Lüge nach dem Alten Testament*, 1964, 20 mit Anm. 69). Die Vermutung, daß das dritte Gebot (Ex xx 7) den Wortlaut von Dt v 20 beeinflußt habe, ist weniger wahrscheinlich, da sich das dritte Gebot nicht nur auf Meineid bezieht und sich der Begriff *šawᶜ* in sachlich näherstehenden Geboten (Ex xxiii 1) findet.

Sinne verstanden (vgl. Ex xxiii 7; Spr vi 16 ff; xii 19.22; Lev xix 11:
„Ihr sollt nicht belügen, ein jeder seinen Mitbürger").

Die Verbote scheinen also von einer engen Formulierung, die sich
auf einen spezifisch-konkreten Fall bezieht, auszugehen und allmählich zunehmende Weite zu gewinnen, um eine größere Vielfalt
von Tatbeständen einzuschließen. Läßt sich dieser Hang zur Verallgemeinerung nicht nur wie im Fall des neunten Gebotes erst beim
Übergang von der Ex- zur Dt-Fassung, sondern bereits früher
beobachten? Tatsächlich kommt diese Tendenz im Dekalog auf verschiedene Weise zur Geltung, nämlich 1.) durch die Allgemeinheit
der Ausdrucksweise (1. und 3. Gebot), 2.) durch Ergänzungen des
älteren Wortlauts (2. und 10. Gebot), 3.) durch positive statt der vorgegebenen negativen Fassung (4. und 5. Gebot) und schließlich 4.)
durch den Fortfall des Objekts (6.-8. Gebot). Die Methoden wechseln,
die Intention bleibt gleich. Allerdings kann die Entwicklung hier nur
überblickartig vorgeführt werden.

1. *Allgemeingültigkeit durch Generalisierung der Ausdrucksweise*

Von den Sachparallelen zum *ersten* Gebot scheint Ex xxii 19 „Wer
(anderen) Göttern opfert (es sei denn Jahwe allein), wird gebannt"
ohne die — in der Übersetzung eingeklammerten — Erweiterungen
die älteste Formulierung zu sein. Sie bedarf in späterer Zeit erläutern-
der Ergänzungen. Untersagt wird nur eine einzige ganz bestimmte
Handlung, und das Verbum זבח meint hier noch den Opferkult
überhaupt [1]. So wirkt dieser Rechtssatz, der einer ganz speziellen Tat
eine bestimmte Folge androht, älter als der Prohibitiv Ex xxxiv 14
(vgl. Ps lxxxi 10), der bereits eine allgemeinere Handlung verbietet:
„Du sollst nicht niederfallen vor einem anderen Gott" und zudem
— innerhalb seines Kontextes — nur in syntaktisch abhängiger
Stellung sowie mit Begründung erscheint. Noch genereller ist die
pluralische Wendung in Ex xxiii 13b, die den (kultischen) Anruf der
Namen anderer Götter — bzw. in einer Erweiterung deren Aussprechen — verbietet. Demgegenüber ist das erste Dekaloggebot,
das durch das göttliche Ich geprägt ist, eindeutig „von allen Fassungen

---

[1] Auch von der Begrifflichkeit her ist gegen die Frühdatierung kaum etwas
einzuwenden. Nach R. RENDTORFF, *Studien zur Geschichte des Opfers im Alten
Israel* (1967) 242 f. 38 geht das Schlacht- bzw. Gemeinschaftsopfer bis in nomadische Zeit zurück. — Die vielfach vorgenommene Änderung der Bannandrohung
in einen Mot-jumat-Satz ist unwahrscheinlich. — 1. Kg xviii 40 darf man wohl
als Ausführung von Ex xxii 19 verstehen.

die allgemeinste und am wenigsten spezifizierte"[1]; denn es verbietet jegliches Verhalten zu fremden Göttern, schließt also Opfern, Verehren und Anrufen ihrer Namen ein.

Ein ähnlich umfassendes Ergebnis bringt die Überlieferungsgeschichte, die zum *dritten* Gebot führt. Der Rekonstruktionsversuch geht am besten von der Tatsache aus, daß das Verbot „Du sollst den Namen Jahwes, deines Gottes, nicht zu nichtigem Zweck bzw. grundlos aussprechen" im Alten Testament singulär ist, also in verwandten Reihen keine eindeutigen Parallelen aufweist [2]. Vor allem fehlt das dritte Gebot im sog. kultischen Dekalog von Ex xxxiv 14 ff, in dem erstes, zweites und viertes Gebot aufeinander folgen (ähnlich in Lev xix 3 f). Außerdem werden die beiden ersten Gebote im Dekalog durch die Begründung in der göttlichen Ichrede (Ex xx 5) zu einer höheren Gemeinsamkeit zusammengefügt, während das von Jahwe in dritter Person sprechende Verbot des Namensmißbrauchs gegenüber jener Einheit deutlich einen Neuansatz darstellt. Aus welchem Bereich stammt also das dritte Gebot, und wie gelangt es an seine gegenwärtige Stelle? Die nächsten Sachparallelen in vergleichbarem Kontext bieten das Verbot des Meineids (Lev xix 12; Jer vii 9; vgl. Lev v 22.24; Sach v 4; Mal iii 5) wie einer bestimmten Art des Fluchs (Hos iv 2; x 4) [3]. Der Eid vollzieht sich nämlich unter Anrufung des Gottesnamens; so ist in der Untersagung des Mißbrauchs des Jahwenamens das Meineidverbot enthalten. Außerdem deutet Lev xix 12 den falschen Schwur als Entweihung des Gottesnamens [4], und Ps xxiv

---

[1] G. von Rad, *Theologie des Alten Testaments* I ([4]1962) 217. „Man versucht, den Fall der Fremdgötterverehrung allgemein und umfassend zu formulieren" (H. Gese, *ZThK* 64, 1967, 125[14]). „Andere Götter" meint gewiß nicht nur Gottesbilder vor der Lade (R. Knierim, *Das erste Gebot: ZAW* 77, 1965, 20 ff, bes. 25), sondern ist „sicher im weitesten Sinne des Wortes zu verstehen" (von Rad 221).

[2] Der Rechtssatz von Lev xxiv 16 „Wer den Namen Jahwes lästert, muß sterben" hat etwas anderen Sinn und stellt überlieferungsgeschichtlich wohl eine Erweiterung des Verbots des Gottesfluches dar (vgl. Ex xxii 27; Lev xxiv 15; 1. Kg xxi 10). — Zum Verständnis des 3. Gebots vgl. H. Ch. Brichto, *The Problem of „Curse" in the Hebrew Bible* (1963) 59 ff.

[3] „אלה bezeichnet den Fluch als Rechtsbehelf zur Sicherung von Eiden ... und als Mittel der Rechtsrache" (W. Schottroff, *Der altisraelitische Fluchspruch*, 1969, 28, im Anschluß an F. Horst, *RGG*[3] V, 1651). Das Verb meint „,unter Anrufung Gottes einen Fluch gegen jmd. aussprechen' (Jdc xvii 2), was einen Mißbrauch des göttlichen Namens bedeutet" (W. Rudolph, *Hosea*, 1966, 100).

[4] Daß das 3. Gebot in Lev xix fehlt, „dürfte sich daraus erklären, daß dieses Thema wenigstens in V 12a zur Sprache kam". „Freilich ist nicht ausgeschlossen, daß V 12b mit V 12a enger zusammengehört und den Mißbrauch des göttlichen Namens beim Schwur auf andere Fälle, etwa Zauber, ausdehnen will" (K. Elliger, *Leviticus*, 1966, 252.257).

4aβ/b setzt ausdrücklich Meineid und drittes Gebot (zumindest einen ihm nahe verwandten Wortlaut) parallel: Die Bedingungen für den Eintritt ins Heiligtum erfüllt, „wer mein (bzw. sein) Leben nicht zu nichtigem Zweck aufbietet und nicht trügerisch schwört". Ginge es dem dritten Gebot „im Dekalog nicht um den Schutz des göttlichen Namens, sondern vielmehr ganz konkret um ein striktes Verbot des Meineids" [1], dann blieben sowohl die Stellung dieses Verbots wie seine allgemeine Fassung unerklärt. Vielmehr wurde aus dem Verbot, das ursprünglich (nur) dem Schutz des Mitmenschen vor falschem Schwur oder ungerechtfertigtem Fluch diente, gleichsam die theologische Substanz herausgelöst und zum Verbot des Namensmißbrauchs verallgemeinert. Auf diese Weise wurde aus dem ethischen ein im engeren Sinne theologisches Gebot, das nicht mehr in die zweite, sondern in die erste Tafel gehört. Darum finden sich einerseits Parallelen zum dritten Gebot nur im Kontext ethischer Gebote und ist es andererseits im Dekalog sachgemäß zwischen den beiden ersten für das Gottesverhältnis grundlegenden Geboten und dem Sabbatgebot eingefügt. Auf Grund dieser Generalisierung umfaßt aber das dritte Gebot über die anfängliche Intention hinaus wohl noch ganz andere Bereiche, etwa den Schutz vor Zauber und Magie [2].

2. *Allgemeingültigkeit durch Ergänzungen des älteren Wortlauts*

Bekanntlich besteht eine Meinungsverschiedenheit darüber, ob sich das *zweite* Gebot auf die Bilder Jahwes oder fremder Götter bezog. Sie ist dadurch veranlaßt, daß das zweite Gebot in zwei Fassungen mit verschiedenen Objekten vorliegt: „Bild(er) machen" (Ex xx 4; Dt v 8; xxvii 15; Hos xiii 2) bzw. „(silberne, goldene, gegossene u.a.) Götter machen" (Ex xx 23; xxxiv 17; Lev xix 4 u.a.). Die zweite Formulierung scheint die spätere zu sein; in ihr sind erstes und zweites Gebot bereits eine Einheit eingegangen, wie sie sich auf andere Weise auch sonst im Alten Testament findet [3]. Diese Einsicht erlaubt

---

[1] So A. JEPSEN, *ZAW* 79 (1967) 292.

[2] Vgl. S. MOWINCKEL, *Psalmenstudien* I (1921.1961) 52; G. VON RAD, *TheolAT* [4]I, 197 u.a. Nach H. GESE (*ZThK* 64, 1967, 134) fällt in den Bereich dieses Gebots sogar „der gesamte Kult".

[3] Die gegenteilige Vermutung, die zweite Fassung sei ursprünglicher, ist weniger wahrscheinlich, da sich dann erstes und zweites Gebot von Anfang an inhaltlich überschnitten hätten und die spätere Erweiterung des Bilderverbots auf Darstellungen Jahwes tiefgreifende Bedeutung für Israel gehabt haben müßte. Ein solcher Bruch im Gottesverständnis hätte aber gewiß seine Spuren in der Geschichte hinterlassen.

zwei Schlußfolgerungen: Zunächst scheint sich das zweite Gebot gegen Jahwebilder zu richten, nachdem bereits das erste die Fremd-götterverehrung untersagt. Außerdem enthält Ex xx 4a „Du sollst dir kein Bild (פסל) machen" die älteste noch greifbare Formulierung des Bilderverbots, da das Fluchwort über den Bilderhersteller Dt xxvii 15 als einziges im engeren Sinne theologisches Gebot nach-träglich einer formal anderen ethischen Reihe vorangestellt wurde [1]. Auch die Sprache von Ex xx 4 spricht für ein hohes Alter: פסל meint ursprünglich ein aus Holz geschnitztes oder in Stein gehauenes, erst später (Jes xl 19; xliv 10) auch ein aus Metall gegossenes Bild. Ist bereits mit diesem Begriffswandel die Möglichkeit gegeben, das Dekalogverbot allgemeiner zu verstehen, so kommt diese Intention erst recht durch den Begriff תמונה wie durch die folgende Erläuterung (Ex xx 4aβb) zur Geltung: Aus der ganzen Welt, dem himmlischen, irdischen und unterirdischen Bereich, darf nichts als gestalthafte Abbildung dienen. Diese Unterscheidung von Gott und Welt besagt letztlich, daß für Gott Analogien in der Welt fehlen, und entzieht Gott damit dem Bereich des Vorstellbaren (vgl. Dt iv 12.15 ff; Röm i 23; Hi iv 16).

Die Annahme einer Ergänzung bzw. Erläuterung einer älteren Formulierung erklärt auch am besten die vorliegende Gestalt des *zehnten* Gebots. Es besteht ausnahmsweise aus zwei parallelen, syntak-tisch voneinander unabhängigen Sätzen, die das Begehren des Hauses bzw. der zum Haus gehörenden Personen und Tiere untersagen. Die beiden Prohibitive bilden kaum die Restglieder einer ursprünglich selbständigen חמד-Reihe [2], vielmehr ist der zweite Satz eine Inter-pretation des ersten. Tatsächlich scheint sich der Begriff „Haus" ur-sprünglich nur auf das Gebäude, vielleicht auch auf Grund und Boden, jedenfalls nicht auf die Personen zu beziehen. Die deuteronomische Fassung des Dekalogs (v 18) ergänzt nämlich (1.) als weiteres Objekt „Feld", versteht also „Haus" im engeren Sinne; Mi ii 2, wohl die engste Wortparallele zum zehnten Gebot, ruft (2.) das Wehe über die aus, die Haus und Grundstück, also das Erbe wie die wirtschaftliche

---

[1] Vgl. zuletzt W. SCHOTTROFF, a.a.O. 222.57[2]; zum Alter von Ex xx 4: K. H. BERNHARDT, *Gott und Bild* (1956) 87 f. 113.

[2] So H. GRAF REVENTLOW, *Gebot und Predigt im Dekalog* (1962) 91-93. Das ursprüngliche Objekt war gewiß nur „das Haus deines Nächsten"; „in den uns vorliegenden Fassungen ist es durch die beigefügte Aufzählung einer Reihe von speziellen Besitztümern ungleichmäßig erläutert" (so mit Recht A. ALT, *Kleine Schriften zur Geschichte des Volkes Israel* I, 1953, 334 f; vgl. A. JEPSEN, *ZAW* 79, 1967, 294 f.).

Grundlage, des freien Mannes an sich reißen (vgl. Jes v 8; Dt xxvii 17
u.a.); die zweite Hälfte des zehnten Gebots (Ex xx 17b) wiederholt
faktisch (3.) das Ehebruch- bzw. Diebstahlverbot; endlich ist (4.) die
Schlußstellung dieses Gebots leichter verständlich, wenn es eher die
Sicherung von Sachen als nochmals den Schutz von Personen be-
zweckt. Demnach ist durch die Erweiterung des Objektbereichs auf
die Frau, das Dienstpersonal, das Vieh und „*alles, was dein Nächster
hat*" der ursprüngliche Wortlaut „inhaltlich ausgebreitet, spezialisiert,
vertieft, verfeinert" [1]. Über die Generalisierung hinaus ist eine
Tendenz zur Verinnerlichung unverkennbar: Dt v 21 stellt nicht nur
die Frau dem Haus voran, sondern fügt auch ein neues Verb ein, das
gewiß nicht mehr nur auf die äußeren Handlungen, Machenschaften
zur Aneignung fremden Eigentums, bezogen ist. Aber selbst das
übliche Verb חמר bleibt nicht unbedingt auf die zu vollziehende Tat
beschränkt. Spr vi 25 warnt: „Begehre nicht die Schönheit der Frau
deines Nächsten in deinem *Herzen*!", und in diesem erweiterten Sinne,
der auch das Denken und Wollen einschließt, wird man später das
Wort verstanden haben; denn nur unter dieser Voraussetzung ergibt
sich ja keine Überschneidung des zehnten Gebots mit dem (objektlosen) Diebstahlverbot.

Eine entsprechende Tendenz auf Ausweitung und Vertiefung des
Sinnes macht sich bei zwei weiteren Geboten auf sprachlich andere
Weise bemerkbar. Daß Sabbat- und Elterngebot auf eine negative
Formulierung zurückgehen, ist längst beobachtet und weithin
anerkannt.

3. *Allgemeingültigkeit durch positive Fassung des Gebots*

Das *vierte* Gebot „Denke an (bzw. Dt v 12: Bewahre) den Sabbattag,
ihn zu heiligen!" läßt in dieser Kurzform merkwürdigerweise überhaupt nicht erkennen, wie dieser Tag zu begehen ist, worin das
„Gedenken" bzw. „Bewahren" oder auch „Heiligen" besteht. Das
bedeutet einerseits, daß diese Kurzfassung des Sabbatgebots ohne die
folgende Erläuterung (Ex xx 9f), die näher angibt, was der Mensch
zu tun und zu lassen hat, unverständlich bleibt. Andererseits setzt
das Dekaloggebot offenkundig bereits eine ältere Fassung des Sabbatgebots voraus, die den Tatbestand exakter umreißt. Sie hat sich am
ehesten in Ex xxxiv 21a erhalten: „Sechs Tage sollst du arbeiten, aber
am siebten Tage ruhen" (leicht abgewandelt in Ex xxiii 12; vgl. xx 9a).

---

[1] J. HERRMANN, „Das zehnte Gebot": *Festschrift E. Sellin* (1927) 69-82, bes. 79.

Dieser Formulierung kommt auch deshalb ein höheres Alter zu, weil
ein Zusatz (xxxiv 21 b) das — anscheinend bis in nomadische Zeit
zurückgehende — Sabbatgebot durch die Übertragung auf Pflügen
und Ernten nachträglich auf die Verhältnisse im Kulturland an-
wendet [1]. Religionsgeschichtlich gesehen, wird die Forderung, den
Sabbat zu heiligen, also nicht durch das Ruhegebot expliziert [2], vielmehr wird umgekehrt die Arbeitsruhe als Sabbat „für Jahwe" (Ex
xx 10) gedeutet. Der „Sabbat war von Hause aus lediglich durch das
Verbot aller Arbeit charakterisiert und hatte in altisraelitischer Zeit
mit dem positiven Kultus Jahwes nichts zu tun" [3]. Aus diesem
Prozeß der Umdeutung des Ruhetages in einen Festtag stammt erst
das Sabbatgebot des Dekalogs; es stellt also sowohl formal als auch
sachlich eine Spätform dar. Zugleich ist die positive Fassung wieder
allgemeiner als die ältere negative; denn die Mahnung, des Sabbats
zu gedenken, kann außer dem Ruhegebot ohne weiteres bestimmte
Kulthandlungen einschließen (vgl. Num xxviii 9f; Ez xlvi 4f; Neh x
32) und auch die spätere Verschärfung der Sabbathaltung (vgl.
Ex xxxi 14ff; xxxv 2f; Num xv 32ff; Jer xvii 21ff; Jes lviii 13; Neh x
32; xiii 15ff) umfassen, während das bloße Arbeitsverbot diese Entwicklung nicht mehr zu decken vermag.

Auf eine entsprechende Überlieferungsgeschichte geht das *fünfte*
Gebot zurück. Die positiv gefaßte Aufforderung „Ehre deinen Vater
und deine Mutter!" stellt wieder einen späteren Entwicklungsstand
dar gegenüber der Verurteilung des Elternfluchs (Ex xxi 17; aufgenommen in Lev xx 9; Spr xx 20; xxx 11; vgl. Jer xx 14f). Da der
diskriminierte Fall später als zu eng empfunden wird, wird das

---

[1] M. NOTH, *Das zweite Buch Mose*: ATD 5 ([2]1961) 217. Die Ansicht von
REVENTLOW, daß für das Sabbatgebot „ein Thorastoff die Grundlage bildet, der
erst nachträglich durch die Predigt mit einer gebotähnlichen Einleitung versehen
worden ist" (93) und Ex xxxiv 21 eine späte Stelle sei (54), kehrt die m.E. erkennbare Entwicklung gerade um. Vgl. demgegenüber W. RICHTER, *Recht und Ethos*
(1966) 102 ff; auch die grammatischen Beobachtungen von J. D. W. WATTS,
ZAW 74 (1962) 141-145; jetzt F. E. WILMS, *BZ* 16 (1972) 40f.

[2] Vgl. A. JEPSEN, *ZAW* 79 (1967) 292 f. Da das Sabbatgebot des Dekalogs als
ganzes eine Spätform darstellt, ist es sachlich unerheblich, ob man den Infinitiv
„zu heiligen" in Ex xx 8 für einen Zusatz hält (vgl. Lev xix 3) oder nicht (dazu
bes. A. R. HULST, „Bemerkungen zum Sabbatgebot": *Studia Biblica et Semitica*.
Festschrift Th. C. Vriezen, 1966, 152-164).

[3] A. ALT I, 331[1]; vgl. 321[1]: Die im Sabbat- und Eltergebot „gebrauchten Verba
für Heiligen und Ehren sind viel weniger konkret und viel grundsätzlicher als die
gegenteiligen Verba für Arbeiten und Fluchen, die wir für die Urformen der
Sätze anzunehmen haben". Auch E. NIELSEN (80 f. 88) stellt heraus, daß sich
der Sabbat von einem Tabu-Tag zu einem Festtag entwickelte.

„Verfluchen" verallgemeinert zum „Verächtlich behandeln" (Dt xxvii
16) bzw. „Verachten" (Ez xxii 7; Mi vii 6; Spr xxiii 22). Schließlich
deckt die Forderung der Elternehrung (Ex xx 12; vgl. Mal i 6) —
ähnlich der Mahnung zur Ehrfurcht (Lev xix 3) — alle diese Tat-
bestände, ja schließt nicht nur die Verbote des Fluchens, Verachtens
oder Schlagens (Ex xxi 15; vgl. Spr xix 26; xxviii 24) ein, sondern ist
auch auf die Fürsorge für die alten Eltern ausdeutbar (Sir iii 12f). Das
Elterngebot des Dekalogs steht also etwa am Ende des Verallgemeine-
rungsprozesses und bedarf darum — anders als das überlieferungsgeschichtlich ältere Verbot des Elternfluchs — der Konkretisierung
in der jeweiligen Situation.

Eine vergleichbare Tendenz vertritt eine letzte Gruppe der Dekaloggebote wiederum auf andere Weise.

4. *Allgemeingültigkeit durch Auslassung des Objekts*

Die Verbote der Tötung, des Ehebruchs und des Diebstahls bilden
im Dekalog eine eigene Gruppe, die stilistisch durch ihre Knappheit
auffällt und darum eine gemeinsame Vorgeschichte gehabt haben wird.
Aber auch diese Verbote liegen im Dekalog nicht mehr in ihrer
Urform vor.

Das *achte* Gebot schützte, wie A. Alt [1] auf Grund des Kontextes
und der Überschneidung mit dem zehnten Gebot herausarbeitete,
ursprünglich nur die Person des Mitmenschen. Das Objekt „Mann"
ist gegenüber Ex xxi 16 „Wer einen Mann stiehlt und verkauft …,
muß getötet werden" (vgl. auch den kasuistischen Rechtssatz Dt
xxiv 7) ausgefallen. Damit hat sich aber das Diebstahlverbot im
Dekalog verallgemeinert und stellt darum ein späteres Überlieferungsstadium dar. Zweifellos bezieht sich das achte Gebot nicht mehr nur
auf den Mann, sondern schließt etwa auch Geld (Ex xxii 6; Gen
xliv 8; Jos vii 21; Ri xvii 2), Vieh (Ex xxi 37; xxii 11.3) u.a. ein [2].

In gleicher Weise scheint sich das *sechste* Gebot ursprünglich nur
auf den Mann, d.h. wohl den freien Israeliten, bezogen zu haben.
Dieses Überlieferungsstadium ist noch in Ex xxi 12 bewahrt: „Wer
einen Mann schlägt, so daß er stirbt, muß getötet werden." Doch

---

[1] Das Verbot des Diebstahls im Dekalog: I, 333-340.
[2] Den Dekalogsätzen, die nur noch Negation und Prädikat enthalten, ist
„die Bezogenheit auf den konkreten Einzelfall genommen und die Ausdehnung
auf alle Fälle … gewonnen" (Alt I, 321). Eine entsprechende Erweiterung
findet sich in Lev xix 11; Hos iv 2; Jer vii 9; Ps l 18 u.a. „Hier kann also das
Objekt weggelassen und damit der Inhalt allmählich verallgemeinert worden
sein" (W. Richter 128[23]).

wurde das Verbot des Totschlags ¹ schon früh (vgl. Ri xx 4 von der Frau) auf den Menschen überhaupt erweitert (Lev xxiv 17; Gen. ix 6; Num xxxv 30f u.a.). רצח heißt dann nicht nur den Nächsten (Dt xix 4), sondern allgemein eine „Seele", ein „Leben" erschlagen (Num xxxv 30.11; Jos xx 3). In diesem Verallgemeinerungsprozeß steht wiederum die Dekalogformulierung ². Sie läßt das Objekt, mag es zunächst „Mann" (Ex xxi 12) oder — wohl doch erst später — „Nächster" (Dt iv 42; xix 4f; xxvii 24; vgl. Ex xxi 14) gelautet haben, weg und kann darum umfassend, nämlich auch auf Frauen und abhängige Personen gedeutet werden.

Schließlich liegt es nahe, auch beim *siebten* Gebot „Du sollst nicht ehebrechen" ³ eine Satzverkürzung anzunehmen. Das übliche Objekt nämlich „die Frau des Nächsten" (Lev xx 10; Jer xxix 23; vgl. Lev xviii 20; Ez xviii 6.11.15; xxii 11; Spr vi 29 u.a.), fehlt (ähnlich Hos iv 2; Jer vii 9 u.a.). Allerdings bedeutet dieser Tatbestand ausnahmsweise sachlich keine — zumindest nicht eindeutig eine — Verallgemeinerung. Oder darf man das Dekaloggebot — trotz seiner

---

¹ Das Verbum meint nicht nur den Mord, sondern allgemeiner das ungesetzmäßige, unbegründete (J. J. STAMM, *ThZ* 1, 1945, 81-90; *ThR* 27, 1961, 297), rechtswidrige (A. ALT I, 333) Töten, das unschuldige Blutvergießen (A. JEPSEN, *ELKZ* 13, 1959, 384 f). Ursprünglich scheint es, unabhängig von der Unterscheidung: absichtlich — vorsätzlich, jede Mißhandlung mit Todesfolge zu bezeichnen (vgl. Ri xx 4; 1. Kg xxi 19), so daß Ex xxi 12 als Definition von Ex xx 13 brauchbar wäre (H. SCHULZ, *Das Todesrecht im Alten Testament*, 1969, bes. 11 f.). — W. KESSLER (*VT* 7, 1957, 11), REVENTLOW (71 ff) und NIELSEN (85 f. 97) beziehen das 6. Gebot wohl zu eng auf die Abschaffung der Blutrache.
² H. SCHULZ sieht das Verhältnis von Ex xx 13 und xxi 12 umgekehrt: „Eigentümlichkeit dieser objektlosen Sippennorm (xx 13) wäre dann die Intention, zugleich über den Sippenbereich hinauszuweisen, wäre die weiterreichende, nähere Definitionen herausfordernde und damit über sich selbst hinausweisende Anwendbarkeit ... Der Partizipialsatz (xxi 12) spiegelt die Tendenzen einer schon fortgeschritteneren Entwicklung wider, die genauere Tatbestandsdefinitionen erforderlich machte" (13). Unter dieser Voraussetzung müßte aber (1.) eine recht komplizierte Entwicklung angenommen werden: Aus der Weite des Dekalogverbots wäre die engere Auffassung von Ex xxi 12 entstanden, die wiederum durch die weitere Ansicht von Gen ix 6 oder Lev xxiv 17 abgelöst worden wäre. Außerdem paßt die oben genannte Hypothese (2.) nicht zu dem Tatbestand, der bei den übrigen Dekaloggeboten erkennbar wird, die durchweg allgemeinere Fassungen enthalten. So ist die Vermutung, daß Ex xx 13 eine Weiterführung von xxi 12 darstellt, wahrscheinlicher, vgl. u. S. 217 Anm. 2.
³ Auf Grund alttestamentlicher Eheauffassung kann Ehebruch für den Mann nur den Bruch der fremden Ehe, für die Frau nur (auch?) den Bruch der eigenen Ehe bedeuten. So definiert H. SCHULZ: „Ehebruch ist der Geschlechtsverkehr mit der Frau oder Verlobten eines anderen Mannes, geht man vom Standpunkt des Mannes aus, bzw. für die verheiratete, verlobte oder im Rechtsverhältnis der Schwiegertochter stehende Frau jeder außereheliche Verkehr überhaupt" (34).

grammatischen Form (2. Ps. Sg. *masc.*) und allgemeiner Erwägungen über die Zugehörigkeit der Frau zur Gemeinde — auch auf die Frau beziehen?[1] In diesem Fall, der zugestandenermaßen fraglich bleibt, läge allerdings eine umfassende Bedeutungserweiterung vor.

C) FOLGERUNGEN

Mit Ausnahme von einem oder höchstens zwei Geboten, nämlich dem siebten und neunten, wird der Dekalog insgesamt durch eine klar ausgeprägte Tendenz zur Bedeutungserweiterung und Verallgemeinerung seiner Forderungen beherrscht. Die Vielfalt des Lebens kann durch konkrete Einzelgebote nicht umfaßt werden; so sucht die Generalisierung der Gebote ihre Intention im Wandel der Situation zu wahren[2]. Die auffällige Besonderheit des Dekalogs im Vergleich mit ähnlichen Reihenbildungen ist also, daß die Gebote absichtlich durchweg nicht situationsbezogen und damit konkret-eindeutig sind. Zu den von A. ALT herausgestellten Merkmalen „Knappheit der Form, Vollständigkeit des Inhalts"[3] kommt demnach die Allgemein-

---

[1] So W. KORNFELD, *RB* 57 (1950) 93. Immerhin lassen sich für diese Auffassung mehrere Argumente geltend machen:

(1.) Das Verb נאף verwendet das Alte Testament auch für die Frau (Hos iv 13; Spr. xxx 20; Ez xvi 38 u.a.).

(2.) Diese Tatsache ist besonders bemerkenswert, weil die üblichere und vielleicht ältere Begrifflichkeit nicht נאף „ehebrechen", sondern שכב עם „schlafen mit" lautet (Ex xxii 15. 18; Lev xv 18; xviii 22; xix 20; Dt xxii 22 u.a.). Ist ihr Ersatz nicht ebenfalls aus der Generalisierungstendenz zu verstehen?

(3.) Lev xx 10 weitet unter Einfluß von Dt xxii 22 die Todesstrafe nachträglich auf die Ehebrecherin (als subjektiv mitschuldig) aus.

(4.) Zur Gemeinde zählen später auch die Frauen (Jer xliv 15; Esr x 1; Neh viii 2), und bezieht nicht die prophetische Verkündigung, also ein Wort wie Hos iv 2, die Frauen mit ein?

[2] Damit ist das Bedürfnis bzw. das Interesse markiert, das zur Umgestaltung der Gebote führte (vgl. auch Lev xix 2 ff u.a.). Welche Gruppen im einzelnen die treibenden Kräfte bildeten, läßt sich von der Untersuchung der Einzelgebote und ihrer Verbindung zu Reihen her kaum eindeutig entscheiden. Die Bemühungen, einen „Sitz im Leben" für den Dekalog aufzuspüren, gehen ja auffälligerweise nicht vom Dekalog selbst aus, sondern basieren entweder auf dem Kontext von Ex 20, also der Sinaiperikope insgesamt, oder auf weit außerhalb liegenden Texten (wie Dt xxxi 9 ff; Ps 1; lxxxi u.a.). Höchstwahrscheinlich sagen diese Belege aber nichts über die Entstehung, sondern nur etwas über die spätere gottesdienstliche Verwendung des Dekalogs aus. Vielleicht können aber solche Erwägungen erklären, wieso der Dekalog seinen Ort in Ex xx und Dt v fand.

[3] I, 334; vgl. 319: „Das Interesse an dem Inhalt" hat „hier die Wahl der Form bestimmt und das Streben nach ebenmäßiger Gestaltung des Ganzen zurückgedrängt" (319). Der Dekalog „will offensichtlich das Ganze umfassen" (321).

gültigkeit hinzu [1]. Nicht nur die Gesamtkomposition, sondern auch die einzelnen Forderungen haben zumeist prinzipiellen Charakter, d.h. sie sind undifferenziert und darum jeweils zu konkretisieren. Auf diese Weise behalten die sowohl für den Jahweglauben als auch für menschliches Zusammenleben grundlegenden Gebote einerseits im Wandel von Zeit und Raum ihre Bedeutung, bedürfen aber andererseits in der bestimmten Situation der Explikation. Was etwa Elternehrung heißt, ist — anders als beim Verbot des Elternfluchs — im Einzelfall erst näher zu bestimmen.

Aus diesem Tatbestand sind noch einige Konsequenzen zu ziehen.

1. *Zum Alter des Dekalogs*

Da weder die literarkritische Zuordnung des Dekalogs von Ex xx zu einer der Pentateuchquellenschriften [2] noch die Sprachanalyse mit der Ausscheidung deuteronomisch-deuteronomistischer Ausdrucksweise zu einem allgemein anerkannten Ergebnis geführt hat, bleibt das Alter des Dekalogs umstritten. Demnach kann der Vergleich der Einzelgebote mit den Sachparallelen als weiteres indirektes Hilfsmittel zur Datierung dienen.

Im einzelnen können nur die Kurzform des zweiten und höchstens noch das neunte und zehnte Gebot den Anspruch erheben, die älteste Formulierung der betreffenden Forderung zu enthalten; aber auch das zweite und zehnte Gebot liegen nur in einer stark erweiterten

---

[1] Die Tendenz, „über konkrete Bezugnahmen hinweg zu prinzipiellen Aussagen zu gelangen", wurde zwar bereits für einzelne Gebote, so von F. Horst (*RGG*³ II, 70 f.) für das 4., 5. und 8. oder von G. von Rad und H. Gese (o. S. 205 und S. 206) für das 1. Gebot, beobachtet, aber kaum für die gesamte Reihe festgestellt und für das Verständnis des Dekalogs ausgenutzt. Allerdings hat A. Alt erkannt: „In der gleichen Richtung auf Verabsolutierung hin wirkt aber auch, daß der Dekalog mehr als jede andere Reihe die Nennung konkreter Einzeldelikte meidet, also prinzipieller redet, ohne sich dabei in reine Abstraktion zu verlieren" (I, 321; vgl. S. 209 Anm. 3); jedoch hat Alt in seiner späteren Arbeit über das Diebstahlverbot (S. 210 Anm. 1) diesen Ansatz faktisch wieder aufgegeben. Ähnlich kann E. Nielsen feststellen, daß ein Gebot „in prinzipieller Richtung umgeformt" wurde (78; vgl. 85 f. 90.97), konstruiert jedoch einen Urdekalog (dazu u. Abschnitt C 2) unter dem Aspekt, daß sich alle Gebote „auf etwas ganz Konkretes richten und ganz eindeutig sind" (68).

[2] Der Zusammenhang von Ex xx mit dem Kontext ist nur äußerst locker; die Einführungsformel von xx 1 wirkt blaß und inhaltsarm. Gegenüber der Zuweisung des Dekalogs zum Elohisten vgl. die Kritik von W. Rudolph, *Der „Elohist" von Exodus bis Josua*, 1938, 44 ff; L. Perlitt, *Bundestheologie im Alten Testament*, 1970, 91 f. Der Dekalog stellt also wohl „ein literarisch sekundäres Stück in der Sinaitheophaniegeschichte ..., eine in sich geschlossene und selbständige Einheit dar ..., die anfangs gewiß ihre eigene Überlieferungsgeschichte gehabt hat" (M. Noth, *ATD* 5, 124).

Gestalt vor. Im übrigen setzen die Dekalogverbote deutlich ältere
Rechtssätze voraus und wandeln sie ab. Diese Einsicht bestätigt die
schon von A. ALT ausgesprochene Auffassung, daß der Dekalog ein
spätes *Mischgebilde* darstellt, in dem sich die Gattung der Rechts-
satzreihen bereits aufzulösen beginnt [1]. Form- und überlieferungsgeschichtlich betrachtet, steht der Dekalog nicht am Anfang, sondern
eher am Ende einer längeren Geschichte. Damit ist allerdings keine
absolute, sondern nur eine relative Zeitangabe gewonnen [2].

2. *Zum sog. Urdekalog*

Häufig sucht man die Schlußfolgerung, daß der Dekalog wegen
seiner Uneinheitlichkeit eine Spätform darstellt, dadurch zu ver-

---

[1] I, 322; ähnlich REVENTLOW 93; FOHRER 139 f u.a. Von dieser Einsicht aus
verliert die viel diskutierte Frage, ob die Einleitung des Dekalogs (Ex xx 2)
nicht jünger als das Korpus der Gebote ist (vgl. u. Anm. 2), an Bedeutung.
N. LOHFINK vermutet: ,,Vielleicht entspringt sogar der formgeschichtliche
Zusammenhang zwischen Selbstvorstellung Gottes und göttlicher Willenskund-
gabe ursprünglich dem Dekalog'' (*Bibl* 49, 1968, 6). Auch die Schwierigkeit,
beim Rekonstruktionsversuch das erste bis dritte Gebot einheitlich als göttliche
Ichrede oder als Aussage in der 3. Person zu fassen, entfällt. Überlieferungsgeschichtlich ist allerdings die Formulierung des ersten Gebots als Ichrede
später (s.o. B 1).

[2] Ein Ansatzpunkt für eine absolute Chronologie wäre gewonnen, wenn sich
in der umstrittenen Frage eine Entscheidung treffen ließe, ob der Prophet Hosea
den Dekalog kannte oder nicht (vgl. etwa einerseits W. RUDOLPH, Hosea, 1966,
91.101.254; andererseits L. PERLITT 83 ff). Der Sachverhalt ist aber nicht völlig
eindeutig.
(1.) Zwar ist der Prolog des Dekalogs, der die Gebotsreihe in die Geschichte
einfügt (Ex xx 2), in seiner vorliegenden Form deuteronomi(sti)sch, aber Hos
xiii 4 verbindet bereits die Huldformel ,,Ich bin Jahwe, dein Gott'' und den
Hinweis auf Ägypten (ohne die Erinnerung an die ,,Herausführung'') mit dem
ersten Gebot. Ähnlich steht in Ps lxxxi 10 f eine freie Fassung des ersten Gebots
(kombiniert aus Ex xx 3 und xxxiv 14) mit der Huldformel und einem Ge-
schichtsrückblick zusammen. Diese drei Glieder scheinen also bei weitgehender
Freiheit im einzelnen schon recht früh einen Zusammenhang zu bilden.
(2.) In Hos iii 1b wird die Formulierung des ersten Gebots für die Situation
konkretisiert. Gerade diese Spezifizierung spricht für die Echtheit dieses Vers-
teils (1b). Er wird allerdings manchmal als Zusatz betrachtet. Dennoch bleibt
eine Spätdatierung des ersten Dekaloggebots wegen Hos iii 1 fraglich.
(3.) Es läßt sich auch nicht eindeutig erweisen, daß Hos iv 2 Dekaloggebote
zitiert. Da das Verb רצח ,,töten'' im Alten Testament selten begegnet, liegt es
jedoch sehr nahe, einen Zusammenhang zwischen beiden Texten zu vermuten.
Greift dann das Prophetenwort auf den Dekalog zurück, oder könnte sich
umgekehrt die Verallgemeinerungstendenz des Dekalogs aus der Prophetie
erklären (vgl. etwa N. GLUECK, *Das Wort Ḥesed*, BZAW 47, ²1961, 21 f.)?
Darf man gar auf Grund solcher Beziehungen zwischen Hosea und dem Dekalog erwägen, ob der Dekalog aus dem Nordreich stammt? Allerdings ist auch
die Echtheit von Hos iv 2 umstritten.

meiden, daß man innerhalb des Dekalogs ältere Gebotsformulierungen rekonstruiert, gewisse formale Unterschiede beseitigt und so einen Urdekalog gewinnt [1]. Diese Versuche gehen von der richtigen Einsicht aus, daß die Entfernung von Zusätzen allein nicht ausreicht, um eine einheitliche Gestalt zu erhalten, müssen jedoch Voraussetzungen machen, die sich kaum als tragfähig erweisen. Zunächst sind nicht alle Verbote auf die knappste Fassung, nämlich auf Verbformen ohne Objekt, reduzierbar [2]; ja, der Dekalog läßt sich überhaupt nicht auf Sätze von gleichbleibendem Umfang zurückführen [3]. Eine ebenmäßige Form und damit ein einheitliches, allgemein anerkanntes Ergebnis ist also bisher nicht erzielt worden und wohl auch nicht zu erwarten. Sind darum nicht die Bemühungen um eine Urform, die die zehn Gebote in einer überlieferungsgeschichtlich ursprünglichen Gestalt vereinigt, aufzugeben?

Gewiß zeigen die Unterschiede zwischen Ex xx und Dt v, daß die Gebote in den Begründungen zunehmen und auch noch innerhalb des Dekalogs ihre Gestalt wandeln können, aber doch nur in sehr engen Grenzen. Die wesentliche Entwicklung scheint also nicht mehr im Rahmen des Dekalogs, sondern bereits vor (oder mit) dem Zusammenwachsen der Gebote zu einer Reihe erfolgt zu sein. Die Rekonstruktion, die man üblicherweise beim ersten, beim Sabbat- oder Elterngebot vornimmt, um ihre vermutete Urgestalt zu erreichen, findet im Dekalog selbst keinen Anhalt, muß also auf Texte außerhalb der Reihe zurückgreifen. Es ist aber methodisch äußerst fraglich, ob man jene aus anderen Zusammenhängen gewonnenen Aussagen ohne weiteres in den Dekalog einfügen darf. Ja, im Grunde stellt die Annahme, daß die dem Bundesbuch oder etwa Ex xxxiv entnommenen Sätze jemals ihren Platz im Rahmen des Dekalogs gehabt hätten, eine petitio principii dar. Man setzte voraus, daß schon früh eine entsprechende Gebotsreihe bestanden haben müsse. Jedoch hat es einen Urdekalog in dem Sinne, daß er die jeweils älteste erkennbare Form der Einzelgebote umfaßte, nicht gegeben.

Von solchen grundsätzlichen Erwägungen abgesehen, gilt außerdem für den Einzelfall, daß alle Rekonstruktionsversuche am *dritten* Gebot festhalten. Das Verbot des Mißbrauchs des Gottesnamens ist

---

[1] Vgl. die Literaturberichte und Aufstellungen bei J. J. Stamm, *ThR* 27 (1961) 200 ff.; E. Nielsen 64 ff.

[2] A. Alt I, 335 f; vgl. E. Gerstenberger 74: „Die Verbote, die ein Akkusativobjekt mit sich führen, sind bei weitem in der Mehrzahl."

[3] G. Fohrer 133 ff.

aber, streng genommen, in keiner vergleichbaren Reihe bezeugt und scheint traditionsgeschichtlich überhaupt erst später entstanden zu sein.

Die Bemühungen, einen „Urdekalog" zurückzugewinnen, verkennen demnach den Unterschied zwischen der Überlieferungsgeschichte des Dekalogs als Ganzheit und der Einzelgebote. Der entscheidende Gestaltungsprozeß liegt aber aller Wahrscheinlichkeit nach vor der Entstehung der Gesamtreihe oder vollzieht sich noch im Lauf ihrer Bildung.

3. Zu den Bauelementen des Dekalogs

Demnach scheint man sich die Entstehung des Dekalogs durchweg zu einfach vorgestellt zu haben: Zunächst hielt man aus der Zehnerreihe bestimmte Gebote, nämlich das Bilder-, Sabbat-, Elterngebot oder auch das zehnte Gebot, für sekundär [1]. Neuerdings nimmt man zwei oder drei Grundbestandteile bzw. Kurzreihen an, aus denen der Dekalog zusammengesetzt sei. Dabei geht man von der zweifellos richtigen Voraussetzung aus, daß die Einzelgebote nicht nur je selbständig existierten, sondern bereits in verschiedener Weise einander zugeordnet waren. Diese allgemeine Ansicht läßt sich aber nur schwer konkretisieren. Innerhalb des Dekalogs sind nämlich nur zwei Untergruppen mit einer gewissen Wahrscheinlichkeit abgrenzbar, nämlich das sechste bis achte Gebot einerseits und das erste, zweite und vielleicht noch vierte Gebot andererseits.

Die beiden ersten Gebote können zwar selbständig auftreten (z.B. Ex xxiii 13 bzw. Dt xxvii 15), bilden aber im vorliegenden Dekalog (ähnlich wie in Lev xix 4 u.a.) eine eigene Einheit, wie die beiden Geboten gemeinsame Begründung (Ex xx 5f) ausweist. Diese Einheit mag bei der Entstehung des Dekalogs bereits vorgegeben gewesen sein. Vielleicht wurde das Paar sogar schon durch das Sabbatgebot ergänzt [2]. Demnach ist nicht eindeutig auszumachen, ob es sich bei dieser Gruppe um Einzelgebote, eine Zweier- oder Dreierreihe

---

[1] Vgl. R. SMEND, *Das Mosebild von Heinrich Ewald bis Martin Noth*, 1959, 11.

[2] Vgl. außer Lev xix 3 f besonders Ex xxxiv 14 ff. Hier ist das Sabbatgebot jedoch — möglicherweise nachträglich — in vorliegende Kultgesetze eingeschoben. Auf die Parallelität von Ex xx und xxxiv in der Abfolge von erstem, zweitem und viertem Gebot macht vor allem K. KOCH (*Was ist Formgeschichte?*, ²1967, 60 ff) aufmerksam. Wenn er zur Rekonstruktion des Dekalogs von dem diesen beiden Texten gemeinsamen Gut ausgeht, gibt er im Grunde jedoch die Urform-Idee auf; denn beide „Dekaloge" stimmen höchstens in der sog. ersten Tafel überein, wobei Ex xxxiv nicht einmal das dritte Gebot kennt. Außerdem war Ex xx 5 innerhalb des Dekalogs gewiß kein eigenständiges Gebot.

handelt. Das gleiche gilt übrigens auch für das neunte und zehnte Gebot.

Demgegenüber wird die Zusammengehörigkeit der Verbote des Totschlags, Ehebruchs und Diebstahls durch die Aufzählung in Hi xxiv 14f als einem völlig unverdächtigen Zeugen bestätigt. Doch kann diese Dreiergruppe ohne weiteres auch verkürzt (Ps l 18; vgl. Sach v 4) oder erweitert werden, wobei vor allem der Hinweis auf Fluch, Meineid und Lüge hinzutreten können (Hos iv 2; Jer vii 9; vgl. Lev xix 11f) [1]. Schließlich fügt die Reihe todeswürdiger Verbrechen, die sich beim Einzelvergleich der Gebote in jedem Fall gegenüber dem Dekalog als älter erweist [2], zu Totschlag und Menschendiebstahl noch den Elternfluch hinzu. Die durch Totschlag, Ehebruch und Diebstahl gebildete Gruppe kann also noch das dritte Gebot in seiner ursprünglichen Gestalt (als Verbot des Meineids) enthalten haben, eventuell sogar noch das Elterngebot. Demnach dürfen Länge und Rhythmus der Dekalogsätze, also die Zahl der Hebungen, nicht das entscheidende Kriterium für die Zuordnung der einzelnen Gebote zu eigenen Reihen sein, zumal die Gebote im Dekalog ja bereits in einer Spätform vorliegen.

Diese Beobachtungen erlauben eine Schlußfolgerung: Die älteren Kurzreihen, seien es Zweier-, Dreier- oder Viererreihen, sind nicht endgültig abgegrenzt und damit festgelegt, sondern wandeln sich, nehmen neue Glieder hinzu, stoßen andere ab (vgl. etwa Ex xxi 12. 16f mit Hos iv 2). Darum können sich ja überhaupt Zehnerreihen bilden. Größere Reihen basieren also zwar auf kleineren, aber diese haben keine feste Form. Deshalb bleibt grundsätzlich auch nicht sicher bestimmbar, aus wievielen Reihen sich der Dekalog zusammensetzt.

Wenn der Dekalog aus verschiedenartigen Einzelgliedern komponiert ist, die untereinander bereits mehr oder weniger zusammen-

---

[1] Vgl. schon F. HORST, *Gottes Recht* (1961) 175.

[2] Zu der Gruppe Ex xxi 12.16.17 (V 13-15 sind Zuwachs) vgl. oben die Abschnitte B 3-4 zum 6., 8. und 5. Gebot. Es ist (gegen H. SCHULZ 9 ff; vgl. S. 211 Anm. 2) methodisch nicht gerechtfertigt, aus den Tatbestandsdefinitionen der Mot-jumat-Reihe von Ex xxi 12 ff entsprechende Prohibitive zu erschließen. Vielmehr sind in den genannten Fällen die Tat-Folge-Sätze eindeutig älter; das gleiche gilt wohl für die in Ex xxii 19 erhaltene Fassung des ersten Gebots. Dagegen scheint die älteste erreichbare Gestalt des 2. und 4. Gebots (Ex xx 4a bzw. Ex xxxiv 21a) Prohibitivcharakter zu haben. So ist noch nicht entschieden, ob der Form nach die apodiktischen Verbote und Gebote oder die Rechtssätze, die einem bestimmten Tatbestand eine bestimmte Straffolge androhen, ursprünglicher sind. Vielleicht ist aber die häufig gestellte Frage, welche der beiden Formen in Israel früher begegnet, überspitzt und damit bereits im Ansatz nicht sinnvoll.

gefügt gewesen sein mögen, bestätigt sich die schon von E. GERSTEN-
BERGER vertretene These, daß die sog. erste und zweite Tafel (vom
dritten Gebot abgesehen) ursprünglich nicht zusammengehören [1]. Ja,
die Selbständigkeit beider Gruppen wirkt noch in anderen literarischen
Bereichen nach: Hos xiii 4 und noch Ps lxxxi 10f zitieren die Ein-
leitungsrede des göttlichen „Ich" und das erste Gebot, während
Hos iv 2 unabhängig davon Forderungen aus der sog. zweiten Tafel
anführt. Die Eigenart des Dekalogs scheint also zumindest auch in
der strengen Zuordnung theologischer und ethischer Gebote zu
bestehen.

4. *Zum Aufbau des Dekalogs*

Die Vorordnung der sog. ersten Tafel vor die zweite, d.h. der im
engeren Sinne theologischen Gebote vor die ethischen [2], legt den
Gedanken nahe, daß der Dekalog zumindest im groben nach der
sachlichen Bedeutung der Gebote aufgebaut ist. Den auf das Gottesverhältnis bezogenen Geboten folgen diejenigen, die das zwischen-
menschliche Verhältnis regeln, und die Reihe schließt mit Bestimmungen, die nicht nur Personen, sondern auch Sachen, nämlich
fremdes Eigentum, betreffen.

Die Einleitung des Dekalogs ist vom Vorspruch des göttlichen
Ich bis zur Motivierung des zweiten Gebots (Ex xx 2-6) als Gottesrede
stilisiert, die die Wesensmerkmale des Jahweglaubens: Geschichts-
gebundenheit, Ausschließlichkeit und Bildlosigkeit gemeinsam prä-
sentiert. Die Abfolge von diesen beiden Grundforderungen des
Jahweglaubens zum Sabbatgebot ist auch Ex xxxiv 14ff bezeugt,
liegt also wohl aus sachlichen Gründen nahe. Schließlich ist das dritte
Gebot nach seiner Umdeutung von einem Verbot des Meineids in
ein Verbot, Gottes Namen zu mißbrauchen, aus seinem ursprünglichen Zusammenhang gelöst und an die theologischen Gebote der
ersten Tafel angeschlossen worden.

Die sog. zweite Tafel enthält Maßnahmen zum Schutz des Mitmenschen. Zu ihnen gehört auch die Mahnung, die Eltern zu ehren;

---

[1] Vgl. bes. S. 61 f. Erst in Jer. vii 9 fügen sie sich durch Zusatz des ersten
Gebots in später Sprache („dem Baal räuchern, anderen Göttern nachgehen")
zusammen. Ähnlich ist in Dt xxvii 15 ff. das zweite Gebot nachträglich einer
ethischen Reihe vorangestellt (S. 207 Anm. 1), oder die Aufzählung unerlaub-
ter Verwandtschaftsbeziehungen Lev xviii 7 ff ist durch das göttliche „Ich bin
Jahwe" gedeutet worden.

[2] Vgl. Ex xxxiv 11 ff; xxii 18 ff; auch Dt xxvii 15 ff. Die Reihenfolge in Lev
xix 3 f und Jer vii 9 ist eine Ausnahme.

denn sie wendet sich nicht an Kinder, sondern will eher Vater und Mutter im Alter (vgl. Spr xxiii 22) vor den Übergriffen der erwachsenen Söhne (und Töchter?) schützen. Wegen dieser Voranstellung des Elterngebots ist für unser Gefühl die zweite Tafel des Dekalogs nicht mit gleicher Strenge aufgebaut wie die erste; denn wir würden das Verbot des Totschlags allen übrigen ethischen Maximen vorordnen. Anscheinend sieht hier alttestamentliches Selbstverständnis die Verhältnisse anders. Die Bedeutung des Elterngebots wird daran deutlich, daß es in der Aufzählung todeswürdiger Verbrechen (Ex xxi 12-17) mit Totschlag und Menschendiebstahl verbunden ist, in Dt xxvii 16 sogar die ursprüngliche Reihe der Flüche über mitmenschliche Vergehen [1] eröffnet. Auch sonst verrät seine Spitzenstellung (Lev xix 3; vgl. Spr x 1; xxx 11ff; i 8f), daß das Elterngebot als wichtigste der ethischen Forderungen gelten kann [2]. Darum steht es auch im Dekalog am Anfang der sog. zweiten Tafel und wird als einziges dieser Gruppe motiviert [3].

Die folgende formal zusammengehörige Dreiergruppe ist jedenfalls wieder deutlich nach sachlicher Relevanz aufgebaut. Der Totschlag wird als gewichtigeres Vergehen dem Ehebruch vorangestellt; denn der Gedanke, die Mahnung zur Elternehrung und die Warnung vor Ehebruch als zwei Maßnahmen zum Schutz der eigenen bzw. fremden Familie einander zuzuordnen, ist dem Dekalog wohl ursprünglich fremd [4]. Dagegen steht das Diebstahlverbot mit sach-

---

[1] Dt xxvii 15.26 sind Zusatz; vgl. S. 207 Anm. 1.

[2] K. ELLIGER (256) geht noch über diese Folgerung hinaus, indem er auf Grund von Lev xix feststellt, ,,daß das Elterngebot hier mit lauter religiösen und nicht mit den ethischen Geboten ... zusammensteht. Die Motivation ist also schwerlich sozialethisch, Eltern sind etwas anderes als der Nächste. Luther dürfte nicht ganz Unrecht haben, wenn er den Eltern im Dekalog die Würde von Stellvertretern Gottes zugesprochen sieht."

[3] Soll das Elterngebot durch die Motivierung (Ex xx 12b) vielleicht enger der ersten Tafel angeschlossen werden? Es ist zwar mit dem Sabbatgebot nicht ursprünglich verbunden; doch haben beide Gebote im vorliegenden Zusammenhang manches gemeinsam: (1.) die positive Formulierung (vgl. Lev xix 3) mit (2.) ähnlicher oder gleicher Verbform (inf. abs. mit Objekt) und (3.) eine ausführliche, sachlich verwandte Begründung. Auch die Verbindung in Lev xix 3 ist (4.) wegen der erheblichen Sprachunterschiede beider Texte kaum direkt vom Dekalog abhängig. Beide Gebote scheinen also eine gewisse gemeinsame Geschichte zu haben.

[4] Anders H. GESE: ,,Dem Gebot der Elternehrung entspricht das Verbot des Ehebruchs; denn das eine bedeutet den Schutz der eigenen Familie, das andere den Schutz der fremden Familie" (ZThK 1967, 134). Die beiden Gebote stehen im Alten Testament sonst nicht nebeneinander; das Elterngebot fehlt sogar in Aufzählungen wie Hos iv 2; Jer vii 9. Erklärt sich dieser Tatbestand von daher,

lichem Recht am Ende der Dreierreihe; denn es dient nach seiner Erweiterung durch Fortfall des Objekts nicht nur dem Schutz von Personen, sondern auch von Sachen.

Das gleiche gilt für das neunte und zehnte Gebot [1]. Das Lügenzeugnis vor Gericht betrifft je nach dem Fall das Leben oder Eigentum des Menschen. Spr vi 16-19 stellt das falsche Zeugnis u.a. mit Totschlag zusammen, was die Bedeutung dieser Norm bestätigt (vgl. allgemeiner Lev xix 11; Hos iv 2). Schließlich führt auch das zehnte Gebot, das zunächst die wirtschaftliche Grundlage menschlichen Daseins sichern will, keineswegs einen unwichtigen Tatbestand an; nicht umsonst nennt die Fluchreihe Dt xxvii 17 ein entsprechendes Vergehen unmittelbar nach dem Elternfluch (vgl. auch den Kontext von Lev xix 13a). Bedenkt man noch die sekundäre Erweiterung des zehnten Gebots, die den Begriff „Haus" auf Personen und das gesamte Eigentum ausdehnt, so ergibt sich, daß sich die letzten drei Gebote auf Menschen und Sachen beziehen können. Aus ihrer Funktion, auch Sachgüter zu schützen, erklärt sich eben die Stellung dieser Forderungen.

Der Dekalog ist also insgesamt recht streng nach *inhaltlichen* Gesichtspunkten, d.h. nach dem Gewicht seiner Verbote, aufgebaut. Er vereinigt die wichtigsten Gebote des Verhaltens zu Gott und zum Menschen in grundsätzlicher Fassung, und noch die Vorordnung des Dekalogs in Ex xx vor alle Gesetzessammlungen deutet seinen programmatischen Charakter an.

---

daß die Übertretung des Elterngebots in geringerem Maße öffentlich nachprüfbar ist (vgl. J. GAMBERONI, *BZ* 8, 1964, 177 f)?

[1] Beide Gebote können außerdem durch den Begriff „Nächster" verbunden sein (vgl. E. NIELSEN 69; H. GESE, *ZThK* 1967, 132 f). A. JEPSEN (*ZAW* 1967, 296) betont im Anschluß an A. ALT (I, 320) daß sich für beide Gebote in anderen, apodiktischen Reihen keine exakten Analogien finden.

Zum Dekalog vgl. jetzt auch die Arbeit von A. PHILLIPS, *Ancient Israel's Criminal Law*. A New Approach to the Decalogue (1970).

THE STRATA OF THE LAW ABOUT THE CENTRALIZATION OF WORSHIP IN DEUTERONOMY AND THE HISTORY OF THE DEUTERONOMIC MOVEMENT

BY

ALEXANDER ROFÉ

Jerusalem

I

The unification of worship in Jerusalem, accomplished by King Hezekiah of Judah by the end of the eighth century and again by his great-grandson Josiah in the year 622/1 B.C.E., was a unique act, unprecedented in the Ancient Near East and rich in consequences for the religion of Israel and for the derived monotheistic religions. Old Testament criticism has continually sought to shed light on the circumstances of this event. But the dearth of information from any other source has always compelled it to rely mainly on the principal document connected with the reform, the Book of Deuteronomy [1], in order to reconstruct the history of the movement that led to this reform.

The passage in Deuteronomy which prescribes the unification of worship is acceptedly Chapter xii, vss. 1-28. In this passage, however, we are confronted with many repetitions: no fewer than four times are the Israelites ordered to sacrifice only in the chosen place; twice they are enjoined from sacrificing elsewhere; twice secular slaughter of animals is permitted; and twice the people are commanded to shed the blood on the earth and not to ingest it with the flesh of the animals. Besides that, there is a remarkable shift in address: up to vs. 12 the second person plural is used; from vs. 13 on—the second person singular. Consequently, some Biblical critics came to the conclusion

---

[1] Cf. A. ALT, "Die Heimat des Deuteronomiums", *Kleine Schriften zur Geschichte des Volkes Israel*, II, München 1953, pp. 250-275, *ad* p. 262. The understanding of Josiah's reform as part of his revolt against Assyria (so also S. ZEMIRIN, *Josiah and His Times* [Hebrew], Jerusalem 1951) is not supported by the study of the religious policy of the Assyrian Empire; cf. M. COGAN, *Imperialism and Religion: Assyria, Judah and Israel in the Eighth and Seventh Centuries B.C.*, University of Pennsylvania Ph.D. Dissertation, Philadelphia 1971.

that the passage is a composite of several strands, and that each strand must be attributed to a different redaction of Deuteronomy [1].

The theory did not go unchallenged. The hortatory style of Deuteronomy could account for some of the repetitions [2]; especially when such a radical innovation as the unification of worship is decreed. As for the shift in person, it does not appear to be a reliable indicator of distinct authorship in Biblical Hebrew [3]. Therefore we must search for more objective criteria for the literary analysis of this pericope.

In search of such objective criteria, one may begin by inquiring about the extent of the pericope. An assumption of modern criticism is that the unification law and, indeed, the entire Code of Deuteronomy begin with Deut. xii 1. This can scarcely be true. אלה החקים והמשפטים can be an opening formula, like ואלה שמות בני ישראל (Ex. i 1), but also a concluding one, like אלה המצות והמשפטים אשר צוהי״ in Numb. xxxvi 13. Still more important: in the style of the Deuteronomic School it appears also as a *transitional* formula (Judg. ii 23-iii 1). In such a transition, elements of the new sentence repeat, in inversed order, elements of the preceding one; for instance וינח י״ את הגוים האלה is followed by ואלה הגוים אשר הניח י״ [4]. In much the same way ושמרתם אלה החקים והמשפטים לעשות את כל החקים ואת המשפטים is followed by אשר תשמרון לעשות. What seems to be an opening formula here is xi 31 כי אתם עברים את הירדן לבא לרשת את הארץ which has four interesting parallels:

Deut. xviii 9 —	כי אתה בא אל הארץ . . . לא תלמד לעשות . . .
Num. xxxiii 51 f —	כי אתם עברים את הירדן . . . והורשתם . . .
Num. xxxiv 2 —	כי אתם באים אל הארץ כנען . . . זאת הארץ
Num. xxxv 10 —	כי אתם עברים את הירדן ארצה כנען והקריתם [5]

In all these cases, the opening formula is a temporal subordinate clause constructed with כִּ+pronoun+participle. The causative inter-

---

[1] C. STEUERNAGEL, *Das Deuteronomium, übersetzt und erklärt²* (*GHAT*), Göttingen 1923; G. MINETTE DE TILLESSE, "Sections "Tu" et sections "Vous" dans le Deutéronome" *VT* XII (1962), pp. 29-87; P. MERENDINO, *Das Deuteronomische Gesetz* (Bonner Biblische Beiträge 31), Bonn 1969, pp. 1-60.

[2] S. R. DRIVER, *Commentary on Deuteronomy³* (ICC), Edinburgh 1902, in the "Introduction" and *a.l.*

[3] D. R. HILLERS, *Treaty-Curses and the Old Testament Prophets* (Biblica et Orientalia 16), Rome 1964, pp. 32 f.

[4] Noteworthy are also the following passages: Deut. v 27-vi 1; Josh. xi 18-xii 7. If the last instance is right, Josh. xi 21-xii 6 are proved to be interpolations.

[5] The fact that the last three instances are from P may be meaningful for the literary history of this document.

pretation of the כִּ in Deut. xi 31 given by the Septuagint (γάρ), by the Targumim (אֲרוּם ,אֲרֵי) and by Jerome (enim) is gratuitous. The clause should not be translated "For you are to pass etc.", but rather "When you pass the Jordan in order to inherit the land . . ., then you will observe and perform etc.".

This interpretation, at which I arrived five years ago, only to find later that my teacher Prof. I. L. SEELIGMANN had already taught it in 1960, would be obvious to a Samaritan; for the Samaritan Pentateuch has *Qiṣṣim* right after vss. xi 30, xii 7, xii 12, xii 19. Jewish Manuscripts, which do not have these interruptions, do not have any break before Chapter xii either. However, the comments of Midrash Sifrê on xi 32 and xii 1, and those of Rashi on xii 8 indicate that they took xi 31-32 as belonging to the following passage.

The implications of this rereading are more important than they appear at first sight. In the first place, the preceding pericope, xi 26-30, now connects directly with xxvii 11-13; this ordinance of the blessing and the curse was torn in two pieces by some accident of text trans-mission[1]. Secondly, the law of unification of worship has then at its very beginning a date for its application: the precise moment of entrance into Canaan — כי אתם עברים את הירדן לבא לרשת את הארץ. This is also made evident by its first injunction to destroy the high places of the Canaanites; for, in face of the danger of heathen con-tamination, its execution could not be postponed. But from vs. 8 on, the reader is faced with a different sequence of facts. Here (vs. 10) it is recognized that, following the conquest and settlement (ועברתם את הירדן וישבתם בארץ), one more condition must be fulfilled before the unification be performed, namely: peace *from all enemies around* (והניח לכם מכל איביכם מטביב) and life in security (וישבתם בטח). This condition was fulfilled, according to the Deuteronomistic historian in the Book of Kings, with the reign of Solomon (1 K. v 17-18): . . . . דוד אבי . . לא יכל לבנות בית לשם י״ אלהיו מפני המלחמה אשר סבבהו . . . ועתה הניח י״ אלהי לי מסביב. We may conclude that it is to this specific period of the united monarchy that vss. 8-10 refer[2]. Therefore,

---

[1] Yet, xxvii 11, and possibly also xi 30, should be considered as secondary. In any case, the law of the ceremony on Gerizim and Ebal is not an appendix to D (so A. ALT, *op. cit.*), but an ancient, and superseded, layer of it.

[2] Against this conclusion one could adduce the evidence of Josh. xxi 42. Wrongly so, however. This verse belongs to the passage Josh. xxi 41-xxii 6 which reports about the dismissal of the Transjordanian tribes with the conclusion of the conquest (cf. M. NOTH, *Das Buch Josua*[2] (HbzAT), Tübingen 1953, ad l.). Josh. xxi 41-42 correspond to Josh. i 15 and Deut. iii 20 almost *verbatim* (cf. the

having found two different dates for the enforcement of the same law, we must attribute the laws to which the dates are attached to two different layers. The repetition of vss. 5-7 in vss. 11-12 now has a clear significance: two parallel laws have been recorded here, the first in xi 31-xii 7, the second from xii 8 on.

II

Among other things, the two laws differ in their attitude to the other, non elected, places of worship. The law in vss. 8 ff. considers them to be permissible before the election is pronounced. By the election is probably meant a prophetic ordinance such as the one given by Gad to David (2 Sam. xxiv 18-19). The essential difference between the elected place and the other places is that the latter are not in any way divine; they are merely chosen arbitrarily by men (the same is said in vs. 13). Thus the validity of all the stories of divine revelation in Bethel, Beersheba, Hebron etc. is negated. But on practical grounds, the author of this law is rather moderate in his attitude to the rival places of worship [1]. He accepts their legality in the time of Moses and down through the period of the Judges, insisting only that in the meantime circumstances have changed and one site has been chosen. In this way he comes to terms with his opponents on historical issues. He accepts their claim of having worshiped in their sanctuaries from old, but demands the cessation of their practice on the basis of the decreed election. It seems that this author, engaged as he is in a dialogue with opposing ideas, precedes the reform of Josiah; he dates approximately from the eighth or seventh century. His place is the kingdom of Judah, since he makes the election coincide with the Solomonic rule.

What was the origin of his ideas?—The existence of Gerizim and Ebal passages in Deut. xi 26-30—xxvii 11-13 and xxvii 4-8 attests to a Sichemite tradition underlying the Jerusalemite. In Sichem too a central, national, ritual was to take place: the ritual of the blessing

---

sequence of נו״ח, יר״ש, נת״ן). This correspondence (note also xxii 4) demonstrates that the word מסביב is not original in Josh. xxi 42. Apparently, it is a mechanical addition of an ancient scribe who stood under the influence of the Dtr. phraseology. The similar, yet fuller, expressions in Josh. xxiii 1 and 2 Sam. vii 1 prove that this, mainly textual, phenomenon appeared also on a literary level: late historians of the Dtr. school used Dtr. terms with no perception for their original denotation.

[1] This moderation is also manifest in the lenient attitude to the priests of the High-places (Deut. xviii 6-8). But the reality was stronger than the program: eventually the reformers grew more stern than their own teachers (2 K. xxiii 9).

and the curse performed by the twelve tribes concluding the covenant between the Lord and Israel. Besides the common concept of central cult, the idea that a place could be sanctified only by an outspoken word of the Lord also appears to be common to the Sichemite and the Jerusalemite tradition. Only in Deut. xii and xxvii are places dedicated by the order of the Lord; in all other Biblical passages they are sanctified by His (or His angel's) epiphany [1]. We can infer that concepts like the central sanctuary for all Israel and dedication by divine word originated in Sichem; the author of Deut. xii 8-12 was either a Sichemite refugee who found asylum at the court of Jerusalem after the Assyrian conquest of Ephraim, or one of his native disciples [2].

Turning to the law in xi 31-xii 7, a very different attitude to the rival places of worship can be perceived. No Israelite sanctuaries are allegedly contemplated here. The rival cult-places are supposed to be either Canaanite (vss. 2-3) and therefore idolatrous, or Canaanite-like (vs. 4) and therefore to be condemned as well [3]. The militant spirit of the revolution of Josiah, which culminated in the slaughter of priests and the pollution of their altars by burning bones upon them, pervades this layer of the law.

The destruction of the Canaanite cult-places must be followed by the immediate election of a single sanctuary. A correspondent to this idea is to be found in the Book of Joshua (xviii 1-10; xxii 7-34), where a single sanctuary in Shiloh is mentioned. This concept is anachronistic. Yet, how did it originate? The answer is provided by the fact that just at the time of Josiah, or shortly later, Shilonite traditions seem to emerge in Jerusalem. Jeremiah (xxvi 6) compared the sanctuary of Jerusalem to Shiloh, implying that they had a similar status. In Jer. vii 1-15, a disciple of Jeremiah, who stood under the

---

[1] 2 Sam. xxiv seems to be an exception, since the consecration of the altar there is due to both angelophany (vs. 16[b]) and prophetic command (vss. 18-19) in my opinion, however, the references to the angel there (vss. 16, 17[aβ]) are late interpolations; cf. A. Rofé, *Israelite Belief in Angels in the Pre-Exilic Period As Evidenced by Biblical Traditions*, Hebrew University Ph.D. Dissertation, Jerusalem 1969, pp. 184-203. Therefore 2 Sam. xxiv stood originally together with Deut. xii and xxvii.

[2] Cf. E. W. Nicholson, *Deuteronomy and Tradition*, Philadelphia 1967, pp. 58-106 and the literature mentioned there. One must insist, however, that the arguments in favour of the ultimate Northern origin of Deuteronomy should be derived in the first place from the literary analysis of the book itself.

[3] The definition of the High-places as Canaanite cannot be considered as inherent to the law, because it originates in the *polemical character* of the same; *contra* E. Kaufmann, "Deuteronomy and the Report of the Acts of Josiah" (Hebrew), *A. Biram Jubilee Volume*, Jerusalem 1956, pp. 18-24.

influence of the Deuteronomistic School, carried further the comparison by applying to Shiloh the same terminology of "dwelling of the Name" (לְשַׁכֵּן שָׁם?) currently used by that school for Jerusalem. Probably, by the end of the seventh century the unification movement absorbed another stream of tradition. This one kept alive the memory of Shiloh and its tabernacle; it was transmitted by priests from Anathoth and Asaph-singers of the court of Jerusalem (Ps. lxxviii 60 ff.). The priests of Jerusalem, later, made use of these ideas by carrying the unity-of-cult concept back into the desert period (Priestly Code). The Mishnah made a last step by systematizing the entire history (Zebahim xiv 4 8).

All in all: the differentiation of layers in Deuteronomy, when performed with caution, is a valuable means of reconstructing the history of that movement which, culminating in Josiah's act, caused a turning point in the history of Israel.

ZACHARIE ET L'ORIGINE DE L'APOCALYPTIQUE

PAR

SAMUEL AMSLER
Lausanne

Le recueil du Proto-Zacharie est formé d'unités appartenant à quatre genres littéraires différents:

1. Le cadre du recueil est constitué par de la *parénèse*, soit l'introduction de i 2-6 et la grande conclusion des chapitres 7 et 8, une parénèse qui se développe autour de quelques thèmes en forme d'oracle (i 3; viii 2-8) ou en forme de thôra (vii 9; viii 16. 19).

2. Le récit de huit *visions*, débutant en i 8 et s'achevant en vi 8, récit assez solidement structuré pour qu'on puisse y reconnaître une série primitive de sept visions à laquelle est venue s'ajouter, entre la 3e et la 4e, la vision supplémentaire de iii 1-7.

3. Un certain nombre d'*oracles*, habilement greffés sur le récit des visions, à la fin de la 1ère vision (i 16-17), après la 3ème (ii 10-17) et au milieu de la 4ème (iv 6aβ-10a), ainsi qu'à la fin de la vision supplémentaire (iii 8-10).

4. Enfin, un récit d'*action symbolique* placé à la fin du récit des visions (vi 9-15).

Dans sa version primitive, ce récit d'action symbolique concernait très probablement non pas Josué mais Zorobabel, ce davidide, petit-fils de Jojakin, פחה au service de l'administration perse et désigné ici par le prophète comme צמח (vi 12 cf. iii 8). C'est aussi à Zorobabel que s'adressent plusieurs des oracles, en particulier les trois petits oracles intercalés dans la vision de la מנורה en iv 6aβ-10a. Dans ces passages, Zacharie se montre prophète en ceci qu'il discerne dans les événements et dans les personnages de son temps les signes de l'intervention salutaire de Yahweh en faveur de Jérusalem. La pointe de ces oracles vise la reconstruction du temple, la restauration de la Jérusalem historique, le rôle qu'y tient dès maintenant la personne historique de Zorobabel, à côté de Josué.

Bien différente est la perspective qui domine le récit de la nuit aux sept visions. La fresque a une envergure universelle: c'est toute la terre qui est inspectée par les cavaliers de la première vision (i 11);

et c'est vers les quatre vents des cieux que s'élancent les chars de la
dernière vision, car ils sont aux ordres du Seigneur de toute la terre
(vi 5: אדון כל־הארץ, motif qui réapparaît dans la vision centrale de la
מנורה, iv 10b). Les puissances du monde vont être abattues comme
les quatre cornes d'un autel (ii 4); Jérusalem ne sera plus une ville
à reconstruire mais une résidence ouverte à tous, dont Yahweh
assurera lui-même la sécurité par une muraille de feu (ii 9). Quant à
la communauté fidèle, elle sera débarrassée de ses membres pécheurs
(v 4) et purifiée définitivement de sa faute (v 10). Pour célébrer la
gloire du Seigneur de toute la terre, le grand prêtre ne sera pas seul
à la tête de la communauté mais — telle est à mon avis la pointe
primitive de la vision centrale [1] — il sera flanqué d'un autre „fils de
l'huile", le messie royal (iv 14).

Cette perspective universelle, cette insistance sur la transformation
du monde par la destruction des puissances terrestres, cette description de la purification du peuple par le jugement des membres in-
fidèles, cette intention de réconforter et de consoler (i 13: דברים טובים
דברים נחמים), sans parler de la forme littéraire elle-même: vision
hermétique, séquence de sept tableaux, tout cela n'annonce-t-il pas
la littérature apocalyptique qui fleurira dès le 2ème siècle?

Cette parenté a souvent frappé les critiques. Déjà EWALD en 1841 [2],
puis R. SMEND en 1884 [3] avaient opéré ce rapprochement en insistant
sur le caractère artificiel et sur la „Phantasie" des visions de Zacharie.
En 1901, SELLIN [4] allait jusqu'à attribuer à Zacharie la paternité du
mouvement apocalyptique en repérant dans les visions de Zacharie
„die Geburtsstunde der alttestamentlichen Apokalyptik". Le problème n'est pas si simple, car aux origines prophétiques de l'apocalyptique, notamment chez Ezéchiel et Zacharie, se mêlent des facteurs
sapientiaux, comme l'a montré — mais avec trop d'exclusivisme —
G. VON RAD [5], sans parler des influences étrangères probables. Il

---

[1] Pour la jusification des hypothèses critiques et des options exégétiques
adoptées ici, on se reportera au commentaire en préparation à paraître pro-
chainement dans la collection *Commentaire de l'AT*, Neuchâtel-Paris, Ed.
Delachaux & Niestlé.

[2] EWALD, *Die Propheten des alten Bundes*, 1841, Bd III, p. 318, cité d'après
J. M. SCHMIDT, *Die jüdische Apokalyptik*, Neukirchen, 1969, p. 42.

[3] „Auch ein ächter Prophet kann seine Weissagungen in Bilder kleiden, wie die
frei dichtende Phantasie sie ihm an die Hand giebt", R. SMEND, „Anmerkungen
zu Jes. 24-27", in *ZAW* 4 (1884), p. 199.

[4] E. SELLIN, *Studien zur Entstehungsgeschichte der jüdischen Gemeinde nach dem Exil*,
1901, II, p. 90. Cité d'après J. M. SCHMIDT, *op. cit.* p. 276.

[5] G. VON RAD, *Theologie des Alten Testaments*, Bd 2, München, 1965⁴, p. 315ss.

importerait d'ailleurs de relever les différences assez sensibles entre les visions de Zacharie et les visions apocalyptiques, en particulier l'absence chez ces premières d'un véritable scénario qui récapitule l'histoire a posteriori, le manque de préoccupation pour le salut du fidèle individuel, comme aussi l'économie de la pseudonymité, traits qui caractérisent l'apocalyptique proprement dite.

La question à laquelle cette communication voudrait répondre est plus modeste: comment expliquer la co-existence, dans le message du Proto-Zacharie, de ces deux perspectives, celle des oracles et de l'action symbolique qui prolongent la prophétie classique d'une part, celle des visions qui annoncent la littérature apocalyptique d'autre part? Nous laisserons de côté ici la parénèse, qui pose encore d'autres questions.

La tradition qui a présidé à la rédaction du recueil répond à cette question en faisant des oracles le prolongement de telle ou telle vision. Cette réponse a peu de chance de reposer sur les faits, car les oracles tranchent sur plus d'un point avec la perspective des visions [1]. Les oracles sont des unités traditionnelles isolées, probablement antérieures au récit des visions, et dans le cadre duquel la tradition a trouvé commode de les inserrer après coup [2].

On pourrait aussi répondre que Zacharie, prophète de la reconstruction du temple par Zorobabel, a vécu, une certaine nuit, une série de rêves qui ont modifié son message. Cette explication par l'expérience visionnaire n'expliquerait rien; elle ne serait que le constat d'un changement humainement inexplicable. Surtout, elle sous-estimerait l'important travail d'élaboration théologique que représente la mise en forme littéraire d'une vision vécue, ainsi que l'ordonnance si fortement organisée d'une série de sept tableaux. Sans

---

cf. la critique de P. VAN OSTEN-SACKEN, *Die Apokalyptik in ihrem Verhältnis zu Prophetie und Weisheit*, München, 1969, (Theol. Existenz heute Nr 157).

[1] Divergeance déjà notée par J. W. ROTHSTEIN, *Die Nachtgesichte des Sacharja* (1910) qui voit par exemple dans l'oracle de 1,16-17 une explicitation des tâches concrètes impliquées dans la vision de 1,8-15. Même explication chez M. BIČ, *Die Nachtgesichte des Sacharja*, Neukirchen, 1964, qui estime, p. 68, que le prophète a lié intentionnellement les deux perspectives „actuelle" et „eschatologique". On remarquera plutôt, au niveau des textes, une absence de liaison entre ces deux perspectives.

[2] Ainsi pour W. A. M. BEUKEN, *Haggai-Sacharja 1-8*, Assen, 1967. Pour sa part, L. G. RIGNELL, *Die Nachtgesichte des Sacharja*, Lund, 1950, y voyait le travail littéraire du prophète lui-même qui confirme et ré-actualise ainsi ses oracles antérieurs. C'est l'hypothèse critique que suit généralement A. PETITJEAN, *Les oracles du Proto-Zacharie*, Paris, 1969, tout en admettant aussi des retouches rédactionnelles ultérieures.

nier l'inspiration visionnaire de Zacharie, on ne peut se contenter
d'y voir l'écho d'une nuit où il aurait mal dormi!

A mon avis, le passage de la perspective des oracles à celle des
visions doit être recherchée ailleurs, dans les circonstances historiques
des années 520-519. K. GALLING [1] a excellement retracé le déroulement de la crise politique qui ébranle l'empire perse entre 522 et 520,
avec le coup d'Etat de Gaumata-Smerdis en juillet 522, la mort subite
de Cambyse, la révolte générale des sujets orientaux de l'empire, la
prise de Babylone par Darius, la nouvelle révolte de Babylone et
finalement la pacification de l'empire en 520. Mais alors que GALLING [2]
s'ingénie à retrouver au fil de ces événements le cadre historique
particulier de chacune des visions prise isolément, la datation de i 7
(„le 24.11 de la 2ème année de Darius", c'est-à-dire février 519),
même si elle a subi une retouche rédactionnelle, situe beaucoup
mieux l'ensemble des sept visions quelques mois après les derniers
soubresauts de la crise. On a souvent relevé le sens paradoxal du
diagnostic posé sur l'état du monde par les cavaliers de la première
vision: כל־הארץ ישבת ושקטת (1,11) [3]. Ce n'est pas la situation d'avant
la crise de 522, comme l'imagine GALLING [4], mais celle qui suit la
pacification de 520, laquelle a mis fin aux espérances de bouleversement
messianique suscitées par la crise politique. Tant que les événements
étaient en mouvement, Zacharie y avait vu le signe de l'intervention
de Yahweh en faveur de sa ville et il avait appelé Zorobabel à l'action.
Maintenant que l'histoire s'était à nouveau figée entre les mains des
puissances de ce monde, le salut ne pouvait plus venir du déroulement
des événements eux-mêmes, mais d'une intervention de Yahweh qui
briserait le cours apparemment tranquille de l'histoire et instaurerait
lui-même un monde nouveau centré autour d'une Jérusalem glorifiée.

---

[1] K. GALLING, *Studien zur Geschichte Israels im persischen Zeitalter*, Tübingen,
1964, en particulier l'étude „Politische Wandlungen in der Zeit zwischen Nabonid
und Darius", p. 1-60.

[2] Dans „Die Exilswende in der Sicht des Propheten Sacharja", *op. cit.*, p.
109-126.

[3] La double expression est sans parallèle (cf. pourtant Ez. xxxviii 11: השקטים
ישבי לבטח). Le doublet est plus fréquent avec בטח (Jg. xviii 7.27; Es. xxx 15;
xxxii 17; Ez. xxxviii 11) ou avec שאנן (Jér. xxx 10; xlvi 27; xlviii 11; cf. Za. 1,15);
cf. encore le doublet ישבת ושלוה en Za. vii 7. Dans les emplois chronologique-
ment les plus proches, on notera que Dtr. utilise souvent שקט pour décrire une
période de paix qui suit des événements troublés (Jos. xi 23; xiv 15; Jg. iii 11.30;
v 31; cf. encore 1 Chr. iv 40; 2 Chr. iii 23; Es. xiv 7). Un passage du Trito-Esaïe
évoque par ce verbe le calme de la mer après la tempête (Es. lvii 20; cf. Jér.
xlix 23).

[4] *Op. cit.*, pp. 114 et 123.

Par la grande fresque de ses sept visions, Zacharie relève le défi que les événements ont jeté à son message en démentant l'accomplissement immédiat de ses promesses et de sa désignation symbolique du Tsemah. Il parle un nouveau langage, parce que la situation a changé. Et en cela, Zacharie se montre excellent théologien.

En conclusion, je dirais que le *prophète* accompagne l'histoire chaque fois qu'elle peut être lue comme une parole-action de Yahweh. Pensons à Amos et à la crise du royaume du Nord, à Esaïe et aux bouleversements de l'ère assyrienne, à Jérémie et à la catastrophe de 587, au Deutéro-Esaïe et aux premières victoires de Cyrus. Mais il est des temps — et peut-être y sommes-nous aujourd'hui — où l'histoire n'a plus de sens, soit parce qu'elle s'est stabilisée entre les mains des hommes — comme ce fut le cas pour Ezéchiel après 587, et comme c'est le cas pour Zacharie en 519 —, soit parce qu'elle paraît avoir totalement échappé à Dieu — comme ce sera le cas pour l'auteur du livre de Daniel sous le règne d'Antiochus Epiphane. Et alors surgit l'*apocalypticien* qui déchire le voile opaque des événements historiques pour ouvrir une fenêtre sur le monde en devenir tel que Dieu seul le voit.

Dans ses visions, Zacharie se révèle l'un des précurseurs de ce mouvement si important qui relèvera le défi de l'histoire du 2ème et du 1er siècles. Et comme tel, il nous montre encore le moyen d'affronter aujourd'hui l'apparente absurdité de notre propre histoire.

ERWÄGUNGEN ZU SACHARJA VI 9-15

VON

GERHARD WALLIS
Halle/Saale

Die Perikope Sach vi 9-15 hat den Übersetzern und Auslegern seit
jeher große Schwierigkeiten bereitet, wie schon eine kurze Beschäftigung mit dieser Materie recht deutlich ergibt. In der Regel
geht man bei der Deutung dieses Stückes davon aus, daß die Vv. 9-15,
abgesehen vielleicht von V. 15aβb, eine, wenn auch inhaltlich nicht
ganz klare, dennoch aber formal geschlossene Einheit darstellten.
Doch diese vom Text nahegelegte Annahme ist kritisch zu überprüfen. Über Einzelheiten der Textüberlieferung, des Wortlautes und
der Auslegungsversuche ausführlicher zu sprechen, erübrigt sich, da
Lars Gösta RIGNELL eine sehr ausführliche exegetische Studie über
Die Nachtgesichte des Sacharja vorgelegt hat (Lund 1950; bes. S. 218-
240), die dann W. A. M. BEUKENS, *Studien zur Überlieferungsgeschichte
der frühnachexilischen Prophetie*: *Haggai-Sacharja 1-8*, (Assen 1967;
bes. S. 275-281) dankenswert ergänzt hat.

So können wir uns dem vorliegenden Problem unmittelbar zu-
wenden. Es ergibt sich nicht allein daraus, daß in Vv. 11a. 14 von
Kronen, Kränzen oder Diademen im Plural gesprochen wird,
während G im zweiten Fall und Syr in beiden Fällen den Singular
dieses Wortes bieten und Targ im ersten Fall den Singular und im
zweiten eine völlig freie Deutung darbietet. Der Singular wäre
dadurch begründet, daß es sich um einen Kopfschmuck des Hohenpriesters, Josuas, des Sohnes Jozadaks, handelt (V. 11a), während
der Plural davon ausgeht, daß die Diademe als Votivgaben für drei
Männer, Heldai, Tobia und Jedaja, im Tempel aufbewahrt werden
sollten (V. 14), welche, offenbar von der Diasporagemeinde in
Babylonien kommend, in Jerusalem eingetroffen sind oder erst
erwartet wurden. Sie sollten Abgaben für die Ausstattung des
Tempels überbringen, da offenbar die Provinzialverwaltung in
Samaria dem Unternehmen des Tempelbaus entgegenstand und die
notwendige materielle Unterstützung mutwillig versagte. Ganz
unabhängig von diesen drei Überbringern wird ein vierter, im

übrigen unbekannter Mann, namens Josia, Sohn des Zephanja, genannt, der in Jerusalem ansässig war, da Sacharja zu ihm ins Haus gehen sollte (V. 10bβ). Trotzdem wird er in V. 14 mit den drei ersteren in Zusammenhang gebracht. Die Gründe, die dazu geführt haben, werden später zu zeigen sein. Schließlich werden die Diademe dem Hohenpriester Josua zugedacht (V. 12b), während nach V. 13 Serubbabel mit königlicher Würde und Herrscherprädikaten ausgestattet werden soll.

Alle diese Feststellungen haben dazu geführt, daß man den gegenwärtigen Text nur als das Ergebnis verschiedener Überarbeitungen des Originals zu erklären vermochte. Leider beruhen alle textkritischen Eingriffe zum Zweck der Herstellung dieses Originals entweder auf historischen Vermutungen oder auf den alten Versionen, die verständlicherweise vor den gleichen Übersetzungsschwierigkeiten standen wie wir Heutigen und sie jeweils auf ihre Weise zu beheben versucht haben. Indirekt beweisen alle Versionen mit ihren Eingriffen die Problematik eben des Textes, der uns in M vorliegt, der auf diese Weise als primär ausgewiesen wird. Wir müssen daher von diesem ausgehen, um eine neue Analyse vorzunehmen.

Da m.E. eine poetische Gestaltung des Textes nicht sicher zu erkennen ist, scheiden metrische Maßstäbe zur Bearbeitung des Wortlautes aus. So müssen wir vom Inhaltlichen wie Formalen her dem Problem zu Leibe gehen. Dieses liegt in der Frage begründet, was die herzustellenden Diademe — und vom Plural müssen wir nach M ausgehen — mit Serubbabel zu tun haben, da in der gesamten Perikope eine symbolische Handlung der Inthronisation Serubbabels vermutet wird. Der Text sagt jedoch davon gar nichts, vielmehr sollen sie für Josua bestimmt sein (V. 11b). Dies wird allerdings als eine Textänderung angesehen, die dem späteren Geschichtsverlauf Rechnung tragen möchte, nach welchem der Versuch der Inthronisation eines Divididen Mißbilligung bei der persischen Regierung gefunden und zur Abberufung Serubbabels geführt haben soll. Das ist jedoch eine freie Vermutung, die durch den vorliegenden Text und die geschichtliche Überlieferung in keiner Weise gerechtfertigt wird. Nehmen wir den überkommenen masoretischen Text ernst, so bestehen keinerlei Beziehungen zwischen Serubbabel und den genannten Diademen, sondern nur zwischen diesen und Josua bzw. Heldai, Tobia und Jedaja (Vgl. A. JEPSEN, „Kleine Beiträge zum Zwölfprophetenbuch III", *ZAW* 61 (1945/48), S. 108). Ebenso ist vom Text her keine sachliche Verbindung zwischen letzteren und

Josia, dem Sohne Zephanjas, herzustellen. Die drei Ankömmlinge werden überdies ohne Patronymikon genannt, während letzterer, wie auch Josia, mit Patronymikon erwähnt werden. Von den ersteren wird berichtet, daß sie von den Diasporajuden in Babylon entsandt wurden, während vom letzteren keine spezifische Bemerkung gemacht wird, außer der, daß er in Jerusalem ansässig war. Erst V. 14 versucht die vier in einen Zusammenhang zu bringen, in einer Weise, die schon textlich unbeholfen und gewaltsam wirkt.

Es liegt daher die Vermutung nahe, daß hier zwei disparate Vorgänge dargestellt werden. Es ist die Frage, ob sie sich auch textlich klar gegeneinander abgrenzen lassen. Nach dem ersten soll Sacharja von den drei Ankömmlingen Silber und Gold entgegennehmen, um daraus Diademe anfertigen zu lassen. Daß er sie selbst anfertigen soll, ist aus dem herbräischen Ausdruck nicht mit zwingender Notwendigkeit zu entnehmen. Dann soll er sie dem Hohenpriester aufs Haupt setzen. Daß damit irgendein Inthronisationsritus gemeint sei, sagt der Text nicht aus, nicht einmal, daß Sacharja die Diademe gleichzeitig Josua aufsetzen soll. Möglicherweise soll dieses Ritual die Diademe dem Kopfschmuck des Hohenpriesters hinzufügen. Und schließlich soll Sacharja diese als Votivgaben Heldais, Tobias und Jedajas im Tempel deponieren. Vielleicht haben sich die drei Männer durch die Überbringung der Gaben der Golah anerkennenswerte Verdienste um die Jerusalemer Gemeinde erworben, zumal ihr Unternehmen bei der Lage der Dinge nicht so gänzlich gefahrlos gewesen sein mag. Damit ist dieser Vorgang abgeschlossen. Die Diademe wurden schließlich im Tempel deponiert und sind fortan dort zu besichtigen. Das setzt allerdings die Vollendung des Tempels voraus. Die so umrissenen Aussagen finden sich verhältnismäßig geschlossen in Vv. 9.10abα.11.14.

Folgende andere Aufforderung erging an Sacharja. Er solle sich ins Haus eines Josia, des Sohnes Zephanjas, begeben, um ihm ein Gotteswort zu überbringen. Ein Mann, der den bedeutungsvollen Namen „Sproß" trägt, der Name wird dann etymologisch gedeutet, soll den Tempel Jahwes erbauen. Dadurch soll er Hoheit gewinnen, während ein Priester zu seiner Seite stehen wird. Zwischen beiden wird einmütiger Rat walten. Das ist ganz offensichtlich eine reine Zukunftsweissagung, die eschatologisch verstanden werden muß, bei der Sacharja im gegenwärtigen Augenblick nichts zu tun hat, keine gleichnishafte Handlung zu vollführen hat. Dieser Tempelbau wird übrigens dadurch gelingen, daß auch die Fernen, wohl die

Angehörigen der Diasporagemeinden, sich am Tempelbau beteiligen werden. Und wenn dies geschehen wird, so wird es ein Erweis für die prophetische Sendung des Redenden sein. Wir haben also eine messianische Weissagung vor uns, die ganz sicher auf Serubbabel zu deuten ist (vgl. iii 8; Jr. xxiii 5). Mit der symbolhaften Anfertigung der Diademe und der Aufsetzung auf das Haupt Josuas hat sie schon zeitlich nichts zu tun, denn der Tempel ist offenbar noch nicht vollendet. Warum der Prophet die Weissagung gerade jenem Josia vortragen soll, wird nicht angegeben. Sicher war Josia ein Mann, der mit dem Tempelbau und seinen Nöten innerlich stark befaßt war. Diese Weissagung findet sich in Vv. 10bβ.12-15, also auch relativ geschlossen. Wir haben damit zwei nicht nur inhaltlich, sondern auch formal getrennte Aufträge an den Propheten vor uns.

I. Die gleichnishafte Handlung

9) Da erging Jahwes Wort an mich: 10) Nimm die ᵃ<Gaben> der Golah von Heldai, von Tobia und von Jedaja entgegen und komm an dem Tag (ביום ההוא), ... an welchem (אשר) sie aus Babel ankommen, 11) und nimm (davon) Silber und Gold und fertige (daraus) Diademe an und setze sie auf das Haupt Josuas, des Sohnes Jozadaks, des Hohenpriesters! .... 14) Und die Diademe soll(en) zum Gedenken an ᵇ<Heldai> und an Tobia und an Jedaja ᶜ[ ] im Tempel Jahwes dienen.

II. Die messianische Weissagung

10) ᵈ(Mache dich auf) bβ) und begib dich in das Haus Josias, des Sohnes Zephanjas, 12) und sage zu ihm (אליו): So spricht Jahwe Zebaoth: Siehe, ein Mann, Sproß ist sein Name, und unter ihm wird es sprossen, und er wird den Tempel bauen. 13) Und ist er esᵉ, der den Tempel Jahwes bauen wird, so soll er Hoheit annehmen und sitzen und herrschen auf dem Throne, und ein Priester soll ᵇ<zu seiner Seite> sein, und heilvolles Einvernehmen wird zwischen ihnen beiden sein. .... 15) Und die Fernen werden kommen und am Tempel Jahwes bauen. Und ihr werdet erkennen, daß Jahwe mich zu euch gesandt hat; und es wird geschehen, wenn ihr auf die Stimme Jahwes, meines Gottes, hören werdet.

a mit *BHS*; b mit G; c redaktionelle Glosse; d zu ergänzen; e Bedingungssatz, vgl. C. Brockelmann, *Syntax* §§ 164a. 176c.

Die Verbindung beider Stücke mag dadurch bedingt sein, daß in Sach iv 1-10 in ähnlicher Weise eine Sprucheinschaltung, und zwar

eine Heilsweissagung für Serubbabels Tempelbau, in das Nacht-
gesicht vom Leuchter und den beiden Ölbäumen vorgenommen
wurde, die Serubbabels und Josuas Aufgabe für die Heilsgemeinde
fest miteinander verbinden soll. Mit Serubbabels Tat wird der
Grundstein zur Zeit des Heils gelegt, während der Hohepriester
in ihr walten soll (iii 7). Ob der Prophet die Verbindung beider
Stücke in der vorliegenden Gestalt schon vorgenommen hat oder
ein Späterer, müßte im Zusammenhang mit der Frage nach der
gesamten Komposition der Nachtgesichte erörtert werden, deren
Abschluß unser Stück sicher ist. Auf jeden Fall hatte der Kompilator
gleichmäßiges Interesse an beiden, Serubbabel und Josua. Die
Verbindung beider Stücke mag auch dadurch angeregt worden sein,
daß in dem Auftrag für die gleichnishafte Handlung drei Ankömmlinge erwähnt werden, die mit den Gaben der Golah den Tempelbau
unterstützen sollen, während die messianische Weissagung durch
die Mithilfe der Golah ihre Erfüllung finden soll. Diese Anklänge
haben zur Verbindung beider Stücke geführt. Sollte die Beobachtung,
daß die Niederlegung der Diademe im Tempel Jahwes die Vollendung
des Baus voraussetzt, den Tatsachen entsprechen, so könnte die
Kompilation der Nachtgesichte insgesamt nicht vor diesem Zeitpunkt
von statten gegangen sein.

Nach der Zusammenfassung beider Berichte treten nun jedoch
alle die textlichen Schwierigkeiten auf, die Textänderungen im
Gefolge hatten, welche jedoch nicht völlig beseitigt werden konnten.
Josia, Sohn des Zephanja, wurde in V. 14 mit dem Hinweis auf
seine Verdienste den Namen Heldai, Tobia und Jedaja hinzugefügt,
so jedoch, daß damit das Satzgefüge zerstört und der Name Heldai
verstümmelt wurden. העטרת wird im gleichen Vers mit der Singular-
form des Verbums verbunden, was wohl mehr ist als eine Inkon-
gruenz des Verbums, nämlich der Beginn einer Glättung des Textes.
Da die textliche Verbindung der Hoheit Serubbabels mit der symbolischen Aufsetzung der Kronen auf das Haupt Josuas als Inthronisation wirkte, konnte in V. 13 anstelle von „zu seiner Seite", was
noch die G bietet, „auf seinem Throne" (M) angenommen werden.
Damit zugleich mußte unweigerlich der Eindruck entstehen, daß
die Inthronisation eigentlich Serubbabel gegolten haben müßte. Die
Übersetzungen haben daher zum Teil das pluralische העטרת in den
Singular umgewandelt und damit den Weg für die Deutung des
Targums vorbereitet. Die christliche Interpretation ist dieser Auslegung dann auch gefolgt. Erst die historisch-kritische Betrachtung

hat das Bild erheblich verändert. Ob sie mit den mannigfaltigen, oft spitzfindigen Emendationen jedoch den Zugang zum Originaltext freigelegt hat oder ob nicht die hier vorgelegte Analyse diesen Dienst überzeugender zu leisten vermag, möge der Leser entscheiden.

THE GRADED NUMERICAL SEQUENCE AND THE PHENOMENON OF „AUTOMATISM" IN BIBLICAL POETRY

BY

MENAHEM HARAN

Jerusalem

I. Graded numerical phrase and graded numerical verse

1

The pattern of the graded numerical sequence in the Bible has several manifestations. Its basic form is the graded numerical phrase, which consists of a contiguous pair of consecutive numbers in ascending order. Such a phrase never implies a precise number: its meaning is "an indefinite number" or "approximately that number"[1]. Here are a few examples: "a maiden or two" (Jud. v 30), "neither for one day nor two" (Ezra x 13), "two or three eunuchs" (2 Kings ix 32), "three or four colums" (Jer. xxxvi 23), "five or six times" (2 Kings xiii 19), "to seven or even to eight" (Qoh. xi 2). Sometimes the numbers are somewhat separated, but the pair still remains a numerical phrase: "I will take you, one from a city and two from a family" (Jer. iii 14), "On the evidence of two witnesses or of three witnesses he that is to die shall be put to death" (Deut. xvii 6). And sometimes the numerical phrase contains three or even four components: "upon the children, upon the third and upon the fourth generations" (Ex. xx 5, Num. xiv 18, Deut. v 9), "upon the children and upon the children's children, upon the third and upon the fourth generations" (Ex. xxxiv 7).

Numerical phrases occur frequently in texts of Semitic and non-Semitic languages from the ancient Near East, as well as in classical Greek and the New Testament[2], and it seems that this phenomenon is actually common to all languages.

---

[1] The earlier modern scholars assumed that this is the meaning of the pattern in *all* its manifestations. See, for example, GESENIUS-KAUTZSCH-COWLEY, *Hebrew Grammar*, 1910, § 134*s*; G. WILDEBOER (KHC, 1897) and C. H. TOY (ICC, 1899), in their commentaries to Proverbs; A. B. DAVIDSON-H. C. O. LANCHESTER, *Job*, Cambridge 1915, p. 48. Cf., however, below.

[2] Cf. the illustrations adduced by W. M. W. ROTH, "The numerical sequence X/X + 1 in the OT", *VT* XII, 1962, pp. 309-310.

2

The special and interesting aspect of this pattern begins when the pair of numbers is broken up between the two members of a parallelism and a graded numerical verse is formed, for it is a rule in biblical Hebrew that any fixed pair of words and any hendiadys may be broken up and separated between the members of a parallelism. The breaking up of a graded numerical phrase actually takes place between the members of synonymous parallelisms[1]. We may again mention a few examples: "I have spoken once, and I will not answer; twice, but I will proceed no further" (Job xl 5), "After two days he will revive us, on the third day he will raise us up" (Hos. vi 2), "We will raise against him seven shepherds, and eight princes of men" (Mic. v 4). One must also refer here to the poetic verses in which the number-pair "a thousand"—"ten thousand" ('elep—rᵉḇaḇah) is broken up, such as: "A thousand may fall at your side[2], ten thousand at your right hand" (Ps. xci 7)—inasmuch as this pair too forms in biblical Hebrew (as well as in Ugaritic) a graded numerical phrase. We further find a poetic parallelism which contains a graded numerical phrase in each of its members: "Two or three berries in the top of the highest bough, four or five on the branches of a fruit tree" (Isa. xvii 6).

Cases where number-pairs are broken up are not to be confused with a verse such as this: "The city that went forth a thousand shall have a hundred left, and that which went forth a hundred shall have ten left to the house of Israel" (Amos v 3)—not only because here the numbers appear in descending, not in ascending order, but also because this verse is built on serialization of prose utterances (which

---

[1] All the verses that belong here and listed by ROTH (*ibid.*, pp. 302-303) are built on synonymous parallelism alone, not on all three forms of parallelism, as he believes. The only verse that has the appearance of synthetic parallelism is Job xxxiii 14, but its meaning is somewhat obscure (on this verse see below, sect. IV, 1). The one verse that in ROTH's opinion is built on antithetic parallelism is the song of the women: "Saul has smitten his thousands and David his ten-thousands" (1 Sam. xviii 7). But in fact this case too is of synonymous parallelism, as correctly remarked by S. GEVIRTZ (*Patterns in the Early Poetry of Israel*, Chicago 1963, p. 24). See also my comments in *Tarbiz* XXXIX, 1970, pp. 122-123.

[2] It is probably best to read here *miyyadᵉḵā*, "at your hand" instead of *miṣṣiddᵉḵā*, "at your side"), since the words *yād* and *yāmin*, "hand" and "right hand" constitute a regular pair (cf. M. D. U. CASSUTO, *Tarbiz* XIV, 1943, p. 4). Consequently, this case is the reverse of Isa. xi 15: *baʿyam rûḥô*, where already S. D. LUZZATO suggested that the letter ṣ was replaced by y and read *bᵉʿōṣem rûḥô*, "with the power of his wind". According to the supposition, these changes occurred in the Canaanite script, where the letters ṣ and y resemble each other.

is a different artistic device) and does not involve any breaking up of a numerical phrase. Nor does the category of the graded numerical verse include a verse such as: Five of you shall chase a hundred, and a hundred of you shall chase ten thousand" (Lev xxvi 8), for this verse too is essentially built on prosaic repetitions, expressing as it does only increasing numerical exaggeration and containing no breaking up of a numerical phrase. In other places we find numerical exaggeration (i.e. hyperbole, as an artistic device) formulated in poetry: "For Cain may be avenged seven times, but Lamech seventy-seven" (Gen iv 24; see also Isa. xxx 17). In these cases too there is no breaking up of a numerical phrase.

As a rule, the meaning of graded numerical verses becomes clear when the numerical phrase that is broken up in them is taken as if it were joined and contiguous. Thus, the examples mentioned above should be comprehended as follows: I have spoken once or twice and I will not answer again (Job xl 5); He will revive us and raise us up after two or three days (Hos. vi 2); We will raise against him seven or eight shepherds and princes of men (Mic. v 4); There may fall at your side (at your hand) and at your right hand a thousand or ten thousand (Ps xci 7). Thus, what is intended in such verses is fundamentally likewise "an indefinite number" or "approximately that number". The numerical verses *a priori* imply neither exactly the first number nor the second number. Here we see the peculiar and extraordinary quality of the phenomenon of parallelism as such— namely, that unequal numbers (x as against x + 1) serve as *synonymous concepts*. The reason for this is clear: it is not fitting nor even considered aesthetic for a poet to repeat a given number twice, how much more so when he actually does not intend that precise number. It has been correctly remarked that such an employment of numbers is foreign to our modern Western taste, but it fits ancient oriental poetry, whose characteristic peculiarity is *parallelismus membrorum*. In fact, this employment of number-pairs is in no way different from the way that ancient Hebrew poetry generally avails itself of fixed pairs of words. For it is a good general rule that any word-pair can break up between the members of parallelism, and thereby its components become parallel and synonymous concepts, as for example: heaven— earth, priest—prophet, right (*yamîn*)—left (*s^emô'l*), house (*bayit*)— court (*ḥaṣēr*), mouth (*peh*)—lips (*s^epatayim*)[1]. After all, the difference

---

[1] The above-mentioned remark as regards the strangeness of the employment of number-pairs within the framework of parallelism was made by ROTH, *op. cit.*,

between two and three, or between seven and eight, is neither greater nor more significant than that between heaven and earth.

3

Inasmuch as the breaking up of a pair of numbers between the parts of a verse is founded by its nature on *parallelismus membrorum*, we may assume that such breakings up were likely to occur in all those languages in which parallelism existed as an inherent and indispensable characteristic of poetry. These were not just the Semitic languages, but all languages that bore literary and poetic fruits within the confines of the ancient Near East. Both these qualifications that define the scope in space and time, must be stressed: Near East—to exclude ancient poetry that is not oriental, such as classical Greek; ancient—to exclude oriental poetic works that are not ancient, such as classical Arabic and post-biblical Hebrew poetries[1]. It appears that the phenomenon of *parallelismus membrorum* as an inherent principle of poetic composition, being common to the whole ancient Near East and encompassing it—in varying degrees of emphasis and indispensability—over linguistic boundaries, stamped upon it a distinct mark in all that is connected with modes of poetic expression. This phenomenon is one of the typical features that single out the ancient Near East as a unique sphere of culture.

---

p. 304. Compare also the incisive comments of H. L. GINSBERG, *The Legend of King Keret*, New York 1946, p. 40.

[1] Thus, I am not convinced by the efforts of those scholars who try to find indications of the use of parallelism outside the bounds of the ancient Near East. Such indications are at the most accidental and present no inherent and determinative quality. G. B. GRAY (*The Forms of Hebrew Poetry*, Oxford 1915, pp. 38-46), for example, listed in this context the Finnish epic *Kalewala*, and did not refrain from mentioning even the Arabic literature—though he himself acknowledged that "parallelism" appears in that literature precisely in *prose*, or in rhymed prose (*sajaʿ*), not necessarily in poetry. Whereas ROMAN JACOBSON ("Grammatical parallelism and its Russian facet", *Language* XLII, 1966, pp. 399-429) has recently attempted to put in the same circle the Hebrew-Canaanite, Chinese and Ural-Altaic poetries (including the Finnish epic), as well as Russian popular poetry. I cannot discuss the details of the comprehensive and sweeping survey in the first part of this article, but with regard to the poem taken from the Russian-Siberian collection of KIRSHA DANILOV, of the eighteenth century, entitled *Ox v gore žiʿ nekručinnu byʿ*, whose analysis constitutes the heart of the article (*ibid.*, pp. 407-422)—I can definitely state that it does not fall in the same category as the Hebrew-Canaanite parallelism. If it be argued that parallelism assumed distinct forms in different parts of the world, it must be observed, then, that its ancient Near Eastern manifestation was so particular and unique that it constituted a phenomenon in its own right.

Therefore, we can concur with Cassuto that the graded numerical verse was taken over by Israel from its Canaanite heritage, but it is a question whether Cassuto was right in further assuming that the primary source of this pattern was found in the Canaanite language[1]. For the Canaanite language is only one segment of the ancient Near East and is far from representing the whole picture. Cassuto adduced several examples of the employment of the graded numerical pattern in the Ugaritic writings, whereas other scholars (Roth, Gevirtz, Sauer) again cited some of them and listed additional ones from the Ugaritic writings—but also brought in examples from Accadian and even Sumerian texts and indicated that two or three specimens of this pattern are to be found even in Hittite texts[2]. Consequently, the notion that the graded numerical verse was rooted in the Canaanite language should be entirely abandoned. However, Roth too seems to miss the point in assuming that this pattern is essentially Semitic in origin, thereby forcing himself actually to ignore the implications of its presence in Sumerian texts and to maintain that the Hittites translated it from Canaanite[3]. In fact, this pattern is neither Canaanite nor Semitic, rather it is ancient Near Eastern, since by its very nature it is based on the structural principles of poetry in the ancient Near East[4].

---

[1] See M. D. U. Cassuto, "Biblical literature and Canaanite literature" (Hebrew), *Tarbiz* XIII, 1942, pp. 204-205.

[2] Roth, "Numerical sequence", pp. 304-307; Gevirtz, *Patterns in the Early Poetry of Israel*, pp. 19-22; G. Sauer, *Die Sprüche Agurs*, Stuttgart 1963, pp. 49-70. To these illustrations one may also add the incantation text from Arslan Tash (W. F. Albright, *BASOR* 76, 1939, p. 9; N. H. Tur-Sinai, *Ha-lashon ve-ha-sefer*, Vol. I, 1948, p. 55; F. M. Cross, Jr. and R. J. Saley, *BASOR* 197, 1970, pp. 44-45).

[3] Roth, *op. cit.*, p. 307, 311. It should not be forgotten that this pattern also appears in Aramaic texts—in Ahiqar (see below) and in an Aramaic incantation formula from Nippur, from the sixth century A.D. (J. A. Montgomery, *Aramaic Incantation Texts from Nippur*, Philadelphia 1913, pp. 105, 195-200). These were already known to Cassuto, who dismissed them with the argument that they are late (*Tarbiz* XIII, 1942, p. 204). Nevertheless, there were grounds for wondering wherefrom did this pattern come to those scribes—for they certainly did not acquire it from the Canaanites or the Bible.

[4] The first to sense the basic connection between the application of the graded numerical sequence and *parallelismus membrorum* was Robert Lowth, the modern discoverer of parallelism in the Bible, as Gevirtz (*op. cit.*, p. 18) correctly noted. However, to Lowth was accessible only the biblical poetry and he was not in a position to grasp the distribution of parallelism, nor to be aware of the fact that in this regard biblical poetry is only one facet of the ancient Near Eastern sphere of culture.

II. Broken up word-pairs whose meaning is restricted to the second component

Any coordinated pair of words (including the graded numerical phrase) may, as stated above, be broken up and separated between the members of a parallelism, and the right meaning of the words may be apprehended by restoring them to a continuous phrase. Now there are cases in biblical poetry when the use of a disjoined pair takes on a different meaning, viz, where the poet intends just one of the words, whereas the opposite word is employed merely for the sake of parallelism. It may be said that in such cases the meaning of the disjoined pair becomes contracted and confined only to one of the two words. Such a use of words is foreign to our modern taste even more so than the "regular" parallelism, for in these cases the poet employs a word—that is, the opposite word—without intending to have it affect the real significance of the verse. That word serves him as a mere ornamentation.

Sometimes, the intended word is only the second of the pair, in which case it "corrects", as it were, and displaces the preceding one, so that the first word is left without actual function, except for its ornamentational, automatic employment in the interest of poetic balance. Following are some examples of such a possibility.

In the opening of a wisdom parable we read: "I passed by the field of a sluggard, by the vineyard of a man without sense" (Prov. xxiv 30). The words field, *śadeh* and vineyard, *kerem* constitute a fixed pair in biblical Hebrew (see Ex. xxii 4, Num. xvi 14, xx 17, xxi 22, 1 Sam. viii 14 *et al.*) and from this pair related pairs are derived, such as: bread and wine; threshing-floor, *gōren* and wine-vat, *yeqeḇ*; corn, *dagan* and new wine, *tîrôš*; farmers, *'ikkarîm* and vineyard-keepers, *kôreʿmîm* (Isa. lxi 5, Joel i 11, *et al.*); crop-harvesting, *QṢR* and grape-harvesting, *BṢR* (Lev. xxv 5, 11; cf. Joel iv 13, Am. ix 13, *et al.*) and other similar variations. Like all the pairs, this one too may be broken up between the members of parallelism, whether it is a real parallelism (Isa. xxxii 12, Mic. i 6, Prov. xxxi 16, Job xxiv 6; cf. Isa. v 10: "ten acres of vineyard" // "a homer of seed") or an apparent one, created by prosaic symmetry (Lev. xix 9-10, Deut. xxiv 19-21, xxviii 38-39; cf. Jud. ix 27: "and they went out into the field and gathered the grapes from their vineyards and trod them"). Likewise it is broken up in the poetic verse under consideration

(Prov. xxiv 30)[1], except that in this case the wisdom poet presumes
a certain event upon which he bases his discourse, so we must ask—
where did the event supposedly happen, or what place did he pass
to see what he saw and draw the conclusion. For of necessity that
place can be either a field *or* a vineyard, but not both. The question
is substantiated even by the use of the singular in the continuation
of the parable, where the wise man describes the place he came upon:
"And lo, it was all overgrown with thorns, its ground was covered
with nettles, and its stone fence was broken down" (Prov. xxiv 31).
He does not say, "they were both overgrown . . .", "their grounds
were covered . . .", "their stone walls were broken down", but
rather he contemplates one definite place. Now it stands to reason
that what he has in mind is a vineyard, not a field. A stone fence is
typical of a vineyard (cf. Num. xxii 24, Isa. v 5, Ps. lxxx 13). Fields
were marked out by boundary stones, like the Mesopotamian
kudurru, which were easily displaced, so that the ancients saw it
necessary to warn about the maintenance of the field boundaries
(Deut. xix 14, xxvii 17, Prov. xxii 28, xxiii 10; cf. Amenemopet,
beginning of sect. 6). The stone fence was not meant so much to
mark out the boundary of a vineyard, as to guard its plants, for
without it the vineyard was liable to be "devoured" and "trampled
down" (Isa. v 6). It is likely that the prophet visualizes fairly the
same image of a vineyard covered with thorns and nettles when he
speaks of a vineyard that becomes "a waste" and in which "briers
and weeds" grow (ibid.). That is to say, the words of the wisdom
poet actually focus here on the vineyard, while the field, although
it preceeds vineyard in the word-pair and is considered as more
important, is mentioned here only for the sake of parallelism.

Many scholars have wondered about the mentioning of Zion in
the introductory verse of one of Amos' prophecies: "Woe to those
who are at ease in Zion, and to those who feel secure on the mountain

---

[1] Accordingly, we may add this pair, with the others related to it, to the list
of regular pairs in biblical language, to only a small part of which have been
found equivalents in the Ugaritic texts. The phrases of the hendiadys type constitute as well only part of this list (cf. E. Z. MELAMMED, "Break-up of Stereo-
type Phrases as an Artistic Device in Biblical Poetry", *Scripta Hierosolymitana*
VIII, 1961, pp. 115-153). The word-pair bread—wine, *leḥem* (*lḥm*)—*yayin* (*yn*)
appears in the separated form also in the Ugaritic texts (*UT* 51 IV 35-37; 52 71-72;
62 42-44; 67 I 24-25). Further on we will indicate a few more word-pairs that
scholars have not yet pointed out, and the list in general deserves greater ex-
pansion, by means of a comprehensive and precise examination of biblical
prosody.

of Samaria" (Amos vi 1). Some interpreters sought to remove the word from the verse, one suggested reading "in Tirza" in its place, while those who maintain the text assume that the prophet is addressing both kingdoms[1]. But the continuation of the prophecy is directed solely at the northern kingdom, as the expressions "house of Israel", "the ruin of Joseph", "the pride of Jacob", "from the entrance of Hamath to the Brook of the Arabah" decisively indicate (ibid. 1, 6, 8, 13-14). We could not avoid this inference even if we were to agree with those who claim (inaccurately enough in our opinion) that the literary unit does not continue to the end of chap. vi, but is limited to vi 1-7. Furthermore, in all of his other prophecies Amos directs his words only to the northern kingdom, and nowhere else does he appoint exile and destruction to the kingdom of Judah in the way that he does in this prophecy[2]. Therefore, we cannot but admit that not to the both kingdoms does the prophet refer in the introductory verse of this prophecy, but to Samaria alone, and he had come to mention Zion in the first member only in order to balance the poetic texture of his words and to maintain the parallelism. It appears that Zion-Samaria is a variant of the pair Samaria-Jerusalem, which latter is a permanent combination in biblical Hebrew (Mic. i 5; cf. Jer. xxiii 13-14, Ezek. xxiii 4, *et al.*). As a rule, Samaria should be mentioned first, because it was regarded greater and more important than Jerusalem (cf. Mic. i 1; in Ezek. xvi 46 and xxiii 4, Samaria is called the elder sister). In Amos' words the order is reversed, possibly for the purpose of ending with Samaria, to which alone the prophecy is directed.

---

[1] See W. R. HARPER, *Amos and Hosea* (ICC, 1905), pp. 141, 143, and the discussion there. Also most recently J. L. MAYS, *Amos*, London 1969, pp. 114-115; and H. W. WOLFF, *Dodekapropheton 2* (BK, 1969), pp. 314-315. E. SELLIN, in the first edition of *Das Zwölfprophetenbuch* (KAT, 1922), read *bā'îr* instead of *beṣiyyôn*. In the second and third edition (1929) he assumed that the text is directed to both kingdoms. R. GORDIS is also of this opinion ("The Composition and Structure of Amos", *HThR* XXXIII, 1940, pp. 241-242).

[2] The only section in the prophecies of Amos which speaks explicitly of the Kingdom of Judah is ii 4-5, which is suspected of being a Deuteronomistic addition. Even one who maintains that this section is basically authentic to Amos, as I too am inclined to say, will admit that it does not negate the rule. This is a strophe within a prophecy built on a stereotypic pattern and the prophecy as a whole (i 2—ii 6) is also directed against Israel, in that it culminates in Israel, all the preceding strophes being only a preparation to this ending. Several Judean traces are discernible in the consolatory verses that conclude the book (ix 11-15), but scholars, rightly enough, cast doubt on the authenticity of this section. At any rate, even here the subject is "the fortunes of my people Israel" (ix 14), i.e. of the northern kingdom alone (cf. Jer. xxx 3).

In Ps. lxxxi 4 we read: "Blow the trumpet at the new moon (*ḥōdeš*), at the *keseh* on our feast day (our *ḥag*)". As components of the parallelism are mentioned here *ḥōdeš* and *keseh* (*kese'*), and again we must ask which of them the poet actually has in mind. Here too some modern commentators sought to correct the text (for example, reading *baqqōdeš* for *baḥōdeš*). A suggestion has been also made that the period of fourteen days preceeding the festival is implied in this text[1]. The Talmudic sages for their part conceived of the word *keseh* as a synonym for the new moon, or more precisely—for New Year's Day (Bab. Tal. Rosh Hashana 8a, 34a, Lev. Rab. sect. xxix 6 and parallels). But the simple meaning of this word, as its equivalents in Syriac and Aramaic (and Canaanite) indicate, is the fifteenth day of the month, the day of the full moon (recurring in the Bible in Prov. vii 20). On the other hand, in biblical Hebrew the concept of *ḥag* applies only to a pilgrimage festival, that is, one of the three regular seasonal feasts[2]. The *ḥōdeš*, i.e. the new moon, is never considered a *ḥag*. So the question returns to the members of the parallelism, which mention two days of which only one can serve as the background for this psalm—the new moon *or* the full moon on which falls one of the *ḥaggîm*. Now the continuation of the psalm clearly indicates that the displays of joy of a certain pilgrimage festival serve as its background, for the psalmist refers to the slavery in Egypt and the Exodus (vss. 6-8) as well as to the revelation at Mount Sinai (vss. 9-11). Therefore, it seems probable that this psalm is related to the Passover and the Feast of unleavened bread—the Feast which, according to the system expounded in P, begins on the full moon of Nisan (while the Feast of Tabernacles begins on the full moon of Tishre)[3]. The combination *ḥdš* and *ks'* appears in a Phoenician inscription from Lapethos in Cyprus[4], and it is this combination that

---

[1] This is the opinion of A. WEISER, *Die Psalmen* (ATD, 1966), *ad loc*. Cf. also DELITZSCH's interpretation (below).

[2] For the significance of the verses that mention *ḥag* on the background of the Exodus (Ex. v 1, x 9, xxxii 5), see my observations in *Sefer Shemuel Yeivin*, Jerusalem 1970, pp. 181-184.

[3] Thus, this psalm has no connection with the Feast of Tabernacles. Franz DELITZSCH (*Biblical Commentary on the Psalms*, vol. II, 1901, pp. 391-395) suggested that this psalm is connected with the new moon of Nisan, when trumpets were blown to alert the people in preparation for the Passover and the Feast of unleavened bread.

[4] In the plural: [*bḥd*]*šm wbks'm*, that is, in new moons and in full moons (H. DONNER—W. RÖLLIG, *Kanaanäische und aramäische Inschriften*, text 43 l. 12). The reading is based on a restoration, but it is close to certain.

is broken up in the verse under discussion. The poet thus means to refer only to the Feast (*ḥag*) that begins on the full moon. The word *ḥōdeš* was needed by him only for poetic purposes—in order to fill out the verse and maintain the parallelism.

III. Broken up word-pairs whose meaning is restricted to the first component

Sometimes the first word of a broken up word-pair is precisely the one that is intended, whereas the second is mentioned automatically solely for the sake of the parallelism. We may say that in such cases the mechanics of the parallelism prevails, as it were, over the poet and he is pulled after the second word, without his thought being actually directed to it. Following are examples of this possibility.

1

The words father and mother (*'āḇ—'ēm*) constitute a regular pair in biblical Hebrew and may be broken up and separated between the members of parallelism (Prov. x 1, xv 20, xxx 11, 17). But in certain cases the breaking up of the pair is only formal, since only the father is actually kept in the poet's mind, while the mother is mentioned because of a mere automatic adherence to the verbal pattern.

Thus we read: "For I was a son to my father, tender and alone before my mother ..." (Prov. iv 3). Several commentators have wondered about the meaning of the first member of this verse, for to say that one was a son to his father sounds tautologous. Some suggested placing part or most of the second member before the word "to my father" (*le'āḇî*) and to omit the words *lipnēy 'immî*. But the simple meaning of this verse is in fact: For I was a tender and lone son before my father. The words "before my mother" have here only a formal, automatic function, since without them the poet would lack a counterpart for the word "to my father" and would be unable to break up the verse into members (unless he were to repeat the word *'āḇî*, which would be unaesthetic). Nor can it be said that in this case he intends the complete phrase "father and mother" as a hendiadys, for the text continues: "and *he* taught me, and *he* said to me, 'Let your heart hold fast *my* words; keep *my* commandments, and live' " (vs. 4). It is not said, "they taught me ... Let your heart hold fast our words" and so on. This implies that the poet is actually referring to one definite person, who is the father alone[1].

Likewise I believe that to comprehend the verse, "Hear, my son, your father's instructions, and reject not your mother's teaching" (Prov. i 8; similarly vi 20) in its literal meaning is to be fooled by appearances. The actual significance of this verse is to entreat the son to cleave to the teaching that his *father* is transmitting to him—whereas the mother, again, is mentioned only in order to fill a poetic "vacuum" and to round off the parallelism. For the speaker—even in this verse itself—is a single individual who addresses the reader in the second person as "my son" (not as "our son"), and he undoubtedly is the father, who addresses the son in such a manner throughout most of the didactic discourses that constitute the collection Prov. i-ix. No objection can be raised on the basis of the speech put in the mouth of King Lemuel's mother to her son (Prov. xxxi 1-9). The literary material there differs in content and form from the first collection and is close in character to the small compilations of speculative wisdom at the end of the book (Prov. xxx 1-14, 15-33). The words of Lemuel's mother are said by the mother alone, without the father's participation, whereas the didactic discourses in the first collection are said by the father alone, without the participation of the mother. Therefore, one should not be misled by taking these didactic discourses as "the teaching of the mother", *even though* this expression occurs in Prov. i 8, vi 20. In these verses two broken up pairs are joined: a pair in *status rectus* "father and mother" and a pair in *status constructus*, instruction, *mûsār* or commandment, *miṣwāh* and teaching, *tôrāh*. Thus, parallel construct pairs are joined: the instruction of your father, *mûsar 'abîka*—the teaching of your mother, *tôrat 'immeka* (i 8); the commandment of your father, *miṣwat 'abîka*—the teaching of your mother, *tôrat 'immeka* (vi 20). Their actual meaning is: hear, my son, the instruction and the teaching, or the commandment and the teaching, that I (your father) deliver to you. Here is the reason for the plural forms in the verses following these: "for they [i.e., my instruction and teaching] are a fair garland for your head etc." (i 9); "Bind them [i.e., my commandment and teaching] on your heart always etc." (vi 21). The father's talk is called by various epithets in this collection—*mûsār, miṣwāh, tôrāh,*

---

[1] For another comprehension see E. Z. MELAMMED, "Hendiadys in the Bible" (Hebrew), *Tarbiz* XVI, 1945, p. 185.

and also *'ᵃmārîm, leqaḥ, tôḵaḥat* and more—but the speaker here is always one and he is the father only.

Likewise I believe that the verse, "Hearken to your father who begot you, and do not despise your mother when she is old" (Prov. xxiii 22) must not be understood literally, just because the formal use of its words is liable to catch the reader's eye by optical deception. It goes without saying that the wisdom proverbs, like other parts of biblical literature, adjure honouring the mother as well as the father (Prov. xix 26, xx 20, xxix 15, xxx 11, 17 *et al.*), and this thought certainly has a place in this verse. However, beyond this the verse intends—in accordance with the paradoxical method of parallelism— to say to the son that he must hearken to his father who begot him and not despise *him* when he is old. The allusion to old age relates to the father no less than to the mother (who serves as a formal counterpoint in the second member), and this allusion is even more meaningful with regard to the father than with the mother.

For at first sight one might wonder just what this verse is trying to say in warning not to despise the mother, or both the mother and father, when (or because) they have grown old. The obligation to honour one's mother as well as one's father is absolute and has complete validity even before they grow old. Old age may only add to this validity, since old age in itself obligates an attitude of respect (Lev. xix 32, Prov. xx 29, xxxi 23 *et al.*). But then, the allusion to the father's old age (not just the mother's) is important for the comprehension of the literary framework of the didactic discourses that are characteristic of the first (i-ix) and third (xxii 17-xxiv 22) collections of the Book of Proverbs. These didactic discourses, in which the father tries to impart his life's wisdom to his son, are assumed to be delivered in the evening of the father's life, when his life's experience is full to the brim and he stands at the threshold of death. In such a framework are also given the words of Ecclesiastes (cf. Qoh. i 12), as are the didactic orations of Moses in Deuteronomy, which are taken to appertain just before his death. This very pattern is prevalent in the Egyptian wisdom books, whose substantial affinity to biblical wisdom literature is clearly known. A considerable part of the Egyptian compositions (Ptahhotep, Merikare, Ani, Amenemope and others) are likewise made in the form of didactic discourses of the father to his son, the father being depicted in them as an extremely old man who seeks to transmit to his son the secret of success in life and profession before he leaves the world. Now in the discourses of Proverbs there are not many allusions to their "chronological" literary setting, that is, to the assumption that they are given in the father's old age, though this assumption undoubtedly does underlie them. The above-mentioned verse, Prov. xxiii 22, contains one of the hints in this direction[1]. Its importance is in the very presentation of the *father* as an old man who, as we have said, is the only one who speaks to the son in these discourses.

2

Lest it be thought that this rule is peculiar to the word-pair father mother, let us bring in some additional examples.

In the Song of Deborah we read: "He asked water—she gave him milk, ḥalaḇ, she offered him curds, ḥemʾah in a lordly bowl, sēpel" (Jud. v 25). Since it appears that the poem intends to tell only about a drink that Jael offered to Sisera, some commentators tended to suggest that ḥemʾah is not the fat itself, but the sour milk that is left after the removal of the fat. Others claim that this is thick milk enriched with fat[2]. But both these assumptions do not agree with the fact that everywhere in the Bible ḥemʾah is considered something eaten (2 Sam. xvii 29, Isa. vii 15, 22) and is not a drink. At the same time, sēpel is elsewhere mentioned as a vessel destined to contain liquids (Jud. vi 38). Therefore, it is probable that the poem actually refers to the *milk* that Jael offered Sisera in a "lordly bowl", precisely as the prose story speaks only of the milk that Jael gave Sisera (Jud. v 18). Curds are mentioned in the poem only in order to balance the poetic parallelism, for ḥemʾah and ḥalaḇ constitute a fixed pair in biblical Hebrew (Gen. xviii 8, Deut. xxxii 14, Prov. xxx 33 *et al.*), as well as in the Ugaritic writings, where the pair appears in the separated form (*UT* 52 14).

In Lam. v 6 we read: "We have given the hand to Egypt, and to Assyria to get bread enough". One might wonder how did Assyria come to be mentioned here, for it had passed from the world some

---

[1] Another hint in this direction seems to be found in the sudden employment of the perfect in one of the discourses: "for I have given (*nātattî*) you a good doctrine" (Prov. iv 2); "I have taught you (*hôrêtîḵā*) in the way of wisdom, guided you (*hidraḵtîḵā*) in straight paths" (ibid. 11). Ancient and modern commentators, as well as translators, took these verbs to denote present tense. But such a usage does not occur again in these discourses, which are all directed to the future. Still another hint is the discussion about long life and the advice on how to achieve it (iii 2, 16, iv 10, vi 23, ix 11).

[2] See especially G. F. MOORE, *Judges* (ICC, 1895), pp. 162-163, who refers as evidence to the fact that Beduins are fond of sour milk. Similarly in dictionaries.

four decades before this text was composed. The reason lies, again, in the automatic mechanism of parallelism, where each word attracts a counterpart, even if the poet actually intends only one of the words. Egypt and Assyria also serve as a permanent pair in biblical Hebrew[1]. The author of Lam. v means to speak only about Egypt, to which Judah "gave the hand", i.e. turned to in an appeal for help, in order "to get bread enough" (*lisbô'a leḥem*)—an idiomatic expression indicating relief and security. Indeed, such an appeal was made several times in history, for in the last years of the Kingdom of Judah Egypt actually was wont to mix in the political cauldron of Western Asia and used to stir up the states in this area and support them against Assyria.

Such a situation apparently did exist also at the beginning of Jeremiah's prophetic activity, after the death of Ashurbanipal (625 B.C.), within the period of the reign of Josiah in Judah and Psammetichus I in Egypt. In one of Jeremiah's earliest prophecies, which belongs to that time, it is said: "And now why should you make off to Egypt, to drink the waters of the Shihor? And why make off to Assyria, to drink the waters of the River?" (Jer. ii 18). At the early years of Jeremiah's activity Assyria still existed as a political factor in Western Asia, but in this verse the prophet, in the same manner as the author of Lam. v, apparently refers only to the attempts to find help in Egypt, while the second member is employed by him as a poetic appendage, without actual significance. It is also possible that this Jeremianic prophecy has absorbed an earlier work, from the last days of the Kingdom of Israel, and the text is referring here to that kingdom's seeking support in Egypt (several signs show that the section Jer. ii 4-37 is primarily speaking of Northern Israel, so it is possible that here the prophet avails himself of ready-made material, without significant changes). At any rate, the restriction of the meaning of the above-mentioned verse to the first member alone is proved by the fact that in the continuation of the prophecy it is

---

[1] Concerning this pair cf. E. Z. MELAMMED, in *Studies in the Bible Presented to M. H. Segal* (Hebrew), Jerusalem 1964, pp. 194-195 (I prefer to regard such a combination merely as a fixed pair, not as a hendiadys, serving as an appellative for all peoples and lands, as MELAMMED apprehends). To the many verses in which this pair appears we may add Hos. viii 9, where WELLHAUSEN already amended *'eprayim* (Ephraim) to *miṣrayim* (Egypt), and Amos iii 9, in which LXX reads *be'aššûr* (in Assyria) instead of *be'ašdôd* (in Ashdod). I further have the impression that the words *meleḵ yārēḇ*, which appear twice in Hosea parallel to Assyria (Hos. v 13, x 6) also bear a certain relevance to Egypt, by way of descriptive application or (as seems more plausible) textual corruption.

clearly stated that Israel is about to find itself disappointed by
Egypt just as it was *already* disappointed by Assyria (ibid. 36-37).
Likewise, in the preceding verses it is stated that lions (an allusion
to Assyria) have roared against Israel and have destroyed him—and
that also the men of Noph and Tahpanhes will break his head (ibid.
15-16). Thus it appears that for the prophet the turning to Egypt is
here an event in the present while the reference to Assyria serves
as a parallel from the past and fulfills a mere poetic requirement[1].

At the same time, it is possible for the meaning of the self same
pair, Egypt and Assyria, to be transferred to the second member and
attached to Assyria alone, in accordance with the preceding rule
(sect. II). In one of Isaiah's prophecies we read: "In that day the
Lord will whistle for the fly which is at the sources of the streams
of Egypt, and for the bee which is in the land of Assyria. And they
will all come and settle in the steep ravines, and in the clefts of the
rocks etc." (Isa. vii 18-19). Now the prophet's expectation of an
Egyptian invasion of Israel is quite surprising. Elsewere (chaps.
xxx-xxxi) he warns against reliance upon Egypt, but nowhere else
does he mention the possibility of an invasion from there. Moreover,
in the preceding verse he explicitly says that God will bring the King
of Assyria against Judah (vii 17), and in the following verse he again
speaks only about the King of Assyria, comparing him to "a razor
hired on the banks of the River" (vii 20). Likewise all the promises
of punishment and doom in chaps. vi-x depict Assyria alone as the
source of the imminent danger. It is no wonder that several commentators were quick to remove the mention of the rivers of Egypt

---

[1] My student, Dr. Michael V. Fox, has called my attention to two other
instances in which the meaning of the verse is confined to the first word of the
pair. In Ps. cxxi 6 it is said: "The sun will not strike you by day, nor the moon by
night". Yet, the moon is not apt to strike anybody and such a thing never
occurred in reality. In fact, sun and moon constitute a regular word-pair, which
is found both in successive (Jer. viii 2, Joel ii 10, iv 15, Hab. iii 11, Ps. cxlviii 3)
and broken-up (Isa. xiii 10, lx 19, Ezek. xxxii 7, Joel iii 4, Ps. lxxii 5, lxxxix 37-38
et al.) forms. Of special interest is the case of Josh. x 12-13. The call of Joshua,
as quoted from the Book of Jashar, is as follows: "Sun, stand thou still at Gibeon/
and thou Moon in the valley of Aijalon". The beginning of the subsequent verse
is also brought from the Book of Jashar, and after the manner of epic repetition
it relates: "So the sun stood still/and the moon stayed/until the nation took
vengeance on its enemies". Following this quotation the biblical writer appends
a few explanatory remarks, where he states that "the *sun* stayed in the midst of
heaven, and made no haste to set for about a whole day", as never happened
before or since (vss. 13b-14). He does not refer to the moon, which, obviously
enough, had no rôle in those events, and is mentioned in the poetic passage only
for the sake of balance and because of automatic adherence to the verbal pattern.

from the verse in question, while some even sought to eliminate all the words after "for the fly" and "for the bee" as prosaic expansions[1]. But the natural explanation is simply to concede that the mention of Egypt was drawn here by the force of the parallelism, as a counter-weight to the mention of Assyria, which is the actual concern of this verse. Only that in this case the meaning is contained in the second member, not in the first.

I also believe that the frequent use of this same pair, Egypt and Assyria, in the words of Hosea (vii 11, ix 3, xi 5, 11, xii 2 *et al.*) requires careful examination in order to determine whether he is not actually referring to one of them alone and to define the exact historical presuppositions of his prophecies.

IV. GRADED NUMERICAL VERSES WHOSE MEANING IS RESTRICTED TO EITHER OF THE NUMBERS

Inasmuch as the graded numerical phrase in the Bible is actually just a particular form of the fixed word-pair, it follows that in the graded numerical verse as well, like in every verse which contains a broken up pair of words, manifestations of poetic automatism are likely to appear, i.e. that the writer's intention be restricted to just one of the two numbers, while the other number is brought in as a pendant of the first by the force of parallelism. Indeed, such is the case.

1

Sometimes the intended number is the first of the two, though the examples of this possibility are few, and not all of them certain, since occurrences in the Bible of graded numerical verses in general (excluding the verses followed by itemization, on which see below) are rather limited in scope.

To this group may possibly belong Job xxxiii 14: "For God speaks in one way, and in two, though man does not perceive it". Some say that the number intended here is two, and that the item-ization follows: the dream, mentioned in the following verse, and disease, described at length in vss. 19 ff. However, the discussion of disease is too distant from this verse, nor does it bear a sign of a

---

[1] See e.g. the commentaries of B. DUHM, K. MARTI, G. B. GRAY and J. SKINNER *ad loc.* Several of the medieval Jewish commentators (RASHI, DAVID KIMHI, Y. H. ALTSCHUL—the author of the *Mezûdôt*) sensed the difficulty and claimed that the armies of Egypt are supposed to accompany the King of Assyria. But this thought is far from being acceptable.

direct continuation of the listing. In addition, the very idea that God
speaks to man by means of afflictions, "on a bed of pain", seems to
contain a flavor somewhat foreign to the biblical way of thought.
Nor does the text of Ps. xxxviii 4 ("There is no soundness in my
flesh because of your indignation") help in confirming such an idea.
Others contend that the numbers here have the meaning of the
usual numerical phrase, i.e., God speaks a few times (but man *lo'*
yᵉšurennah, does not perceive him—the direct object being God [as
if spelled *yᵉšurennû*], or his image, or the divine appearance at the
time of God's speaking). But this interpretation too is unlikely, for,
as has already been noted, the text does not read *ahat . . . ûštayim*
but *bᵉ'ahat . . . ûbištayim*, with the prepositional *bet*[1]. Thus, it seems
that the poet's meaning here is limited to the first number only, and
all he wants to say is: *bᵉ'ahat*—not once, but in one way, in one
circumstance—God speaks. That way is specified in the following
verse, in which the prepositional *bet* repeatedly returns and the
subject is expressed in various words: "in a dream (*bahᵃlôm*) a vision
of the night, when there falls (*binᵉpôl*) deep sleep upon men, while
[they] slumber (*bitᵉnûmôt*) in bed—*then* (*'az*) he opens the ears of
men etc.". In truth, the dream is considered as the most appropriate
framework for divine revelation, for prophets and for all men, in
the Bible and in antiquity in general. Excepting it, there is no mention
in this passage of any way in which "God speaks".

It also appears that Ps. lxii 12 belongs to this group: "One thing
(*'ahat*) God has spoken; two things (*štayim*) which I have heard".
The rabbis derived from this, after their own method, that "keep",
šamôr and "remember", *zakôr* (Deut. v 12 and Ex. xx 8) as well as
several other pairs of commandments in the Pentateuch were uttered
by God simultaneously (Mechilta to Ex. xx 8, and parallels). Commentators, however, ancient and modern, are here again divided into
two groups. Some say that the meaning of the verse is attached to
the second number only, following which comes the itemization.
Others say that its meaning is that of an ordinary numerical phrase,
i.e. once or twice; that is, God spoke a few times and I heard. What
did God speak is believed to be specified in the following verses.

---

[1] The exponents of the first explanation are, among others, K. BUDDE, A.
KAHANA, S. R. DRIVER—G. B. GRAY, M. POPE, in their commentaries *ad loc.*,
and M. H. SEGAL (*Tarbiz*, XVIII, 1947, p. 143). J. LEY (mentioned by A. B.
DAVIDSON—H. C. O. LANCHESTER, in their commentary *ad loc.* and N. H. TUR-
SINAI advocate the second explanation.

Advocates of the first interpretation and some of the advocates of the second say that these are the two things: "that power belongs to God" (vs. 12), and that the Lord is a God of constancy who requites a man according to his deeds (vs. 13). The difficulty is that in contrast to vs. 12, vs. 13 takes the form of a prayer and is addressed to God ("And thine, O Lord, is mercy, for you requite etc."), and it can hardly be regarded as a continuation of a listing. Therefore, some scholars change the text in the first stich of this verse reading: "and that mercy is the Lord's" (*wᵉkî la'dônay ḥesed*) or "and mercy is the Lord's" (*wᵉla'dônay ḥesed*), whereas the rest of the verse is considered by them as a later addition. Some of the advocates of the second interpretation say that only one thing is mentioned here—"that power, *'ōz* belongs to God"—and this is what was supposedly spoken by God several times. But this interpretation too is doubtful, for the quality of power, *'ōz*, is mentioned frequently as one of the usual attributes of God (cf. Ps. xxi 2, 14, xxviii 8, lxviii 34-36, lxxiv 13, xciii 1, xcvi 6; also Isa. li 9 *et al.*); in one psalm it is even ascribed to God "out of the mouths of babes and infants" (Ps. viii 3). Therefore, it involves no innovation that could justify considering those words as the announcement of God[1].

Consequently, it is possible that in Ps. lxii 12 the numbers are to be explained neither by restoring them to a continuous phrase nor by restricting the meaning to the second number (certainly not by seeking an itemization further on), but rather by restricting the meaning to the first number. Thus, what the verse means to imply is: God has spoken once and I have heard—the word "twice" (*štayim*) being intended only to round off the parallelism. It stands to reason that the divine speech must be, in a context such as this, a unique event, decisive and effecting a reorientation. These qualities are indeed characteristic of divine speech wherever it is mentioned in the Psalms (Ps. ii 5, 7, l 1, 7, 16, lx 8 = cviii 8, lxxxv 9; cf. li 6, lxviii 23), and it appears to indicate a point of transition in the structure of each psalm as well as in its ceremonial setting. In Ps. lxii too the mention of God's speech indicates the transition from the

---

[1] A summary of the exegetical possibilities may be found in the Hebrew commentary of H. P. CHAJES (ed. A. KAHANA, Zhitomir 1903). For the suggestions of textual emendation see the commentaries of C. A. BRIGGS, H. SCHMIDT *et al.* Among the medieval Jewish commentators, the first interpretation was advocated by RASHI, the second by IBN EZRA, who is also of the opinion that there is no specification of two things here, but a mentioning of only one thing, namely, "that power belongs to God".

pessimistic wisdom-reproof (vss. 10-11) to the happy conclusion (vss. 12-13). Only that here the psalmist refrains from specifying the wording of that divine speech, and contents himself with the statement that he heard words that brought him to a turn-about.

Possibly a few other graded numerical verses that cannot definitely be proved to pertain to this category, do in actual fact belong here. Thus, for example, the text of Micah's prophecy: ". . . when the Assyrian comes into our land and treads in our castles, we will raise against him seven shepherds and eight princes of men" (Mic. v 4), may actually intend seven shepherds, as a typological number, and not just the "undefined number" of seven or eight (as suggested above, sect. I, 2). Again, it is possible that the precise typological number of seven is intended in those passages in the Ugaritic texts, where the numerical phrase seven-eight is broken up (*UT* 52 66-67; 67 V 8-9; 75 II 45-46; 1 Aqht 42-44; Krt 8-9; ʿnt V 19-20, 34-35). Likewise Job's words: "I have spoken once, and I will not answer; twice, but I will proceed no further" (Job xl 5), may be interpreted to mean: I have spoken once and I will not answer again—that is, without necessarily having recourse to the restored numerical phrase of "once or twice" (as suggested above, sect. I, 2). Such verses are probably indeterminable.

2

Sometimes the intended number in a graded numerical verse is the second one, while the preceding number is forced in by the parallelism. In all these cases there follows a full and clear itemization of the matters alluded to, always in accordance with the second number (x + 1). Therefore, in all these cases the poet undoubtedly intends the second number alone. Exactly the same may be said, then, about these cases as was said about every poetic verse in which a word-pair is broken up and whose meaning is restricted to the second component (above, sect. II), viz, that the second number "corrects", as it were, the first, and displaces it, so that the first is left without any real function, except for its formal, ornamentational, poetic role. Such cases are a fourth manifestation of the graded numerical pattern, after the numerical phrase (sect. I, 1), the numerical verse (sect. I, 2), and the verse whose meaning is restricted to the first number (sect. IV, 1)—all of which share, of course, the feature of numerical gradation.

Six cases of this type are found in the Bible: Prov. vi 16-19, xxx

15-17, 18-19, 21-23, 29-31, Job v 19-22[1]. To these may be added five occurrences in Ben Sira: xxiii 16-17, xxv 7-11, xxvi 5-6, 28, 1 25-26, as well as an apocryphal quotation from Ben Sira brought in Talmudic literature (Bab. Tal. Nidda 16b)[2]. In addition—one occurrence in the Ugaritic texts (*UT* 51 III 17-21) and one occurrence in Ahiqar (col. VI 92-93). In all, fourteen cases, only two of which are from non-Israelite literature and only one from outside the wisdom literature (Ugaritic texts). The decisive concentration of these cases in wisdom literature is possibly not without significance and may serve as an evidence for the tendency of the wisdom writers to impress mnemo-technic signs in the didactic material[3]. Yet, in the nature of things, neither this form of the pattern nor the graded numerical verse itself had any place except, as we said (sect. I, 2-3), in a poetic work which is dominated by the phenomenon of *parallelismus membrorum*.

V. The recurring verse in Amos' prophecy

As against the prevalent usages of the graded numerical pattern, there is found only one case of a graded numerical verse which is followed, not by a full itemization of the things implied in the given number, but by mention of only one of the things alluded to. This is the phrase recurring eight times in the prophecy of Amos: "For three transgressions ... and for four, I will not revoke it etc." (Amos i 3, 6, 9, 11, 13, ii 1, 4, 6). This can be considered, then, as an exceptional usage of the "proper" form of the pattern.

Various scholars have tried to blunt somewhat the irregularity of this usage by claiming that, at all events, four transgressions are

---

[1] Some scholars add Job xxxiii 14 ff. and Ps. lxii 12-13 to this group, but these verses actually belong to another category (above, sect. IV, 1). Neither schould a poetic saying of the type of Prov. xxx 24-28 ("Four things there are which are smallest on earth, yet they are wise beyond the wisest etc.") be counted here. It has indeed an itemization, but though the verse is numerical at its beginning, it is not graded.

[2] Several scholars were not aware of this quotation. It reads as follows: "Three things do I hate, and four I do not love—a prince who frequents [*śar hannirgāl*—Rashi interprets: *rāgíl*] the ale-house (others say, *śar hannirgān*, a prince who is a gossip), one who sets up a college in the high parts of a town, one who holds his member and urinates [i.e. in public], and one who enters his friend's house suddenly".

[3] Several scholars have already raised such a possibility. See M. H. Segal, *Tarbiz* I, 4, 1930, p. 16; and more recently: S. Terrien, "Amos and Wisdom", *Israel's Prophetic Heritage*, London 1962, pp. 109-110; H. W. Wolff, *Amos' geistige Heimat*, Neukirchen 1964, pp. 29-30; J. L. Mays, *Amos*, London 1969, p. 24. See also the references in W. M. W. Roth, *Numerical Sayings in the OT*, *SVT*, XIII, Leiden 1965, pp. 2-3, 19.

specified at least after the verse on Israel. According to the theory these are the four: (1) "because they sell the righteous for silver, and the destitute for a pair of shoes; (2) they that trample the head of the poor into the dust of the earth, and turn aside the way of the humble; (3) a man and his father go in to the same girl, to the profanation of my holy name; (4) they lie down beside every altar on garments taken in pledge, and in the house of their God they drink wine got by way of fines" (Amos ii 6-8). With regard to the other seven strophes of this prophecy, nobody can deny that the prophet omitted three transgressions and listed only the fourth, the most serious[1].

However, the argument that the verse about Israel proceeds to full itemization, is rather shaky. Everywhere that we find an itemization of matters alluded to in the numerical verse, it is introduced in a clear and simple manner. At times a key word is repeated, either throughout the listing [2] or at intervals[3]. At other times certain phrases may reappear in the itemization, giving it a schematic form and helping the reader to grasp the intended listing[4]. Sometimes short and clear-cut subjects are listed, so that the reader can note them immediately, without having to have recourse to verbal signs (e.g., Prov. vi 17-19, Job v 20-22). At any rate, the rule is that the subjects must be clearly specified and their listing self-explanatory, in such a way that the reader may sense the itemization without effort. But only with a certain amount of "good will" is it possible to reveal in Amos ii 6-8 a well considered itemization of subjects of a definite number.

Furthermore, the assertion that in Amos ii 6-8 there is found an itemization of four sins overlooks the fact that there is no real continuity between these verses. In all eight strophes of that prophecy

---

[1] M. H. SEGAL, *Tarbiz* XVIII, 1947, p. 144; *idem, Mebo³ Ha-miqra³*, Jerusalem 1946, Vol. I, p. 60. With regard to the itemization of four sins following the strophe on Israel, see also G. FARR, "The language of Amos", *VT* XVI, 1966, pp. 319-320. Concerning the omission of three sins and the mention of only the fourth, since it is the most important, see most recently MAYS, *op. cit.*, pp. 23-24.

[2] Such as the word *derek*, "way", which is repeated four times in Prov. xxx 19; or the word *zbḥ*, "sacrifice", which is repeated three times in the Ugaritic text 51 III 17-21.

[3] Such as Prov. xxx 22-23, where the word *taḥat*, "under" recurs twice in four items; and Ben Sira XXV 7-10, where the word *²ašrê*, "happy is" recurs four times in ten items.

[4] In Prov. xxx 15-16 the introductory verse says: "Three things are never satisfied (*lō² tiśba'nāh*), four never say 'Enough' ". Related expressions recur with the third and fourth items: "a land ever thirsty for (*lō śāḇ'āh*) water, and fire that never says 'Enough' ".

the sin of the people is mentioned in stereotypic form and with reference to the past. After the announcement concerning the three and four transgressions, the preposition ʿal occurs, joined to the infinitive with possessive suffix, while in certain cases one or more verbs in the perfect appear in the continuation of the verse; for example: "because they have threshed (ʿal dûšam) Gilead with threshing-sledges of iron" (i 3); "because they delivered up (ʿal hasgîram) a whole band of exiles to Edom and did not remember (weˡô zakrû) the covenant of brotherhood" (i 9); "because he pursued (ʿal rodpô) his brother with the sword, and cast off (weśihēt) all pity etc." (i 11). A sentence of the same structure recurs in the address to Israel: "because they sold (ʿal mikram) the righteous for silver, and the destitute for a pair of shoes" (ii 6). If the prophet's actual intention was to specify four sins after the address to Israel, it would have been natural to list them by repeating the word ʿal four times or less: "because (ʿal) . . . and because (weˡal) . . .". At least he would have put together a string of clauses containing continuity of speech and pointing to the past, such as: because they sold (ʿal mikram) the righteous for silver . . . and they trampled (wayyišˡapû) the head of the poor into the dust of the earth, and they turned aside (hittû) the way of the humble; a man and his father went in (halekû) to the same girl, and so on. But in vs. 7 the subject is not again explicitly mentioned, while the entire reproof refers to the present: "O you (or, O they) that trample (haššoˡapˡîm) the head of the poor into the dust of the earth, and turn aside (yattû) the way of the humble; a man and his father go in (yēlekû) to the same girl etc." This change carries the reader into a new context, whose connection with the preceding can only be indirect.

Again, from the present-oriented reproof the prophet moves to the mention of God's gracious acts and Israel's ingratitude in the distant past (ii 9-12), and only afterwards does he list the punishment (vss. 13-16), which differs considerably in content and literary expression from the stereotypic promise of destruction in the seven strophes of i 3—ii 5[1]. In general, the section ii 7-16 greatly resembles, in its

---

[1] The depiction of the punishment in ii 13-16 betrays the impression of the earthquake, and in this respect it is related to several passages in the second division of the Book of Amos, that is, ii 7—vi 14 (iii 14-15, iv 3, v 16-17, vi 9-11; also ix 1). With respect to these oracles the earthquake is a past event (cf. iv 11), and the prophet avails himself of the experience that accompanied it as one of the means of concretizing the eschatological horror of the future. As against this, the stereotypic promises of punishment in the seven strophes of i 2—ii 5 refer only

substance and formal characteristics, the following prophecies of reproof (which continue until vi 14), and is an integral part of that group, while the preceding prophecy has its own distinct pattern.

Thus, one who admits the continuity between the verses 6 and 7 in Amos ii must at least say [1] that even though in vs. 7 ff. various sins are mentioned, they contain no itemization of the preceding graded numerical verse, and that the sin that is connected with the numerical verse is solely the one mentioned in vs. 6: "because they sold the righteous for silver and the poor for a pair of shoes". But the above-mentioned considerations lead me to think that not only is there no itemization in ii 7-8, but that there is not even original continuity between these verses and the preceding one. It is possible that primarily the strophe on Israel too ended with the regular promise: "So I will send fire in . . . and it shall devour the palaces of . . .", and perhaps this was followed by another poetic verse (cf. Amos i 5, 8, 14-15, ii 2-3). But, then, the regular ending fell out of the context, and thus the strophe on Israel was cut short and the unit i 2—ii 6 was severed at its ending. To this unit the editors attached the group of prophecies ii 7—vi 14. In this way the last strophe of "the prophecy against the nations" (i 2—ii 6) was joined with the following admonitions and ran over into them. But originally these were separate compositions: "the prophecy against the nations", as clear signs indicate, was among the earliest literary products of Amos, from the time preceding the growth of the dominion of Jeroboam II to imperial proportions, while the group of admonitions ii 7—vi 14 reflects Jeroboam's reign in its latter years, at the apex of its power[2].

Be it as it may, nobody can deny that in at least seven out of eight strophes, most of the sins are left unmentioned. And everyone acknowledges that the one sin mentioned is understood to be the most serious among the four. The problem that marks the case of

---

to destruction at the hands of an enemy and to exile (except for the introductory verse, i 2, which is a separate matter). The reason is that the prophecy of i 2—ii 6 preceded the earthquake, as did the prophecy of visions (vii 1-9, viii 1-3), and in both of them there is yet no allusion to the impression it left.

[1] With M. D. U. CASSUTO (*Tarbiẓ* XIII, 1942, p. 203) and others.

[2] Compare my remarks in the articles: "The Rise and Decline of the Empire of Jeroboam ben Joash" *VT* XVII, 1967, pp. 272-278; "Observations on the Historical Background of Amos 1: 2—2: 6", *IEJ* XVIII, 1968, pp. 201-212 (therein I also point out that the unit i 2—ii 6 is not a real oracle against the nations, since in fact it culminates in addresses to Judah and Israel and therefore is actually directed toward them).

Amos is then: Why was the prophet content with mentioning only the most serious sin, skipping the other three?

VI. THE END OF THE ITEMIZATION IS ITS CLIMAX

A significant detail that may help to clarify the omissions in Amos' verses, is that even in those complete itemizations which follow graded numerical verses, the subject listed last is the most important, in fact a climax, whereas the preceding subjects serve as preparation for the last and are mentioned mainly for its sake. This feature may also elucidate the character of the sayings themselves and is called for even by the nature of things.

1

Let us observe the graded numerical saying in Prov. xxx 18-20, which reads as follows:

> Three things are too wonderful for me,
> four I do not understand:
> (a) the way of a vulture in the sky,
> (b) the way of a serpent on a rock,
> (c) the way of a ship out at sea,
> (d) and the way of a man with a maiden.

It appears that of all these phenomena, so wonderful in the poet's eyes that he finds it difficult to understand how they occur (or, according to a preferable interpretation—that do not leave traces after having taken place, so that the onlooker does not know that they occurred)— it is the last phenomenon that seizes his imagination most of all. This means that these verses actually constitute a proverb about "the way of a man with a maiden", and even though it begins with things far from the main topic, such as the ways of the vulture, the serpent and the ship, its real intention concerns only the phenomenon mentioned last. This assumption can be further substantiated by the fact that the verse following the proverb points back only to the last-listed item:

> *Thus is the way of an adulteress*:
> she eats and wipes her mouth,
> and says, "I have done no wickedness" (xxx 20).

This verse has no real relation to the phenomena listed in the proverb as a whole. It functions as a sort of explanation and exemplification for the fourth phenomenon alone. Note the word "thus" (*kēn*), which links vs. 20 to the one before it, emphasizing the comparison that the poet seeks to draw between the act of the adulteress and the case of a man with a maid. Nor may we exclude even the possibility that this verse (vs. 20) alone belongs to the poet (i.e., the compiler of the small treatise Prov. xxx 15-33), who took an existing proverb (vss. 18-19) and quoted it because of its ending, in order to append to it words of admonition and reproof with regard to the adulteress. As for the proverb itself, it appears that, as we said, it actually intends only to tell about the way of a man with a maid, whereas the items mentioned before this serve as a mere background and a means to heighten the description of the last subject[1].

Generally, it is neither necessary nor possible to measure by "objective" criteria the remarkable quality of a subject that serves as the climax for a graded numerical proverb. Sometimes the climactic subject is indeed outstanding in itself, or contains something that can attract the thought of wisdom writers and homilists (as in the case of Prov. xxx 19). But it is also possible for the final subject to contain no greater "objective" significance than the items mentioned before it—and yet, in the specific context of the proverb, it emerges as the main point. The *poet* is the one who means to draw attention precisely to it.

The climactic character of the last subject in the itemization and the associative connection between it and the verse affixed to the proverb, may perhaps serve as a key also for understanding both the saying itemized in Prov. xxx 16 that ends with mention of fire (". . . and fire that never says, 'Enough' "') and the connection of this subject with the following verse (ibid. 17: "The eye that mocks a father and scorns to obey a mother will be plucked out by the ravens of the valley etc.")[2]. These principles may also underlie both the

---

[1] Such an understanding of the structure of these verses possibly underlies the Massoretic accentuation: the *ʾetnaḥ* under *yām* in vs. 19 separates the first three subjects (the ways of the vulture, the serpent, and the ship on the high seas) from the fourth, the way of a man with a maiden, which thus stands by itself over against the first three subjects together. A similar division was made in the preceding saying, separating "Sheol, a barren womb, a land ever thirsty for water" from "and fire that never says, 'Enough' " (Prov. xxx 16; cf. also below). The latter item thus stands again by itself. But in other sayings in Prov. xxx 15-33 they were unable to indicate such a division, since the itemization stretches over at least two verses.

[2] There is possibly some association between the eye and the fire, for according to the ancient conception the eye is not merely a passive organ that receives impressions from the outside but is somehow regarded as a source of light in its own right. Therefore, one can say of the eyes that they "shine", i.e. give off light

graded saying in Prov. xxx 29-31 and its connection with the following verses (vss. 32-33), though in this case the text has become entirely obscured and its meaning cannot possibly be clearly recovered[1]. Likewise, the subject mentioned at the end of the graded saying in Prov. xxx 21-23 ("and a slave-girl when she succeeds her mistress") is apparently regarded as the most extreme and unhappy of all the subjects listed before it. Only that this saying has no verses affixed to it. Again, the seventh item mentioned in the graded saying of Prov. vi 16-19 ("and one who stirs up quarrels among brothers") is apparently considered as the most severe as against the items listed before it (this is the subject treated at length in the non-numerical saying that precedes this one, vss. 12-15).

This is certainly the case also in Job v 19-22. The six punishments from which Job is promised to be saved, which are listed here as a sort of introduction, are as follows: famine (*ra'ab*), war, "the scourge of the tongue" (i.e., slander or false accusation), *šōd* (in some manuscripts this is written *plene*, and TUR-SINAI renders it as *šēd*, demon; at any rate it must be distinguished from the *šōd* in the following verse), *šōd* (this is written *lene*, implying robbery, violence), and hunger (*kāpān* in Aramaic means hunger; in the distinct language of the Book of Job this word seems to imply a certain nuance, differentiating it from *ra'ab*). The seventh promise is: "and you shall not fear the beasts of the earth"[2]. However, in the following verse

(1 Sam. xiv 27, 29; cf. Ps. xiii 4, xxxviii 11; similarly in the Jewish old prayer *nišmat kol ḥay*: ". . . and were our eyes shining [*mᵉʾîrôt*] like the sun and the moon"), or become dark, applying the verb *heḥešîk* (Ps. lxix 24, Lam. v 17, Qoh. xii 3), or grow dim, *kāhāh* (Gen. xxvii 1, Deut. xxxiv 7, 1 Sam. iii 2 *et al.*), and they can be likened to "the eyelids of dawn" (Job xli 10) and to "flaming torches" (Dan. x 6). In Zech. iv 2, 10, the eyes of the Lord are compared to the fire of the lamps. It is also possible that the voracity of the eye, which is never satisfied with what it sees, joins Prov. xxx 17 to the preceding verses. With regard to this motif cf. Prov. xxvii 20, Qoh. i 8, iv 8, Syriac version of Ahiqar ii 66 *et al.*

[1] Thus, I tend to conceive of these verses (Prov. xxx 17, 20, 32-33) in a way opposite to that prevalent among most modern commentators—not as mechanical additions to the body of the collection, inserted in their places at random, but as organic "extensions" of the preceding verses, being integral parts of the collection. Cf., for example, the notes of C. H. TOY, A. KAHANA and B. GEMSER, in their commentaries *ad loc.*; also D. BUZY, "Les machals numériques etc.", *RB* XLII, 1933, pp. 11-12; O. EISSFELDT, *Einleitung in das AT*[3], Tübingen 1964, p. 644; G. SAUER, *Die Sprüche Agurs*, pp. 106-107, 111-112.

[2] The listing I find in this itemization differs, then, from the one suggested e.g. by S. R. DRIVER—G. B. GRAY, N. H. TUR-SINAI and F. HORST, in their commentaries *ad loc.*; as well as by M. H. SEGAL (*Tarbiz* XVIII 1947, p. 143). SAUER (*Die Sprüche Agurs*, pp. 90-91) is of the opinion that this itemization does not contain an intentional listing of seven punishments.

(ibid. 23) the poet adds words that have an obvious connection and continuity with the subject of beasts of the earth only: "For you shall be in league with the stones of the field [where the beasts dwell], and the beasts of the field shall be at peace with you [so that you need have no fear of them]". Possibly even in the following verse the association of wild beasts still predominates in the text, and only troubles caused by those beasts are meant: "You shall know that your tent is safe (in a state of *šalôm*), and you shall inspect your abode (your *nāweh*) and miss nothing" (ibid. 24). For not only is the poet bound up here with the image of dwelling in a tent and a *nāweh*, that is, in the open, but the word *šalôm*, which resoundingly reflects the verb *hošlemāh* in vs. 23, may also imply that he conceives of *šalôm* in this context as the state of being at peace with the wild beasts. Furthermore, when he goes on to say in vs. 25: "You shall know also that your descendants shall be many, and your offspring as the grass of the earth", impressions of the imagery of the field still persist in his words. Thus, throughout the itemization in v 19-22, the poet is drawn toward the subject about which he speaks at the end (the beasts of the earth), and it is this that becomes, for him, the main point of this passage.

2

This feature, that the subject mentioned last is the climax of the itemization, is clearly evident in the poetry of Ben Sira. In xxiii 16-17 which opens with a graded numerical verse, Ben Sira lists three types of sinners, and there is no doubt that the third, the adulterer, is depicted in this context as committing a more serious sin than the two preceding—the lustful man ("hot desire burning like fire") and "a fornicator with the body of his flesh"[1]. For the poet continues with a reproach against "the man who goes astray from his bed" (ἀπὸ τῆς κλίνης αὐτοῦ)[2], who does his deed in secret and forgets that the eyes of the Lord see everything (vss. 18-21), and then he condemns the adulteress who betrays her husband, and warns about her end (vss. 22-26).

After a graded numerical verse that opens the section xxv 7-11, Ben Sira goes on to itemize ten types of blessed men. When he reaches the tenth he mentions him with an emphatic turn of expres-

---

[1] Or „a man who fornicates with his relative", i.e. one guilty of incest.
[2] M. H. Segal (*Sefer Ben-Sira Ha-shalem*, Jerusalem 1953, pp. 141, 143) renders ". . . on his bed", amending the supposed original *mēʿal* to *ʿal*.

sion: "*But* he is not above him that fears the Lord" (ibid. 10b). After this he adds a special verse in praise of the fear of the Lord (ibid. 11). The surpassing virtue of this quality is taken for granted in the wisdom literature (cf. Prov. i 7, ix 10, Ps. cxi 10, Job xxviii 28, Ben Sira xl 26 *et al.*), and again, there should be no doubt that the final item in the list is climactic in character.

In similar fashion, in the passage xxvi 5-6, the "pain of heart and sorrow" caused by "a jealous wife" is apparently more severe in Ben Sira's eyes than the preceding items, for in the following verses, until the end of the passage, he deals only with the misdeeds of evil women (ibid. 7-12, 19-21) and with the contrast between them and good women (ibid. 13-18, 22-27). Likewise, the case of the righteous man who has become wicked is apparently more serious in Ben Sira's eyes than the two cases mentioned previously in the saying brought in xxvi 28: the rich man[1] who has become poor and men of understanding who suffer contempt. Even though there is here no proof from the following verses, this observation is suggested by the emphasis placed on the severe punishment of the third-mentioned man, namely, that "the Lord will prepare him for the sword".

Likewise, of the three nations that are contemptible in Ben Sira's eyes (l 25-26), mentioned in the saying that follows the poem in praise of the High Priest Simeon ben Yohanan, the third-mentioned nation—"the ignoble nation (*gôy nabal*) that dwells in Shechem"—i.e the Samaritans, is undoubtedly worse in his opinion than the two mentioned previously: "the inhabitants of Seir" (with Heb. MS B, Latin), i.e. the Edomites, and "Philistia", i.e. the inhabitants of the Hellenistic coastal cities. It is likely that the concrete historical circumstances are reflected in Ben Sira's attitude, and possibly it is even correct to see here an allusion to the Samaritans' enmity toward the priesthood of the Simeonides[2].

---

[1] The Greek reads ἀνὴρ πολεμιστής, apparently reflecting the Hebrew *'íš ḥayil*, which in this context is best understood to mean "rich man".

[2] See N. PETERS, *Hebräische Text des Buches Ecclesiasticus*, Freiburg 1902, p. 298 (and in his commentary on Ben Sira, EHAT, Münster 1913, p. 434). PETERS was right in pointing out that these verses are mainly directed against the Samaritans, while the Edomites and Philistines (in his opinion, the Philistines of former times) are mentioned for balance only. Furthermore, only the conditions of that time can furnish an explanation to Ben Sira's abrupt transition from the poem praising the priest Simeon ben Yohanan to the proverb condemning the Samaritans. R. SMEND (*Die Weisheit des Jesus Sirach*, Berlin 1906, p. 491) and SEGAL (*Sefer Ben-Sira Ha-shalem*, p. 349), on the other hand, claimed that the saying is not in place here and was possibly added at a later stage.

This rule is probably valid also for the cases outside the Bible, even though they are not clear in all their details[1].

VII. THE REASON FOR THE OMISSIONS IN AMOS' PROPHECY

Consequently, we have come to the conclusion that there is a difference between the three sins, which are not specified in Amos' prophecy (i 3—ii 6), and the fourth, which is referred to. The difference is that of gradation and emphasis, so much so that if all the sins were even fully listed it is still possible that the first three would be considered as a mere preparation for the fourth. Therefore, we should not be surprised to find the prophet skipping over three sins, and contenting himself with a reference only to the fourth, which is the main one.

Now in spite of the fact that these verses of Amos involve a distinction between the three sins, which were omitted, and the fourth, which is specified, this does not imply that the verses are built on antithetical parallelism and that their meaning is: for three sins I have forgiven, *but* for the fourth (taking the *waw* as *waw adversativus*) I will not hold back the punishment[2]. The actual meaning of these verses is exactly the opposite: for three sins I have *not* forgiven, and for four (that is, for the three sins together with the fourth, which is expressly mentioned) I will not hold back the punishment. This is so because the parallelism in these verses is synonymous, in accordance with the rule governing all verses in which a graded numerical phrase is broken up. And as we have already stated, the broken-up numerical phrases express "identical", not antithetical concepts[3]. Therefore, it is quite correct to reject the above-mentioned interpretation, which finds in these verses an antithetical parallelism, but the reason is not that the prophet "does not

---

[1] These two examples (i. e. *VT* 51 III 17-21; Ahiqar VI 92-93) are dealt with in my article in *Tarbiz* XXXIX, 1970, pp. 134-135.

[2] This interpretation was first set forth by the Talmudic sages (Bab. Tal. Yoma 86b: "Rabbi Yosi son of Judah says, if a man commits a sin, the first time he is forgiven, the second time he is forgiven, the third time he is forgiven, but the fourth time he is not forgiven, as it is said, 'Thus says the Lord, for three sins of Israel' etc."). They were followed by the medieval Jewish commentators (RASHI, IBN EZRA, DAVID KIMḤI, ELIEZER OF BEAUGENCY *et al.*).

[3] This is, however, not the case in poetic hyperbole, which is marked by the lack of breaking-up of a numerical phrase and in which antithetical parallelism is indeed possible. A clear example of this is the verse, "For Cain may be avenged seven times, and Lamech seventy-seven" (Gen. iv 24), meaning: Cain may be avenged seven times, *but* Lamech seventy-seven. Cf. also above, sect. I, 2. Concerning the verse of Lamech, cf. SAUER, *Die Sprüche Agurs*, pp. 57-58.

distinguish between the three sins and the fourth"[1]. On the contrary, he does draw such a distinction, in that he regards the fourth sin as more severe than the first three—but, then, a distinction between concepts can be possibly made even within the framework of synonymous parallelism. In this way the prophet can skip over the three sins and refer only to the fourth.

---

[1] This is the inference made by SEGAL (*Tarbiz* XVIII, 1947, p. 143).

MANTISCHE WEISHEIT UND APOKALYPTIK

VON

HANS-PETER MÜLLER
Münster (Westf.)

Bekanntlich hat G. von Rad in Band II seiner *Theologie des Alten Testaments* den Gegensatz von Prophetie und Apokalyptik betont und dafür einen Zusammenhang zwischen Weisheit und Apokalyptik nachzuweisen versucht, nicht ohne zugleich die eigentümliche Nähe der Apokalyptik zum späteren Gnostizismus anzudeuten; für ihn „rundet sich ... in der Apokalyptik durch die Einbeziehung der Universalgeschichte und des eschatologischen Aspekts das enzyklopädische Bemühen der Weisheit zu einer geradezu hybrid anmutenden universalen Gnosis"[1]. — Den Gegensatz von Prophetie und Apokalyptik findet Von Rad u.a. in der Unvereinbarkeit des Geschichtsverständnisses beider angelegt. Die als einheitlich angesehene Weltgeschichte ist für den Apokalyptiker von Anfang an determiniert. Da die Heilstraditionen Israels kein Geschichtsbild mehr zu begründen vermögen, „ist Gott mit den Weltreichen allein"; „hier ist also das gesamte Heilsgeschehen eschatologisch-zukünftig". Der Entleerung der Gegenwart entspricht es, daß der apokalyptische Seher seinen geschichtlichen Ort mittels eines Pseudonyms verschleiert. Der Trost der Apokalyptik besteht lediglich darin, daß die Geschichte „ganz der Verfügung Gottes untersteht"; die Determination allen Geschehens läßt zwar nichts Neues und Unerwartetes erhoffen oder befürchten — dafür aber läßt sich in allen Abläufen eine göttliche Ordnung erkennen[2]. — Den Zusammenhang von Weisheit und Apokalyptik dagegen sieht Von Rad zunächst dadurch angezeigt, daß apokalyptische Sehergestalten wie Daniel, Henoch und Esra als „Weise" bzw. „Schreiber" eingeführt werden; solcher Bezeichnung ihrer Helden entspricht das traditionsgeschichtliche Anknüpfen der Apokalyptik an die Ahnherren der Weisheit, wie sich denn auch Dan xii 3 „etwas wie eine Apotheose der Weisheitslehrer" findet. Als „Wissenschaftler im strengen Sinn des Wortes" sind die Apoka-

[1] *Die Theologie der prophetischen Überlieferungen Israels*, 1965[4], S. 318.
[2] *Op. cit.*, S. 320 f.

lyptiker „mit astronomischen und kosmologischen Problemen wie mit der Frage nach den Ordnungen der Geschichte" beschäftigt; ihr Erkenntnispathos bewegt sich einerseits „auf dem weiten Feld der Universalgeschichte", andrerseits in dem „Bereich, den wir Natur nennen" [1].

Die Thesen VON RADS haben ihre Kritiker gefunden. Ph. VIELHAUER weist auf die Tatsache hin, „daß dem Vorhandensein weisheitlicher Motive in den Apokalypsen kein Vorhandensein von Eschatologie und Naherwartung in der Weisheitsliteratur entspricht". Weisheitliche Elemente sind nach VIELHAUER innerhalb der Apokalyptik „nicht als Basis, sondern als Einschlag zu werten". „Jene eschatologisch bewegten und erregten Kreise . . ., die von der Theokratie immer mehr in ein Konventikeldasein gedrängt wurden", haben „durch eschatologische Naherwartung, dualistische Vorstellungen und Esoterik eine gewisse Verwandtschaft mit der Gemeinde von Qumran, durch Bildung, Wissensstoff und Formen eine gewisse Verwandtschaft mit den Kreisen der 'Weisheit' " besessen [2]. — Grundsätzlicher betont W. ZIMMERLI, „wie tief geschieden die vom nahen Anbruch der Zeit bewegte Apokalyptik von der im Wissen um eine gefügte Maat-Welt der Ordnung lebende Weisheit ist" [3]. — P. VON DER OSTEN-SACKEN schließlich fordert, daß man für die Bestimmung der Herkunft der Apokalyptik — die von der Frage „nach ihren Charakteristika, wie sie sich im breiten Strom der Quellen insgesamt zeigen", wohl zu unterscheiden ist — allein vom

---

[1] *Op. cit.*, S. 316 f. Eine solche Relationierung von Weisheit und Apokalyptik ist nicht eigentlich neu. J. M. SCHMIDT (*Die jüdische Apokalyptik. Die Geschichte ihrer Erforschung von den Anfängen bis zu den Textfunden von Qumran*, 1969, S. 13 f., 20 f.) weist bereits auf H. EWALD und L. NOACK (*Der Ursprung des Christentums*, 1857) hin. „Wie das streben zu tieferer und umfassender weltwissenschaft sich mit dem prophetischen schriftthume dieser tage zu verquicken suchte, sahen wir", so urteilt EWALD, „am B. Henókh" (*Geschichte des Volkes Israel* IV, 1864³, S. 638). K. KOCH (*Ratlos vor der Apokalyptik*, 1970, S. 43) macht darüber hinaus auf G. HÖLSCHER, „Die Entstehung des Buches Daniel", *ThStKr* 92, 1919, S. 113 ff., aufmerksam. Für ihn bietet die Apokalypsenliteratur „Schulgelehrsamkeit, die bald biblische Stoffe mit gelehrter Exegese weiterspinnt, bald andere Stoffe der Legendenüberlieferung übernimmt, heimische und fremde Märchen- und Sagenstoffe" (S. 135). Danach kommt HÖLSCHER zu der bedenkenswerten Spezifikation: „Wissenschaft ist Überlieferung. So führt sich auch diese Wissenschaft auf Weise entlegener Vorzeit und zuletzt auf göttliche Offenbarung zurück" (137). Von der Bildungsweisheit und der Gelehrsamkeit der Rabbinen unterscheidet sich die Apokalyptik „durch ihren mystisch-okkulten Charakter" (138).

[2] In: E. HENNECKE-W. SCHNEEMELCHER, *Neutestamentliche Apokryphen* II, 1964³, S. 420.

[3] *Der Mensch und seine Hoffnung im Alten Testament*, 1968, S. 151.

Buch Daniel als der ältesten erhaltenen Apokalypse auszugehen habe;
spätere apokalyptische Quellen enthalten „möglicherweise Material . . ., das . . . erst in einem späteren Stadium in die apokalyptischen
Entwürfe aufgenommen worden ist". Umgekehrt würde ein Blick
auf die jüngeren Zeugnisse der Prophetie die Kontinuität von
Prophetie und Apokalyptik aufweisen, die VON RAD vermißt [1]. Für
die Ausbildung derjenigen Motive, die vom Kerygma eines Deuterojesaja zur Verkündigung des Danielbuches hinüberweisen, macht
VON DER OSTEN-SACKEN unter Hinweis auf Jes xliv 25; xlvii 13 ff.
und Dan ii unter anderem die Auseinandersetzung mit chaldäischen
Weisen und Sterndeutern in der babylonischen Diaspora verantwortlich. „So wird man als Träger der Apokalyptik, wie sie in Dan ii
vorliegt, durchaus der Weisheit verhaftete Kreise ansehen können.
Dieses Urteil ist jedoch nur richtig, wenn zugleich damit nicht auch
die Entstehung der Apokalyptik auf genuin weisheitliche Gruppen
zurückgeführt wird" [2]. Nach längerer Untersuchung kommt der
Verfasser dann zu der launigen, aber über VIELHAUER nicht wesentlich hinausweisenden Formulierung, die Apokalyptik sei „ein legi-
times, wenn auch spätes und eigenartiges Kind der Prophetie, das
sich, obschon bereits in jungen Jahren nicht ohne Gelehrsamkeit,
erst mit zunehmendem Alter der Weisheit geöffnet hat" [3].

Diese Kritik scheint mir nicht hinreichend zu berücksichtigen,
daß VON RAD seine anfangs etwas pauschale Relationierung von
Weisheit und Apokalyptik nach einer eingehenden traditions-
geschichtlichen Erörterung selbst beschränkt. Zunächst macht er, was
die Vorhersage von Zukünftigem in der Apokalyptik anbetrifft, auf
die Kunst der Traumdeutung aufmerksam, „die . . . im ganzen
Orient seit alters ein Vorrecht der Weisen war" [4]. Die „Weisheit" der
Traumdeutung aber ist von der höfischen oder (später) demokrati-
schen Bildungsweisheit zu unterscheiden. Zuletzt urteilt VON RAD
denn auch, daß sich „bei all ihrer Stoffülle die Weisheit" in der Apokalyptik „doch nicht in extenso fortsetzt"; vielmehr haben in ihr
„nur einige ihrer Sektoren, also vor allem die alte Traumdeutungs-

---

[1] *Die Apokalyptik in ihrem Verhältnis zu Prophetie und Weisheit*, ThExh 157,
1969, S. 10-12. Auch ZIMMERLI (*op. cit.*, S. 152 ff.) weist auf drei Komplexe
innerhalb des späteren prophetischen Schrifttums hin, „in denen sich das Herauf-
kommen der Apokalyptik immer voller ankündigt", nämlich Hes xxxviii f., das
Buch Joel und die Jesajaapokalypse.
[2] *Op. cit.*, S. 29-31.
[3] *Op. cit.*, S. 63.
[4] *Op. cit.*, S. 322.

wissenschaft und die Wissenschaft von den Orakeln und den 'Zeichen'" ihre Nachfolgephänomene gefunden [1]. In seiner neuen Arbeit über die *Weisheit in Israel* verweist VON RAD noch einmal auf die Gestalt des Joseph als „den bevollmächtigten Trauminterpreten und Deuter von kommenden Ereignissen"; „erst in der Apokalyptik ist dann die im Grunde wahrscheinlich alte Funktion dieses Standes literarisch zum Tragen gekommen, und die Stoffe haben sich als Lehrstoff durchgesetzt" [2].

Entsprechend möchte ich die These formulieren: Weder die Weisheit in ihrer höfisch-pädagogischen Hochform, wie wir sie aus der israelitischen Königszeit kennen, noch deren demokratischere Sukzessoren in nachexilischer Zeit, sondern die archaische Gestalt einer mantischen Weisheit hat sich in der Apokalyptik fortgesetzt. Die Argumentation VON RADS leidet weitgehend darunter, daß er die Differenz der Bildungsweisheit gegenüber ihrem weniger rationalen Nachbarphänomen nicht klar genug herausgestellt hat.

I

Daß man in Israel von solcher mantischen Weisheit wußte, zeigen zunächst gewisse auffällige Verwendungsweisen des Nomens *ḥakam* [3]: es begegnet gelegentlich im Kontext der Amtsbezeichnung von Mantikern, die die Verfasser aus Israels heidnischer Umgebung kennen.

Nach Gen xli 8, einem elohistischen Stück aus der Josephserzählung, werden neben *kål-ḥᵃkamåha* „allen seinen Weisen" auch *kål-ḥărṭummê miṣrăjim* „alle Magier (Vorlesepriester) Ägyptens" [4] her-

[1] *Op. cit.*, S. 330.

[2] 1970. S. 359.

[3] Die Transkription sucht MT wiederzugeben und nimmt auf die hebräische Lautgeschichte keine Rücksicht. Also: ָ *a*, Qamäṣ ḥaṭûp *å*, ֲ *ă*, ָיו *âw*, ֶי *ä*, ָה *ā*; Ḥaṭep-Laute, Šᵉwaʾ mobile und Păṭăḥ furtivum werden hochgestellt; quieszierendes א wird notiert.

[4] *ḥarṭom** ist von demotisch *ḥr-tb* (= ägyptisch *ḥry-tp*) abzuleiten, worin sich das zweite Element von ägyptisch *ẖry-ḥb ḥry-tp* „oberster Vorlesepriester (wörtlich: Ritualbuchträger)" verselbständigt hat. Insofern das Ritual magischen Zwecken dient, ist der Vorlesepriester Magier, zunächst nicht Traumdeuter, welche Funktion ihm Gen xli aus dem Zusammenhang zuwächst. Der Erzähler kannte die ägyptische Hierarchie nur vom Hörensagen und unterschied vielleicht überhaupt nicht zwischen Magiern und Mantikern (siehe unten). Vgl. J. VERGOTE, *Joseph en Egypte*, 1959, S. 66 ff. Das Wort ist in der Form ᴸᵁ*ḫar-ṭi-bi* auch im Neuassyrischen belegt (*CAD* 6, S. 116). Die Form des Lehnwortes im Hebräischen kann als Angleichung des fremdartig klingenden Ausdrucks an einen relativ geläufigen westsemitischen Begriff erklärt werden, der mittelhebräisch als *ḥărṭom* bzw. *ḥôṭam* „Schnabel, Maul eines Tieres" belegt ist und Parallelen im

beigerufen, um Pharaos Träume zu deuten und also die Funktion von Mantikern zu versehen. — Der exilische Spruch über die Chaldäer Jer 1 35 ff. nennt unter anderen Honoratioren Babels (*śarâha*, *gibbôrâha*) nebeneinander *ḥᵃkamâha* „ihre Weisen" und *ḥăbbăddîm*, wofür vermutlich entsprechend den Parallelwendungen *băddâha* zu lesen ist [1]. Dabei sind die *băddîm* höchstwahrscheinlich „Orakelpriester" [2]. Das geht vor allem aus Jes xlv 25 hervor, wo die *băddîm* es mit „Zeichen" (*'otôt* [3]) zu tun haben und sie parallel zu den *qosᵉmîm* erscheinen, die wir uns nach den biblischen Belegen und nach den Sprachparallelen ebenfalls als heidnische Orakelpriester zu denken haben [4]; entsprechend hat die Vulgata für *hărăb 'ăl-băddâha* Jer 1 36 gladius ad divinos eius [5]. So erscheinen nach Jer 1 35 f. auch babylonische „Weise" im Kontext von Mantikern. — Die eben zitierte Aretalogie Deuterojesajas (Jes xlv 25) preist den Gott Israels, weil er seinen Propheten gegenüber den Zukunftskündern der babylonischen Weltmacht eine eindeutige Überlegenheit verschafft; als babylonische Zukunftskünder begegnen in Vers 25a die

---

Aramäischen und Arabischen hat (vgl. *KBL* und *HAL* ad vocem); aus *b* als Schlußkonsonanten ist dabei durch Nasalierung *m* geworden.

[1] So zuletzt W. RUDOLPH in: *Liber Jeremiae*, BHS 1970, S. 107, mit Verweis auf Versionen.

[2] Hebräisch *băd* ist nicht direkt von akkadisch *baddum* her zu erklären (*ARM* II 30,9' [1']), das nach A. FINET (*ARM* XV, 1954, S. 192) unspezifischer „une sorte de fonctionnaire", nach *CAD* 2, S. 27, „a military rank" bezeichnet. Etymologisch mag *bad* von der Wurzel *BDD* mit der Grundbedeutung „zerstreuen, trennen" abzuleiten sein; das Verb ist mittelhebräisch („auseinandertrennen"; J. LEVY, *WTM* 1, 1963, S. 192) und arabisch belegt („trennen, auseinandertun" A. WAHRMUND, *Handwörterbuch der neuarabischen Sprache*, 1898³, S. 183) und begegnet akkadisch im D-Stamm („vergeuden, verschleudern"; W. VON SODEN, *AHw*, 1965, S. 95). Objekt des Zerstreuens bzw. Trennens können in diesem Zusammenhang Orakellose oder -pfeile gewesen sein. — Das *'epod băd* ist nach H. J. ELHORST („Das Ephod", *ZAW* 30, 1910, S. 259 ff., bes. 266 ff.) ursprünglich die Kulttracht des Orakelpriesters; erst später sei *băd* als Bezeichnung für deren linnenes Material mißverstanden worden. — Das im Targum zu Jes xliv 25 verwendete *biddîn* bedeutet nach J. LEVY (ChW, 1, 1959, S. 81) den „Totenbeschwörer", vielleicht die Spezifizierung des Begriffs auf eine bestimmte mantische Tätigkeit.

[3] Nach C. A. KELLER (*Das Wort Oth als Offenbarungszeichen Gottes*, 1946) ist das Wort ursprünglich in der Orakelsprache beheimatet; vgl. aber auch G. QUELL, in: *Verbannung und Heimkehr. W. Rudolph zum 70. Geburtstag*, 1961, S. 293.

[4] Zu biblisch und arabisch *QSM* vgl. immer noch J. WELLHAUSEN, *Reste arabischen Heidentums*, 1961³, S. 133, bes. Anm. 5. Zu den übrigen Sprachparallelen vgl. *KBL* ad vocem, wozu noch ein altsüdarabischer Beleg bei W. W. MÜLLER, *ZAW* 75, 1963, S. 314, kommt.

[5] Für *'otôt băddîm* Jes xliv 25 hat Vulgata dementsprechend signa divinorum, LXX: σημεῖα ἐγγαστριμύθων; *băddăw* Jes xvi 6 wird von LXX mit ἡ μαντεία σου (!) wiedergegeben.

eben erwähnten *băddîm* und *qos^emîm*, die in 25b unter dem Sammel-
begriff *ḥ^akamîm* rangieren. — In seiner Abrechnung mit der *ḥăkmā*
bzw. *dăʿăt* Babels Jes xlvii 10aβ ff. nennt der Prophet in Vers 13 drei
Gruppen, die wir wohl am besten als Astrologen verstehen; es sind:
hob^erê šamăjim [1] „die den Himmel anbeten" [2], *hăḥozîm băkkôkabîm*
„die die Sterne beobachten" und *môdîʿim lăḥ^adašim meʾ^ašăr jaboʾû*
ʿalajik „die die (jeweiligen) Monate [3] mitteilen, in denen [4] (es) über
dich kommt". Sie alle sind für Deuterojesaja trügerische *ʿaṣot* [5]
„Ratgeber" (abstractum pro concreto), also offenbar Hoffunktio-
näre. — Die Spottrede gegen die Stützen der ägyptischen Gesellschaft Jes xix 11-13 mutet den „weisesten Räten Pharaos" (*ḥăkmê*
joʿṣ^aê părʿō) bzw. den Weisen Ägyptens (*ḥ^akamăka*) höhnisch zu,
mitzuteilen, was Jahwe Zebaoth über Ägypten beschlossen habe —
eine Spitze, die nur Sinn hat, wenn die Verhöhnten ihre Weisheit
in der Kunst des Orakelerteilens suchten. — Ebenso sind die persischen *jode^ʿê haʿittîm* „Zeitenkenner" von Est i 13, die ebenfalls
ḥ^akamîm „Weise" genannt werden, zum Hof gehörige Mantiker,
vielleicht wieder speziell Astrologen [6]; Vers 13b fügt freilich hinzu,
daß sie zugleich „Kenner von Gesetz und Recht" seien [7]. — Als
magisch-mantischer Weiser scheint „Salomo" angesehen worden zu
sein, wenn man ihn Sap Sal vii 17 ff. sagen läßt, daß ihm nicht nur
„untrügliche Kenntnis des Seienden" zur Verfügung stehe, sondern
u.a. auch Einsicht in „der Gestirne Stellung" (ἄστρων θέσεις) und

---

[1] *hob^erê* mit Q^ereʾ gegen K^etîb, das wohl einen asyndetischen Relativsatz im
Auge hat, und gegen 1 QJes^a, wo eine Verlegenheitslösung vorzuliegen scheint
(„die den Himmel beschwören").

[2] Hebräisch *HBR* „anbeten" entsprechend ugaritisch *HBR* „sich neigen"
(C. H. GORDON, *UT*, 1965, Glossary Nr. 745; J. AISTLEITNER, *WUS*, 1967³,
Nr. 812, J. BLAU, *VT* 7, 1957, S. 183). Die auf arabisch *habara* „in Stücke
schneiden (bes. Fleisch)" gründende Übersetzung „die den Himmel (für Stern-
deutung) einteilen" (*HAL* ad vocem) empfiehlt sich weniger, weil es sich bei
dem arabischen Verb um ein Denominativ zu *habr^{un}* „Fleisch(stück)" zu handeln
scheint. — LXX übersetzt *hob^erê šamăjim* sinngemäß richtig mit οἱ ἀστρολόγοι
τοῦ οὐρανοῦ.

[3] Das *l^e* bei *ḥ^adašim* hat wohl distributiven Sinn.

[4] Wörtlich: „aus denen"; bestimmte Monate erscheinen als Ursache von
Unheil.

[5] So mit K^etîb und LXX gegen Targum und die Kompromißlösung von
Q^ereʾ.

[6] So setzt es Targum für die zweite Fundstelle des Ausdrucks 1 Chr xii 33
voraus.

[7] Vielleicht soll die mantische Bedeutung des Ausdrucks bewußt ermäßigt
werden; eine ermäßigende Interpretation scheint der gleiche Ausdruck auch
1 Chr xii 33bβ zu erfahren.

„der Geister Gewalt" (πνευμάτων βίας) 19 f. Schließlich gehört
wohl auch die „Weisheit" von Sap viii 8 mit in den Bereich des
Mantischen; „sie versteht die Wendung von Worten (στροφὰς λόγων)
und die Lösung von Rätseln (λύσεις αἰνιγμάτων)"; neben dem
Alten erschließt sie das Kommende und „erkennt Zeichen und
Wunder sowie den Ertrag von Zeiten und Zeitläuften (ἐκβάσεις
καιρῶν καὶ χρόνων) voraus" [1].

Daß alle bisher aufgezählten Belege außer Gen xli 8 aus exilischer
oder nachexilischer Zeit stammen, beweist, daß Israel die mantische
Weisheit nach 587 näher kennen lernte, und zwar wohl besonders in
der babylonischen (und ägyptischen?) Diaspora. Die genannten
Weisen sind öffentliche Würdenträger; sie bekleiden an den Höfen
der heidnischen Großkönige ein besonderes Amt. Neben der Mantik
haben es Weise dieser Art auch mit der Magie zu tun, worauf wir
hier aber nicht näher eingehen können [2].

Darüber hinaus allerdings hat die biblische Erzählung den Typ
des mantischen Weisen auch in der Gestalt des Joseph dargestellt.
Als die ägyptischen Weisen am Deuten der Träume Pharaos scheitern, tritt Joseph an ihre Stelle. Seinem Traumdeutergeschick (Gen
xl f.) entsprechen dabei die Wahrträume, die er selber empfängt
(Gen xxxvii). Hier ist es denn also einmal ein Israelit, der als mantischer Weiser Ruhm gewinnt. Charakteristischerweise macht er aber
von seinen Fähigkeiten ebenfalls am heidnischen Hofe Gebrauch —
und zwar in Ägypten; denn die höfische Weisheit Israels ist weithin
ägyptisches Importgut. Freilich ist die Mantik für den weisen Joseph
nur *ein* Bewährungsfeld seiner weisheitlichen Qualitäten neben
anderen; das an ihm vorgezeichnete Bildungsideal ist daneben durch
die Kunst des Redens und Ratgebens bestimmt sowie durch das
Ethos von Zucht und Bescheidenheit, wie es aus einer in der Schule
der Demut erlernten Gottesfurcht erwächst [3]. Doch darf uns dieses
Zusammenkommen von mantischer Weisheit und Bildungsweisheit

---

[1] Übersetzung J. FICHTNER, *Weisheit Salomos*, 1938.

[2] Zur Bezeichnung der magischen Weisheit dient die Wurzel *ḤKM* u.a.
Ex vii 11; Jes iii 3; Jer ix 16; Ps lviii 6. Insbesondere Jes xlvii 9 ff. erscheinen
magische und mantische Weisheit eng beieinander. In praxi werden Magie und
Mantik meist ineinander übergegangen sein; auch der Mantiker will ja nicht nur
die Zukunft erkennen, sondern sie zugleich beeinflussen. Entsprechend werden
Magier und Mantiker oft die gleichen Personen gewesen sein. Vgl. hierzu und
zum Folgenden meinen Aufsatz „Magisch-mantische Weisheit und die Gestalt
Daniels", *Ugarit-Forschungen* 1, 1969, S. 79 ff.

[3] Zur Bildungsweisheit des Joseph vgl. G. VON RAD, „Josephsgeschichte und
ältere Chokma", *Gesammelte Studien zum AT*, 1958, S. 272 ff.

nicht dazu verleiten, beide als geistige Phänomene zu identifizieren; es hat seinen Grund vielmehr nur in der geringen Differenziertheit der israelitischen Gesellschaft, die durchaus verschiedene Funktionen in *einer* Person — und entsprechend wohl auch in *einem* Jerusalemer Hofamt — vereinigt sah [1].

Was die mantische Weisheit dennoch mit der Bildungsweisheit verband, so daß das Hebräische beide mit dem gleichen Begriff *ḥakam* bezeichnen konnte, ist erst nach Beachtung ihrer Verschiedenheit zu erfragen.

II

Die zweite Charaktergestalt mantischer Weisheit, von der das Alte Testament zu erzählen weiß, ist nun kein anderer als Daniel. Jedenfalls gilt das zunächst von dem Daniel der Kapitel iv (genauer iii 31-iv 43) und v, in denen wir die traditionsgeschichtlich ältesten Daniellegenden vor uns haben. Denn die Hauptgestalt von Kapitel vi ist nur ein singulärer Doppelgänger der drei Männer von Kapitel iii [2]: der in heidnischer Umgebung bewährte Mantiker Daniel zog aus dem Stoff von Kapitel iii die Rolle des zum Martyrium bereiten Bekenners an sich, wodurch ihm noch später die hier verherrlichten drei Männer als seine Freunde zugeordnet wurden (Kapitel i und ii). Daraus ergibt sich zugleich, daß auch der Inhalt von Kapitel ii nicht zum ältesten Danielgut gehört; tatsächlich stellt Kapitel ii gegenüber

---

[1] Was wir aus dem Alten Testament über Joseph hören, scheint sich auf den ersten Blick mit demjenigen zu berühren, was die Schlußparänese einer bisher unbekannten Lehre der Ramessidenzeit auf dem Papyrus Beatty IV (2,5-3,11) in bezug auf acht namentlich genannte „klassische" Weise Ägyptens aussagt. Der Text ist zuletzt von H. BRUNNER („Die 'Weisen', ihre 'Lehren' und 'Prophezeiungen' in altägyptischer Sicht", *ZÄS* 93, 1966, S. 29 ff.) kommentiert worden. Unter den aufgezählten Namen erscheinen bekannte Verfasser von Lebenslehren, daneben aber auch Neferti, der Spender eines Pseudonyms für ein vaticinium ex eventu auf Amenemhet I. Von allen diesen „weisen Schreibern" wird u.a. gesagt, daß sie „verkündeten, was kommen werde"; sie heißen „Weise, die das Kommende vorhersagten". BRUNNER kommt nach ausführlicher Untersuchung zu dem Ergebnis, daß „das Voraussagen ... in Ägypten ... zu den Künsten eines jeden 'Weisen' " gehörte; „beide, 'Prophezeiungen' und Lebensregeln, ruhen auf einer gemeinsamen Plattform, nämlich der Überzeugung, daß die Welt nach erkennbaren Regeln abläuft" (S. 33 f.). Ist diese Charakterisierung richtig, so haben wir es freilich nicht mit einem charismatischen Geschehen zu tun; auch verlautet nichts von mantischen Revelationsmedien wie etwa dem Traum. — Speziell die Traumdeutung gehörte vielmehr in das Amt von „Schreibern" des eher priesterlichen „Lebenshauses" (*pr-ꜥnḫ*), wo sie neben Magie und Heilkunst eine Rolle spielte (vgl. A. VOLTEN, *Demotische Traumdeutung, Analecta Aegyptiaca* 3, 1942, S. 43 f.).

[2] Vgl. O. PLÖGER, *Das Buch Daniel*, 1965, S. 95 ff.

Kapitel iv nur eine Steigerung dar, wobei das Motiv, daß die Weisen
den Trauminhalt des Königs erraten müssen, vielleicht auf ein
Mißverständnis der Formulierung von iv 6b zurückgeht [1]. Kapitel i
vollends ist eine vom Sammler des Daniellegenden-Zyklus geschaffene Exposition [2].

Der Daniel der Kapitel ii, iv und v ist der mantische Weise par
excellence: er deutet die Träume Nebukadnezars (ii; iv) und die
geheimnisvolle Orakelinschrift an der Palastwand Belsazzers (v).
Als seine Gegner treten dementsprechend die *ḥăkkîmîn* Babels auf,
ebenfalls „Weise" im Sinne okkulter „Wissenschaften"; denn sie
werden ii 27 als *'aševpîn* „Beschwörer" und *ḥărṭummîn* „Magier"
sowie — spezieller mantisch — als *gazᵉrîn* „Schicksalsbestimmer(?)" [3]
bezeichnet, wozu iv 3 f. noch die ungenaue Amtsbezeichnung
kăśdîn „Chaldäer" kommt (vgl. v 7 f.). Ihre gemeinsame Funktion
ist nach ii 27 das (mantische) Kundmachen des „Geheimen" (*razā*),
das sich nach iv 3 f. und v 7 f. in je verschiedener Gestalt kundtut.
Als die Weisen Babels an ihrer Aufgabe scheitern, sticht sie Daniel
ebenso aus wie Joseph seine ägyptischen Kollegen. Damit freilich
wird er unter der Hand zu einem der ihren. Soll er nach ii 12 f. 18
bereits ihr Schicksal teilen, so wird er am Ende zu ihrem Oberhaupt:
v 11 setzt ihn als *rǎb ḥărṭummîn 'aševpîn kăśda'în gazᵉrîn* voraus, und
Kapitel ii endet damit, daß er zum *rǎb-signîn 'ǎl kǎl-ḥăkkîmê babǎl*
erhoben wird (48). Was seine Fähigkeiten im einzelnen anbetrifft, so
vermag er *pišrîn lᵉmipšǎr* „Deutungen zu geben" und *qiṭrîn lᵉmišre'*
„Knoten zu lösen" [4] (v 16), wozu in v 12 noch das *mipšǎr*

---

[1] Das Waw in *ûpišreh* ist Waw-epexegeticum: „(Das Gesicht?) meinen(s)
Traum(s), den (das) ich sah, *das heißt* seine Deutung, teile (mir) mit!" Wird der
besondere Charakter dieses Waw übersehen, kann aus dem Satz das Motiv
herausgesponnen werden, der Deuter solle auch den Traum selbst mitteilen. Vgl.
aber auch PLÖGER, *op. cit.*, S. 54 ff., 71.

[2] Zur Gegenüberstellung von Dan ii; iv f. einerseits und iii; vi andrerseits vgl.
W. BAUMGARTNER, „Ein Vierteljahrhundert Danielforschung", *ThR* 11, 1939,
S. 59 ff., 125 ff., 201 ff., bes. S. 132 f. BAUMGARTNER wiederum verweist auf
Arbeiten von M. A. BEEK und R. B. Y. SCOTT. Zu Kapitel i BAUMGARTNER,
op. cit., S. 125 f.

[3] „Als qātil-Form von der Wurzel *gzr* 'schneiden, bestimmen' bedeutet *gazer*
'Schicksalsbestimmer' sowie 'Astrologe' und 'Leberbeschauer' " (R. MEYER, *Das
Gebet des Nabonid*, 1962, S. 24); dagegen denkt G. FURLANI (vgl. *KBL*) an
Beschwörer.

[4] A. A. BEVAN, R. H. CHARLES und M. A. BEEK (*Das Danielbuch*, 1935, S. 11 f.)
denken zu *qiṭrîn* an „Zauberknoten", wozu auf akkadisch *kisrum* „Knoten in
Schnüren, meist magisch" (W. VON SODEN, *AHw*, S. 488) verwiesen werden
kann. Dagegen hat die Wendung nach K. MARTI (*Das Buch Daniel*, 1901, S. 39)
ihren magischen Sinn wahrscheinlich schon verloren und bedeutet „Geheimnisse

ḫälmîn ¹ „Deuten von Träumen" und vor allem das *ʾaḥᵃwajät ʾaḥîdan* „Kundmachen von Rätseln" kommt, wobei wir wohl an das Deuten änigmatisch chiffrierter Orakel zu denken haben, das eben in diesem Zusammenhange gefordert wird ². Über diese Fähigkeiten verfügt Daniel, weil Gott ihm *ḥåkmᵉtaʾ ûgᵉbûrᵉtaʾ* gegeben hat (ii 23); der Inhalt von *ḥåkmā* und *mändäʿ* liegt nach ii 22 im Bereich des Geheimnisvollen (*ʿammîqataʾ* ³ *ûmᵉsättᵉrataʾ*) sowie in dem, *mā bäḥᵃšôkaʾ*. — Die Weisheit des Daniel von Kapitel ii, iv und v ist also wirklich rein mantischer Art; anders als Joseph hat er mit der Bildungsweisheit nichts zu tun.

Freilich zeigt die in Höhle 4 von Qumran gefundene pseudepigraphische Erzählung Nabonids von seinem an den Gott Israels gerichteten Gebet (4QOrNab) ⁴, die nach der gründlichen Untersuchung von R. MEYER für die Erzählung in Dan iv das Vorbild lieferte ⁵, daß die Gestalt Daniels ganz ursprünglich auch in Dan iv nicht beheimatet war. Denn in 4QOrNab erscheint anstelle Daniels ein, soweit wir sehen ⁶, anonymer *gzr* „Seher" ⁷, *whwʾ* [. . .] *yhwdy m*[. . .] „und zwar ein jüdischer [Mann] v[on . . ." (Text A Zeile 4), der Nabonid die Deutung seines Traumes gibt. Dessen Rolle also hat Daniel übernommen, vermutlich darum, weil der Name Daniels bereits traditionell mit der Vorstellung von mantischer Weisheit verbunden war ⁸. Tatsächlich erscheint Hes xxviii 3 ein Danʾel (so ist mit dem Konsonantentext zu lesen) als exemplarischer Weiser,

---

enträtseln, schwierige Aufgaben lösen". Ähnlich hat die im Ägyptischen des MR und der 18. Dyn. gebrauchte Wendung *wḫʿ ṯss.t* „das Verknotete lösen" den Sinn von „Schwierigkeiten beseitigen" (A. ERMAN-H. GRAPOW, *Wörterbuch der ägyptischen Sprache* 1, 1957², S. 348).

¹ So nach Varˢ und Vulgata mit den meisten.

² Zu *ʾaḥîdā* für das änigmatische Orakel H.-P. MÜLLER, „Der Begriff ʿRätselʾ im AT", *VT* 20, 1970, S. 465 ff., bes. 474 f.

³ Daß es die Weisheit seit alters mit dem zu tun hat, was „tief (verborgen)" ist, zeigt vielleicht das akkadische Verbum *emēqum* I „weise sein" ʿMQ. Der ugaritische *Aqht* heißt CTA 17 VI 45 *nʿmn ʿmq nšm*, was man wohl am ehesten mit „der lieblichste, weiseste unter den Menschen" übersetzt. Vgl. noch die Verwendung der Wurzel ʿMQ in Ps xcii 6; Qoh vii 24.

⁴ Erstveröffentlichung J. T. MILIK, *RB* 63, 1956, 407-11.

⁵ *Op. cit.*, S. 112. Ähnlich vorher J. T. MILIK, *Dix ans de découvertes dans le désert de Juda*, 1957, S. 34, und F. M. CROSS JUN., *The Ancient Library of Qumran*, 1961, S. 123 f.

⁶ A. DUPONT-SOMMER (*Die essenische Schriften vom Toten Meer*, 1960, S. 349) wollte den jüdischen *gzr* mit Daniel identifizieren.

⁷ Zu *gzr* „Seher" in diesem Zusammenhang MEYER, *op. cit.*, S. 24.

⁸ VOLTEN (*op. cit.*, S. 73) erwähnt, daß noch in byzantinischer Zeit ein Traumdeutebuch unter dem Namen Daniel umlief.

der als solcher mit dem Fürsten von Tyros verglichen wird: diesen
ironisiert der Prophet in Entfaltung der in Vers 2 erhobenen Hoch-
mutsanklage mit den Worten: *hinnē ḥakam 'āttā middan'el*. Der folgende
Satz bestimmt dann die Art seiner Weisheit als Einsicht in das
Geheimnisvolle: *kål-satûm lo' ᶜᵃmamûka* „Nichts Verborgenes bereitet
dir Kummer" [1], was unmittelbar an die oben erwähnte Bestimmung
der Weisheit Daniels (ii 22) erinnert [2]. Der Dan'el von Hes xxviii 3
scheint also ebenso wie der Daniel von Dan ii; iv f. mantischer
Weiser zu sein [3]. Dabei könnte der Vergleich mit dem Tyrener in
Hes xxviii 3 zeigen, daß Dan'el ursprünglich nicht als Israelit gedacht
war, worauf vor allem auch der Gottesname El als Bestandteil seines
Namens hindeutet. — 1 Hen vi 7; lxix 2 vollends erscheint Dan'el
unter den Anführern jener Engel, die nach Gen vi 1-4 Ehen mit
Menschentöchtern eingingen. Von ihnen erzählt 1 Hen vii-ix, wie
sie die Menschen allerlei Künste und „himmlische Geheimnisse der
Urzeit" (9,6) lehren. Zwar wird Dan'el unter den dabei aufgezählten
einzelnen Engeln nicht noch einmal genannt; jedenfalls aber begegnet
er innerhalb eines Kreises urzeitlich-übermenschlicher Gestalten, die
über okkulte Weisheit verfügen und sie weitergeben. Denn neben
manuell-technische Fertigkeiten (viii 1) treten magische Künste wie
Zaubermittel, Beschwörungen und deren Lösung (vii 1; viii 3a; ix 7)
und Mantisches wie Astrologie und die Deutung uranischer Zeichen
überhaupt (viii 3b). 1 Hen lxix nennt unter den zweifelhaften Fort-
schritten, in die die Menschen durch gefallene Engel eingewiesen
wurden, als weisheitliches Geheimnis das (magische ?) „Unterscheiden von Bitter und Süß" (Vers 8) sowie das Schreiben (9), die

---

[1] Hebräisch ᶜ*MM* ist an dieser Stelle wohl mit arabisch *ĠMM* in Verbindung
zu bringen, das mit Akkusativsuffix nach A. W. LANE (*An Arabic-English
Lexicon* I 6, 1877, 2289 f.) „it, he grieved him, caused him to mourn or lament
or to be sorrowful or sad or unhappy" bedeutet, wozu aramäisch ᶜ*M* bzw. ᶜ*MH*
„dunkel, verdunkelt sein; betrübt sein, werden" (LEVY, *ChW* 2, S. 223) zu
vergleichen ist. — Die pluralische Verbform ᶜᵃ*mamûka* ist constructio ad sensum.

[2] Dan viii 26; xii 4.9 verwendet die Wurzel *STM* für die Daniel aufgegebene
Geheimhaltung seiner der „Endzeit" vorbehaltenen Gesichte.

[3] Freilich scheint Vers 4 den mantischen Charakter solcher Weisheit wieder
verschleiern zu wollen, ebenso Vers 5, der aber vielleicht Glosse ist (G. FOHRER,
Ezechiel, 1955, S. 159). — Die Zweifel, welche etwa S. SPIEGEL („Noah, Danel
and Job, Touching on Canaanite Relics in the Legends of the Jews", *Louis
Ginzberg Jubilee Volume, English Section*, New York 1945, S. 305 ff.) und M. NOTH
(„Noah, Daniel und Hiob in Ez 14", *VT* 1, 1951, S. 251 ff.) gegenüber der
Identität des Dan'el bei Hes und des Daniel der Legenden äußerten, dürften
durch den Hinweis auf den mantischen Charakter der Weisheit beider erledigt
sein.

Abtreibung (12) und eine Eidesformel von kosmischer Wirkkraft (13 ff.). — Jub iv 20 kennt Dan'el als Schwiegervater des apokalyptischen Sehers Henoch, der in Vers 17 „der erste von den Menschenkindern" genannt wird, „der Schrift und Wissenschaft und Weisheit lernte und der die Zeichen des Himmels nach der Ordnung ihrer Monate in ein Buch schrieb". — Daß der weise Dan'el von Hes xiv 14.20; 1 Hen vi 7 und lxix 2 (Jub iv 20) mit dem ugaritischen *Dnil* traditionsgeschichtlich zusammenhängt, wird fast allgemein angenommen [1]; doch ist die Weisheit *Dnils* — wie die seiner Kinder *Aqht* und *Pġt* — magischer Art [2].

Die hinter Dan ii; iv f. stehende Danielgestalt als Typ des (magisch-) mantischen Weisen (der Urzeit) gehört offenbar also alter kanaanäischer Tradition an. Die einleitende Exposition der Daniellegenden in Kapitel i hat sich dann bemüht, den mantischen Charakter der Weisheit Daniels, wie er in Kapitel ii; iv f. hervortritt, mit dem Begriff der höfischen Bildungsweisheit zu verbinden. Nach Dan i 4 repräsentieren Daniel und seine drei Freunde die aristokratische Jugend des exilierten Israel, die die ihrem Stande zukommende Bildung nun am fremden Hofe empfangen. Entsprechend dem Ideal höfischer Bildungsweisheit ist das Ziel ihrer Ausbildung immer noch, wie i 4aβ durchblicken läßt, *lă^cᵃmod bᵉhêkăl hămmăläk*; Unterrichtsstoff sind *separ ûlᵉšôn kăśdîm* (4b). Am Ende verfügen alle vier über *mădda^c wᵉhăśkel bᵉkăl-separ wᵉhăkmā* (17a); Daniels mantische Einsicht *bᵉkăl-hazôn wăhᵃlomôt* (17b) soll davon offenbar ein Sonderfall sein. Hier in Kapital i kommen also — ebenso wie in der Josephserzählung, aber anders als in Dan ii; iv f. — mantische Weisheit und Bildungsweisheit wieder zusammen. i 20 dehnt das mantische Implikat der Weisheit dann noch von Daniel auf dessen Freunde aus: die „Weisheit und Einsicht" aller vier wird an derjenigen der babylonischen *hărṭummîm* und *'ăššapîm* gemessen; und siehe, sie sind zehnmal so tüchtig wie diese — natürlich auch auf deren Gebiet. — Dagegen hat der Daniel der Susannaerzählung die mantischen Züge verloren: als kluger Richter hat er die ursprünglich wohl wieder anonyme Rolle des „weisen Knaben" übernommen [3].

Als mantischer Weiser nun wird Daniel zum Namenspender der

---

[1] Anders P. Joüon, „Trois noms de personnages bibliques à la lumière des textes d'Ugarit", *Bibl* 19, 1938, S. 280 ff., bes. 285.

[2] Einzelnachweis Müller, *Ugarit-Forschungen* 1, S. 89 ff.

[3] Vgl. W. Baumgartner („Susanna. Die Geschichte einer Legende", *Zum Alten Testament und seiner Umwelt*, 1959, S. 42 ff.).

ältesten apokalyptischen Visionensammlung — ein, wie mir scheint,
für den Zusammenhang von mantischer Weisheit und Apokalyptik
ungemein bezeichnender Vorgang. Dabei läßt sich gerade auch die
Wandlung, die die mantische Weisheit auf ihrem Wege zur Apokalyptik hin erfährt, an den einzelnen Elementen des Danielbuches
ablesen. Während der Traum, den Daniel nach Kapitel iv deutet, nur
eine Episode im Leben Nebukadnezars ankündet, eröffnet der Traum
von Kapitel ii bereits weltgeschichtliche und zugleich eschatologische
Perspektiven: der mantische Deuter erörtert schon in ii eigentlich
apokalyptische Inhalte. Kapitel ii wiederum steht in großer inhaltlicher Nähe zu der Vision in Kapitel vii, wo aus dem Deuter königlicher Träume der Empfänger apokalyptischer Visionen geworden
ist, als der Daniel auch in den Kapiteln viii-xii erscheint. Als apokalyptischer Seher ist uns Daniel jetzt auch aus jener etwas jüngeren
Apokalypse bekannt, deren Fragmente in 4QpsDan^{a-c} vorliegen [1].

Wenn Daniel als mantischer Weiser das Pseudonym der ältesten
Apokalypse liefert, so entspricht dem umgekehrt die Tatsache, daß
unter den apokalyptischen Pseudonymen der Name Salomos, dessen
sich die Werke der zeitgenössischen Bildungsweisheit bedienen,
offenbar fehlt [2].

III

Einige wesentliche Merkmale, in denen die Apokalyptik der
Prophetie entgegenzustehen, dagegen der „Weisheit" im Sinne
VON RADS zu entsprechen scheint, lassen sich tatsächlich eher von
der mantischen Weisheit her verstehen. Die Differenzierung von
mantischer Weisheit und Bildungsweisheit erleichtert so geradezu
die Wesensbestimmung des Apokalyptischen.

1. VON RAD spricht von der „*Eschatologisierung der Weisheit*" in der
Apokalyptik. Als Bedingung der Möglichkeit solcher Eschatologisierung meint er das enzyklopädische Bemühen der Weisheit ansehen
zu können, die sich „in einer bestimmten, wahrscheinlich späten
Phase auch der Beschäftigung mit den letzten Dingen geöffnet" habe.
Danach aber ist der „Ausblick auf eine Geschichtsvollendung mit
all ihren Begleiterscheinungen . . . wohl das sicherste Spezifikum des

---

[1] J. T. MILIK, *BR* 63, 1956, S. 411-5; MEYER, *op. cit.* S. 85 ff.
[2] Dagegen kennt Josephus, Ant. VIII 45 (NIESE) magische Literatur (Be-
sprechung- und Beschwörungsformeln) unter Salomos Namen; im Testamentum
Salomonis scheint uns ein solches Werk erhalten zu sein (P. RIESSLER, *Alt-
jüdisches Schrifttum außerhalb der Bibel*, 1966², S. 1251 ff., 1338/9).

Apokalyptischen" geworden [1]. — Wir stimmen mit VIELHAUER und ZIMMERLI darin überein, daß der Hinweis auf ein bloßes Erkenntnispathos kaum ausreicht, um die Integration eines der Struktur der Bildungsweisheit so radikal zuwiderlaufenden Elements in diese plausibel zu machen [2]. Müheloser erklärt sich die eschatologische Ausrichtung der Apokalyptik aus der selbstverständlichen Zukunftsorientierung der mantischen Weisheit. Das Neue der Apokalyptik gegenüber der mantischen Weisheit besteht dann lediglich in der weltgeschichtlich-eschatologischen Ausweitung des dieser von jeher wesentlich eigenen Zukunftsbezuges: hatten es die Träume der mantischen Weisheit mit dem individuellen Lebensgeschick des Träumenden (Gen xxxviii; xl), bestenfalls aber mit ephemeren staatlichen und militärischen Ereignissen zu tun (Gen xli; Jdc vii), so handelt bereits Dan ii, vollends aber Dan vii-xii von der auf ihr Ende zueilenden Gesamtgeschichte.

Wenn es zu einer solchen weltgeschichtlich-eschatologischen Ausweitung des der mantischen Weisheit eigenen Zukunftsbezuges in der Apokalyptik kam, so ist dies freilich dadurch verursacht, daß die prophetische Eschatologie sich in den Kreisen, die Apokalypsen hervorbrachten, langsam des gesamten Zukunftsdenkens bemächtigt hatte. Prophetischer Geist macht sich vor allem da geltend, wo die eschatologische Hoffnung immer noch in einem konkreten Gegenstandsbezug zu zeitgenössischen Geschichtsereignissen stand und so als geschichtlich vermittelte Naherwartung lebendig blieb [3]. Ist also in jedem Fall ein wesentlicher Impuls zur eschatologischen Ausrichtung der apokalyptischen Zukunftsschau in der Prophetie zu suchen, so ist doch der Weg von der mantischen Weisheit zur eschatologisch orientierten Apokalyptik kürzer als derjenige, der von der Bildungsweisheit zu ihr hinführt.

2. Von der mantischen Weisheit her erklärt sich auch der *Determinismus* der Apokalyptik.

Der Traum, den der mantische Weise deutet, antezipiert zukünftiges Geschehen eben so, wie es sich später zutragen wird. Er will

---

[1] *Theologie des Alten Testaments* 2, S. 328 f.; vgl. *Weisheit in Israel*, S. 358.
[2] Vgl. S. 269. Anm. 2 und 3.
[3] Daß die Apokalyptik mit dem Hinweis auf den Geschichtsverlust ihrer Eschatologie, d.h. den transzendenten, nicht gegenstandsbezogenen Charakter des von ihr erwarteten Eingreifens Gottes und den angeblichen Verlust einer zeitgeschichtlich orientierten Naherwartung, im Ganzen nicht richtig beurteilt wird, glaube ich in meinem Buch *Ursprünge und Strukturen alttestamentlicher Eschatologie*, 1969, S. 126-8, an einigen Beispielen gezeigt zu haben.

nicht vor etwas warnen, was Geschick und Moral der Betroffenen eventuell auch noch von diesen abwenden können; vielmehr hat die geschaute Zukunft den Charakter des unabänderlich Schicksalhaften. Die Brüder des Joseph sind mit allen Mitteln bemüht, die Verwirklichung seiner Träume zu hintertreiben; aber sie führen gerade so das Verhaßte nur noch herbei. Auch Pharao kann sich auf die Erfüllung seiner Träume zwar vorsorglich einrichten: doch kann er sie auch nicht verhindern [1]. — Zwar mündet die Traumdeutung Daniels vor Nebukadnezar iv 24 in einen weisheitlichen Ratschlag, der die Hoffnung anklingen läßt, daß die glückliche Ruhe des Königs trotz des katastrophalen Prodigiums doch noch Bestand haben möge. Aber der Zusammenhang der Erzählung widerspricht dem durchaus. Denn einerseits hören wir schon iv 14, daß der (im Traum kundgegebene) „Erlaß auf dem Ratschluß der (himmlischen) Wächter" und die (angekündete) „Sache auf dem Spruch der Heiligen" beruhe. Und als Nebukadnezar aus seinem Fall wieder aufgerichtet werden soll, so geschieht das andrerseits nicht, weil er aus freier Entscheidung die Tugenden erworben hätte, zu denen ihm Daniel riet; vielmehr erhebt der zuvor der Hybris verfallene König seine Augen zum Himmel, weil die über ihn verhängten „sieben Zeiten" um sind (iv 31).

Allerdings berührt sich der in der Ideologie der Wahrträume angelegte Determinismus wiederum mit Motiven der prophetischen Theologie. Was die prophetischen Unheilsankündigungen anbetrifft, so sagt bereits Amos in i 3-ii 16 einen göttlichen Entschluß an, den Jahwe nicht wieder zurücknehmen will; die Visionen Am vii 7 f. und viii 1 f. antezipieren ein Unheil, auf das auch der Prophet durch seine Fürbitte nicht einzuwirken vermag. Von da an gibt es neben (bedingten) Unheilsankündigungen, deren Inhalt im Falle der Umkehr der Angeredeten nicht verwirklicht werden muß, immer auch unbedingte, die dem Menschen keinerlei Einwirkungsmöglichkeiten auf sein Schicksal belassen; ja, die Unheilsankündigungen und

---

[1] Ansätze zum Determinismus hat auch VON RAD (*Theologie* 2, S. 324; *Weisheit*, S. 355) in den Träumen des Joseph gefunden. Dagegen kannte man in Mesopotamien die Möglichkeit, durch Omina angekündigte Gefahren mittels apotropäischer Rituale abzuwehren (A. L. OPPENHEIM, *The Interpretation of Dreams in the Ancient Near East*, *Transactions of the American Philosophical Society*, NS 46,3, 1956, S. 239). Zu entsprechenden Anschauungen im talmudischen Judentum vgl. E. L. EHRLICH, „Der Traum im Talmud", *ZNW* 47, 1956, S. 135 f. Wie man einen Traum „zum Guten auslegt" und damit zugleich seine heilvolle Erfüllung herbeiführt, ist b. Bᵉrakôt 55b zu erfahren.

die sie begleitenden, Unheil drohenden Zeichenhandlungen führen z.Tl. das in ihnen bezeichnete Verderben geradezu ex opere operato herbei [1]. Was aber die prophetischen Heilsankündigungen anbetrifft, so entbehrt das angekündigte Heil mit der Begründung im menschlichen Handeln auch der Bedingtheit durch es; insbesondere seit Deuterojesaja hängt das Eintreffen des Kommenden allein von der gegenwärtig bereits gefallenen Entscheidung Gottes ab [2].

Der sowohl in der mantischen Weisheit, als auch in der Prophetie angelegte Determinismus wird in der Apokalyptik darum mit einiger Konsequenz durchgehalten, weil er sich derzeit als Waffe des jüdischen Glaubens an Gottes fortdauernde Herrschaft über die Geschichte empfahl. Denn die weithin aufkommende pessimistische Stimmung, die sich zu dualistischen Vorstellungen verfestigte, ließ das Walten Gottes in den geschichtlichen Abläufen fraglich werden; der Determinismus der Apokalyptik wird demgegenüber geradezu als jüdische Antwort auf ein protognostisches Schwinden des geschichtsbezogenen Gottesbewußtseins gelten können. Wurde die pessimistische Stimmung aber gerade in Kreisen artikuliert, wie sie etwa hinter dem Buch Qohälät standen [3], so hätte sich der apokalyptische Determinismus gegen eine Gefahr gestellt, die damals von der Bildungsweisheit her drohte; ein Element primitiver Religion hätte dem prophetischen Glauben an die endliche Durchsetzung der Herrschaft Gottes gegen den heraufdringenden Daseinsüberdruß eine Hilfestellung gegeben. Beachtet man, daß gerade die Apokalyptik auf diese Weise gegen protognostische Tendenzen wirksam wurde, so ist in einem sehr differenzierten Sinne die Frage Von Rads aufzunehmen, ob eine kritische Überprüfung des Begriffs „Apokalyptik" uns nicht „auch in der leidigen Frage nach dem Ursprung der Gnosis einen Schritt weiterführen" kann [4].

3. Von der mantischen Weisheit her wird auch verständlich, warum der Apokalyptiker — anders als der Lehrer der Bildungsweisheit, dessen Vollmacht auf Erfahrung bzw. auf Tradition von Erfahrung beruht — zu seiner Legitimation eine besondere *Erleuchtung*, also eine charismatische Autorisierung in Anspruch nimmt. Dieser Legitimation entspricht es, daß die Einsichten der Apoka-

---

[1] Vgl. Müller, *Ursprünge und Strukturen*, S. 119.
[2] Müller, *op. cit.*, S. 101 ff., 122 f.
[3] Vgl. etwa K. Rudolph, „Randerscheinungen des Judentums und das Problem der Entstehung des Gnostizismus", *Kairos* 9, 1967, S. 105 ff.
[4] *Theologie* 2, S. 330.

lyptik — ganz im Gegensatz zu denjenigen der Bildungsweisheit — den Charakter esoterischen Geheimwissens haben [1]. Solcher Anspruch hat seinen Grund nicht, wie Von Rad es ausführt, in einem neuartigen Vordringen apokalyptischer „Gnosis in Bereiche, die die ältere Weisheit noch nicht zu betreten gewagt hatte" [2], sondern gerade umgekehrt in dem uralten Selbstbewußtsein des Mantikers, auf habituelle Art mit übernatürlichem Wissen begabt zu sein.

Gerade die Josephserzählung betont wiederholt, daß die Kunst der Traumdeutung eine Gabe Gottes sei [3]. Num xii 6 und 1 Sam xxviii 6 werden Träume — auf verschiedene Weise — mit der Prophetie in Verbindung gebracht. Auch Daniel ist die in der Traumdeutung wirksame $ḥåkmā$ und $g^ebûrā$ „gegeben" (ii 23). In Kapitel iv f. wird Daniel mehrfach aus heidnischem Mund bezeugt, daß er über „Erleuchtung" ($nåhîrû$ v 11.14) verfüge, ja daß „der Geist der (heiligen) Götter" ($rû^aḥ$ $^älahîn$ [$qåddîšîn$] iv 5 f. 15; v. 11.14) bzw. „Weisheit wie Götterweisheit" ($ḥåkmā$ $k^eḥåmåt^?-^älahîn$ v 11) in ihm sei. Daß die Erleuchtung eines Mantikers wie Daniels wirklich nach Art einer bleibenden Begabung, also habituell aufgefaßt wird und nicht wie der prophetische Wortempfang je und je neu erfolgt, spiegelt sich u.a. darin, daß weder Joseph noch Daniel nach Art der Propheten berufen werden und die prophetischen Legitimationsformeln im Zusammenhang mit der Mantik kein Gegenstück haben; wo in der Apokalyptik Strukturen aus prophetischen Berufungserzählungen aufgenommen werden, haben sie zumeist eine durchaus andere Funktion [4].

Freilich dient die Kunst Josephs und die des Daniel von Kapitel ii; iv f. nur der Deutung fremder Träume. Erst in den Kapiteln vii-xii, dem eigentlich apokalyptischen Teil des Danielbuches, wird aus dem Traumdeuter der Visionsempfänger. Die Vision als Platzhalter des Traumes [5] wird sodann die Offenbarungsform apokalyp-

---

[1] Vgl. Vielhauer, op. cit., S. 420.

[2] Theologie 2, S. 319.

[3] Gen xl 8; xli 16.25.28.

[4] Einzelheiten dazu in meiner Dissertation Formgeschichtliche Untersuchungen zu Apc Joh iv f. (maschinenschriftlich), Heidelberg 1962, S. 82 ff., bes. 112 ff.

[5] Die Grenze zwischen Traum und Vision ist fließend (vgl. J. Lindblom, Gesichte und Offenbarungen, Vorstellungen von göttlichen Weisungen und übernatürlichen Erscheinungen im ältesten Christentum, 1968, S. 28). Zwar wird der Prophet Sach iv 1 aus dem Schlaf geweckt, um eine Vision zu empfangen. Dan vii ff. verwendet für die Gesichte seines Helden neben $ḥeläm$ vii 1 vorwiegend Nomina wie $ḥ^åzû$ vii 1 f. 15, $ḥazôn$ viii 1 f. 13.15.17.26; 10, 14, $märä^?$ viii 16.26 f.; x 1, $mär^?å$ x 7 f., oder speziell $ḥåzwê$ $lêl^eja^?$ vii 7.13. Daß darin aber keine prinzipielle Her-

tischen Geheimwissens schlechthin. Damit aber ist die Stelle, welche der Traumdeuter einnahm, frei geworden; umgekehrt bedarf gerade die Deutung apokalyptischer Visionen wegen ihrer weltgeschichtlichen Relevanz einer noch höheren Autorisierung, als sie der Traumdeuter in Anspruch nehmen kann. Dan viii 27 und xii 3 wird dementsprechend betont, daß selbst der weise Daniel die ihm selbst zuteil werdenden Gesichte nicht verstand. Und so müssen sie ihm durch einen Engel gedeutet werden, der nun gegenüber dem apokalyptischen Seher die Rolle des einstigen mantischen Weisen spielt. In Kapitel vii und viii folgen jeweils Vision und himmlische Deutung aufeinander; danach wird die Vision von der Deutung verdrängt. In ix 20 ff. geschieht die Offenbarung in Gestalt einer bloßen verbalen Belehrung des Sehers durch den „Mann Gabriel''. Auch in x-xii ist die einzige visionäre Gegebenheit, von der wir lesen, die Erscheinung des Engels selbst (x 5-10). Der in eine himmlische Gestalt sublimierte Traumdeuter ist zum apokalyptischen Lehrer geworden.

Allerdings muß wieder betont werden, daß das stärkere Hervortreten des visionären Elements ebenso wie die himmlische Sublimation des Deutungsvorgangs schon die spätere Prophetie, vor allem diejenige Hesekiels und Protosacharjas charakterisiert. Dabei ist die Rolle des himmlischen Interpreten in ihren Visionen älter und konstanter als ihre Gestalt; für den alten mantischen Weisen schien ein himmlisches Pendant nur tastend zu gewinnen zu sein. So erscheint Hes xxxvii 11-14 Jahwe selbst als Deuter einer symbolischen Vision. Hes xi 2 f. MT setzt den „Geist'' in einer entsprechenden Rolle voraus; in LXX und Syr zur Stelle tritt freilich wieder Jahwe für ihn ein. Die menschliche Gestalt, die Hes viii 2 und xl 3 ff. die gleiche Funktion ausübt, haben wir uns als Engel zu denken. Bei Protosacharja bildet sich für den angelus interpres zum ersten Male eine feste Bezeichnung heraus: er heißt *hämmäl'ak häddober bî* [1]. So war die Berührung von Traummantik und Prophetie an diesen Punkten seit der Exilszeit angebahnt; sie hat der apokalyptischen Gestaltung des Motivs vorgearbeitet.

4. Vor allem aber erklärt der Zusammenhang zwischen mantischer Weisheit und Apokalyptik die eigentümliche *Chiffrierung* der Wirk-

---

vorhebung der Vision gegenüber dem Traum liegt, zeigt die Anwendung des Begriffs *ḥāzû* auch auf die Königsträume des Legendenbuches ii 19.28; iv 2.6 f. 10, wobei in ii 28 *ḥälmak* und *ḥäzwê re'šak* unterschiedslos nebeneinanderstehen (vgl. iv 6: *ḥäzwê ḥälmî*, wo aber vielleicht Textverderbnis vorliegt).

[1] i 9.13 f.; ii 2.7; iv 1.4.5; v 5.10 vi 4.

lichkeit *durch symbolische Bilder*, wie wir sie zwar auch schon bei
Hesekiel und Protosacharja [1], im großen Umfange aber erst seit dem
Danielbuch in der apokalyptischen Literatur finden.

Das Vorbild für die apokalyptische Chiffrierung der Wirklichkeit
liefert speziell der symbolische Traum im Gegensatz zur clairevoyance
des Sehergesichts (Num xxiv 3 ff. 15 ff.) [2] und des Offenbarungs-
traums (Gen xxviii 10 ff.) [3], die beide Zukünftiges bzw. Verborgenes
in dessen eigener Gestalt, ohne Verrätselung duch Symbole sichtbar
machen. Der symbolische Traum dagegen verrätselt die Wirklichkeit
vermittels änigmatischer Chiffren, die mit den ihnen analogen Wirklichkeitspendants durch die Gleichheit von Attributen und Geschehnissen verbunden sind [4]. Da im literarischen Traum die
Chiffrenwelt ihren Wirklichkeitspendants nachgebildet ist, mutet
sie oft grotesk, ja bizarr an. Gleichheit der Attribute liegt dabei vor,
wenn etwa Gen xli für sieben fette Jahre Kühe bzw. Ähren eintreten;
dagegen geht es um Gleichheit der Geschehnisse, wenn Gen xxxvii
die gedemütigten Verwandten des Joseph als sich neigende Korn-
garben bzw. Himmelskörper erscheinen, wenn Jdc vii der siegreiche
Gideon als ein ins feindliche Lager rollender Gerstenbrotkuchen (?)
geschaut wird und wenn schließlich die dürren Kühe bzw. Ähren
die fetten verschlingen, weil von den Vorräten der entsprechenden
Jahre das gleiche gelten soll. — Ähnlich sieht sich der Nebukadnezar
von Dan iv als Weltenbaum, an dem dasjenige geschieht, was dem
Träumenden selbst bevorsteht. Symbolchiffren sind ihrer Funktion
nach auch die Kolossalstatue von Dan ii, die Tiere von Dan vii,
besonders aber die Hörner des letzten Tieres, die einzelne Herrscher
und ihre Handlungen repräsentieren. Medien/Persien wird Dan viii
zum Widder, Griechenland zum Ziegenbock, und beide Tiere voll-

---

[1] Hes xxxvii sind die Totengebeine Symbol für das exilierte Volk. Bei Protosacharja haben die Chiffren z.Tl. die Funktion, den bezeichneten Dingen inne-
wohnende Kräfte zu figurieren: so erscheinen die Feinde Judas ii 1 f. als Hörner,
die Gesalbten Serubbabel und Josua iv 3 als Ölbäume, während die Darstellung
der die Feinde Judas niederwerfenden Völker als Handwerker ii 3 f. wohl der
bloßen Veranschaulichung ihres Handelns dient. In den beiden Visionen Sach v
stellen die Bilder Figurationen nicht-gegenständlicher Größen (Fluch, Schuld,
Bosheit) dar. Eigentlich mythisch ist die Bilderwelt von iv 2.

[2] Zur Sehervision und zum Seherspruch vgl. D. VETTER, *Untersuchungen zum
Seherspruch im Alten Testament*, Diss. theol. Heidelberg 1963.

[3] Zum Unterschied des symbolischen Traums gegenüber anderen Gattungen
literarischer Träume vgl. E. L. EHRLICH, *Der Traum im Alten Testament*, 1953,
und OPPENHEIM, *op. cit.*, S. 184 ff.

[4] Zu den gleichen Prinzipien allegorischer Traumdeutung in Ägypten vgl.
VOLTEN, *op. cit.*, S. 55 ff., in Mesopotamien OPPENHEIM, *op. cit.*, S. 206 ff.

ziehen in wunderlicher Weise Analogiehandlungen zu bekannten Geschichtsereignissen. Die Beispiele ließen sich unbegrenzt vermehren [1].

Im Gegensatz nun zum Sehergesicht, dessen Inhalt lediglich auf die Betroffenen appliziert zu werden braucht, und im Gegensatz zum Offenbarungstraum bzw. der Offenbarungsvision, dessen (deren) Gegenstände bestenfalls identifiziert werden müssen [2], bedarf der symbolische Traum bzw. die entsprechende apokalyptische Vision einer eingehenden Deutung, die die einzelnen Traum-(Visions-) chiffren jeweils ihren Wirklichkeitspendants zuordnet, sei es durch den mantischen Weisen, sei es durch den angelus interpres. Dieser Vorgang ist freilich nicht mit VON RAD ein „ganz rationale(r) Auswechselungsprozeß" zu nennen [3]; er stellt vielmehr einen Akt eigentlich charismatischer Divination dar, die zu dem im Chiffrenzusammenhang Gegebenen die Analoga der gegenständlichen Wirklichkeit sucht [4]. Der Träumende schaut eine der täglichen Wirklichkeit geheimnisvoll zugeordnete Hintergrundswelt, eine Sonderwirklichkeit, in der er sich selbst nicht auskennt, in welche der mantische Weise dagegen einen esoterischen Einblick hat. Das gleiche gilt mutatis mutandis für die apokalyptische Vision. Hier wie dort wird eine irrationale Tiefendimension der Wirklichkeit ausgelotet, an der sich das Schicksal in der jedermann sichtbaren Welt entscheidet. Dieser Hintergrund enthüllt in der Apokalyptik gelegentlich geradezu eine mythische Sondergestalt der bezeichneten Gegenstände, ein numinoses „Ding an sich" hinter den Erscheinungen des alltäglichen Umgangs. So wird der König von Dan iv speziell zum Weltenbaum, wie er dies nach mythischer Anschauung immer wieder einmal war [5]; die geschichtliche Menschheit wird Dan ii zur Kolossalstatue nach Art eines Makroanthropos; die vier Weltreiche von Dan vii sind dämonisch-chaotische Wesen, die aus dem Meer emporsteigen,

---

[1] Zu beachten wäre etwa noch der Traum Mardochais (Zusätze zu Est i) mit seiner Deutung in vii; aus der apokalyptischen Literatur 4 Esr x 60-xii 40; syr Bar liii-lxxiv.

[2] Da in den Nachtgesichten Protosacharjas auch Elemente der Offenbarungsvision vorkommen, finden sich i 10 und vi 5-8 Identifikationen anwesender Gestalten (vgl. ii 6); ähnlich ist die Identifikation des vom Seher geschauten präexistenten Menschensohns 4 Esr xiii 26.

[3] *Theologie* 2, S. 324.

[4] Zu den Denkvoraussetzungen solchen Analogisierens vgl. meinen Aufsatz *VT* 20, bes. S. 476 f.

[5] Vgl. G. WIDENGREN, „The King and the Tree of Life in Ancient Near Eastern Religion", *UUÅ* 1951:4; vgl. BENTZEN, *Daniel*, 1952², S. 41 f.

während das Endreich Israels im Sinne der Deutung der Verse 18
und 27 in einer auf den Wolken kommenden menschlichen Gestalt
geschaut wird; Dan viii schließlich erscheinen die astralen Doppelgänger Medien/Persiens und Griechenlands.

Phänomenologisch haben die Analogien, durch welche die Traum-
chiffren mit den Gegenständen der Wirklichkeit verbunden sind, die
gleiche Struktur wie diejenigen, von denen der Analogiezauber und
die prophetischen Zeichenhandlungen Gebrauch machen [1]. Was hier
an symbolischen Objekten als an „Chiffren" für bestimmte Gegenstände vollzogen wird, soll eben dadurch auch an diesen selbst
geschehen. Der Dechiffrierung der Traumsprache durch die Traumdeutung entsprechen dabei „Deuteworte", die das in der Analogie-
handlung Vollzogene auf die Wirklichkeit übertragen und so den
Zauber noch einmal wirksam machen [2]. Mit Analogien, die auf der
Gleichheit von Attributen und Geschehnissen beruhen, arbeitet u.a.
auch eine bestimmte Gattung des Rätsels, wie sie Jdc xiv 14a zugrunde liegt [3], und — auf dem Wege über die Metapher — die
literarische Form der Allegorie [4].

Stellt somit das Auffinden und Wirksammachen von Analogien
eine Geistesbeschäftigung dar, in der die Mantik der Traumdeutung
und die Magie des Analogiezaubers einander berühren, so eröffnet
sich hier zugleich die Möglichkeit, eine ursprüngliche Verbindung
von mantischer Weisheit und Bildungsweisheit zu erkennen. Nach
Von Rad „erscheint der Unterschied zwischen der Weisheit der
individuellen Lebensregeln und der der Zukunftsschau als nicht so
groß, denn beide horchen auf Abläufe und forschen nach Regeln" [5].
Nun sahen wir, daß die mantische Weisheit das Dasein u.a. nach den
es durchwaltenden geheimen Analogien absucht, was an einer
Funktion des bildungsweisheitlichen *mašal* ein rationaleres Pendant

---

[1] Zum Zusammenhang der prophetischen Zeichenhandlungen mit dem Analogiezauber vgl. G. Fohrer, *Die symbolischen Handlungen der Propheten*, 1968²,
S. 14 ff.

[2] Ein solches Deutewort ist etwa *zoʾt jerûšalem* Hes v 5, das einer Dechif-
frierungsformel in der Traumdeutung entspricht, etwa *ʾên zoʾt biltî ʾim-ḥäräb
gidʿôn* Jdc vii 14. Wenn Hesekiel selbst in einer Symbolhandlung für sein Volk
eintritt, fügt er erklärend hinzu: „wie ich getan habe, so wird euch geschehen"
(xii 11; vgl. xxiv 24).

[3] Vgl. Müller, *VT* 20, S. 465 ff.

[4] A. Jülicher (*Die Gleichnisreden Jesu 1*, 1963, S. 80) hat die Allegorie als
„diejenige Redeform" definiert, „in welcher eine zusammenhängende Reihe von
Begriffen (ein Satz oder ein Satzkomplex) dargestellt wird vermittels einer
zusammenhängenden Reihe von ähnlichen Begriffen aus einem anderen Gebiete".

[5] *Weisheit*, S. 360.

hat. H. J. Hermisson zählt nämlich eine Reihe urtümlicher Sprüche auf, in denen zwei Analoga, durch einfaches „und" verbunden, nebeneinandertreten (etwa Prov xxv 15)[1]; aus solcher Grundform entwickeln sich dann Vergleiche wie Prov. xxvi 11, Gleichnisse wie Jes v 1-7 und Analogienreihen wie Prov vi 27-29 oder Am iii 3-6. Das Horchen auf Abläufe und Forschen nach Regeln geschieht hier im Dienste eines rationalen Willens, in der Vielfalt und Verschiedenheit kontingenter Phänomene die Spur einer übergreifenden Ordnung wahrzunehmen. In diesem Bereich unterscheidet sich die mantische Weisheit von der Bildungsweisheit freilich dadurch, daß sie die unverfügbare Welt des Hintergrundes in dieses Bemühen einbezieht.

5. Vielleicht liefert der Zusammenhang von mantischer Weisheit und Apokalyptik auch noch ein Motiv zur Deutung der apokalyptischen *Pseudonymität*. Man sah an Beispielen wie Joseph und vor allem an dem Dan'el von Hes xxviii 3 u.ö., daß der mantische Weise eine archaische Gestalt ist. Was lag näher, als nun auch den apokalyptischen Seher, wenn er die Rolle des mantischen Weisen zu einem Teil übernahm, in einer „Urzeit" anzusiedeln. Die Periode des neubabylonischen Reiches, in die wir den Daniel des ältesten apokalyptischen Buches versetzt sehen, ist nichts anderes als die „Urzeit" der babylonischen Diaspora, in der sich die apokalyptischen Traditionen vorbildeten[2]. Die Pseudonymität des apokalyptischen Sehers ist dann nicht so sehr ein Täuschungsmanöver, etwa angesichts solcher Verdikte, wie sie Sach xiii 3-6 ausgesprochen werden, als vielmehr ein Akt „innerer Emigration" aus der leidvollen Gegenwart in eine vergangene Wunschwelt. Hatte die Geschichte, der die Gegenwart angehört, ihre Heilsinhalte weithin aus sich entlassen, so konnte die Apokalyptik als Nachkömmling mantischer Weisheit sie auch nicht mit solchen füllen: denn die Traumdeutung steht als interreligiöses Phänomen in keiner näheren Beziehung zur israelitischen Heilsgeschichte; abgesehen von Gen xxxvii werden alle Traumoffenbarungen Heiden zuteil. Entschied sich vollends das Schicksal der Gegenwart nicht in der allgemein zugänglichen Gegenstandswelt, sondern in einer dahinter liegenden Tiefendimension, so mußte es wünschenswert sein, einen archimedischen Punkt zu finden, von dem her diese Tiefendimension wenn nicht verfügbar, so doch wenigstens einsichtig wird. Solche Einsicht aber schien am ehesten

---

[1] *Studien zur israelitischen Spruchweisheit*, 1968, S. 146.
[2] Zur Bedeutung der babylonischen Diaspora für die Bildung apokalyptischer Traditionen vgl. Von der Osten-Sacken, *op. cit.*, S. 45 ff.

von einer Urzeit her zu gewinnen zu sein, ist doch in ihr — nach
einem common sense religiösen Daseinsverständnisses — der mythische Hintergrund der Erscheinungen so viel manifester als in
jeder Gegenwart.

IV

Daß ein archaischer Typ des homo religiosus, wie ihn der mantische
Weise darstellt, gerade in den Daniellegenden als dem Zeugnis einer
(kulturmorphologischen) Spätzeit wieder einigermaßen rein zur
Darstellung kommt, ist auffällig. Wie ist darüber hinaus der auf-
gezeigte Zusammenhang von mantischer Weisheit und Apokalyptik
geschichtlich zu erklären?

W. Richter glaubt als Sitz im Leben für die Gattungen der
Traumerzählung und der Traumdeutung eine durch den Stand des
Traumdeuters bezeichnete Institution im vordeuteronomischen
Israel erschließen zu können [1]. Aber es gibt keine Belege dafür, daß
diese in spät-nachexilischer Zeit, als das Buch Daniel und die Apokalyptik aufkamen, unter den Juden zu neuer Bedeutung gelangt wäre.
Vielleicht hat die mantische Weisheit in Israel auch immer nur als
Unterströmung Bestand gehabt, die von Zeit zu Zeit bei verschiedenen „Institutionen" ein momentanes Unterkommen fand [2]. Daß
sie seit dem 2. Jahrhundert in jenen Kreisen, die das Danielbuch und
die Apokalyptik hervorbrachten, wieder an die Oberfläche kam,
wird mit der Tatsache zusammenhängen, daß der vulgäre Hellenismus
der Zeit — in Kompensation zur Rationalität der höheren hellenistischen Kultur — einen breiten Strom religiöser Atavismen in Bewegung setzte, in dem die verschiedenen Gestaltungen bodenständiger
Tradition z.Tl. wild durcheinanderwirbelten. Nach dem Niedergang
der großen semitischen Religionen blieb in den nun fest etablierten

---

[1] „Traum und Traumdeutung im Alten Testament", *BZ* 7, 1963, S. 202 ff.

[2] Daß dafür auch einmal ein „klassischer" Prophet der vorexilischen Zeit in
Frage kam, beweisen Stellen wie Jer i 13 f.; xxiv. Diese symbolischen Schauungen
zeigen den für die oben behandelten Träume und Visionen charakteristischen
Zusammenhang von Chiffre und Wirklichkeit: der Kessel von i 13 f. ist siedend
wie das kommende Unheil, und die Feigen von Kapitel xxiv sind gut bzw.
ungenießbar wie die entsprechenden Gruppen von Judäern (Gleichheit der
Attribute); dazu neigt sich der Kessel i 13 f. von Norden, weil von dort das
Unheil kommt (Gleichheit der Geschehnisse). Jahwe übernimmt in beiden
Fällen die Rolle des Deuters. — Von diesen symbolischen Schauungen ist Jer i
11 f. ebenso wie Am vii 7; viii 1 als Wortassoziationsvision zu unterscheiden;
hier beruht die Beziehung von Chiffre und Wirklichkeit auf der (magisch bedeut-
samen) Klangentsprechung ihrer Bezeichnungen (zu entsprechenden Methoden
ägyptischer Traumdeutung vgl. Volten, *op. cit.*, S. 59 ff.).

Diadochenstaaten nur die Möglichkeit eines ökumenischen Synkretismus, wenn anders die neue, zusammengewürfelte Welt nicht überhaupt jeder Sinngebung entbehren sollte. Dabei gehört die Ausrichtung auf eine „höhere Weisheit durch Offenbarung" zu den Wesensmerkmalen jener „zweiten Religiosität", die die derzeitige orientalische Spätantike kennzeichnete [1]. Für den Zusammenhang von mantischer Weisheit und Apokalyptik ist von besonderer Bedeutung, daß die orientalischen Völker jede Möglichkeit eingebüßt hatten, ihre politische Zukunft selbst zu gestalten; die daraus resultierende Daseinsangst ließ die Mantik als willkommen erscheinen, um nun wenigstens vorherzuwissen, was man schon nicht mehr selbst bestimmen konnte. Die zumeist schmachvolle jüngere Vergangenheit zu bewältigen, konnte dazu das vaticinium ex eventu helfen; die Zuschauerhaltung, die diese Gattung dem Seher und Deuter gegenüber der ablaufenden Geschichte auferlegte, entsprach nur zu genau dem Schicksal, in dem sich jedermann befand. So entstehen im Ägypten dieser Periode fiktive Weissagungen mit abschließenden Ausblicken auf eine eschatologische Heilszeit wie das Töpferorakel [2], die demotische Chronik [3] und das Orakel des Lammes [4], auf deren Verwandtschaft mit jüdischen Apokalypsen z.Tl. bereits C. C. McCown hingewiesen hat [5]. Ungefähr gleichzeitig mit dem Danielbuch taucht, ebenfalls in Ägypten, ein dem König Nechepso und dem Weisen Petosiris zugeschriebenes Standartwerk der Astrologie auf [6]. Von solchem Strom religiöser Pseudomorphosen ist natürlich auch das derzeitige Judentum nicht verschont geblieben, am allerwenigsten das palästinensische des 3. Jahrhunderts, das dem Aufkommen der Apokalyptik unmittelbar vorangeht [7]. Will die Apoka-

---

[1] Vgl. M. HENGEL, *Judentum und Hellenismus*, 1969, S. 381 ff.

[2] G. MANTEUFFEL, *De opusculis Graecis Aegypti e papyris, ostracis lapidibusque collectis*, Travaux de la Société des Sciences et des Lettres de Varsovie 12, Warschau 1930, S. 90 ff.; darauf beruht *AOT* S. 49 f. Neuausgabe nach PapOx XXII 2332 von E. LOBEL-C. H. ROBERTS, *The Oxyrhynchus Papyri* XXII, London 1954, S. 89 ff. Vgl. HENGEL, *op. cit.*, S. 337-9.

[3] W. SPIEGELBERG, *Die sog. Demotische Chronik des Pap. 215 der Bibliothèque Nationale zu Paris*, Demotische Studien 7, Leipzig 1914. Übersetzung auch bei G. ROEDER, *Altägyptische Erzählungen und Märchen*, Jena 1927, S. 238 ff.

[4] Soweit ich sehe, ist der demotische Text noch nicht publiziert. „Übersetzung der sicherstehenden Gruppen" bei J. KRALL, „Vom König Bokchoris", *Festgaben zu Ehren Max Büdingers*, Innsbruck 1898, S. 1 ff. Danach *AOT* S. 48 f.

[5] „Hebrew and Egyptian Apocalyptic Literature", *HThR* 18, 1925, S. 357 ff.

[6] Ed. F. CUMONT, *Catalogus codicum Astrologum Graecorum* 7, Paris 1908, S. 129 ff.

[7] Vgl. dazu die reichen Erörterungen HENGELS, *op. cit.*

lyptik auch bewußt die Reaktion eines prophetisch orientierten
Judentums auf dessen drohende hellenistische Überfremdung sein,
so ist sie nach ihrer religiösen Gestalt doch zugleich selbst eine
Frucht des hellenistischen Zeitgeistes [1].

V

Freilich ist mit der Darstellung und Interpretation eines Zu-
sammenhangs von mantischer Weisheit und Apokalyptik kein Uni-
versalschlüssel zu deren Verständnis gegeben. Zunächst sahen wir,
daß zu wesentlichen Merkmalen des Apokalyptischen auch prophetische Impulse beitrugen. Sodann wird gerade der Zusammenhang
von mantischer Weisheit und Apokalyptik Anlaß gegeben haben,
nach und nach auch Elemente der benachbarten Bildungsweisheit
in die Apokalyptik eingehen zu lassen, insbesondere protowissen-
schaftliche Stoffe aus den Bereichen der Kosmologie, Astronomie,
Meteorologie, Medizin u.s.w., die innerhalb der Apokalyptik, um
mit VIELHAUER zu reden [2], Einschlag und nicht Basis sind. Andere
Züge der Apokalyptik stehen mit Fragestellungen und Vorstellungen
des hellenistisch-orientalischen Synkretismus insgesamt im Zusammenhang, nicht aber speziell mit einem Wiedererwachen mantischer Weisheit. Das gilt vom Motiv der Entrückung, das zwar in
der Prophetie vorbereitet ist [3], sich aber mit seiner Orientierung an
einem räumlichen Dualismus in der Apokalyptik zur vorläufigen oder
endgültigen „Himmelfahrt der Seele" [4] steigert; es gilt aber ebenso
von Einzelanschauungen wie der des Weltgerichts, der Toten-
auferstehung, von Angelologie und Dämonologie, von der Periodi-
sierung der Geschichte und anderem mehr. Ein epochemachender
Entwurf wird sich überhaupt schwerlich je auf eine einzige Wurzel
zurückführen lassen, ganz abgesehen davon, daß der schöpferische
Akt, welcher ein neues ganzheitliches Phänomen des Geistes hervor-
bringt, von den Elementen, die zu ihm beitragen, unterschieden
werden muß. Die Ganzheitlichkeit des apokalyptischen Entwurfs
besteht allerdings weitgehend nur darin, daß in ihm Anregungen aus
dem Alten Testament zu Kristallisationspunkten eines eklektischen

---

[1] Vgl. die Formulierung HENGELS, *op. cit.*, S. 386.
[2] *Op. cit.*, S. 420.
[3] Hes viii 3 ff.; xxxvii 1 f.; vgl. iii 14 f.
[4] Dazu jetzt C. COLPE, „Die 'Himmelsreise der Seele' außerhalb und innerhalb
der Gnosis", *Le Origini dello Gnosticismo. Colloquio di Messina 13-18 Aprile 1966*,
1967, S. 429 ff.

Pluralismus wurden, dessen innere Einheit im Sinne einer systeminmanenten Logik wohl zumeist nicht einmal angestrebt wurde. Für die atavistische Neigung dieses Pluralismus dürfte aber gerade das Implikat mantischer Weisheit in der Apokalyptik bezeichnend sein.